中国海上丝绸之路研究
年鉴
（2017）

主编：王力军

ZHEJIANG UNIVERSITY PRESS
浙江大学出版社

第一章 “21 世纪海上丝绸之路”研究

2013 年，国家主席习近平在哈萨克斯坦和印度尼西亚提出共建“丝绸之路经济带”和“21 世纪海上丝绸之路”，即“一带一路”倡议。4 年来，“一带一路”建设逐渐从理念转化为行动，从倡议变为共识，从愿景成为现实，越来越被沿线各国人民所共同接受、认可，建设成果丰硕。2017 年，中国继续加快推进“一带一路”建设；学术界的研究也进入一个新的繁荣发展阶段。

一、地方政府与“一带一路”建设

2015 年，中国政府发布《推动共建丝绸之路经济带和 21 世纪海上丝绸之路的愿景与行动》，提出了加强海上合作、建设 21 世纪海上丝绸之路的框架思路，并根据各个地区的特点提出了总体规划。为进一步与沿线国加强战略对接与共同行动，共筑和繁荣 21 世纪海上丝绸之路，2017 年 6 月国家发展和改革委员会、国家海洋局制定并发布《“一带一路”建设海上合作设想》，这是中国政府首次就推进“一带一路”建设海上合作提出中国方案。方案中首次系统提出中国政府推进“一带一路”建设海上合作的思路和蓝图：

“中国政府将秉持和平合作、开放包容、互学互鉴、互利共赢的丝绸之路精神，遵循‘求同存异，凝聚共识；开放合作，包容发展；市场运作，多方参与；共商共建，利益共享’的原则，致力于推动联合国制定的《2030 年可持续发展议程》在海洋领域的落实，与 21 世纪海上丝绸之路沿线各国开展全方位、多领域的海上合作，共同打造开放、包容的合作平台，推动建立互利共赢的蓝色伙伴关系，铸造可持续发展的‘蓝色引擎’。”

“重点建设三条蓝色经济通道：以中国沿海经济带为支撑，连接中国—中南半岛经济走廊，经南海向西进入印度洋，衔接中巴、孟中印缅经济走廊，共同建设中国—印度洋—非洲—地中海蓝色经济通道；经南海向南进入太平洋，共建中国—大洋洲—南太平洋蓝色经济通道；积极推动共建经北冰洋连接欧洲的蓝色经济通道。”

“以共享蓝色空间、发展蓝色经济为主线，以保护海洋生态环境、实现海上互利互通、促进海洋经济发展、维护海上安全、深化海洋科学研究、开展文化交流、共同参与海洋治理等为重点，共走绿色发展之路，共创依海繁荣之路，共筑安全保障之路，共建智慧创新之路，共谋合作治理之路，实现人海和谐，共同发展。”

21 世纪海上丝绸之路是一个没有限定边界的互利共赢、开放包容的新型合作平台，一系列政策的出台，为中国各地区特别是沿海各省区市的发展带来了新机遇新动力，产生了深远影响。2017 年，全国各地纷纷立足本地实际，主动作为，积极部署，挖掘自身潜力和优势，扎扎实实推进和发展“一带一路”的建设。理论界对此研究也掀起了热潮。因此接下来将总结理论界关于“沿海和港澳台地区如何参与 21 世纪海上丝绸之路建设”的问题。我们首先从广西壮族自治区开始。

（一）关于广西壮族自治区参与“一带一路”建设问题的研究概况

2015 年制定的《推动共建丝绸之路经济带和 21 世纪海上丝绸之路的愿景与行动》给广西的定位是：“发挥广西与东盟国家陆海相邻的独特优势，加快北部湾经济区和珠江—西江经济带开放发展，构建面向东盟区域的国际通道，打造西南、中南地区开放发展新的战略支点，形成 21 世纪海上丝绸之路与丝绸之路经济带有机衔接的重要门户。”在政府政策推动下，广西较早开展了关于 21 世纪海上丝绸之路问题的研究，2017 年这方面的研究取得了较大进展。

2017 年，宋泽楠的《广西开放发展“三大定位”的内涵分析及实现路径》（《广西社会科学》2017 年第 8 期）一文就是对广西开放发展“三大定位”的

内涵进行解读并由此准确厘定相应的建设路径。文章指出,“本质上而言,‘构建面向东盟的国际大通道’‘打造西南中南地区开放发展新的战略支点’以及‘形成21世纪海上丝绸之路与丝绸之路经济带有机衔接的重要门户’的功能定位,均内生于广西静态优势与国家宏观经济形势动态发展所呈现的互动关系之中,是我国宏观经济形势在特定发展时期整合利用广西优势的具体表现”。文章接着详细解读三大定位的内涵和意义,总结认为:“新的功能定位要求广西利用自身独特的区位优势,奋勇开放发展,将广西北部湾经济区和珠江—西江经济带建设为辐射、带动我国西南中南腹地发展,有机衔接海上丝绸之路与丝绸之路经济带的现代产业繁华之带。其中,开放发展是纲,形成现代化的产业繁华之带为本。”作者认为广西开放发展“三大定位”的实现路径主要有:着力“引进来”,尤其是利用开放优势招商引资,逐步夯实产业基础,壮大工业体量(围绕广西工业基础、生态资源和区位优势设计一批具有现代商业价值的引资项目;顺应我国社会经济形势结构性变迁的大趋势,利用供给侧改革及消费升级形成的新需求设计一批极具商业价值的引资项目;利用相对低廉的要素成本优势,大力发展加工贸易产业,拓展广西产业体系融入全国乃至全球产业链条的深度与广度;深入推进商事制度改革,结构性降低企业运营的制度性成本,全面提升广西营商环境);勇于“走出去”,开拓以东盟为核心的国际市场,以庞大的外部市场推动传统优质企业的规模化扩张与竞争力提升(重点提升汽车、农业机械、工程车辆、工程机械等产业的区域性国际竞争力,作为提升广西出口规模与质量的主力军;大力发展旅游、教育、物流、金融等第三产业,全面提升以东盟为目标市场的服务业贸易额);抢抓“一带一路”商机,有序推进港口路网等建设,发挥投资驱动经济发展的应有作用,不断壮大经济总体量(利用自身区位条件,积极融入与推动面向东盟的交通网络、口岸设施、能源通道、通信干线网络等基础设施建设;积极利用海洋资源,大力发展海洋产业,携手东盟企业共同开发、保护海洋资源)。

叶青、陈铭的《“十三五”时期广西建设“一带一路”战略支点和有机衔接重要门户的战略研究》(《经济研究参考》2017年第29期)一文就探讨了“十三五”时期广西如何建设“一带一路”战略支点和有机衔接重要门户。文章首先论证了推进“一带一路”战略支点和有机衔接重要门户建设对于广西的战略意义：广西顺应国家重大战略发展要求的历史使命；广西赶超跨越的难得机遇；推进广西北部湾地区开放开发的重要举措。接着，文章认为广西在“一带一路”战略支点和有机衔接的重要门户建设中的优势有：广西与东盟国家海陆、山水相连，区位优势显著；广西与东盟有历史和文化的传承；广西与东盟经贸往来密切，合作平台形式多样；北部湾港口码头建设提供条件；广西投资环境优越，优惠政策形式多样。文章还提出面临的制约条件有：总体经济实力不强，地区经济发展不平衡；广西产业结构层次有待提高；社会基础设施建设薄弱；社会投资建设的资金较为缺乏；“高层专业人才缺乏”已成为广西经济社会发展的一大障碍。文章最后提出了七条重要举措：充分利用政策红利，加快形成区域联动合作共赢新局面（全力打造海、陆、空对外开放的重要衔接门户；积极推进区域合作机制创新）；多渠道多方式筹措资金，加快基础设施建设（充分利用亚洲基础设施投资银行及丝路基金推进基础设施建设；增加社保基金进入基础设施建设领域；全面推动 PPP 模式在广西基础设施建设中全面开展）；加快基础设施建设，完善广西现代综合交通运输体系（加快完善现代综合交通运输体系；加快推进水利设施建设；加快城乡基础设施建设；全面提升经济社会信息化水平）；突出本地产业优势，提升广西经贸水平（加强与沿线国家和地区的贸易合作；加快“走出去”投资的步伐；提升服务贸易向中高端发展）；进一步简政放权，加快建立开放、开发新体制（提高政府效能；提升口岸效率； 深化财税、金融、投融资改革）；创新合作平台建设，发挥先行带动效应（增强服务西南中南地区开放发展能力；积极拓展与“一带一路”沿线国家和地区交流合作）；坚持可持续发展战略，优化生态人文环境（贯彻落实“绿色发展”；增强文化发展软实力；提升人才智力支撑力）。

罗树杰的《“一带一路”背景下广西开放合作探析》（《广西社会科学》2017 年第 7 期）一文分析了广西开放合作所面临的新形势：“一带一路”建设赋予广西新的开放合作使命；世界经济一体化和区域一体化使广西的经济坐标发生重大变化；地缘政治经济化与地缘经济趋势增强；广西在构建和谐周边环境中将承担更重要的责任。作者认为在“一带一路”背景下，广西

的开放合作要从以下更开阔的视野来探索策略:完善开放合作法律政策保障体系;建设面向东盟的大通道;建设面向东盟经贸合作的前沿和重要平台;建设面向东盟的人文交流新高地;建设“睦邻、安邻、富邻”和“共建命运共同体”的典范。

广西作为陆上和海上同时衔接东盟国家的唯一省区,是中国与东盟合作的前沿。一些文章就以广西与东盟为视角进行研究。例如,钟瑞添、张才圣合撰的《21 世纪海上丝绸之路战略支点衔接问题研究——以中国(广西)与东盟为视角》(《广西社会科学》2017 年第 1 期)一文,主要探讨新“海丝”重要的战略支点——广西和东盟发展的衔接问题以及如何发挥广西新“海丝”战略支点作用。文章认为,“整体而言,东盟自然资源丰富,我国工业相对发达,二者‘因资源禀赋的差异和经济发展水平的不同,强化了双方贸易的互补性’,合作潜力巨大”。但如何将这两个重要的战略支点进行有效衔接,文章认为还存在四方面的现实挑战:南海领土主权纠纷以及东盟成员国对中国的戒备心理,影响广西与东盟战略支点作用发挥;域外大国力量积极介入东南亚,影响并阻碍新“海丝”战略支点广西与东盟的衔接;广西经济整体相对落后,与东盟衔接的经济实力有待提升;广西港口建设较为落后,与东盟的物流衔接受到制约。文章最后提出新“海丝”战略支点中国(广西)与东盟衔接问题的对策建议有:加强中国—东盟安全合作机制的构建,保障新“海丝”的海上通道安全;打造中国—东盟自由贸易区升级版,建设新“海丝”的经济样板;规划广西的产业园区,为新“海丝”建设提供坚实的产业支撑;振兴北部湾港,构建新“海丝”物流中心。

李军在《“一带一路”建设背景下广西面向东盟发展研究》(《广西社会科学》2017 年第 6 期)一文中主要探讨“一带一路”背景下广西面向东盟发展的布局和策略。文章指出,广西立足现实,提出阶段性发展目标和主要任务:“广西基本形成以东盟为主的开放发展近期、中期、远期三个阶段目标和主要任务。近期目标,即通过‘一带一路’三年(2017—2019 年)滚动实施方案和重点突破工程实施方案形式,主要从与东盟陆上和海上、国际产能、金融、口岸通关便利化、人文等方面的项目合作推进与东盟之间双边和多边的机制平台建设。中期目标,即广西提出创建中国(北部湾)自由贸易试验区、

广西与东盟多元文化融合的思考——基于跨文化交际视角》(《广西社会科学》2017年第12期)一文认为,"'一带一路'建设下广西与东盟多元文化融合优势凸显,虽然存在局部文化差异的冲突和摩擦,但总体是和谐的,体现在高语境文化与价值认同、汉—藏语系语言与其他语言、民族习俗与不同习惯、多元文化等融合的跨文化交际形式"。因此作者认为跨文化交际理念有助于"一带一路"建设广西与东盟多元文化融合,需要做到:"加强广西与东盟文化与价值认同、文化宽容与尊重、文化共生与和谐、文化传承与创新。"

2017年,关于广西参与21世纪海上丝绸之路建设问题的文章还有:陈春炳、毛蒋兴和李丽琴合撰的《"一带一路"战略背景下广西北部湾经济区海洋产业调整研究》(《广西师范学院学报·自然科学版》2017年第1期),杨磊、徐若恃的《"一带一路"战略下广西沿边口岸旅游产业发展的思考》(《广西经济》2017年第1期),李佳晶、张银玲的《海上丝绸之路历史文化旅游资源的挖掘与提升——以广西玉林市为例》(《太原城市职业技术学院学报》2017年第2期),张翠方的《"一带一路"建设背景下广西与东盟教育交流研究》(《广西社会科学》2017年第4期),钟明容、李湘君的《新形势下广西推进"一带一路"建设的SWOT分析及对策建议》(《对外经贸》2017年第4期),邓坚的《"一带一路"背景下我国边境城市加工贸易发展策略探究——以邻近东盟边境城市广西崇左市为例》(《学术论坛》2017年第5期),胡建华、张辉的《"一带一路"背景下广西提升国际软实力的理性思考与对策研究》(《广西师范学院学报·哲学社会科学版》2017年第5期),师艳玲的《"一带一路"战略下广西县域经济发展问题研究——以钦州、北海、防城港三市为例》(《广西经济》2017年第5期),杨玉燕、王景敏的《港航物流服务体系转型升级的困境与出路——以海上丝绸之路战略下的广西北部湾为例》(《中国集体经济》2017年第15期),张家寿的《"一带一路"建设背景下的广西与东盟合作新构想》(《东南亚纵横》2017年第6期),黄玮、毛汉霖的《钦州市与东盟共建21世纪海上丝绸之路战略分析》(《钦州学院学报》2017年第8期),郑国富的《"一带一路"背景下广西与越南贸易合作的现状、问题与对策》(《经济论坛》2017年第9期),蒋燕、刘慧的《走活广西发展这盘棋——广西如何融入"一带一路"建设》(《当代广西》2017年第10期),杨娟

的《“一带一路”战略下广西高等教育国际化的有效路径探讨》(《当代教育实践与教学研究》2017 年第 11 期),贺大州的《“一带一路”倡议下中国广西与东盟农产品贸易的对策研究》(《世界农业》2017 年第 11 期),唐臣的《“一带一路”倡议下广西现代物流业的发展现状与对策研究》(《中国商论》2017 年第 33 期),等等。

(二)关于海南参与“一带一路”建设问题的研究概况

海南是“21 世纪海上丝绸之路”的重要枢纽,是我国对外开放的重要窗口。2017 年,关于海南如何参与 21 世纪海上丝绸之路建设的文章主要有:李鸿阶、林在明的《海南在 21 世纪海上丝绸之路的角色定位与责任担当》(《学术评论》2017 年第 1 期),潘珠的《海南融入 21 世纪海上丝绸之路发展对策研究》(《海南热带海洋学院学报》2017 年第 1 期),余飞的《立足“21 世纪海上丝绸之路”建设美好新海南》(《新东方》2017 年第 3 期),詹小光的《做好融合文章 加快三亚战略支点城市建设》(《大陆桥视野》2017 年第 3 期),周伟的《海南国际旅游岛建设的“陆海统筹”与“蓝绿互动”》(《海南大学学报·人文社会科学版》2017 年第 5 期),刘大中的《“21 世纪海上丝绸之路”战略下的海南“全域旅游”发展研究》(《旅游纵览》2017 年第 6 期),翁启伟的《“海上丝绸之路”背景下海南物流业国际竞争力研究》(《中国商论》2017 年第 35 期),宋娅妮、肖玉徽的《“21 世纪海上丝绸之路”背景下海南物流的发展》(《当代经济》2017 年第 34 期),李滟茹的《“21 世纪海上丝绸之路”下的海南发展》(《北方文学》2017 年第 15 期),等等。

在上述文章中,最为突出的是李鸿阶、林在明的《海南在 21 世纪海上丝绸之路的角色定位与责任担当》一文,这篇文章非常清晰地指出了海南的角色定位与责任担当,为未来海南发展明确了任务和路径。文章开门见山就指出:“在 21 世纪海上丝绸之路建设中,海南要立足历史、明确定位、继往开来,进一步发挥不可替代的重要桥梁和纽带作用。”接着文章列举海南在 21 世纪海上丝绸之路建设中的角色定位演变,符合国家“一带一路”倡议规划,并强调“21 世纪海上丝绸之路建设的重点和难点都在南海,海南的比较优势、战略地位和特殊作用也来自南海,意味着海南的‘海丝’角色定位与国家的‘一带一路’规划相衔接，以更积极自觉的姿态深化同东盟国家各个领域的合作交往。强化维护南海主权、加快南海开发，全面推动海南实现科学发展、绿色崛起”。文章明确指出“海丝”战略支点的海南功能定位：“要突出‘海外、海洋、海上’优势，加快形成‘一环’‘两基地’‘三中心’‘四集群’功能定位。”这里的“一环”是指环南海经济增长极；“二基地”是指国际旅游休闲基地和南海服务合作基地；“三中心”是指南海航运与物流枢纽中心、“互联网＋”交易和商贸中心、“海丝”科技研发中心；“四集群”是指蓝色经济示范区、南海自由贸易试验区、海洋生态环境保护合作示范区和环南海公共外交先行区。文章认为，“海南是中国改革开放的前沿，拥有守护南海的特殊使命，要以通道对接构建对外开放综合枢纽，以区域对接拓展经济增长空间，以规则对接打造对外合作发展高地，以经贸对接提升资源配置效率，以人文对接优化国际营商环境，凸显21世纪海上丝绸之路建设责任担当”。作者提出海南的责任担当是：南海“共商共建共享”的举旗者；“海丝”建设的实践者；经济增长的带动者；创新驱动的“引领者”；南海公共产品的提供者。文章认为，海南建设21世纪海上丝绸之路有以下六方面路径选择：一是以港口建设推进互联互通，实现国际运输便利化；二是以国际旅游岛建设为抓手，打造“海丝”精品旅游线路；三是以地区合作促进利益融合，促进环南海一体化；四是以南海资源开发推进合作，实现互利共赢发展；五是以文化交流推进民心相通，增进国家政治互信；六是以博鳌亚洲论坛推进外交，服务国家外交大局。

余飞在《立足“21世纪海上丝绸之路”建设美好新海南》一文中首先明确指出海南历来在“海上丝绸之路”中占据着重要的战略地位。文章提出：“海南省应在借鉴各省的思路和措施的基础上，根据自身的历史、优势、机遇、地位和作用，打造海南特色的‘海上丝绸之路服务基地’和‘先行区’。既要抓住机遇率先实现全面开放，又要做好服务基地工作。”作者认为具体新举措有：开展各种形式的对外交往，包括公共外交、民间外交、首脑外交等，打造拓展博鳌亚洲论坛影响与功能的新舞台；发挥“南海经济圈”的核心优势；发展热带特色高效农业；以侨为桥，发挥侨乡优势；建设生态文明示范区，打造绿色发展模式；加大海南国际旅游岛的开发开放力度。

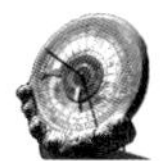

潘珠的《海南融入 21 世纪海上丝绸之路发展对策研究》一文，分析了海南融入 21 世纪海上丝绸之路建设的优势：得天独厚的地缘优势；经济规模不断扩大；海洋产业经济不断发展；海洋产业经济的带动能力明显增强。同时还指出存在的问题有：海洋产业结构比重不合理；海洋经济总体水平差距较大，人才科技力量投入欠缺；海洋意识较为薄弱。文章指出海南融入 21 世纪海上丝绸之路的总体发展战略：宏观上，海南省提出要打造“21 世纪海上丝绸之路建设南海服务合作基地”总体发展战略，重点建设综合服务基地、安全保障基地、客货中转集散基地、首脑外交和公共外交基地、经济文化交流合作基地、自由贸易基地六大基地。在中观层面，依托中国—东盟自由贸易区，主动融入并推动区域经济合作。从微观层面来看，要结合海南实际，大力推动适合海南与 21 世纪海上丝绸之路建设的产业发展。具体策略有：推动区域经济合作；依托海上新丝路，坚持本土特色产业发展，融入全球产业链；加强与沿线各地区的人文交流，突出自身特色；建设海洋循环经济，促进军民融合深度发展。

周伟在《海南国际旅游岛建设的“陆海统筹”与“蓝绿互动”》一文中分析指出，“海南国际旅游岛建设既面临着一定的挑战，也面临着‘海洋强国’‘一带一路’等重大发展机遇”。因此文章认为，“对海南以及国际旅游岛建设而言，要在‘陆海统筹’与‘蓝绿互动’发展思路的引领下，不断推动陆域经济与海洋的协同式发展，为海南国际旅游岛建设及其升级版打造提供均衡的结构支撑和持久的动力源泉”。文章分别给“陆海统筹”“蓝绿互动”明确了定义，认为“‘陆海统筹’是指在地区经济社会发展过程中，综合陆海两方面的资源环境特点与优势，将海陆两个区域作为一个整体进行规划和考量，形成优势互补、相互促进的发展态势，并以此为基础进行区域经济发展规划，形成‘陆海统筹’的发展战略；‘蓝绿互动’是指当陆海两区域在‘陆海统筹’发展战略的指引下，陆域经济与海洋经济都发展到了一定的程度，两者能够在经济发展过程中以一方之优势带动另一方协调发展，并互为对方发展提供强有力的产业支撑和体系保障，即‘蓝绿互动’的发展方式”。文章认为，“在推动实施‘陆海统筹’与‘蓝绿互动’方面，需要从‘陆’‘海’两方面分别进行资源开发与统筹利用，在充分挖掘两方面优势的同时，还要辅之以必要的外部保障措施，从而为海南国际旅游岛建设不断提供新的动力和活力源泉”。

（三）关于广东参与“一带一路”建设问题的研究概况

广东是全国第一个完成与国家“一带一路”倡议规划衔接的省份。2017年，探讨关于广东如何参与21世纪海上丝绸之路建设的文章主要有：刘继森、张聪颖的《21世纪海上丝绸之路与广东对外开放新格局》（《经贸实践》2017年第1期），马超平、易露霞的《推进广东自贸区对接“海上丝绸之路”的战略与策略研究》（《改革与开放》2017年第2期），陈意新等的《广东自贸区对接“海上丝绸之路”的跨境金融创新研究》（《金融教育研究》2017年第2期），白福臣等的《硅谷创新成长模式对广东建设海上丝绸之路科技合作圈的启示》（《广东海洋大学学报》2017年第5期），吴竑、陈岱婉的《“一带一路”建设中广东区域城市群协调发展研究》（《沈阳工业大学学报·社会科学版》2017年第6期），王成荣的《21世纪海上丝绸之路背景下的广东省蓝碳发展研究》（《海洋开发与管理》2017年第8期），黄静茹、白福臣等的《广东—东盟科技合作模式及平台建设——基于“21世纪海上丝绸之路”的背景》（《资源开发与市场》2017年10期），纪琳、梁育民的《广东参与建设“南丝绸之路”的意义和建议》（《广东经济》2017年第12期），马超平的《沪、津、闽自贸区与“海上丝绸之路”对接的经验及其对广东的启示》（《中国管理信息化》2017年第14期）和《广东自贸区对接“21世纪海上丝绸之路”战略的有效路径与对策研究》（《科技资讯》2017年第31期），等等。

其中，吴竑、陈岱婉在《“一带一路”建设中广东区域城市群协调发展研究》中以“一带一路”建设中广东区域城市群为研究对象，运用改进熵值法、耦合协调度函数及综合协调发展度模型等进行实证分析，得出结论：“广东区域城市群综合协调发展情况总体较好，但城市之间差距较大；提高经济与社会发展指数迫在眉睫，广东21个城市中，经济、社会与环境三大子系统均衡发展的城市1个，某个子系统发展指数滞后的城市6个，经济与社会发展指数滞后的城市14个；珠三角地区各城市协调等级全部属于协调类，从协调度评价结果分布来看，已经形成梯度发展的态势；粤东城镇群、粤西城镇群和韶关都市区协调度和协调类型明显逊色。”根据这些结论，作者提出

了“一带一路”中广东区域城市群优化路径：以珠江三角洲区域经济一体化为核心，着力打造“粤港澳大湾区”；参与“一带一路”建设，粤东西北地区振兴发展亟须“再推一把”；广东参与“一带一路”建设的各区域城市应因地制宜，结合自身特点加以调整发展。

马超平、易露霞的《推进广东自贸区对接“海上丝绸之路”的战略与策略研究》一文认为广东自贸区对接21世纪“海上丝绸之路”的优势有：区位优势；产业优势；互联互通优势；人才优势。同时也存在以下的不足：“一是受西方宣扬的所谓‘中国威胁论’影响，一些沿线国家把21世纪‘海上丝绸之路’战略看作是具有明确地缘政治指向的所谓‘珍珠链’战略，存在警惕和防范心理，面临地缘政治挑战。二是作为新成立的自贸区，其自身经验不足，而企业又对一些相关法律、政策风俗等缺乏深入了解。”作者认为推进广东自贸区对接“海上丝绸之路”的战略有，战略方面：打造区域经济中心城市“升级版”；打造区域文化中心提升软实力；打造区域先行示范区增强辐射作用。策略方面：强化国际金融贸易航运功能集成；创新机制对接营商环境；着力建设重大平台，打造跨境电商园；推进粤港澳经济深度合作。

2017年，还有一些文章是专题研究广东各地区是如何参与21世纪海上丝绸之路建设问题的。广州素有“古代海上丝绸之路发祥地”的美誉，2017年关于广州参与建设21世纪海上丝绸之路的文章主要有：高乔子的《21世纪海上丝绸之路建设中科学发挥广州优势》(《广州航海学院学报》2017年第1期)，张乖利的《“一带一路”背景下广州中心城市地位的提升》(《广东农工商职业技术学院学报》2017年第2期)，高静娟的《“一带一路”战略下提升广州城市品牌的思考》(《探求》2017年第2期)，杨洸的《广州海上丝绸之路研究综述》(《广州社会主义学院学报》2017年第2期)，王智利的《擦亮品牌，加快推进广州黄埔区“海丝文化”建设》(《广州航海学院学报》2017年第3期)，车国彩的《“一带一路”战略下广州港港口物流发展分析》(《中国商论》2017年第11期)，等等。

这些文章从不同角度来研究。张乖利在《“一带一路”背景下广州中心城市地位的提升》一文中以“新海上丝绸之路”为切入点，得出广州中心城市地位的提升与21世纪海上丝绸之路的规划有更加紧密的联系。文章运用

SWOT 法分析了广州国家中心城市地位的主要特点：具有的优势（具有得天独厚的自然优势和社会优势）；发展的软肋（经济腹地的角度和城市化进程的角度）；发展的机遇（借助新海上丝路，优化进出口结构，提升广州作为国家中心城市的地位；盘活民间资本，加大对高端服务业的投资；为传统行业搭建"互联网＋"虚拟平台）；发展的挑战（广州在全国乃至世界大城市竞争的舞台上备受压力；产业结构调整的难度加大）。最后，作者认为要积极响应海上丝绸之路发展提升广州中心城市地位，具体措施有：一要培育产业增长极。也就是，"借助新海上丝绸之路，广州应该围绕现代服务业，打造国际信息技术中心、国际金融中心和国际物流中心，并且以信息技术、金融和物流三者作为平台，进一步扩大本地和海外的市场规模"。二要培育城市增长极。也就是，"借助'互联网＋'，以打造'智慧城市'为核心"。三要构建广州区域经济增长极模型。也就是，"需要进一步强化产业分工，带动华南区域经济合作与发展"。四要借助广州现代化服务业，引领华南地区的产业集群升级。也就是，针对珠江东岸的产业集群，需要"提供互联网技术，搭建网络销售平台，创新营销模式，发挥物流中心的优势，实现产品的快速流通"。对于珠江西岸的产业集群，需要"发挥当地龙头企业（规模企业）的优势，带动众多的中小企业发展"。

高静娟在《"一带一路"战略下提升广州城市品牌的思考》一文中提出，"广州城市发展必须走品牌化道路，城市品牌是城市发展的内在动力，城市品牌就是城市战略，未来城市的竞争是城市品牌的竞争"。作者提出广州城市发展必须抓住"一带一路"倡议机遇："一带一路"催化中国的城市转型，并拉开不同城市之间在经济发展中的层次；"一带一路"为广州城市发展提供战略支撑（为广州转型升级提供平台；全面推动广州对外开放水平；有利于广州城市品牌的塑造）。文章还提出必须对接"一带一路"倡议提升广州城市品牌，主要有以下三方面：通过软实力提高城市的品质；通过影响力提升城市的形象；通过传播力增加城市的魅力。作者还认为"怎么传播"比"传播什么"更重要，就针对广州与海上丝绸之路的传播作了以下设想：一是建立海上丝绸之路的城市标识；二是结合社区教育，举办以海上丝绸之路为主题的文化活动；三是结合广州国际纪录片节，制作和传播好广州与海上丝绸之

路的纪录片；四是结合科普资源，开发以“海丝”为主题的旅游线路。

2017 年发表的文章中，关于广东省其他城市参与海上丝绸之路的文章还有：陈朝萌的《深圳海上丝绸之路文化：历史与现实》(《华南理工大学学报·社会科学版》2017 年第 2 期)，卢文彬的《深圳参与粤港澳大湾区规划建设的定位与着力点》(《特区实践与理论》2017 年第 5 期)，汤晓龙的《创新港口城市发展模式 建设“一带一路”核心交汇点——以广东湛江为例》(《城市》2017 年第 5 期)，谷晓冰的《基于海上丝绸之路背景下的湛江海岛旅游开发及对策研究》(《四川旅游学院学报》2017 年第 5 期)，杨素梅的《“一带一路”战略下珠三角港航产业的发展战略选择》(《港口经济》2017 第 5 期)，赵宏利、彭梓洺等撰写的《茂名参与海上丝绸之路建设的旅游产品开发探讨》(《南方论刊》2017 年第 7 期)，庞莲荣、刘坤章的《“海上丝绸之路”视角下的湛江—东盟邮轮旅游通道构建》(《经济论坛》2017 年第 8 期)，王志刚的《珠海服务“一带一路”国家战略的定位及路径探索》(《大陆桥视野》2017 年第 8 期)，樊德良、徐培祎的《“一带一路”语境下的中国全球城市发展路径思考——以深圳为例》(《城市建筑》2017 年第 12 期)，等等。

这些文章针对各地探讨的角度不一样，各有千秋。其中卢文彬的《深圳参与粤港澳大湾区规划建设的定位与着力点》一文，首先提出深圳参与粤港澳大湾区规划建设的战略价值和意义在于：打造粤港澳世界一流湾区，为深圳“高位过坎”、促进更高质量发展树立新标杆；打造粤港澳世界一流湾区，为深圳全方位开放合作注入发展新动力；打造粤港澳世界一流湾区，为深圳更好发挥中心城市辐射引领功能提供新空间。作者认为深圳在粤港澳大湾区规划建设中的优势有：发挥毗邻香港的独特优势，释放合力发展潜能；发挥创新发展的强大优势，强化创新引领作用；发挥市场化国际化的先行优势，更好地服务“一带一路”等国家倡议；发挥高端要素资源集聚的领先优势，增强湾区核心功能。文章进一步提出深圳应强化作为湾区核心城市的引领，提升在粤港澳大湾区规划建设中的战略定位：突出粤港澳大湾区建设核心支撑区战略定位；突出国际科技产业创新引领区战略定位；突出全面改革开放先行区战略定位。文章最后提出深圳在粤港澳大湾区规划建设的着力点和突破口：打造落马洲河套深港科技合作区新的国家级重大合作平台；

全面提升大湾区一体化发展层级；积极争取相关先行先试政策；抓紧谋划建设一批重大项目。

樊德良、徐培祎的《"一带一路"语境下的中国全球城市发展路径思考——以深圳为例》一文以比较新颖独特的视角，探讨深圳发展路径。文章首先分析"一带一路"倡议与全球城市的理论联系和互动特征："一带一路"倡议引领包容性全球化趋势；包容性全球化推动"一带一路"沿线全球城市崛起。接着文章分析深圳在"一带一路"语境下的中国全球城市发展具有的基础与潜力，同时也存在不足。文章最后明确在"一带一路"语境下，深圳建设全球城市的发展路径和行动：加强沿线城市合作，依托本土跨国企业，全面提升全球城市能级（率先应对全球化转型浪潮，主动参与全球竞争；发挥本土企业的资本、技术和创新优势，以跨国企业为主体参与全球竞争；依托"一带一路"国际经济走廊和交通线路，深度嵌入全球城市网络）；融入国家开放框架，加强区域合作，培育本土国际化空间（依托本土的经济、产业、企业制度和环境优势，深度融入国家开放框架中；重视区域腹地支持作用，共同打造世界级城市群；培育国际化空间品质，打造服务全球的优质营商环境）；加强互联互通，提升面向国际市场和国内腹地的设施支撑能力（增强与"一带一路"沿线国家和地区的互联、互通能力，强化港口、机场等基础设施的国际化服务水平，提高设施运行效率，促进商品、信息和人员的高效流动，建设连接国内外市场的双向服务窗口与运营管理中枢；构建粤港澳湾区联动发展的基础设施体系，优化区域内与区域间的交通联系）。

王志刚的《珠海服务"一带一路"国家战略的定位及路径探索》一文中提出，珠海将成为国内唯一一座同时与港澳陆路接壤的城市，"其发展目标不应仅仅是'国内的珠海'，同时也应该是'国际化的珠海'"，"需要从国际、珠三角地区和珠江口西岸多个层面，综合确定自身的城市发展定位、产业发展定位和文化发展定位"。文章指出，城市发展定位就是"在国际层面，珠海要以建设国际化创新型城市为目标"。"在珠三角地区层面，珠海应积极推进与珠三角地区其他城市的经济合作与协调发展，加强珠三角地区在产业发展、空间布局和生态环保等方面的协作关系，实现错位竞争，避免内耗。""在珠江口西岸层面，珠海需进一步推动珠澳同城化和珠中江一体化，实现珠江

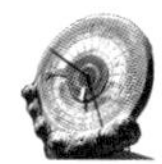

口西岸核心城市的发展目标。”产业发展定位也就是“全力推进‘三高一特’现代产业体系的建设，即发展高端制造业、高新技术产业、高端服务业以及特色海洋经济和生态农业，始终突出产业的低碳化、服务化、高端化和集聚化，实现知识经济、服务经济和绿色经济的有机统一发展，最终构建高精尖的产业发展结构”。文化发展定位就是指“继续秉承人与自然和谐统一的基本原则，坚持多元、开放、包容的文化发展定位，着力打造文化导向型城市，构建宜居、宜商、宜学、宜业的整体文化氛围”。接着，文章分析了珠海在融入“一带一路”建设方面主要的优势有：区位优势、政策优势、理念优势。最后，作者提出了珠海融入“一带一路”建设的四条路径：进一步完善基础设施，构建立体综合交通枢纽（完善公路及铁路基础设施；加强港口建设；推进珠海机场升级改造）；以创新驱动优势产业，全面提升区域经济合作（构建高效自主创新体系；谋划优势产业发展；加强区域经济合作）；加强重大项目、平台建设力度，发挥引领带动效应（以港珠澳大桥为契机，打造“一带一路”建设桥头堡；以横琴自贸区为先导，探索实现珠海新发展；发挥海港、空港的辐射作用，构建“一带一路”新节点）；继续优化生态人文环境，开创可持续发展新境界（继续坚持以生态文明促发展的基本理念；着力提升珠海的文化发展软实力；加大对人才智力的支持力度）。

2017年3月，国务院正式批复了《北部湾城市群发展规划》，把湛江、茂名、阳江也纳入其中。汤晓龙的《创新港口城市发展模式 建设“一带一路”核心交汇点——以广东湛江为例》一文以湛江现有港口发展为研究基础，分析了湛江当前发展的三个有利条件：政策（广东致力于“一带一路”建设，不断推出新政策，红利辐射湛江）；自身（东盟桥头堡，我国南方出海的优良运输港口）；综合（积极响应国家推动“一带一路”倡议，与东南亚大部分地区均建立良好的贸易伙伴关系）。但作者提出先行不等于先机，湛江未来“出海”仍然困难，体现在：经济下行周期的沉重压力；地方政府财力薄弱的严重制约；城市产业结构的转型升级仍缺乏有效的循环联动；湾区内港口城市的竞争压力。在作者看来，“地方政府的政策方向选择将会是一个关键点，特别是要不断拓宽资金来源渠道，创新港城融合发展模式”。文章提出湛江建设“一带一路”核心交汇点的具体措施：加强政策引导，科学规划港城融合发展方向;创新融资模式,以财力保障前景;开展港口滚动开发,实施“地主型”建港模式;加快港口绿色探索,实现港城良性互动发展;借鉴港口产业转型经验,积极开展 TEU 与“互联港+”战略。

(四)关于福建参与“一带一路”建设问题的研究概况

2015 年《推动共建丝绸之路经济带和 21 世纪海上丝绸之路的愿景与行动》中明确指出,“支持福建建设 21 世纪海上丝绸之路核心区”。2017 年 6 月,国家发展改革委员会和国家海洋局联合发布《“一带一路”建设海上合作设想》,再次提出“支持福建建设 21 世纪海上丝绸之路核心区,支持福建海峡蓝色经济试验区的建设”。这彰显出福建在 21 世纪海上丝绸之路建设中区位独特、地位重要,机遇与挑战并存。因此,2017 年,研究福建省参与海上丝绸之路建设的文章最多,研究也最深入具体。

根据福建省在“一带一路”发展中的定位,福建省人民政府发展研究中心课题组黄端、林坚强等撰写的《以 21 世纪海丝核心区建设为主线 加快福建各市开放型经济错位发展、协调发展》(《发展研究》2017 年第 4 期)一文对福建各市如何发展的介绍非常细致具体,很有现实指导意义。文章指出,“福建省内各区域开放型经济发展地域特色明显”,“但受区位条件、生产要素配置和政策支持等因素影响,福建省各区域对外开放开发程度差异较大”。文章接着提出福建省内各地市要加快开放型经济错位发展、协调发展的基本思路:“以加快海丝核心区建设为主线,主动对接国家‘一带一路’战略,在延续业已形成的开放格局和开放态势下,用好用足用活‘三规划两方案’以及海丝核心区、自由贸易试验区、福厦泉国家自主创新示范区、国家生态文明试验区、福州新区等政策,充分发挥省内各区域各自的地缘、人缘、历史文化及对外开放、产业发展等优势,结合海峡西岸城市群发展规划和各区域的地理人文特色,主动融入、精准定位、突出特色、积极作为,在全省范围内构建福莆宁岚的北线开放桥头堡、厦漳泉的南线开放排头兵、南三龙开放新腹地的三大特色开放板块,从而形成‘承南启北、东出西进,山海协作、产业分工,同城推进、连片繁荣,错位开放、特色发展’各地市开放型经济错位发展、协同发展的开放新格局。”接着,文章明确提出福建各地市对接“一带

一路”倡议，加快开放型经济发展的方向和重点：福莆宁岚重点打造沿海北线的开放桥头堡（福州市以新区、自贸试验区为载体和依托，打造21世纪海上丝绸之路战略枢纽城市；莆田市发挥港口资源、民间资本、妈祖文化等优势，打造21世纪海上丝绸之路重要节点城市；宁德市以三都澳开放开发、建设军民融合国际化大港为突破口，打造21世纪海上丝绸之路由东南沿海向内陆延伸拓展的重要衔接点；平潭综合实验区按照“两个窗口”的要求，建设新兴产业区、高端服务区、宜居生活区和国际旅游岛，打造成为21世纪海上丝绸之路的开放合作先行区）；厦漳泉重点当好沿海南线的开放排头兵（厦门市以全面推进自由贸易试验区建设为契机，努力融入全球经济体系，营造国际一流营商环境，打造21世纪海上丝绸之路战略支点城市和国际化城市；漳州市积极创建开放型经济新体制试点城市，丰富对台对外开放内涵，打造21世纪海上丝绸之路先行示范区；泉州市积极推动民营经济国际化，全面提升与“海丝”沿线国家和地区之间的投资贸易自由化便利化水平，设21世纪海上丝绸之路先行区）；南三龙重点建设纵深推进的开放新腹地（南平市发挥“万里茶道”海陆双起点的独特优势，全面加快武夷新区建设，打造面向21世纪海上丝绸之路的生态合作试验区；三明市全力拓展腹地，强化通道枢纽的区位优势，建设成为“海丝”核心区互联互通的重要节点；龙岩市积极推动厦漳泉龙同城化发展，发挥龙头企业引领作用，加快产业深度对接，打造成为面向21世纪海上丝绸之路的产业合作基地）。最后文章还提出，围绕对接“一带一路”倡议，推动省内区域开放和协调发展还需一定的保障措施，主要有：转变开放发展理念；推广自贸试验区经验；深化山海协作；打造法制化、国际化、便利化的营商环境；培育以技术、品牌、服务和质量为核心竞争力的外贸发展新优势；完善开放型经济发展促进体系。

福建社会科学院课题组的《“一带一路”倡议与福建对外开放新优势研究》（《亚太经济》2017年第4期）一文，开门见山提出，“福建是21世纪海上丝绸之路核心区，‘一带一路’建设的排头兵，福州、厦门、平潭是海上合作的战略支点城市”。文章指出，“一带一路”倡议格局下的福建对外开放形势有了新变化，“迎来了新的机遇，又面临新的挑战”。新机遇主要有：与“海丝”沿线国家优势互补的机遇；对外开放载体建设强化的机遇；扩大“海丝”文化交流合作的机遇;贸易投资机制创新的机遇;要素集聚和发展动力转换的机遇;互联互通优势提升的机遇。面临的新挑战有:国际经济形势更加复杂;产业发展面临多重挤压;国际贸易摩擦的不利影响;产业结构有待进一步优化;对外开放区域协调难度大;沿海经济辐射带动能力不强;政府服务开放型经济的能力有待提高。接着,文章具体提出拓展福建对外开放新优势的路径选择:创新对外开放模式(推进泉州"海丝"先行区建设;强化"海丝"支点城市建设;跨境园区合作模式);提升载体平台功能(凸显集聚、枢纽、承载和示范功能);完善对外合作机制(构建"海丝"沿线国家合作交流机制;共建21世纪海上丝绸之路合作机制;构建对外开放合作载体平台);拓展开放型经济发展空间(加快建设"陆上福建";加大建设"海上福建";加强建设"海外福建")。文章对打造福建对外开放新优势提出了政策建议:区域对接,构建21世纪海上丝绸之路核心区对外协作体系(选择优先开放区域;推进建设协作机制;探索对外合作机制);通道对接,构建市场要素内外联通的国际大通道(提升硬件通道;完善软件通道;畅通市场通道);规则对接,打造国际市场要素的集散高地(实施重点突破,推进"两岸共同家园"建设;发挥政策优势,促进闽台融合发展;对标国际先进,打造规范有序的营商环境);经贸对接,提升全球生产网络价值链地位(鼓励民营经济"走出去";提升综合服务水平;实施差异化发展政策);人文对接,打造扩大对外开放的优良人文环境(促进民心融合;促进文化交流)。

全毅、张庭祥等人撰写的《福建融入海上丝绸之路建设的路径与对策》(《东南学术》2017年第4期)一文的现实指导意义也很大。文章首先考察分析福建与海上丝绸之路沿线重要节点东盟、南亚、西亚、欧盟、东北非、大洋洲与拉美太平洋沿岸国家经贸合作现状和特点。在此分析的基础上,文章认为福建融入21世纪海上丝绸之路建设的策略主要包括:(1)正确理解21世纪海上丝绸之路核心区的政策含义。作者认为"中央政府不可能仅给予福建海外通商的优惠政策。我们认为,福建应该按照国家的战略部署,发挥自身海丝历史文化深厚底蕴与海外华侨华商网络资源,在对外开放与对外合作中先行先试,探索与海丝沿线国家的互联互通、产能合作、人文交流方面形成新体制、创造新模式、积累新经验,在构建开放型经济新体制方面

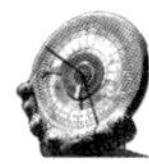

发挥引领作用”。(2)突出互联互通,构建开放型经济体制(加快港口设施建设与合作;制度互联互通的关键是通商制度与投资制度的协调与一致性,协调通关政策,完善口岸通关制度,促进福建与“海丝”沿线节点港口信息互联互通、货物通关和人员往来便利化,有效提高通关效率与降低贸易成本;发挥自贸试验区功能,加快构架开放型经济新体制)。(3)把握比较优势演变趋势,推进产能合作(根据比较优势选择合作产业;根据区域发展阶段选择合作对象国;突出海洋特色,强化海洋经济合作;创新合作模式,降低投资风险)。(4)搭建合作机制与平台为海上丝路建设保驾护航(积极利用国家搭建的经贸合作平台;福建省政府与沿海丝路城市应主动跟海上丝绸之路沿线国家的地方政府与港口城市加强交流合作,缔结友好省区和友好港城;政府和行业协会要努力为企业搭建信息平台;积极发展跨境电子商务等新兴业态)。(5)加强人文交流与人力资源开发,促进民心相通(突出人文交流,福建应成为中国的阿拉伯通和非洲通;强化对东南亚、南亚和非洲的医疗援助,促进民心相通;合作举办海上丝绸之路历史文物展,合作打造海上丝绸之路精品旅游路线,发展旅游贸易;发挥福建对外经贸干部培训中心作用)。(6)妥善解决福建省企业海外市场发展的融资困难问题(借鉴兄弟省份的做法,设立扶持专项发展资金及专项扶持资金;推进福建省内金融机构对企业开拓西亚、非洲市场的融资支持;充分利用自贸试验区金融市场化的融资便利政策)。

郑冬梅在《蓝色合作视域中21世纪海上丝绸之路核心区建设研究》(《中共福建省委党校学报》2017年第11期)中认为,“‘海丝’核心区建设应从拓展蓝色合作中寻找突破路径,获得发展新空间、展现新作为”。在作者看来,“‘蓝色合作’可视为是以海洋自然连通性和地理环境的连接性为基础,形成的多层次、全方位的联动性及其相关参与方的共同行动的集合”。文章提出“海丝”核心区目标定位是:两岸深度融合的前沿平台(明确对台前沿定位);开放型经济新体制的先行区(开放前列定位);区域海洋合作的重要支点(沿线国家蓝色合作的重要支点)。文章还分析了“海丝”核心区建设面临的挑战主要有:区域竞争加剧,创新能力亟待提升;转型期经济动力和效益双重递减;多重目标的复杂性和不确定性。作者还从内部条件和外部环境两方面分析“海丝”核心区建设优劣势:①内部条件方面:主要优势(地理区位、港口;海洋、生态;华商华侨、人文);主要劣势(区域工业基础相对薄弱;交通基础设施仍不够完善;思想观念及体制机制创新活力不足)。②外部环境方面:外部机会(政策方案密集),外部威胁(区域竞争加剧;产业分工中福建产业总体居于中低端;环境压力)。最后,作者提出了“海丝”核心区蓝色合作的可行路径及对策建议:蓝色经济合作,共创依海繁荣;海洋科技服务,构筑安全保障;教育文化融合,共建智慧创新;战略政策对接,谋求合作治理。

郭志云在《发挥福建统一战线优势 服务“一带一路”战略》(《山东省社会主义学院学报》2017 年第 3 期)一文中也分析了福建融入“一带一路”倡议的主要优势:统战资源优势(包括闽台交流优势、侨务资源优势、非公有制经济优势、文化统战优势);区位资源优势;政策叠加优势。作者认为,“福建在主动融入‘一带一路’战略上取得了一定的成效,但仍需继续秉持‘丝路精神’,并进一步发挥统一战线大省的优势和特色,紧抓机遇、直面挑战”。文章提出了具体的措施:加强统战智库建设,为“一带一路”建设积极建言献策;发挥侨务资源优势,拓宽同“一带一路”沿线国家的经贸合作;借力非公有制经济平台,实现“引进来”与“走出去”两条腿走路;打造“海丝”文化品牌,深化同“一带一路”沿线国家的人文交流。

王明惠、庄佩芬在《福建自贸区融入 21 世纪海上丝绸之路的对策研究》(《福建农林大学学报·哲学社会科学版》2017 年第 6 期)一文中指出,“福建自贸区是 21 世纪海上丝绸之路重要的‘始发点’和‘支撑点’,要充分利用 21 世纪海上丝绸之路的广阔市场空间与机遇助推自身的升级发展,更好地服务 21 世纪海上丝绸之路建设”。文章分析说,福建自贸区融入 21 世纪海上丝绸之路所面临的问题有:福建自贸区竞争优势不够明显(港口竞争力相对较弱;经济基础较为薄弱;金融业发展相对滞后);福建自贸区资源配置不尽合理;福建自贸区与沿线国家合作不够顺畅。文章认为福建自贸区融入 21 世纪海上丝绸之路的对策有:完善福建自贸区港口航运功能,建设交通物流的枢纽中心;打造福建自贸区良好的营商环境,建设经贸合作的前沿平台;深化金融创新与区域金融合作,建设资金融通与人民币国际化的金融平

台;完善机制,建设制度创新的试验平台;发挥福建自贸区的华侨华商优势,建立人文交流的中心平台。

吴娟、黄茂兴在《福建“海丝”核心区建设及战略思考》(《东南学术》2017 年第 4 期)一文中指出,“福建天然不是‘海丝’核心区,但‘海丝’核心区天然是福建。福建作为古代海上丝绸之路的重要起点,具有深厚的‘海丝’历史渊源和人文、区位等优势”。文章分析说,福建具备以下优势条件:福建是开放大省;福建是海洋大省;福建是生态大省;福建是文化大省。接着文章列举了两年多来福建“海丝”核心区建设进展情况:“双轮驱动”共同发力(“有为政府”与“有效市场”);“三条走廊”全面拓展(从福建沿海港口南下,过南海经印度尼西亚抵达南太平洋的南线合作走廊;从福建沿海港口南下,过南海经马六甲海峡向西至印度洋,延伸至欧洲的西线合作走廊;从福建沿海港口北上,经韩国、日本,延伸至俄罗斯远东和北美地区的北线合作走廊);“四大平台”(重大综合性交流合作平台、重大经贸合作平台、重大海洋合作平台、重大人文交流平台)初步搭建;“五个联通”(政策沟通、设施联通、贸易畅通、资金融通、民心相通)互相促进。文章还提出了推进福建“海丝”核心区建设再上新台阶的战略措施:紧扣战略定位,统筹推进重点领域合作(把握核心区内涵,巩固核心区定位;深耕具体定位,创新推进重点领域合作);优化战略布局,培育核心区建设新动能(“部省协同”“省市联动”,构建多元化“海丝”核心区建设推进机制;发挥比较优势,沿海和山区共建“海丝”核心区);强化战略支撑,为加快核心区建设提供重要保障(项目支撑、资金支持、人才供给、安全保障)。

除了上述这些文章,2017 年关于福建参与 21 世纪海上丝绸之路建设问题的文章还有:翁建彬的《一带一路战略构想与福建海上交通发展对策》(《福建交通科技》2017 年第 1 期),韩风春的《福建陆海丝路核心交集区建设的 GMT 分析》(《中国林业经济》2017 年第 1 期),石巧玲、李伟和董微合撰的《“一带一路”战略下福建林产品出口贸易发展对策》(《台湾农业探索》2017 年第 2 期),朱建华的《“一带一路”背景下的福建客家文化建设》(《福建商学院学报》2017 年第 2 期),福建社会科学院中国与海上丝绸之路研究中心课题组的《进一步提升福建海丝文化品牌影响力研究》(《学术评论》

2017年第2期),全毅、郑美青的《福建与东南亚:21世纪海上丝绸之路重要枢纽》(《福州大学学报·哲学社会科学版》2017年第4期),郑冬梅的《21世纪海上丝绸之路核心区的动力构建及发展路径》(《亚太经济》2017年第6期),叶飞文的《海上丝绸之路铸就福建"丝路精神"》(《宏观经济管理》2017年第8期),陈昕的《福州"海上丝绸之路"文化城市品牌建设探究》(《东南传播》2017年第8期),涂明谦的《关于福建海上丝绸之路文化交流与传播的思考》(《福建论坛·人文社会科学版》2017年第10期),冯驭的《开发性金融支持"一带一路"建设的实践与思考——以福建省为例》(《福建金融》2017年第11期),殷琦的《"软联通"视角下福建21世纪海上丝绸之路核心区建设的路径选择》(《东南传播》2017年第11期),邵雅利的《"一带一路"国家战略视野下的福建营商环境建设》(《山东农业工程学院学报》2017年第11期),刘京华、全毅的《"一带一路"倡议背景下福建与非洲经贸合作的对策研究》(《福建论坛·人文社会科学版》2017年第11期),周松峰的《泉州建设21世纪"海丝"先行区策略研究》(《中共珠海市委党校珠海市行政学院学报》2017年第1期),江希的《福州参与"一带一路"建设的地位作用及相关建议》(《科技视界》2017年第33期),黄国灿的《厦门旅游业融合"21世纪海上丝绸之路"建设的对外开放发展研究》(《厦门特区党校学报》2017年第4期)和《泉州港融入"一带一路"建设海丝先行区》(《中国港口》2017年第6期),何军明、李桢和马健囡的《"一带一路"背景下厦门市服务贸易发展研究》(《大陆桥视野》2017年第4期),李华平的《"一带一路"战略下厦门港转型升级思路》(《港口经济》2017年第6期),李鸿阶、林心淦的《平潭在"一带一路"建设中的地位与作用研究》(《学术评论》2017年第1期),等等。

(五)关于浙江参与"一带一路"建设问题的研究概况

浙江是古代丝绸之路主要的起点之一,宁波、舟山是古代海上丝绸之路的重要起航地之一,浙江努力当好推进"一带一路"建设的排头兵,建成"一带一路"倡议枢纽。2017年理论界对浙江省参与21世纪海上丝绸之路建设问题的研究文章的数量相对上几年有了一定增加。

张汉东先后发表了《"一带一路"的浙江使命》(《浙江经济》2017年第11

期)和《以"一带一路"为统领建设开放强省》(《浙江经济》2017年第13期)。《"一带一路"的浙江使命》一文开篇就指出,"浙江作为率先发展、走在前列的经济大省,完全应该也可以发挥自身独特的优势,当好推进'一带一路'建设的排头兵"。文章接着提出浙江参与"一带一路"建设具有的重要性:充分利用国际市场和资源的需要;进一步扩大对外开放的需要;实现经济转型升级的需要;率先发展、走在前列的需要。作者认为,浙江参与"一带一路"的优势主要有:浙江与"一带一路"国家经济互补性强;浙江与"一带一路"国家经贸往来基础良好;浙江地理区位优势突出。文章明确了浙江在"一带一路"倡议中的定位:"一带一路"经贸合作先行区、"一带一路"物流枢纽区、跨境电子商务示范区。最后,作者提出浙江高水平深度参与"一带一路"建设的对策有:推动开放平台建设,打造区域交流合作平台;加快体制机制突破创新,完善开放政策支撑;积极推进自由贸易试验区建设,着力提升大宗商品全球配置能力;推进宁波舟山港建设,打造国际物流枢纽;深化义乌国际贸易综合改革,打造"一带一路"贸易大平台;发挥跨境电商发展优势,打造"网上丝绸之路"。《以"一带一路"为统领建设开放强省》一文指出,"突出开放强省,就是要坚持以'一带一路'统领浙江新一轮对外开放"。"必须要谋划实施一批最体现浙江资源禀赋、最契合国家战略使命的重大开放举措,努力成为参与'一带一路'建设的排头兵,不断增强统筹利用国际国内两个市场、两种资源的能力,把握战略支点,打造对外开放大平台。"作者提出了具体的决策建议:高水平构筑义甬舟开放大通道;推进沿海开放,实施"大湾区"战略;推动自贸区建设取得突破性进展;把中国—中东欧国家投资贸易博览会打造成国家级战略平台;加快推进全球电子商务平台建设,全力创建"一带一路"综合试验区;以义乌国际贸易改革为载体,实现义新欧平台的升级发展;"引进来",着力建设一批国际产业合作园区;"走出去",建好境外经贸合作园区;加快国际化进程,推进城市国际化、企业国际化、人才国际化。

2017年还有一些文章研究宁波舟山港的建设问题。苏华正在《宁波舟山港海铁联运发展战略》(《中国港口》2017年第10期)一文中用SWOT分析法详细分析了宁波舟山港海铁联运状况:优势(国家政策红利;良好港口区域优势;优越的港口资源条件;腹地资源广阔;良好的铁路环境;设备设施先进)；劣势(铁路物流成本高；铁路路网不完善；当前制约因素多；编组站接发列车能力不足；北仑支线单线运输能力不足；车辆状态不良影响装车效率；北仑港区咽喉区通过能力不足；装车质量影响运输生产效率；港区间生产不均衡；市场化程度低；物流体系不完善)；机会(宏观经济良好；政策优势；铁路建设带来机遇)；威胁(邻港竞争；政策持续性不明确；市场环境竞争激烈)。接着，作者针对宁波舟山港海铁联运发展具体提出了以下对策与建议：加强港口基础设施建设(开通北仑港区至北仑站第二通道；加大港区设施改造力度；加大港区铁路与泊位建设；加速穿山港区铁路建设)；提高宁波区域铁路运输能力(提升编组站接发列车能力；推进邱隘—大碶段双线建设)；抓住铁路建设机遇；争取政策支持；建设完善的海铁联运运营体系；加强与铁路的战略合作；全力开拓内陆腹地；加大海铁联运支撑行业投资力度；加强人力资源开发；开行港区间穿梭列车；全面实现港口海铁联运一体化。

邱金岳、吴红艳的《“一带一路”背景下宁波舟山港与中东欧四港投资合作的思路与对策》(《宁波经济·三江论坛》2017 年第 10 期)一文分析了宁波舟山港与中东欧四港开展港口投资合作的有利条件：良好的政治环境；广阔的市场前景；较强的合作意愿；有利的合作契机。同时，考虑到对外港口投资合作本身的复杂性和风险性，以及宁波舟山港缺乏对外港口投资合作的渠道和经验等现实，作者建议宁波舟山港与中东欧四港的投资合作，要做到“三个借力和三个注重”，即借力国家层面的支持推动、政府间组织的沟通促进和战略投资者的资金经验，注重港口的网络化布局、稳妥有序推进合作和合作风险的研判应对。

阎勤、沈小贤等撰写的《宁波建设中欧班列沿海集结服务中心的方案设计》(《宁波经济·三江论坛》2017 年第 1 期)一文指出，“宁波开通中欧班列、建设沿海集结服务中心，对宁波对接‘一带一路’战略和建设‘一圈三中心’、增强港航服务能级、促进产业转型升级、提升城市地位和国际化水平都具有重大意义”。文章界定集结服务中心的内涵，即“集结服务中心是以多式联运现代化物流体系和便利化口岸综合服务为依托，以建设中欧班列和中欧物流集结区为核心，以海陆空铁复合集散货物和‘门对门’服务模式创

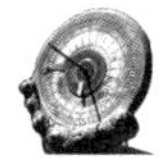

新为特色，以政策措施创新和龙头企业培育为支撑，服务于沿海城市和宁波舟山港主要陆海向腹地的中欧跨境商贸物流服务平台”。其主要功能是物流服务功能、供应链服务功能、信息和交易平台功能和产业平台功能。接着，文章分析了宁波建设中欧班列沿海集结服务中心的必要性：有助于提升宁波在国家铁路货运体系中的地位，是打造“一带一路”倡议支点城市的支撑性项目；有助于推进中国与中东欧国家双向投资合作首选之地和跨境电商综合试验区的建设；有助于推进多式联运国际综合枢纽港建设，提升宁波港航服务能级；有助于支撑产业转型升级和实体经济发展。同时，文章提出宁波建设中欧班列沿海集结服务中心可行度较高，主要体现在：当前推进的机遇较好[以铁路为载体的中欧贸易正处于快速发展期，市场空间广阔；《中欧班列建设发展规划（2016—2020年）》明确了中欧铁路运输通道、枢纽节点和运输线路的空间布局，宁波被列为沿海重要港口节点；新疆、重庆等省区市正在积极寻找中欧班列合作城市]；货源组织前景看好且企业参与积极性较高（从存量货源、挖潜空间和市场主体方面）；投入的综合收益较高（带来城市地位、城市功能、城市经济、财政收入、战略联动等方面的综合性回报）；基础设施支撑有力，配套服务高效发达。但也存在部分不确定因素：非市场竞争可能会制约货源规模扩张速度；近期收益功能性可能大于经济性；上级政策争取和重点城市合作存在变数。最后，文章提出宁波建设中欧班列沿海集结服务中心工作的建议：高度重视，明确工作主体；加快实施，争取列入国家规划；加强区域联动，推进城市间对接合作和纳入财政资金预算，明确扶持政策。

2017年9月，浙江省政府正式批复设立宁波“一带一路”建设综合试验区。何介强的《宁波创建“一带一路”建设综合试验区的对策建议》（《宁波经济》2017年第11期）一文，在充分调研的基础上，结合宁波实际，提出宁波创建“一带一路”建设综合试验区的“五大”对策建议：第一，以海港、陆港、空港、信息港“四港”建设为重点，构建交通物流大通道（加快海上通道建设、加快陆路通道建设、加快航空中转枢纽建设、加快信息平台建设）；第二，以投资贸易自由化、便利化为重点，构建经贸合作大平台（打造有影响力的国际经贸合作平台；探索与“一带一路 ”沿线国家的投资贸易合作新模式；进一步促进投资贸易自由化便利化）；第三，以国家保险创新综合示范区建设为重点，构建金融创新大体系（争取国家金融政策支持；搭建金融创新平台；创新金融服务方式）；第四，以港口经济圈、宁波都市圈、杭州湾经济区建设为重点，构建区域合作大格局（加强港口合作，扩大港口辐射力；加强城市合作，增强城市经济影响力；加强海洋合作，提升海洋经济竞争力）；第五，以发挥“活化石”、港口博物馆、“宁波帮”等资源作用为重点，构建人文交流大桥梁（打造海上丝绸之路“活化石”的城市品牌；擦亮“宁波帮”金字招牌；组建人文合作交流联盟）。

除了上述这些文章，《浙江经济》和《宁波经济·三江论坛》上对此方面研究的文章较多。2017 年关于浙江省参与“一带一路”建设问题的文章主要有：李贤祥的《“一带一路”与浙江外向型经济》（《中共浙江省委党校学报》2017 年第 3 期），李晓光的《港口经济圈圈层结构研究——以宁波舟山港口经济圈为例》（《宏观经济管理》2017 年第 4 期），马仁锋的《浙江海洋经济示范区建设经验及“一带一路”新机遇》（《港口经济》2017 年第 6 期），王军锋、孟祥霞的《加快构建宁波“港口经济圈”的策略研究》（《宁波经济·三江论坛》2017 年第 6 期），蒋天颖、王帅的《加快推进义甬舟开放大通道建设》（《浙江经济》2017 年第 6 期），张汉东的《发挥跨境电商优势 推进“一带一路”战略》（《浙江经济》2017 年第 8 期），袁道君、闫国庆的《宁波港口经济圈通道建设研究》（《海洋开发与管理》2017 年第 10 期），范莎莎、徐荣华的《宁波舟山港一体化的进展、问题与对策》（《宁波经济·三江论坛》2017 年第 10 期），宁波市工商业联合会课题组的《“一带一路”建设综合试验区创建背景下优化民营企业“走出去”服务机制的研究》（《宁波经济·三江论坛》2017 年第 11 期），秦诗立的《浙江参与“一带一路”建设：新形势、新战略》（《浙江经济》2017 年第 11 期），王文滋、郭雪剑和黄建安的《以联合开发金塘为突破口 加快宁波—舟山港一体化》（《浙江经济》2017 年第 11 期），丁六申、马丽卿的《关于舟山群岛新区创建自由贸易区的战略研究》（《农村经济与科技》2017 年第 23 期），等等。

（六）关于其他省市参与“一带一路”建设问题的研究概况

2017 年对上海参与“一带一路”建设问题的研究主要有：胡彬的《战略

导向、内生转型与城市功能拓展——以上海参与“一带一路”战略为例》(《城市观察》2017 年第 2 期),赵素君、张祥建等撰写的《上海国际金融中心对接“一带一路”的突破口及措施》(《科学发展》2017 年第 6 期),刘长俭、孙瀚冰等撰写的《“一带一路”背景下上海港的国际化战略(上)——上海港“走出去”的八大注意事项》(《港口经济》2017 年第 6 期)和《“一带一路”背景下上海港的国际化战略(下)——上海港“走出去”的方向、重点区域及策略》(《港口经济》2017 年第 7 期),中国浦东干部学院“一带一路”与长江经济带研究中心课题组的《上海自贸试验区服务“一带一路”国家战略的路径研究》(《科学发展》2017 年第 7 期),陈友骏的《上海在“一带一路”建设中的地位构建》(《科学发展》2017 年第 7 期),张琳的《上海自贸区对接“一带一路”的路径选择》(《国际经济合作》2017 年第 9 期),刘乃全的《上海参与“一带一路”建设拓展发展空间问题研究》(《科学发展》2017 年第 9 期),戴秦、欧丽萍的《海上丝绸之路对上海自贸区建设的影响》(《当代经济》2017 年第 33 期),等等。

陈友骏在《上海在“一带一路”建设中的地位构建》一文中提到,“如果仅从地图上来观察,上海与‘一带一路’之间的联系紧密程度并不如福建、陕西、新疆等兄弟省份,但如果综合政治、经济、科技、人文、基础设施、国家战略等要素在内,上海在‘一带一路’建设中所发挥的关键作用是不可替代的”。文章认为,上海参与“一带一路”建设具有独特的竞争优势:上海是国家多个战略联动叠加效应的集聚区;上海可成为“一带”与“一路”的海陆空交汇点;上海雄踞东西战略的中间位置,独特的地缘优势有助于扩大并夯实“一带一路”的战略纵深。同时认为这些独特的优势从本质上决定了上海参与“一带一路”的个性化方式与特点:上海制度创新的示范效应是夯实“一带一路”坚实基础的基本要素;上海的产业结构调整为“一带一路”产业发展塑造重要模板;上海国际贸易中心的重要功能为创建“一带一路”贸易投资新规提供了充分条件;上海科技发展的既有基础与后发优势,是持续推进“一带一路”合作升级的不竭动力。最后,作者提出了上海参与“一带一路”建设的创新性路径设计:发挥“先行先试”制度改革的既有优势,继续为中国经济的转型发展创造“可复制、可推广、可辐射”的制度创新经验(启动“一带一路”投资贸易纷争解决机制的可行性研究;研究上海域内人民币资本项目下可自由兑换及利率市场化等金融制度创新,将上海打造为“一带一路”金融服务中心及在岸人民币与离岸人民币相互流动的主窗口;研究扩大“准入前国民待遇”加“负面清单”管理模式的适用范围);发挥上海传统制造业的竞争优势,同时大力发展生产性服务业,构建以“上海技术”为核心的“一带一路”制造业产品价值链。

上海自由贸易试验区要努力成为服务国家“一带一路”建设、推动市场主体走出去的桥头堡。张琳的《上海自贸区对接“一带一路”的路径选择》明确自贸区战略要与“一带一路”倡议深度融合的发展要求。这篇文章认为上海自贸区对接“一带一路”有以下先天的优势:地理位置、产业发展、综合实力、政策制度。作者认为:“上海自贸区可以分别在国际贸易、对外投资、交通物流、金融开放、基础设施建设等重点领域深入对接‘一带一路’,通过推动国际贸易合作,进一步建立上海自贸区金融中心地位,加快建设和完善枢纽型、功能型航运基础设施和服务体系,为对接‘一带一路’建设提供坚实支撑。”文章认为具体的路径有:建设自由贸易港区的目标定位加速推动贸易畅通;建立国际金融中心的目标定位加速推动货币流通;国际高标准投资规则引领“一带一路”合作新格局。文章最后提出相关的政策建议,“上海自贸区应在金改方案和四个中心建设的目标指引下,以战略发展的眼光和宏观视角,为更好地对接‘一带一路’和国家总体对外战略进行总体的框架设计和机制设计”:充分利用自贸区开放、包容的平台,加强政策沟通;搭建上海自贸区与沿线国家双边、区域的经贸合作框架;注重发挥平台载体作用,依托上海市政府,加强自贸区的国际化联系;上海自贸区应当同其他自贸区形成良性的互动与合作,形成地区间产业链整合与分工,避免省际的无序竞争,形成发展合力,加强与其他自贸区之间的政策沟通,避免出现项目恶性竞争、发展路径雷同等问题。

胡彬在《战略导向、内生转型与城市功能拓展——以上海参与“一带一路”战略为例》(《商业经济研究》2017 年第 8 期)一文中指出:“以‘一带一路’的国家战略导向为契机,通过积极参与其中,推动并实现城市发展的内生转型,将贯穿上海建设全球城市目标的关键过程,并使得上海的城市功能

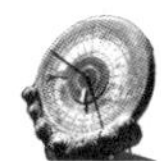

面临扩展的现实需求。”文章认为“一带一路”国家倡议给上海构建全球城市带来的机遇有：极大地扩展城市的连通优势，增强上海在世界城市网络体系中的枢纽节点地位；通过掌握开放的主动权，提高上海在世界城市网络体系中的中心性地位；确立国内外合作和资源配置的战略枢纽地位，扩大和延伸上海沿城市网络辐射的地理范围。接着，作者提出“一带一路”国家倡议框架下上海城市功能拓展的具体内涵，“就是将上海的城市发展战略嵌入国家战略之中，使上海构建全球城市的功能延展既注重固有优势的发挥，又体现出国家战略的核心意图”。文章认为上海参与“一带一路”国家倡议扩展城市功能的路径有：具体依托要素流动的战略通道，推动上海“四个中心”建设的城市功能升级；通过全球价值链重构的分工通道，加快上海科创中心的功能建设；凭借全球治理模式变革的制度通道，充实和扩展上海城市发展的文化与外交功能。

江苏处于丝绸之路经济带和21世纪海上丝绸之路的交汇点上，应主动参与“一带一路”建设，放大向东开放优势，做好向西开放文章，拓展对内对外开放新空间。2017年，孟力强、李鑫锋在《江苏“一带一路”交汇点建设对策研究》(《大陆桥视野》2017年第8期)中认为，江苏“一带一路”交汇点有其特定的功能要求：“首先，江苏是我国中西部、中亚、欧洲地区通往日韩、东南亚、太平洋地区重要的出海口，同时也是日韩、东南亚以及太平洋地区国家通往中国中西部、中亚、欧洲的重要陆地登陆口，进出货物流通地区都是江苏‘交汇点’的重要战略区域。”“其次，江苏是以上海为龙头的‘长三角’经济圈服务‘一带一路’中线的交汇点。江苏融入‘长三角’，‘长三角’融入‘一带一路’。要充分发挥‘长三角’优势，举‘长三角’之力放大江苏‘交汇点’功能和价值。”“再次，充分发挥好自身优势，在服务‘一带一路’中求合作，在合作中求发展，借助‘一带一路’不断开辟江苏新的‘一带一路’战略合作区域。”文章提出了江苏“一带一路”交汇点建设面临的挑战：对接国家“一带一路”交汇点要求的重大基础功能配套设施建设有待进一步完善；准确把握“一带一路”倡议在江苏的落地要求并主动加以应对的能力还有待提高；支撑江苏“交汇点”的“平台”建设还有待进一步加强；“一带一路”背景下创新江苏省对外协调合作能力还显不足；促进江苏“交汇点”建设的对接政策还需进一步细化;建设江苏“交汇点”的信心和决心还需进一步增强。作者提出了江苏“一带一路”交汇点建设的对策建议:围绕“五通”、紧扣“交汇点”,优化江苏省重大功能基础配套设施布局;找准定位、做好对接,细化“交汇点”建设在江苏的落地要求;做实中亚、紧盯日韩,搭好服务江苏“交汇点”战略区域的合作平台;紧跟中央、主动对接,创新江苏省对外协调沟通新局面;用好政策、精准发力,提升江苏“交汇点”建设的配套政策效果;加强宣传、做实工作,用实实在在的业绩增强江苏“交汇点”建设的信心和决心。赵静敏、郑凌霄在《“一带一路”战略背景下江苏开放型经济发展研究》(《商业经济研究》2017 年第 8 期)一文中,提出江苏融入“一带一路”建设的策略有:以“一带一路”建设为契机,推进创新驱动发展;以现代产业发展与开放的平台建设为载体,助力企业“走出去”;以创新合作模式为着力点,突破外部环境制约;以发展物流体系建设为保障,助力开放型经济发展;以发展园区建设为抓手,培养开放型经济新的增长极。

连云港是首批沿海开放城市,是国家认可的新亚欧大陆桥“东方桥头堡”。连云港市政府研究室的《连云港“一带一路”交汇点核心区先导区建设研究》(《大陆桥视野》2017 年第 12 期)一文,提出推进连云港“一带一路”交汇点核心区先导区建设的意义有:是深入落实国家全方位开放战略的紧迫任务;是全面提升江苏整体实力的重大机遇;是加快构筑连云港新一轮开发开放优势的关键之举。接着,文章分析了连云港参与丝绸之路经济带具有的优势条件:多重国家战略聚焦助推连云港发展;主导产业和特色产业集聚态势良好;港口开发建设取得历史性突破;“一园一基地”承载功能日趋完善;服务带动中西部地区发展能力不断提升;对外合作创新亮点不断显现。但同时也存在一些困难和制约:经济体量依然不大;交通体系尚不完善;产业支撑能力有待提升;开放平台建设亟待加强。文章认为连云港战略定位是:建成“一带一路”倡议实施先导区;建成国家东中西区域合作示范区;建成江苏开放型经济发展新高地;建成服务新亚欧大陆桥经济走廊的自由贸易港区。最后,作者进一步提出连云港在参与“一带一路”建设中的关键举措:着力打造重大战略平台,加快增创开放型经济发展新优势(以中哈物流基地和上合组织出海基地建设为基础,推动国家战略真正落地见效;以徐圩

新区建设为先导，全面推进国家东中西区域合作示范区开发开放；以设立综合保税区为关键，积极探索建立自由贸易港区；以完善国家级省级开发区功能为重点，全面提升开放型经济水平)；着力培育集聚优势产业，加快建设世界级临海现代产业新基地(临港产业要在龙头型、基地型项目上取得新突破；依托以国际海港为核心的综合交通优势，加快发展现代物流业；立足区域性商务中心定位，积极发展商务服务业)；着力完善综合承载功能，加快构建现代化国际海港中心城市新格局(提升港口综合功能；加快建设航道深水化、码头专业化、集疏运网络化、管理现代化、口岸智慧化、通关便利化的组合大港；完善公路铁路基础设施；着力构建内河航道网络)；着力促进投资贸易便利化，加快建立开放开发新体制(深化口岸综合改革；深化外商投资管理体制改革；深化工商登记制度改革)；着力健全协作机制，加快形成区域联动合作共赢新局面(积极推进与重点地区合作；积极推进区域合作机制创新)。

2017年有关江苏参与“一带一路”建设的文章还有：张纪凤、宣昌勇的《“一带一路”战略下江苏对东盟直接投资研究》(《江苏大学学报·社会科学版》2017年第1期)，杨伟的《“一带一路”战略背景下南通外向型经济发展方略研究》(《全国流通经济》2017年第1期)，曲国明、王媛和沈树明的《江苏省与21世纪海上丝绸之路国家经贸合作路径研究——基于江苏企业的视角》(《时代经贸》2017年第3期)，李惠芬的《“一带一路”战略下南京城市文化传播路径研究》(《江苏丝绸》2017年第4期)，马红的《21世纪海上丝绸之路：历史回溯、现实意义与连云港融入》(《大陆桥视野》2017年第9期)，国家统计局扬州调查队课题组的《“一带一路”倡议背景下的扬州临港经济发展研究》(《大陆桥视野》2017年第9期)，连云港市哲学社会科学界联合会的《连云港市参与“一带一路”建设发展战略》(《大陆桥视野》2017年第12期)，等等。

关于山东参与21世纪海上丝绸之路建设问题的文章主要有：姜勇、魏星的《山东半岛海上丝绸之路支点城市建设研究》(《海洋开发与管理》2017年第1期)，李光全的《青岛在山东融入“一带一路”中的龙头作用研究》(《中共青岛市委党校青岛行政学院学报》2017年第3期)，李宏的《“一带一路”

战略下港口转型升级的思考——以日照为例》(《山东广播电视大学学报》2017年第3期),胡春燕的《青岛打造"一带一路"文化交流中心的路径探讨》(《中共青岛市委党校 青岛行政学院学报》2017年第5期),朴英姬、李志浩的《"一带一路"倡议下增创青岛对外开放新优势分析》(《中共青岛市委党校青岛行政学院学报》2017年第6期),等等。

姜勇、魏星的《山东半岛海上丝绸之路支点城市建设研究》一文写道,"青岛、烟台、威海处在'山东半岛蓝色经济区'等战略的核心位置,是'丝绸之路经济带''21世纪海上丝绸之路'等新战略的交汇点"。文章认为山东半岛海上丝绸之路支点城市具有的主要优势是:自然地理条件优越,生态环境承载能力强;海上航线发达,基础设施建设完善;进出口规模不断扩大,经济实力逐年提高;海洋科技实力显著,海洋产业体系较为完备。对此,作者提出建设海上支点城市的相应对策和建议:提高海洋科技创新能力,突出企业为主体的创新地位;发展海洋科技服务,促进海洋科技成果转化;加大海洋科技成果示范作用,培植战略性海洋新兴产业;开展海洋科技国际交流与合作,推进高水平专业化智库建设;加强国内区域合作,建设东北亚国际航运综合枢纽。最后,作者还认为必须提供一些条件保障:制定海上支点城市发展总体规划;建立健全人才培养和流动机制;发挥海外华人华侨资源优势;做好组织、协调和实施工作。

李光全在《青岛在山东融入"一带一路"中的龙头作用研究》一文中指出,"山东融入'一带一路'中需要龙头核心带动,而青岛具备成为龙头的多重优势"。文章认为青岛具有的优势:陆海统筹、联动亚欧的区位与政策叠加优势;青岛所处经济发展阶段的优势;青岛城市经济现代化和综合竞争力的优势;国家战略叠加和地位凸显的优势;产业创新优势明显。文章最后提出了山东融入"一带一路"倡议过程中更好发挥青岛龙头作用的建议:发挥青岛区位优势,打造亚欧大陆桥核心桥头堡(建设国际一流强港;推进铁路交通枢纽建设;打造区域性枢纽机场);发挥青岛海洋优势,打造"一带一路"海上合作支点(要探索设立海洋合作机构;要深化海洋经济贸易领域交流合作;强化环保和灾害应对合作);发挥青岛开放优势,构建"一带一路"倡议的经贸合作枢纽(要加快青岛自贸港区建设;积极吸引海外科研机构、企业,特

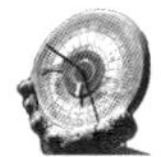

别是国际组织、跨国公司、大财团来独资或合资兴办高新技术企业；引进高端人才，建立高端科技创新团队)。

此外，还有其他文章探讨了其他省区市如何参与21世纪海上丝绸之路的建设问题，主要有：倪东明、刘伦斌的《天津在“一带一路”中的优劣势分析及对策建议》(《天津职业技术师范大学学报》2017年第1期)，刘东涛、张新宇的《以“一带一路”建设为契机推进津冀港口协同发展》(《天津商业大学学报》2017年第1期)，杨雷的《关于“一带一路”战略背景下天津对外开放格局的思考》(《东北亚学刊》2017年第2期)，邹婵的《天津参与“一带一路”战略的优势、挑战与对策》(《天津经济》2017年第4期)，涂雯的《“一带一路”战略下大连港多式联运发展现状及对策建议》(《港口经济》2017年第5期)，董琴的《“一带一路”战略下构建大连对外开放新格局路径研究》(《辽宁行政学院学报》2017年第6期)，高红梅、林夏丽的《“一带一路”倡议下天津港口物流发展问题研究》(《大陆桥视野》2017年第9期)，李勇的《天津主动融入“一带一路”建设的实践与思考》(《求知》2017年第11期)，等等。

高红梅、林夏丽的《“一带一路”倡议下天津港口物流发展问题研究》明确指出天津港在“一带一路”倡议中的地位，天津港既是实现陆港联运的核心中转站，也是我国唯一一个同时拥有4条通向欧洲陆桥的铁路的港口。天津既是中国、蒙古国、俄罗斯三国经济走廊的主要基地，也是21世纪海上丝绸之路的战略要地；既是“一带一路”倡议的重要衔接点，也是距离亚欧大陆桥东部最短的起点。文章接着用SWOT分析法对“一带一路”倡议下天津港口物流的发展进行分析：优势(运距相对优势、地理位置优势、经济腹地优势、航线航班优势)；劣势(深水泊位量有限；物流现代化水平不足；港口布局规划不合理；专业性人才不足)；机会(国家对物流发展越来越看重；国家政策、资金支持；京津冀地区共同体、设立自由贸易区、加速滨海新区发展、建设自主创新示范区、“一带一路”倡议等五大战略机遇)；挑战(国内140多个对外开放港口竞争激烈；渤海湾内青岛港集装箱吞吐量大于天津港；青岛港货物吞吐量增速较快)。文章还提出了“一带一路”倡议下天津港口物流发展的对策，主要有：合理增加泊位，提高港口吞吐效率；强化科技支撑，提高物流技术信息化水平；以港为主，协调布局提升功能；借助国家战略，完善港口中转功能;联合各渠道,建立供应链联盟。

杨雷在《关于"一带一路"战略背景下天津对外开放格局的思考》中指出,"国家出台的'一带一路'战略为天津提供了新的发展机遇。天津应当审时度势,把握机会,重构对外开放格局。天津要逐步建立和完善能够快速、低成本地将来自欧亚腹地到达天津的陆运货物分解、加工、编组装船,然后发往亚太地区不同国家的系统性功能,促使天津尽快成长为欧亚之间国际贸易和货物转运的国际物流枢纽"。为了实现这一目标,文章提出:需要加强国际通道建设,形成国际物流枢纽;明确城市定位,确定优势产业;加强对外联系,筑牢对外开放平台;加强区域协作,担当发展龙头。

涂雯在《"一带一路"战略下大连港多式联运发展现状及对策建议》中指出,"大连港得天独厚的地理位置优势,是中国东北腹地的重要输出窗口,是'一带一路'战略中'新丝绸之路经济带'的桥头堡、'21世纪海上丝绸之路'的延伸点"。文章分析大连港建设国际中转枢纽港的优势:区位优势("领三省而带一区",立足东北振兴做文章;"临一湾",尽享渤海圈经济腾飞便利;"面半岛,望日蒙俄",充分挖掘世界经济潜力);海铁联运优势;比较优势(相对于俄罗斯东方港的优势;相对于青岛港、天津港、营口港的优势;相对于内陆港的优势;与海运、空运和公路运输的比较优势)。同时,文章还分析了大连港发展多式联运存在的问题:中、俄铁轨宽度不同;港口后方铁路能力紧张,不适应港口集疏运需要;港口后方铁路与陆港发展不协调;通关存在不顺畅之处。文章最后提出了大连建设多式联运监管中心的对策建议:加强政策支持;实施便利化通关政策;通过口岸单位协作打造高速物流网;加强科技应用创新。董琴在《"一带一路"战略下构建大连对外开放新格局路径研究》中指出,"一带一路"倡议的深入实施,为大连构建对外开放新格局提供了历史新机遇。文章分析了融入"一带一路"倡议,打造大连开放新格局的五大优势:良好的制造业产业基础;优越的地理位置条件;国家级新区——金普新区的建立;具有良好的对外经贸合作关系;基本具备融入"一带一路"建设的互联互通基础。同时,文章也指出还存在一系列问题及挑战:构架对外开放新格局相关配套有待完善;港口重复建设、港间无序竞争严重;腹地范围相对偏小,开放引领及辐射牵动能力不强;相关平台建设不

足。最后，文章提出了构建大连开放新格局的举措：加强与“一带一路”沿线国家经贸合作；做好大连产业结构升级，加强对具有创造力的企业的扶持；以制造业为主体，积极参与“一带一路”互联互通建设；鼓励大连企业“走出去”，加强境外产业园区建设；加速大连互联互通建设；创新方式，加快跨境电子商务发展。以上这些文章，反映了中国各地区主动参与21世纪海上丝绸之路和丝绸之路经济带建设的热情。正是中国各地区的积极主动参与，2017年国内外社会对“一带一路”的好感度持续上升，进一步推动了对外交往的“新丝路”，取得了丰硕的成果。

(七)关于港澳台地区参与“一带一路”建设问题的研究概况

2017年12月14日，国家发展改革委员会和香港特别行政区政府签署了《国家发展和改革委员会与香港特别行政区政府关于支持香港全面参与和助力“一带一路”建设的安排》，旨在从多元化融资等方面支持香港参与和助力“一带一路”建设。这有利于发挥香港的独特优势，助力“一带一路”建设，也有利于香港通过参与“一带一路”建设，提升自身竞争力，培育发展新优势，开拓发展新空间，实现更好发展。

2017年，一些学者从不同的角度对香港和澳门进行了研究，主要有：郑宏泰的《“一带一路”制度创新与香港的机遇》(《港澳研究》2017年第1期)，陈义兴、暨佩娟的《“一带一路”国家战略下香港地区经济发展重新定位之探析》(《海南金融》2017年第2期)，程玉鸿、朱颖的《创新合作：“一带一路”下香港的功能定位与转型学术研讨会会议综述》(《港澳研究》2017年第3期)，李芝兰、梁雨晴的《一带一路建设中香港的新角色——基于软实力视角》(《开放导报》2017年第4期)，李晓玉的《“一带一路”战略中的中国香港与阿拉伯国家合作策略》(《经济研究参考》2017年第4期)，覃成林、刘丽玲的《“一带一路”建设与香港经济发展新动力》(《亚太经济》2017年第5期)，张晓静、邱晓伟和刘凡合撰的《“一带一路”框架下香港与东盟的经贸合作潜力分析》(《广西大学学报·哲学社会科学版》2017年第5期)，等等。

我国香港学者郑宏泰的《“一带一路”制度创新与香港的机遇》一文逻辑清楚，很有新意。文章提出，“‘一带一路’倡议则具有任何国家或地区只要认同其目标与宗旨即可参加的包容性与兼容性，更不限于传统意义上的陆上‘丝路’与海上‘丝路’地区，相当开放。其合作互动的内容亦不限于商品的贸易畅通，还有民心相通、政策沟通、设施连通和资金融通等众多面向，具有更强的多元性与相互联系性，其运作模式可谓史无前例”。作者认为，“若要成功推动‘一带一路’倡议，尤其应实事求是，依据实证数据，尊重客观事实和科学精神”。因此作者以世界经济论坛公布的《全球竞争力报告》的数据为核心，运用 SWOT 分析模型，分析香港在不同层面上的机遇与挑战，得出结论：“‘一带一路’倡议乃是推动香港经济转型的良机。香港的强项是‘一国两制’，又拥有优良体制，所以可联系中外西东，金融、贸易及专业服务更可成为促进‘一国两制’倡议中‘五通’的重要力量；香港的弱势则是市场规模不大、创新生态有待改善，近年更因内部政治争拗不绝令施政举步维艰，内耗不断，难以全心全意投入发展。更为重要的是，‘一带一路’可带来发展机会与亮点，因为沿线的大多数国家和地区属于新兴经济体，充满动力；中国香港亦不能低估来自新加坡、中国台湾、马来西亚及卡塔尔等竞争对手强有力的挑战。”在文章中，作者尤其重点指出“一带一路”倡议的制度创新，“不但能协助区域中新兴经济体的发展，同时亦是推动香港经济转型的良机”。

覃成林、刘丽玲的《“一带一路”建设与香港经济发展新动力》一文，将香港置于国家“一带一路”建设的总体需求中，提出“一带一路”建设与香港经济发展的新机遇：新的经济发展空间；广阔的经贸合作领域。同时也提出“一带一路”建设与香港经济发展的新挑战：内地开放总体格局变化的影响（“一带一路”的实施，会导致香港的“中介”作用出现进一步削弱的可能性）；内地自贸试验区建设的影响（中国内地正在建设 11 个自贸试验区，这些自贸试验区在功能上将对香港的自由港优势和产业发展产生多方面的影响）；内地相关城市发展的影响（在“一带一路”建设中，内地部分城市在国家的大力支持下，将会出现加快发展趋势，从而对香港赖以立足的优势产业产生日益增大的竞争压力）。文章同时也提出了“一带一路”建设中香港经济发展的新动力：香港在“一带一路”建设中的功能与经济发展的新动力（“一带一路”建设的重要支点；内地“走出去”的合作伙伴）；“一带一路”建设中香港产

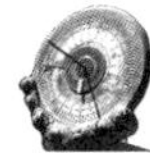

业发展与经济发展的新动力(“一带一路”建设与金融、贸易及物流、旅游、专业服务及其他工商业支援四大服务业;“一带一路”建设与文化及创意、医疗、教育、创新科技、检测及认证、环保六大新兴产业)。文章最后提出了香港培育经济发展新动力的策略:调整产业发展思路和方式;在与内地合作中增强经济发展新动力(转变与内地经济关系的模式;依照平等、互利、共赢的原则,推动与内地市场的相互开放,实现要素流动自由化;积极跟进内地创新发展步伐,促进香港产业发展方式的创新);治理经济发展环境。

陈义兴、暨佩娟的《“一带一路”国家战略下香港地区经济发展重新定位之探析》一文认为,“香港地区经济能否再创辉煌,很大程度取决于香港地区能否抓住‘一带一路’的历史机遇,重新对自身经济地位和长远发展进行适时的调整和定位”。文章分析了香港地区在“一带一路”倡议中的优势:“一国两制”的核心作用;经济制度上不可比拟的优势;贸易运输中心的相对优势;金融领域的经验优势。对于香港未来的经济定位,作者给出了政策建议:充分发挥香港地区独有的平台作用;主动积极参与“一带一路”建设;利用比较优势的支持作用。

李芝兰、梁雨晴在《“一带一路”建设中香港的新角色——基于软实力视角》一文中认为,我国在软实力方面,可以率先探索利用香港的条件进一步推进软实力的提升。文章提出香港在“一带一路”建设中的新角色有:提供社会管理模式参考;提供优质的教育和科研资源;构建适应“一带一路”的国际法框架;建立具有公信力的新评级体系;建立和扩展国际资金认可的交易平台;提高项目设计和全流程风险管理能力。

代魁的《“一带一路”建设背景下澳门的发展机遇》(《现代管理科学》2017年第12期)一文开篇就提出,“‘一带一路’建设涉及基础设施、货物贸易、金融、文化教育等多领域的全方位合作,这也为澳门经济发展带来了难得的契机,将有效推动澳门经济适度多元化发展,推进澳门‘一个中心、一个平台’建设”。文章分析了澳门参与“一带一路”建设的优势:资金优势、金融服务优势、制度灵活优势、文化交融优势。在作者看来,“‘一带一路’建设背景下澳门经济的发展从纵向上可以分‘两步走’,第一步借助其外向型经济优势,深化完善‘平台’建设,为中外特别是中葡之间在金融、文化、商品、技术等多方面交流合作搭建平台，提供一条龙式的服务。第二步由‘平台’向相关产业延伸，背靠珠海紧贴香港，借助粤港澳大湾区推动自身产业优化升级。从横向上重点推动旅游产业、会展产业、文化产业、金融产业、高科技产业的发展，促进经济多元化发展”。作者最后认为未来澳门可以围绕以下五个中心来发展：多元化的休闲旅游中心、国际化的会展中心、特色化的金融中心、前沿化的文化交流及产业中心、现代化的技术研发及交易中心。

2017年3月5日，国务院总理李克强在《政府工作报告》中指出："要推动内地与港澳深化合作，研究制定粤港澳大湾区城市群发展规划，发挥港澳独特优势，提升在国家经济发展和对外开放中的地位与功能。"这意味着粤港澳大湾区发展设想被正式列入国家经济发展战略。因此，一些学者也从不同角度进行了研究。主要有：左晓安的《与"一带一路"战略协调发展的粤港澳合作机制创新》(《特区经济》2017年第1期)，王守力、范美丽的《"一带一路"战略下粤港澳体育旅游资源的空间结构特征及开发路径研究》(《贵州体育科技》2017年第1期)，余欣的《推进"一带一路"建设下粤港澳文化交流与合作》(《城市观察》2017年第5期)，黄霓、陈茜的《粤港澳自贸区协同引领"一带一路"建设研究》(《城市观察》2017年第6期)，等等。

左晓安的《与"一带一路"战略协调发展的粤港澳合作机制创新》一文首先提出，"粤港澳三地政府都高度重视‘一带一路’发展战略，各自制定了详细合作规划"，但由于经济和产业发展差异明显、区域合作安排相互交错以及合作受政治外交等因素干扰，因此客观要求粤港澳合作与"一带一路"区域协同发展必须创新相应合作机制。接着，文章分析了粤港澳与"一带一路"地区经济互补性很强，主要体现在：与区域内发达国家高端产业合作空间大；与工业化中后期阶段国家产业、经贸合作可塑性强；与工业化初、中期国家产能合作空间大。最后，文章提出打造"一带一路"地区与粤港澳联动开放合作新机制：营造适应创新创业与"一带一路"区域创新发展的合作机制；集成优势打造"一带一路"区域产业链重构合作机制；创新区域合作主体构建多方发力齐头并进的合作推进机制。黄霓和陈茜在《粤港澳自贸区协同引领"一带一路"建设研究》一文中写道，"‘一带一路’倡议和自由贸易园区的设立均是新时期中国扩大对外开放的主要形式，是中国全方位融入世

界的重要战略部署。粤港澳地处中国南大门，面向东南亚，背靠泛珠江三角洲等广大腹地，更是21世纪海上丝绸之路的门户枢纽”。文章认为粤港澳自贸区有条件、有能力协同引领“一带一路”建设：协同充当“一带一路”建设主力军（共同挖掘先行先试标杆；共同推进沿线基础设施互联互通；共同拓展沿线多元市场）；协同充当“一带一路”建设助力平台（搭建集资融资平台；搭建商贸促进平台；搭建高端专业服务平台；搭建产业合作对接平台；搭建区域经济合作综合服务大平台）。

2017年，关于台湾地区参与“一带一路”建设问题的文章有：林红的《“一带一路”视角下两岸经济合作关系与“新南向”政策》（《台海研究》2017年第2期），王建邦的《“21世纪海上丝绸之路”建设下的对台湾投资》（《贵州大学学报・社会科学版》2017年第2期），严安林、张建的《“一带一路”倡议对亚太秩序与两岸关系的影响》（《台湾研究》2017年第4期），庞建国的《“一带一路”与两岸经济社会融合发展》（《发展研究》2017年第7期），邱丽洪、杨逸昕和闫玄的《“一带一路”建设背景下海峡两岸经贸合作的动力与对策分析》（《长沙大学学报》2017年第6期），等等。

严安林、张建的《“一带一路”倡议对亚太秩序与两岸关系的影响》一文，作者就“一带一路”倡议形塑两岸关系新的亚太经济、政治和安全格局提出了观点：“经济方面，为亚太地区经济发展带来发展动力、资金支持和实质增长；政治方面，为在亚太政治秩序的变革提供中国方案并塑造新型的亚太政治格局；安全方面，有利于以对话和协商解决亚太安全难题，并为亚太地区安全提供公共产品；两岸关系方面，对蔡英文当局的对美政策、对日政策以及其大力推动的‘新南向政策’带来重要而深刻影响。”作者最后提出“一带一路”倡议深刻影响海峡两岸关系的发展：倡议给台湾经济与台商发展提供机遇；倡议有利于两岸经济合作的制度化；倡议有利于“两岸命运共同体”的构建。

我国台湾学者庞建国在《“一带一路”与两岸经济社会融合发展》中指出，台湾地区的地理位置居于21世纪海上丝绸之路的要冲。文章对“一带一路”的蓝图和推进两岸经济社会融合发展意涵进行了分析。在作者看来，“‘一带一路’的蓝图已经为台湾地区参与‘一带一路’提供了许多可以着力的想象空间，不过，要让这些想象落实，还需要采取一些比较具体的做法，这些做法可以分为制度安排和人脉联结两个面向来进行”。作者认为：“在制度安排的面向上，目前两岸两会沟通协调机制中断，台湾地区无法透过‘官方’乃至于‘半官方’的渠道系统性地参与‘一带一路’的建设。替代的渠道和窗口，除了全国台湾同胞投资企业联谊会和各地方的台资企业协会之外，台湾地区也应该建立适当的渠道和窗口。”“在人脉联结的面向上，就可以朝‘一代一线’的方向去努力。被认可作为台湾地区参与‘一带一路’联络窗口和沟通渠道的蓝营政党或民间团体，应该将‘一代一线’作为工作的重点，努力联结有关的社群，并做好筛选把关的动作。其中，‘青年一代’的部分可以善用互联网作为信息传递的工具，透过 Facebook、Line 和微信等社群网站和通信平台，连接台湾地区的青年创新创业社群。‘基层一线’的部分可以和台湾地区的工会、农会、渔会、农田水利会和村里长组织多接触往来。同时，多办理与‘一带一路’相关的参访团，借此加深和台湾地区‘一代一线’的联系交往。”

邱丽洪、杨逸昕和闫玄的《“一带一路”建设背景下海峡两岸经贸合作的动力与对策分析》一文，从两岸经贸合作与“一带一路”倡议的角度研究新形势下两岸经贸合作发展问题。文章提出，两岸经贸合作发展在取得持续进展的基础上，仍面临诸多困境：经贸合作缺乏新的动力；两岸产业结构趋同对合作提出更高要求；政治因素成为合作新壁垒。文章也指出“一带一路”建设为两岸经贸合作带来了新机遇：进一步开拓沿线国家市场；为两岸资本寻求新出路；促进两岸产业发展与升级。面临的挑战有：台湾地区内部情势不稳；两岸经贸合作的法律尚不完善；外部因素的干扰。最后，文章提出了深化海峡两岸经贸合作的建议：充分利用当前的有利政策；加强协商，增强两岸互信；尽快规范两岸相关法律；加强对外沟通与合作。

此外，还有一些文章从海外华侨方面来探讨 21 世纪海上丝绸之路建设。主要的文章有：廖大珂的《利用东南亚侨务资源，推动海丝文化建设》（《泉州师范学院学报》2017 年第 1 期），刘益梅的《华人经济在海上丝绸之路建设中的助推作用探讨》（《丽水学院学报》2017 年第 1 期），张赛群的《华侨华人与“海上丝绸之路”：基于历史和现实的思考》（《东南亚纵横》2017 年

第 3 期)，黄兴华、杨宏云的《东南亚华人企业在建设 21 世纪海上丝绸之路核心区中的助推作用研究》(《福建理论学习》2017 年第 4 期)，杨丽尧、殷勇等的《“一带一路”战略背景下马来西亚华人华侨的作用》(《亚太安全与海洋研究》2017 年第 5 期)，谢婷婷的《侨务公共外交在海丝建设中的实践策略——以华商为例》(《太平洋学报》2017 年第 11 期)，等等。其中谢婷婷的《侨务公共外交在海丝建设中的实践策略——以华商为例》一文提到，“华商作为一个具有影响力的独特群体，能够有意义地参与到公共外交活动，创造性地传播观念，推动构建海上丝绸之路建设中民心相通的实现”。作者认为，“华商遍布世界各地，不同地区、国家情况各异，侨情亦不同，应采用理性选择与情感互动相结合、以情感关系为基础构建集体认同感、重视发掘华商文化中的普适性价值观三者相结合的主导策略，进行具体的实践体验和进程推动”。《华侨华人与“海上丝绸之路”：基于历史和现实的思考》一文提出，“历史上的海上丝绸之路成就了华侨华人，而华侨华人也为历史上海上丝绸之路的繁荣做出了自己特有的贡献”。“21 世纪海上丝绸之路建设，既需要沿线各国政府的积极合作和认真筹划，也需要沿线各国华侨华人的广泛参与。当然，在对华侨华人参与 21 世纪海上丝绸之路建设满怀期待的同时，也要看到其中的变数和各种阻碍因素，如侨居国政策的不稳定性和华人问题的敏感性，华人企业与中国企业的竞争性等。总之，华侨华人需要海上丝绸之路，海上丝绸之路建设也需要华侨华人，历史上如此，新世纪也是如此。但要让华侨华人更大程度地参与 21 世纪海上丝绸之路建设，不仅需要华侨华人把握机遇，也需要各方积极创造条件，充分调动华侨华人参与其中的积极性，提升其参与能力，并通过华侨华人的示范和推动，扩大 21 世纪海上丝绸之路建设的成效。”

二、21 世纪海上丝绸之路与世界发展

21 世纪海上丝绸之路坚持“共商、共建、共享”的原则，不仅需要沿线国家的积极响应，也需要域外国家的理解和支持。

（一）中国与东南亚国家的关系

中国与东南亚国家地缘相近，东南亚也是21世纪海上丝绸之路建设的首选区域，发挥着独一无二的重要作用。因此，2017年关于中国与东盟共建21世纪海上丝绸之路的文章最多，研究涉及的领域也比以前更广泛。主要有：范丹、朱妮娜和王博的《海上丝绸之路战略下中国东盟经贸形势分析》（《探求》2017年第1期），陈才、刘晓晴的《以中国—东盟信息化合作推动21世纪海上丝绸之路发展》（《世界电信》2017年第2期），袁炎清、夏新海和易燕等的《中国与海上东盟国家港口合作研究》（《广州航海学院学报》2017年第3期），潘永、王太云撰写的《21世纪海上丝绸之路金融需求的形成机制与规模测度——基于中国—东盟的样本数据》（《广西社会科学》2017年第4期），邹春萌的《“一带一路”背景下中国与湄公河国家产能合作：制约因素与发展途径》（《云南大学学报·社会科学版》2017年第4期），李志勇的《“海上丝绸之路”背景下中国—东盟旅游合作内容、途径及政策建议》（《广东海洋大学学报》2017年第5期），曹云华、李均锁的《21世纪海上丝绸之路：东南亚的角色扮演》（《兰州学刊》2017年第5期），夏苇航、刘清才的《“21世纪海上丝绸之路”倡议视域中的中国—东盟关系》（《社会主义研究》2017年第6期），韦红、尹楠楠的《“21世纪海上丝绸之路”东南亚战略支点国家的选择》（《社会主义研究》2017年第6期），俞国祥、胡麦秀的《中国与东盟机电产品的出口竞争力和结构比较分析——以“21世纪海上丝绸之路”为背景》（《上海管理科学》2017年第6期），李铭的《影响21世纪海上丝绸之路建设的东盟因素分析》（《中国商论》2017年第20期），宗会明、郑丽丽的《“一带一路”背景下中国与东南亚国家贸易格局分析》（《经济地理》2017年第8期），朱妮娜、范丹等撰写的《海上丝绸之路对中国—东盟经贸关系影响实证分析》（《中国集体经济》2017年第9期），李广杰、刘晓宁的《“一带一路”背景下中国对东盟直接投资的布局优化研究》（《东岳论丛》2017年第9期），林进忠、林旻和黄邵的《论21世纪海上丝绸之路建设背景下我国与东盟的金融合作——基于SWOT分析》（《福建金融》2017年第9期），黄静茹、白福臣和张苇锟的《广东—东盟科技合作模式及平台建设——基于“21世纪海

上丝绸之路”的背景》(《资源开发与市场》2017 年第 10 期),宋清润的《“一带一路”倡议下的中国—东盟合作:机遇、挑战与建议》(《世界知识》2017 年第 12 期),吴喜龄、陈万灵的《21 世纪海上丝绸之路的中国与东盟共赢性研究——基于中国与东盟合作效应的计量》(《商业经济研究》2017 年第 22 期),等等。

还有一些专门是针对中国东盟合作中可能出现的安全问题来进行探讨的。如马国俊的《中国与东盟“海上丝绸之路”周边安全合作》(《才智》2017 年第 3 期),陈韫韬的《亚洲国家反恐培训国际合作的未来发展——以中国、印尼、文莱等国为例》(《云南警官学院学报》2017 年第 1 期),金乾伟的《21 世纪海上丝绸之路与东盟绿色金融安全建设构想研究》(《湖北经济学院学报・人文社会科学版》2017 年第 5 期),谢斌的《“21 世纪海上丝绸之路”建设背景下的中国—东盟执法安全合作》(《理论界》2017 年第 5 期),等等。

在上述文章中,有的观点分析比较深入而又具有操作性,值得我们重视。如宋清润的《“一带一路”倡议下的中国—东盟合作:机遇、挑战与建议》提出,“‘一带一路’合作倡议与东盟国家部分发展规划不谋而合;东亚或亚太区域多边经贸合作机制的推进,特别是‘区域全面经济伙伴关系协定’(RCEP)谈判进程的推进,为中国与东盟及其成员国在‘一带一路’倡议下的合作也提供了诸多机遇”。但难免存在一些问题:南海局势总体暂缓,但并不意味着今后不会起波澜,而且仍有争议升温的可能性;中国与东盟国家实力对比悬殊等因素所引发的问题也在凸显;过去两年中国与东盟十国贸易额罕见地连续两年负增长,中国仍保持对东盟的较大贸易顺差,这也引发东盟国家的担忧和些许不满;东盟国家对“一带一路”的理解和对华合作的期待,需要中国去做更多工作或者予以细致回应;东南亚地区已经成为世界主要大国博弈的前沿地区之一,美日印欧等大国和组织的目的之一是制衡中国影响力。作者建议,“中国和东盟各方,包括在东南亚有重大利益的大国和组织,应树立‘合作互利、斗则皆输’的理念”。同时,作者也提出了具体要求:“在政策沟通方面,双方还需更加细致,争取让双方的发展战略能更好地对接,探寻更多互惠互利的合作点。”“在基础设施联通方面,中国要进一步优化我方发展和需求与对方国内发展需求的更好对接。”“在贸易方面,双方跨境口岸通关便利化仍有巨大的提升空间。”“在投资方面，中国企业可以尝试与美日欧企业按照市场经济原则和国际规则，在东南亚发展更多的联合投资项目，实现更多利益捆绑。”“在民心相通方面，要减少双方民间对彼此的误解与不满情绪，努力培养双方民众的友好情感。”

李广杰、刘晓宁合作的《“一带一路”背景下中国对东盟直接投资的布局优化研究》认为“一带一路”倡议的提出和深入推进为中国对东盟直接投资的布局优化创造了机遇和条件，但同时又面临来自多方面的风险和挑战，表现在：东盟国家对“一带一路”的认同和接受程度存在差异；东盟国家政局不稳和领土争端导致的政策频繁变动；民族分裂主义、宗教极端主义和恐怖主义带来的威胁；东盟国家经济波动导致的通货膨胀、外汇兑换等经济风险；法律体系不健全、投资环境不完善可能造成的经营风险。因此，作者认为基本思路应该是：重点对新加坡开展知识密集型、技术导向型投资；对印尼、泰国、马来西亚等开展市场导向型投资；对越南、老挝、缅甸、柬埔寨等开展产能转移型投资；对东盟各国开展有针对性、差异化的资源合作型投资；加大对东盟电力、铁路、港口等重点领域的基础设施投资。在此基础上作者还提出了“一带一路”背景下推进中国对东盟投资布局优化的对策：建立对东盟的投资协调机构、投资合作机制和投资服务平台；加快开展中国—东盟自贸区《投资协议》升级谈判；推动境外经贸合作区功能创新并融入当地产业链条；扩大跨境人民币结算范围和规模以防范汇兑风险；完善海外投资保险制度保障投资企业资产安全；加强对国有企业海外投资的风险防控和动态监管。

较多文章是从中国与某个具体国家角度进行探讨的。印度尼西亚在东盟的地位最为特殊与重要，所以学者探讨中国与印度尼西亚合作的文章最多，主要有：余珍艳的《“21世纪海上丝绸之路”战略推进下中国—印度尼西亚海洋经济合作：机遇与挑战》（《战略决策研究》2017年第1期）和《印度尼西亚基础设施建设现状及“一带一路”倡议推进下中国与印度尼西亚合作的路径》（《东南亚纵横》2017年第6期），黄永弟的《“21世纪海上丝绸之路”与印尼“全球海洋支点”战略对接的思考》（《宏观经济管理》2017年第3期），施雪琴、叶丽萍的《契机与挑战：当代中国与印尼新型互动关系的构建——

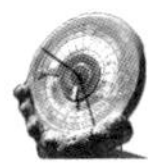

以“21世纪海上丝绸之路”建设为背景》(《当代世界与社会主义》2017年第3期),沈铭辉、张中元的《“一带一路”背景下的国际产能合作　　以中国—印尼合作为例》(《国际经济合作》2017年第3期),熊灵、陈美金的《中国与印尼共建21世纪海上丝绸之路:成效、挑战与对策》(《边界与海洋研究》2017年第6期),刘荃、曾慧岚的《“21世纪海上丝绸之路”的传播现状与建议——以印度尼西亚为例》(《中国出版》2017年第17期),谢琳灿的《“全球海上支点”对接“21世纪海上丝绸之路”——对印尼产能与基础设施合作的机遇与风险》(《中国经贸导刊》2017年第22期),等等。

余珍艳在《“21世纪海上丝绸之路”战略推进下中国—印度尼西亚海洋经济合作:机遇与挑战》中明确提出,海洋已成为中国和印尼加强全面战略伙伴关系的“蓝色纽带”。文章认为,在21世纪海上丝绸之路推进下,中国—印尼海洋经济合作拥有的历史性机遇有:中国—印尼关系处于历史上最好的时期,为海洋经济合作提供良好环境;21世纪海上丝绸之路倡议对接“全球海洋支点”战略,为海洋经济合作提供机制支撑;区域性金融机构的建立和发展,为海洋经济合作提供融资便利。但同时提出深入开展海洋经济合作也面临着一些挑战:印尼国内政治、社会环境复杂,不利于两国海洋经济合作的顺利开展;佐科政府实行“沉船政策”,对两国海洋渔业合作产生消极影响;南中国海问题或将对中国—印尼关系构成潜在挑战;印尼“全球海洋支点”战略下的大国平衡战略,影响两国海洋战略的顺利对接。因此,作者提出了进一步推进中国—印尼海洋经济合作的一些建议:印尼应积极改善政府治理和国内投资环境,为两国海洋经济合作营造良好内部环境;完善中国—印尼海洋战略对接工程,为两国海洋经济合作提供顶层设计支撑;理性处理南中国海问题,为两国海洋经济合作营造地区和平环境。

沈铭辉、张中元的《“一带一路”背景下的国际产能合作——以中国—印尼合作为例》一文,在分析印尼产业政策特点与最新发展趋势的基础上,讨论加强中国—印尼产能合作的可行性与适合中国—印尼之间构建价值链的产业,认为在农业、采矿业、加工业以及造船业、信息通信业等高新技术产业领域,可以发挥我国技术、资金上的优势。作者认为,“基于双方产业优势互补和宏观利益对接的国际产能合作才能成为‘一带一路’建设中的长期可持续项目,即使如此,做好国际产能合作仍然需要注意宏观和微观的配合,特别是微观企业层面如何落实国际产能合作,仍然是考验国际产能合作成败的关键影响因素”。具体要求是:坚持企业主导,提高企业国际竞争力;加快建设产业园区,使其成为承接中国—印尼产能合作的重要平台;主动融入当地社会,积极实施本土化策略;加强研究,降低产能合作风险。

施雪琴、叶丽萍在《契机与挑战:当代中国与印尼新型互动关系的构建——以“21世纪海上丝绸之路”建设为背景》一文中写道,“‘21世纪海上丝绸之路’建设与‘全球海洋支点’战略的先后提出,既表明中印尼两国的国家战略在地缘政治经济上具有天然的耦合性,同时也表明国家间竞争关系的根深蒂固”。因此,作者认为,必须构建一种创新利用正面历史经验,超越民族国家之间狭隘关系的新型互动关系。文章接着分析了中国与印尼新型互动关系的构建充满了以下几个契机:(1)从全球层次来看,经济全球化使国家之间在国内发展与外交政策上的相互依赖不断加深。(2)从地区层次来看,自20世纪六七十年代以来,尽管“市场经济+威权政治”的现代化模式存在种种弊端,但不少东亚国家还是凭借这一模式实现了集体性的和平崛起,这对新自由主义意识形态和美国霸权构成了巨大的挑战,从而也为东亚地区独立自主的一体化进程创造了契机。(3)从国家层次来看,中国的21世纪海上丝绸之路建设倡议和印尼的“全球海洋支点”战略,都是各自国家的顶层设计,都是顺应各自国家长远发展需求的产物,从而具有较为广泛的国内合法性基础。同时文章还分析了中国与印尼新型互动关系构建也面临着一些挑战:(1)从国际层次来看,中印尼关系的发展会受到大国关系尤其是中美关系走向的影响;(2)从地区层次来看,南海争端可能会对中印尼关系的发展产生消极影响;(3)从国家层次来看,印尼国内的一些因素可能对中印尼关系的发展产生消极的影响;(4)印尼的威权主义国家治理方式的路径依赖效应依然强烈。在上述分析的基础上,作者认为“构建中印尼新型互动关系,离不开双方的共同努力。如果中国一厢情愿地推进‘21世纪海上丝绸之路’建设,并且抽象地强调互利共赢和‘互联互通’,而印尼却狭隘地界定自身的国家利益边界,或者曲解‘21世纪海上丝绸之路’建设的内涵,那么中印尼之间就不存在构建新型互动关系的可能”。因此,作者提出

中国和印尼共建新型互动关系的两个策略，第一是中国自身的策略：(1)从全球层次上看，中国必须处理好与美国的关系，因为中美之间的合作与竞争会直接影响到国际体系的变迁；(2)从地区层次上看，中国作为一个大国，必须以开放、包容的心态和姿态处理周边外交问题，尤其要充分理解亚洲中小国家夹在中美之间所产生的不安全感与战略焦虑；(3)针对印尼国内可能存在的风险挑战，中国既要重视传统的政府间外交的顶层设计作用，更要发挥公共外交的独特优势。第二是中国对印尼的期盼：(1)印尼在中美之间应当尽可能保持中立的态度；(2)印尼应当做负责任的东盟领袖；(3)印尼应当为对华政策的理性化营造必要的国内政治基础。

东盟的另一个重要国家新加坡尽管是一个城市国家，但因其地处马六甲海峡咽喉之地，地理位置至关重要，中国学术界非常重视 21 世纪海上丝绸之路上中新关系的发展。2017 年关于中国与新加坡关系的文章主要有：杜军、赵聪和鄢波的《21 世纪海上丝绸之路建设背景下基于引力模型的中国与新加坡双边贸易潜力研究》(《东南亚纵横》2017 年第 6 期)，杨祥章的《南向通道：新加坡参与“一带一路”的新载体?》(《世界知识》2017 年第 20 期)。杜军、赵聪和鄢波的《21 世纪海上丝绸之路建设背景下基于引力模型的中国与新加坡双边贸易潜力研究》一文，在使用引力模型的基础上，运用 2006—2015 年中国与新加坡的双边贸易数据，分析双方之间的贸易现状、贸易互补性和贸易潜力。文章得出结论：“中国与新加坡之间的贸易规模、贸易紧密程度、贸易潜力都在不断扩大。”而且“中国对新加坡的进口贸易潜力要大于出口潜力”。在此基础上，作者提出了提升中国—新加坡贸易水平的对策：调整双方产业结构，提高双边贸易互补性；积极开拓新市场，刺激出口潜力；优化双边贸易进出口结构；积极发挥中国—新加坡自由贸易区的作用；加强双方的港口建设。

泰国位于中南半岛，自古通过海上丝绸之路与中国关系密切，也是 21 世纪海上丝绸之路上的重要节点。2017 年研究中国与泰国之间合作的文章不少，研究的角度非常具体，主要有：者贵昌的《“一带一路”建设背景下中国与泰国金融合作的机遇与挑战》(《东南亚纵横》2017 年第 1 期)，王禹、李干琼等合作的《“一带一路”背景下中国和泰国农业合作研究》(《农业展望》

2017年第1期)，王雅丽、乐家华的《"海上丝绸之路"区位优势下中泰水产品贸易发展现状》(《中国渔业经济》2017年第4期)，刘佳、周文贵的《透视"一带一路"背景下的中泰合作》(《经济论坛》2017年第9期)。其中者贵昌的《"一带一路"建设背景下中国与泰国金融合作的机遇与挑战》一文指出，"泰国作为'一带一路'合作倡议重要起点和连接中亚辐射非洲、欧洲的重要国家，在'一带一路'建设中将承担重要的桥梁和纽带作用。此前，中国与泰国已经建立了中国—东盟自由贸易区(CAFTA)、大湄公河次区域(GMS)经济合作机制，并取得了一些成果。但是两国在金融合作方面仍处于初级阶段"。文章分析了"一带一路"建设背景下中国与泰国金融合作的历史性机遇：双边贸易规模的迅速发展为中泰金融合作创造了良好条件；双边大额投资项目客观上需要中泰金融合作与支持；两国合作进程的推进为中泰建立货币互换协议奠定了坚实的基础；两国合作战略共识为中泰互设金融机构开辟了通道。文章也分析了合作面临的挑战：中泰两国贸易发展不平衡对双方金融合作的挑战(泰国贸易逆差扩大；泰国对华出口贸易层次较低)；双边大额投资项目的差异性对中泰金融合作的挑战；人民币跨区域清算规模的扩大对中泰建立货币互换协议的挑战；中泰互设金融机构对两国金融风险监管的挑战。最后，作者提出了中国与泰国金融合作的对策建议：寻求贸易优势互补路径，为提升金融合作层次创造条件；鼓励泰国企业到中国投资，为中泰双方构建金融合作平台；妥善解决人民币跨区域结算的分歧，完善中泰货币互换机制；构建中泰双方合作监管机制和区域性金融风险监管体系。

(二)中国与印度及其他南亚国家的关系

南亚毗邻中国，市场潜力巨大，合作空间广阔，但因地缘政治关系合作障碍多、难度大。2017年，一些学者探讨了21世纪海上丝绸之路中有关中国与南亚合作的文章，主要有：谢向伟的《"一带一路"背景下的中印经济合作探析》(《东南亚南亚研究》2017年第1期)和《"一带一路"背景下完善中印经济合作机制探析》(《东南亚南亚研究》2017年第4期)，朱翠萍的《"一带一路"倡议的南亚方向：地缘政治格局、印度难点与突破路径》(《南亚研

究》2017年第2期),林民旺的《“一带一路”建设在南亚:定位、进展及前景》(《当代世界与社会主义》2017年第4期),杨怡爽的《“一带一路”视角下的中孟合作意愿、需求与空间》(《印度洋经济体研究》2017年第4期),刘明的《南亚国家共建21世纪海上丝绸之路的参与活性——基于陆海属性的视角》(《理论月刊》2017年第8期),等等。

林民旺的《“一带一路”建设在南亚:定位、进展及前景》一文指出,南亚在“一带一路”建设中处于重要地位,“一带一路”倡议受到南亚国家的普遍欢迎。然而,三年多来,“一带一路”的推进速度在南亚各国有所差异,中巴经济走廊快速推进,孟中印缅经济走廊、中尼印经济走廊的发展则低于预期,而21世纪海上丝绸之路的发展也经历了一些困难。文章接着在列举南亚在“一带一路”建设中取得突出成就的基础上,指出南亚“一带一路”建设面临的挑战:期待重新注入活力的孟中印缅经济走廊;等待启动的中尼印经济走廊。在现实分析的基础上,文章得出结论:“不论是孟中印缅经济走廊还是中尼印经济走廊,由于缺失了印度的支持,目前整体进展都低于预期,双边关系的推进也受到斯内政变化的影响。而21世纪海上丝绸之路在遭遇斯里兰卡内政变动和印度压力之后,终于能够得以恢复发展势头。”关于“一带一路”建设在南亚的前景这个问题,文章认为,“‘一带一路’倡议在南亚地区取得了显著的成绩,但整体发展态势还低于预期。相比于中亚等区域,南亚‘一带一路’建设的问题主要来自印度的消极抵制。中巴经济走廊的快速推进,离不开巴基斯坦强烈的合作意愿,同时也是有效地剔除了印度因素。而其他走廊的建设,由于印度的影响而进展不顺”。作者认为,“南亚‘一带一路’的未来前景取决于两个因素:一是中印关系的发展;二是印度的区域互联互通工程能在多大程度上冲击‘一带一路’。南亚独特的地缘政治架构,使得只有中印携手才可能推动南亚的共同发展。但是印度主流的看法是,‘一带一路’具有地缘政治内涵,印度不能放任中国‘一带一路’在南亚推进。这就造成南亚其他小国面临艰难选择”。

朱翠萍在《“一带一路”倡议的南亚方向:地缘政治格局、印度难点与突破路径》一文中指出,中国是南亚最大的邻居,虽然南亚的市场需求潜力巨大,合作空间广阔,但相比东南亚和中亚等地区,中国与南亚之间的合作面临更多难以克服的障碍。文章分析南亚地缘政治格局的主要特征是:地理重要性与安全脆弱性并存是南亚地缘格局的一个主要特征;不对称性权势结构与失衡性安全架构是影响南亚地缘政治裂痕的一个重要因素;恐怖主义和民族极端主义交织是南亚安全局势恶化的主要根源;域外大国的南亚战略是引发战略竞争和助推南亚地缘政治格局动荡的一个主要诱因。接着,文章提出,"南亚在'一带一路'倡议中的战略地位、合作深度与广度,不仅取决于南亚自身的地缘政治结构、南亚在地区和世界格局中的位置,更取决于中国的地缘政治结构、中国在南亚的战略定位、战略诉求以及中国与南亚国家之间的互动"。文章还指出,"'一带一路'倡议提出以来,在南亚方向得到了包括巴基斯坦、斯里兰卡、孟加拉国、马尔代夫、阿富汗和尼泊尔在内的绝大多数国家的积极回应和支持,由此也使得'一带一路'在南亚方向推进取得了明显的成效,但面临的挑战、风险与困境也不容忽视。除了大国地缘政治博弈、地区安全局势动荡等带来的不确定性与风险之外,中国'一带一路'计划最大的阻力之一正是印度"。那么印度难点主要体现在哪些方面呢?作者认为:难点之一是,如何减轻甚至化解印度对"一带一路"的疑虑并避免由此产生战略误判;难点之二是,如何缓释印度对中国崛起的压力并激发互利共赢的合作动力;难点之三是,如何避免印度对中国与南亚小国合作的干扰。最后,文章提出了"一带一路"倡议中印度难点的突破路径:基于印度对"一带一路"的疑虑和矛盾心态,应将"五通"中的民心相通置于两国关系的首位;以孟中印缅经济走廊建设为突破点撬动中印在东南亚和南亚战略重叠区的合作;打造中尼印经济走廊,是实现中国与印度开展互联互通合作的另一条途径。

一些学者还专门对中国与斯里兰卡的关系进行了关注。主要有:李艳芳的《"21 世纪海上丝绸之路"框架下中斯经济关系的重塑研究》(《南亚研究》2017 年第 2 期),韩露、林梦等撰写的《中国—斯里兰卡经贸合作:现状与前景》(《国际经济合作》2017 年第 3 期),官品的《"一带一路"视阈下中国与斯里兰卡的教育交流策略研究》(《重庆师范大学学报·哲学社会科学版》2017 年第 3 期),等等。

李艳芳的《"21 世纪海上丝绸之路"框架下中斯经济关系的重塑研究》,

就中斯经济关系的重塑进行了探讨。作者认为，“作为印度洋的‘十字路口’，斯里兰卡不仅扼守欧亚海上贸易、能源通道，也是东西方往来的海上补给点，已经成为连接东盟新兴经济体、西亚油气产区、东非大市场和欧洲发达国家的地缘区位中心”。文章指出，2013年以来的中斯经济合作实际已经进入了新阶段，中斯经济关系进入重塑期，中斯经贸合作出现了较大波动。文章在对中斯贸易、中国对斯投资、援助等方面综合分析的基础上提出，“中斯经济关系重塑的原因主要有两个：一是中斯经济合作基础的问题，主要是双边贸易结构失衡，中国的投资模式和投资领域引发争议问题日益凸显；二是两国的发展战略已经随各自国内发展需求、双边发展环境以及全球地缘环境的变化进行了重大调整”。作者尝试对中斯经济关系重塑的路径进行了探讨，认为“通过发展战略的对接分析，寻找双边战略利益汇合点，进而根据双边供求安排，重塑斯里兰卡的经济竞争优势，使中斯能在更高层面上开展更深层次的合作”。“中斯经济关系重塑就是要求中国根据斯里兰卡的发展需求清单，选择其中与中国的发展战略利益契合，与中国的供给能力相符的领域、行业去进行塑造，借此提高斯里兰卡这些方面的发展优势。从目前双边的战略需求对接、中方的投资重塑能力以及斯里兰卡的地缘区位优势等综合因素分析，帮助斯里兰卡提高地缘经济优势，助其成为亚洲乃至全球的航运中心、物流中心甚至是金融中心，不仅具有可行性，也有利于塑造、拓展中斯经济潜力，使得中斯能在更高层面上开展更深层次的经济合作。为实现这些目标，中国现行的投资领域、投资模式都需要进行调整。”文章同时指出，“中国不仅要继续帮助斯里兰卡完成覆盖全国的重点基础设施建设，还要进行基础设施与产业发展布局的匹配，并借此帮助斯里兰卡实现其产业发展规划。与此同时，中国还应关注中斯贸易逆差带来的负面影响”。“除了推进自贸区协议谈判、提升斯里兰卡对华出口的便利性以外，也要考虑通过投资帮助斯里兰卡构建起具有比较优势的出口产业。此外，为增强中斯经济合作，两国还应加强顶层设计和政策指导中的战略意识，也即中斯要从基于资源禀赋的市场导向合作，转向更具战略自觉性的、国家发展战略主导下的合作。”文章强调，“为实现中斯经济关系重塑的目标，需要认真思考几个重要问题。首先，需要就两国对‘共同利益’的不同理解进行研究。想当然地将自己认知的'共同利益'当成双边合作的可持续动力,不了解合作国的真正考量,是中国开展国际经济合作的常态。事实上,中斯在经济合作中各有所得并不是斯方认知的'共赢',总体福利的增加与双边合作福利的分配对其而言同样重要。中斯只有加强沟通,才能在合作中取得更多的共识。其次,针对中斯经济合作中出现的问题,应思考对中斯经济合作模式进行调整。中斯双边的贸易逆差问题、中国贷款中资承建的模式、中资项目在建设中存在的问题,以及因过度依赖中国产生的焦虑等已经成为前几轮中斯 FTA(自由贸易区)谈判中斯方的重大关切,可见两国合作模式的关键还是投资的问题。可以考虑引入'责任投资'理念,将绿色金融体系拓展到斯里兰卡,在引导部分资金投向其社会福利部门的同时,也要避免投资中产生的负面环境效应引发民众反感。最后,除了双边合作,还应思考在多边机制下与斯里兰卡开展更多合作。一直以来,斯里兰卡都积极参与区域、全球性的国际组织并主动发挥作用,其政府高层也多次表达了与中国开展多边合作的意向,其目的主要有两个:一是希望利用多边磋商机制,以多边合力提升与经济体量悬殊国家的谈判能力;二是想减少中斯双边合作给印度带来的刺激,并在一定程度上平衡中国对斯影响。对中国而言,增加中斯合作渠道,并在多边平台展示两国经济合作的成果,无疑对中国拓展更多的国际合作也是有利的"。

与研究东盟国家、南亚地区的文章相比,2017 年涉及其他国家和地区的文章相比之下不多,主要有:刘磊、贺鉴的《"一带一路"倡议下的中非海上安全合作》(《国际安全研究》2017 年第 1 期),张华春、黄有方、胡坚堃的《海上丝绸之路下东亚港口枢纽地位评价》(《华中师范大学学报·自然科学版》2017 年第 2 期),韩璐的《丝绸之路经济带在中亚的推进:成就与前景》(《国际问题研究》2017 年第 3 期),吴可亮的《东北亚海上丝绸之路建设问题研究》(《东北亚经济研究》2017 年第 1 期),金炳堇的《韩国海上丝绸之路的中心泰安马岛海域》(《中国港口》2017 年第 S1 期),崔向东的《东北亚走廊与丝绸之路研究论纲》(《广西民族大学学报·哲学社会科学版》2017 年第 5 期),陈江波的《"海湖庄园会晤"后"21 世纪海上丝绸之路"战略的新思考》(《海南大学学报·人文社会科学版》2017 年第 6 期),蔡凤林的《丝绸之路

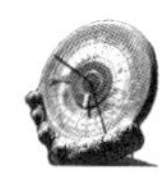

对日本文化形成的历史影响》(《日本问题研究》2017年第6期),孙君健的《澳大利亚与“海丝”倡议的对接及其前景》(《现代国际关系》2017年第6期),孙海泳的《中国参与印度洋港口项目的形势与风险分析》(《现代国际关系》2017年第7期),秦升的《超越“竞争性援助”:“21世纪海上丝绸之路”建设与太平洋岛国经济发展的新思考》(《太平洋学报》2017年第9期),张程锦的《“海上丝绸之路”倡议下的合作实践研究——以中国与太平洋岛国合作为例》(《东岳论丛》2017年第9期),等等。随着中国21世纪海上丝绸之路倡议的推进,这方面的研究有待于加强。

(三)外国人眼中的21世纪海上丝绸之路

21世纪海上丝绸之路倡议是中国在新的历史条件下的全方位对外开放政策,强调与世界其他国家的“共建”与“共赢”,了解与分析外国人眼中的21世纪海上丝绸之路,既事关国家战略的推进,也是学术界的重要任务,2017年这方面的文章不少。

2017年6月12日至16日,三位印度知名学者——印度尼赫鲁大学国际关系学院东亚研究中心谢钢教授、印度陆战研究中心主席拉姆斯瓦尔·罗伊中将(退役)、印度尼赫鲁大学国际关系学院斯瓦兰·辛格教授到访云南财经大学印度洋研究中心,作了学术讲座。三位学者的主要观点整理发表在《“一带一路”与中印关系——印度视角》(《印度洋经济体研究》2017年第3期,金莉苹译),内容分别是:谢钢教授的《谢钢教授解读中美印海洋战略》,罗伊中将的《中印关系:改进之处与利益汇合点》及《区域安全与南亚合作》,斯瓦兰·辛格教授的《“一带一路”与印度》。其中,罗伊中将在《中印关系:改进之处与利益汇合点》中指出,“中印相同的战略利益是维护主权、维持自主性,并为其发展创造一个和平的周边环境”。他认为目前中印关系中有若干可以改进的问题:第一个主要问题是边境问题,这是两国关系中最主要的阻碍,但要理解,边界争议并非单纯的土地争端,更涉及两国的互信构建;第二个问题是巴基斯坦的恐怖主义问题;第三个问题是中巴经济走廊,印度认为这条走廊穿过争议地区,涉及了印度的敏感点,中印两国应重视、管理和解决这些敏感问题。文章同时还提出了一系列可能的中印利益汇合点:反海盗;维持阿富汗的和平稳定;中印同为发展中大国,在发展绿色能源、应对气候变化等全球治理问题上可以共同合作,包括应对灾害和减灾等具体行动问题;中印在经济合作上,可以共商解决贸易失衡、推动对方适应本地经商环境以及加快区域合作。作者还强调了在中印关系中加强人与人的交流、互相尊重对方的敏感问题和利益的重要性。斯瓦兰·辛格教授在《"一带一路"与印度》中表示,"印度是中国在南亚方向最强大的邻居,印度在'一带一路'高峰论坛的缺席对于中印双方都不是好消息"。作者分析了印度缺席主要有几个原因:"第一,2013 年 9 月和 10 月,中国国家主席习近平在出访中亚和东南亚国家期间,先后提出共建'丝绸之路经济带'和'21 世纪海上丝绸之路'的重大倡议。印度认为,作为中国的邻居,这一倡议也应该在印度被宣布,或者至少应该与印度商讨。""第二,由于中印关系背负着沉重的历史包袱,两国关系的复杂性促使印度从不同的角度看待'一带一路'倡议。印度对于中国的'一带一路'倡议心存怀疑与不安。""第三,从概念上来说,'一带一路'倡议与印度自身关于扩展本国联通性、商业、文化以及环境的影响力的设想一致,所以印度在原则上并不抵制。但是美国的重返亚洲战略以及'印太'概念的提出将'一带一路'倡议描绘成与之对抗的战略。因此,印度对'一带一路'倡议也采取了小心谨慎的态度。""第四,最重要的原因是中巴经济走廊经过有争议的巴控克什米尔地区,然而中国却将其命名为中巴经济走廊。"作者同时表示,"这并不代表印度反对'一带一路'倡议的各个部分。印度是亚洲基础设施投资银行成员国,也是孟中印缅经济走廊的参与国,印度刚刚加入了上海合作组织"。因此,作者认为"这并不代表两国不能合作,事实上,两国已经在很多领域有合作"。最后,作者提出,"世界正在发生改变,应该尝试用不同的眼光看待世界。当用不同的视角看待世界的时候,'一带一路'倡议可能变得不一样。印度对'一带一路'倡议的态度也会随着印度对其了解的加深及中印关系的改善而朝着积极的方向逐渐变化"。

除了上面的文章,印度学者斯瓦兰·辛格另一篇文章《印度对"一带一路"倡议的选择性参与》(《印度洋经济体研究》2017 年第 4 期,朱艺翔译)一文指出,"'一带一路'由位于不同建设或规划阶段的六大经济走廊组成。作

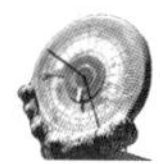

为中国近邻之中最大也是发展最快的经济体，印度对‘一带一路’倡议表现出极大的兴趣，在这些倡议中具有很大的合作潜力”。“然而，新德里发现能够直接参与的是上述清单中的最后两条经济走廊，一是东边的孟中印缅经济走廊，该走廊印度已经参与了二十多年；二是最近几年才开始的位于印度西边的中巴经济走廊，印度对此持有强烈的保留意见，这导致新德里不愿意参与‘一带一路’倡议。”同时“与‘一带一路’倡议密切相关的各机制与机构也面临相同的情况，印度仅仅是选择性地参与，而这也同样成为对各种相互疑虑的暗示与分析话题”。文章接着分析了是什么导致了印度对“一带一路”倡议的这样一种政策，作者认为，决定性因素大致包括以下几点：(1)担忧“印度的区域主导地位将失于中国之手”。(2)担忧“一带一路”倡议将不仅为中国本身带来更大的经济和战略利益，甚至将有利于印度的对手(例如巴基斯坦)。(3)担心中国海军在印度洋不断增加的海军部署。(4)担心印度东北地区动乱以及这些持续动乱与邻国庇护之间的互动。(5)担心中巴经济走廊会导致克什米尔争端国际化，并增加中国在原有所谓争议领土的存在和建设项目，从而改变印巴关系的性质。作者认为其他的原因还有中印在互联互通的方式上也存在一些基本差异：(1)印度认为要通过鼓励民间交往和信息交流来营造氛围，以社区建设实现互联互通。中国希望实现早期收获。(2)中印两国在基础设施互联互通的实际运作方面也存在分歧。接下来，作者介绍了印度参与“一带一路”各种经济走廊和合作机构的详细框架。作者认为，“由于中国和印度对于‘一带一路’倡议中的各种走廊没有协同方面的进展，而且在过去两年中双边关系不断出现一些刺激性因素，这两个亚洲国家正走向不和谐。中印两国在洞朗的对峙虽然只是火上浇油，但‘一带一路’倡议却似乎正在更为复杂的互动中退居二线。这一事态使得双方对于旨在促进相互理解‘一带一路’倡议的声音变得更为谨慎，甚至持批评态度”。“印度积极的外交政策也引起了中国的印度观察者的担忧。中国的许多人开始把印度与其他合作伙伴建立区域和全球互联互通的倡议，看作是与中国‘一带一路’倡议的平行竞争。这种看法肯定会产生不利影响。双方必须努力澄清和协调，以促进共同的互联互通倡议，而不是把它们视为相互竞争，这是促进‘一带一路’倡议产生任何协同效应的先决条件。”

在此基础上，文章进一步探讨中印两国如何合作才能更有效地实现对双方来说既高效而又颇具经济效益的结果，作者认为：(1)中印两国是否应该开始共同探索巩固在孟中印缅经济走廊上取得的成效呢？两国是否应该首先扩大合作以建设东边的连接呢？这可能有助于为解决“一带一路”倡议中更复杂的部分包括中巴经济走廊而营造氛围。(2)作为“一带一路”倡议的火炬手，中国需要让潜在的利益相关者相信“一带一路”倡议的裨益，并清晰说明“一带一路”倡议的目标和发展轨迹。(3)“一带一路”倡议在一开始主要是作为一项单边倡议，旨在将中国正在开展的许多倡议融合在一起。此外，作为其概念演变的一部分，“一带一路”的两个组成部分——丝绸之路经济带和海上丝绸之路，已经演变成为具有广泛弦外之音的“一带一路”倡议。这些都将有助于中国从全球经济增长的火车头转变成全球地缘经济的中心。最后作者也提出，“印度一再重申其与中国建立发展伙伴关系的承诺。印度确实希望能够成为日益加强的区域互联互通的一部分，印度也不能承受被排除在其所在地区经济转型之外的后果。但是中国也需要明白，印度是中国的邻国中最大也是增长最快的经济体。中国排除印度，或者说不解决印度对中巴经济走廊的担忧(中巴经济走廊仍是印度保留态度的重点)，阻止印度全心全意地参与‘一带一路’倡议，只会适得其反”。“印度正处于选择性参与‘一带一路’倡议的关键时期，不可能保持不变。要么加强这一选择，要么中国与印度将转向不同的方向建立平行的互联互通走廊。后一个结果也只会让‘一带一路’倡议的拥护者们通过连接在一起的陆地与海洋贸易和运输路线网络包围印度，把中国与印度的近邻与大周边联系起来，一些地区仍然弥漫着不安全的硝烟，进而使得崛起的中国和新兴的印度之间的关系复杂化。”作者认为，“‘一带一路’倡议若要成功，就必须成为一个真正的跨国项目，这样才会从印度不断扩大的参与中大大受益。要实现这一目标，非常重要的是，首先要重视印度对‘一带一路’倡议中各组成部分和机构合作中的参与，同时也要开始解决印度的担忧和保留。作为‘一带一路’倡议的主要建议者，这个责任显然在中国”。

2017年《世界经济与政治》第7期发表了美国学者布兰特利·沃马克的《中国、东盟和亚洲中心的再定位》，文章说：“互联互通是‘一带一路’倡议

的核心，‘一带一路’一方面推动了中国同其亚洲邻国之间的互联互通，另一方面也推动了亚洲各国同世界其他地区的互联互通。中国同东盟的关系在推动其关于亚洲的新思维发展方面起到了关键性的作用，而东盟也会成为亚洲中心再定位的受益者。”文章在对中国、东盟再定位分析的基础上，提出：“也许当代亚洲中心再定位的发展趋势同先前的帝国之间的最大区别就在于前者具有包容性。”“东盟长期以来向全世界开放，也不是一个反对其他国家的联盟。在改革开放的年代，中国也一直在追求建立伙伴关系而不是联盟。因此，亚洲中心的重新定位不是对全球政治经济的分割。事实上，通过发展亚洲地区的互联互通，亚洲同世界其他地区的互联互通也可以得到完善。”同时作者认为也很有必要指出：“作为亚洲的中心，中国的地位和权力使它同其他国家处于一种不对称的关系当中。如果不加以适当地控制，这也会成为其他国家焦虑和紧张的来源。由于中国同其每一个邻国在规模和实力上的不平等性，在同邻国的双边关系中中国总是风险较小的一方，并且也有更多的杠杆可以使用。更大的互联互通性同样加强了这种不对称性，因为相对于其他联系，同中国的联系变得更加重要。也许这对中国而言是一种优势，因为它可以利用它的权力来做出有利于己的交易。但是如果中国这样做，它无疑就是在向小国证明它们的双边关系事实上是赢—输（win-lose）而不是双赢性质的。更进一步来讲，其他小国都同中国处在一种相似的关系当中，因此也会观察到强制性的交易。如果中国的邻居对于中国崛起的抵制情绪上升，中国维护其中心地位的成本无疑也会上升，而互联互通所带来的收益也就下降了。对于大国而言，强制性的交易往往是一种诱惑，因为它们可以通过这种交易获得自己想要的东西。但是这种行为会破坏体系中其他国家的信心，同时也会推动其他国家的回避和抵制。人们应当记住双赢战略中的第二个‘赢’是由伙伴而不是中国所决定的。”

2017年《东南亚纵横》第6期发表了三篇国外学者写的文章，分别是柬埔寨学者兴旺达的《“一带一路”倡议背景下的柬埔寨—中国关系》（颜洁译）、越南学者高玉麟的《越南—中国：经济合作现状及“一带一路”带来的新机遇》（李碧华译）和泰国学者汤之敏的《中国—东盟智库在推进“一带一路”建设中的作用》。《“一带一路”倡议背景下的柬埔寨—中国关系》一文指出：

"'一带一路'倡议的实施旨在加强中国与欧洲、非洲和东南亚的区域合作，深化彼此的互信以及巩固相互联系，由此中国也表现出其在国际舞台上建立起经济、政治影响力的期望。"文章认为"一带一路"倡议背后的动因是多种多样的、复杂的，具体有：主要的兴趣在于降低商品运输的成本；与中国国内的经济状况有关；推动人民币成为国际储备货币的尝试；与中国与其他"一带一路"倡议参与国之间的经济互动有关，其中所蕴含的理念是，其他国家的经济增长将有助于满足中国不断增加的货物和服务需求。同时认为"一带一路"倡议也被看作是加强中国与欧洲和亚洲之间政治关系的一种尝试。接着，作者分析了"一带一路"倡议为柬埔寨提供的机遇："一带一路"倡议将会有助于提升与中国的贸易水平；有助于解决柬埔寨基础设施建设不足的问题；中国的经济发展同样为柬埔寨的工业发展提供了巨大的机遇；特别是在民心相通方面，旅游业领域也很有可能从"一带一路"倡议中受益。但文章也提出，"也有一些人对中国企业缺乏社会责任以及企业管理水平的低下表示忧虑。这些都会对柬埔寨的商业、投资环境和企业行为造成负面影响"。文章最后提出："能否把握'一带一路'倡议带来的发展机遇取决于柬埔寨政府将'一带一路'倡议与本国发展战略相对接的能力。机遇也伴随着挑战，这将特别地体现在外交政策和发展实践中。为了降低风险，柬埔寨需要平衡中国与其他大国的影响，以保证本国中立、不结盟的外交政策；同时也需要通过提升实施发展援助的效果、加强企业的社会责任来消除中国援助与合作在柬埔寨民众中的负面观感。""对于柬埔寨这样的不发达小国来说，最好的选择是'与龙同飞'(fly with the dragon)，同时也与其他大国和全球机构保持良好的关系。"

越南学者高玉麟的《越南—中国：经济合作现状及"一带一路"带来的新机遇》一文指出："越南和中国都正处在重要的经济社会发展时期，'一带一路'倡议被期待将对包括越南—中国在内的东盟—中国经济合作带来许多新的机遇。"作者认为主要有八个方面的新机遇：(1)新的经济战略合作机遇促进两国间的发展战略对接，包括"两廊一圈"框架和"一带一路"倡议对接。(2)新的经济战略合作机遇推动合作研究、交流，制定并实施实质有效的合作政策机制，给双方带来和谐共赢的利益。(3)新的经济战略合作机遇促进

合作投资，尤其是代表中国工业4.0先进技术和发展水平的投资者和企业到越南投资符合越南需求和可持续发展战略的项目，以及越南投资者和企业到中国投资符合中国需求和发展战略的项目。(4)新的经济战略合作机遇进一步增强经济贸易的实质性合作，进一步改善两国贸易的不平衡状况。(5)旅游发展合作方面的新经济战略合作机遇将进一步扩大文化教育交往领域的交流与合作。(6)新的经济战略合作机遇推动合作建设基础设施，实现交通对接，建设越南—中国跨境经济合作区。(7)密切配合吸引、有效使用各种投资发展资源、中国给予越南的各项ODA(政府开发援助)贷款和无偿援助的新的经济战略合作机遇。(8)关于进一步加强各领域的交流与合作，如科技、环境、管理、保护和可持续使用水源，尤其是澜沧江—湄公河水源等新的经济战略合作机遇。

2017年第9期的《中国投资》发表了两篇国外学者写的文章，即埃塞俄比亚学者梅拉库·穆鲁阿勒姆的《一带一路：对非洲意味着什么》(郑东超译)和贺乔治的《一带一路让智利不再遥远》(王晓波译)。其中《一带一路：对非洲意味着什么》这篇文章认为，“一带一路”已开始为中国带来经济和文化红利。文章分析了非洲的利益和机会主要有：“‘一带一路’倡议提升非洲港口建设能力，不仅提升港口所在国家的进出口水平，还有利于提升非洲整体的贸易水平”；“非洲也可以从基础设施建设中获取收益。中国为开展基建项目，向非洲派出大量技术人员，随之提升非洲国家的技术水平，带动技术升级，还有利于提高非洲国家的就业率”；“中国发起亚洲基础设施投资银行，给非洲国家带来了希望”。所以作者认为“从长远看，‘一带一路’将有利于推动《非盟2063议程》的发展，该议程旨在实现非洲国家的公平、可持续发展、健全法制、维护和平安全，实现非洲国家内部的互联互通。因此很多非洲人士表示，中国需要非洲，非洲也需要中国”。接着作者也提出，“由于信息鸿沟、人力资源缺乏、基础设施落后，发展中国家处于全球化的边缘地带，难以享受到全球化带来的经济红利”。“非洲担心新的全球化倡议，考虑是否有选择地接纳。如果非洲国家认识到‘一带一路’的目的，不仅是基础设施建设，还是东方国家主导的第二轮全球化。那么显而易见，非洲可以安心接受中国提出的新型全球化倡议。”文章提出了“以非西方为中心的全球化”应该做到:“非洲可以利用‘一带一路’,推动自身的工业化进程。这需要现代的信息和网络基础设施以突破复杂的全球化市场机制。”“非洲的劳务人员现在亟需新知识和技术,以提升人力资源水平。”“非洲国家政府也应制定相应的法律保障,或者修订已不合时宜的法律,以适应‘一带一路’建设。这涉及的领域包括商业变革、知识产权保护、出口信誉保证、反行贿法律等等。”“非洲国家应增强吸引国外投资的能力,提升机构效率。”文章最后指出:“‘一带一路’作为反映全球化新趋势的投资战略,不以意识形态为驱动,旨在探索新的国际合作和全球治理新模式,这是与现存和过去所有类似倡议的不同之处。希望‘一带一路’推动全球和平,非洲从中收益。”

除了以上的这些文章,还有马来西亚学者黄家泉的《马来西亚相遇中国“一带一路”倡议——背景与机遇的探讨》(《文化软实力》2017 年第 2 期),越南学者冯氏惠的《“一带一路”倡议背景下的中国与东盟合作》(《大陆桥视野》2017 年第 7 期),匈牙利学者塔马斯・马都亚的《“一带一路”背景下中国与中东欧合作的各方机遇》(《大陆桥视野》2017 年第 2 期)等,这些文章探析了“一带一路”对具体国家和地区的影响。

国外对“一带一路”倡议的认知如何,对更好推动和发展 21 世纪海上丝绸之路的建设意义非常重大。2017 年,一些中国学者也发表了关于外国人如何看 21 世纪海上丝绸之路的文章。例如:笪志刚、任晓菲和李扬的《日本对“一带一路”倡议的解读与应对分析》(《当代韩国》2017 年第 2 期),申来津、黄河合写的《日本对“一带一路”倡议的认知及其对中国的启示》(《社会主义研究》2017 年第 2 期),刘军、马晴的《美国主流智库对“一带一路”倡议的认知探析——基于布鲁金斯学会、卡内基基金会及美国进步中心的研究》(《国外社会科学》2017 年第 3 期),赵昌、许善品的《澳大利亚学者对“21 世纪海上丝绸之路”南线的认知述评》(《国外社会科学》2017 年第 3 期),孙有中、江璐的《澳大利亚主流媒体中的“一带一路”》(《现代传播》2017 年第 4 期),王小明的《21 世纪海上丝绸之路建设对接当地发展研究——印度尼西亚视角》(《国际展望》2017 年第 4 期),潘玥、常小竹的《印尼对“一带一路”的认知、反应及中国的应对建议》(《现代国际关系》2017 年第 5 期),等等。

有几篇文章的研究比较深入细致,值得关注。笪志刚、任晓菲和李扬合

作的《日本对“一带一路”倡议的解读与应对分析》一文指出，“面对作为日本最大的合作伙伴，也是最大的竞争对手的中国提出的‘一带一路’倡议，由于日本国家制度与企业组织形态的特殊性，日本社会、民众与媒体报道的问题意识，政府与企业界利益视角的不同”，导致不同部门对“一带一路”的解读也不同：(1)日本政府的解读。从日本政府对“一带一路”的表态抑或应对策略看，日本对“一带一路”经历了初期的排斥、中期的竞争、现在的软性及未来可能的积极参与应对几个阶段。从政府的内部考量方面来看，“日本政府内部对‘一带一路’的考量是复杂和矛盾的，既要竞争和干扰，谋求乱中取胜的地缘战略利益，又要有限参与，谋求经贸利益和扩大市场份额”。因此，“日本政策采取了适度遏制和适度参与的折中战略。日本对‘一带一路’倡议的遏制基调将是今后的中长期战略，所不同的是根据不同时期以及中日关系改变抑或改善而呈现不同的面孔”。“从日本政府2017年以来的一些表述看，公开的指责已不多见，警觉和担忧已被如何既不伤两国关系，又给日本留有余地，为今后利益最大化留下伏笔所取代。”“因此日本参与丝绸之路建设年的既定方针没有变化，只是参与度有所调整，具体的项目运作和谋求现实的经贸利益将是今后一个时期的主要考量。至今日本政府并没有明确表示不加入亚投行，而是以需谨慎判断后决定是否加入，这就为之后的合作和搭上末班车留下了空间。”(2)日本经济界的解读。大中型企业普遍认为，“一带一路”倡议的提出会对推动日本企业与该地区国家合作带来诸多商机。与此同时，日本企业界在认可合作总体机遇的同时，也对“一带一路”沿线的投资风险有较为清醒的认识，认为没有政府的投资保护协定跟进，日企究竟有多大意愿参与还需要评估，还有的认为，“如何实现外交目的与民间企业盈利的双赢，在收益性上确保所有参与国家企业的公平收益，‘一带一路’倡议在具体推进过程中还需要给出较为清晰的答案”。“一些相关民间经济团体的解读可谓见仁见智。对于一些与中国业务不紧密，但与中东和中亚等地联系较多的例如能源等经济界团体来说，它们对‘一带一路’倡议较为谨慎，甚至充满了警戒心态。这些团体的担忧主要集中在经济层面。”多数经济界团体都从区域经济和世界经济发展的角度给予“一带一路”较为积极的评价，并对日本经济界以有效的方式积极参与寄予了希望。有的认为,“日企不应错过最佳时机。日本企业拥有众多的海外事务所和信息机构,加上日本贸易振兴机构的海外据点,以及日本经济产业省下属的国际金融信息中心等,中日在‘一带一路’企业和商务信息合作上具有互补性,可以在该领域先行先试”。(3)日本民间的解读。从知识精英阶层的解读来看,一些保守媒体认为,“‘一带一路’将重复西方国家曾经有过的向发展中国家转移过剩产能,并将部分污染行业向其他地区转移,整体影响世界的可持续发展”。因此,认为“日本需要与美欧等国携手遏制中国这种粗放式发展模式的向外扩大”。偏左媒体认为,“今后应加强对‘一带一路’有关进展和如何互利合作的正向报道,让两国民众更多从互利共赢的角度思考‘一带一路’与日本的参与,营造客观友善的舆论环境是中日媒体应共同思考的课题”。大学和智库的多数学者认为,“一带一路”倡议是顺应世界经济发展趋势的构想,日本不应一概排斥“一带一路”。从日本社会一般大众对“一带一路”的认识来看,存在着较为普遍的警戒和担忧意识,反映在对“一带一路”的认知上就是反应冷淡、心里排斥、表面谨慎。当然,日本社会也存在不少持谨慎乐观心态的民众,他们认为,“日本不应该置身事外,应争取成为‘一带一路’倡议中有作为甚至有影响力的国家。虽然现在观察‘一带一路’全貌还为时尚早,但把它作为一种商机,在与中国既有合作又有竞争的博弈中,日本的优势早晚会被承认,日本制造包括日本商道的魅力和优势一定会给日本带来经济和地缘利益,一味地放弃和排斥不利于在新形势下两国进一步探寻经济合作的‘契合点’,应让彼此在‘互利共赢’平台上的利益最大化”。作者在详细分析的基础上,认为“即使日本政府不喜欢‘一带一路’,但作为世界第三大经济体,如何应对‘一带一路’倡议,呼应国内经济界希望参与这一具有开放性、开创性和互补性机制的愿望,并从中长期角度扩大本国在该区域经济和地缘影响力,实现在中日中长期合作与博弈的利益和影响最大化,应该是日本政府战略外交不得不面对的重大课题。种种迹象显示,日本政府在应对上采取了既要合作,又要保持竞争态势和长远博弈需求的策略”。

王小明的《21 世纪海上丝绸之路建设对接当地发展研究——印度尼西亚视角》一文指出:“21 世纪海上丝绸之路”建设作为“一带一路”倡议的组

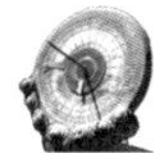

成部分，与印尼“世界海洋支点”发展规划以及当地发展需求的对接，十分契合双方的国家利益需要，双方均应为此而积极努力。文章为此将印尼的“世界海洋支点”与中国倡导的“21 世纪海上丝绸之路”建设进行了对比，认为：“印尼发展规划不仅包括海洋经济和海洋文化，还包括海洋外交和海上防卫；而‘21 世纪海上丝绸之路’建设倡议则侧重经济、人文合作，不涉及争议问题。”“‘21 世纪海上丝绸之路’建设和当地发展的对接主要包括涉海经济发展与人文互动两方面。在产业上，双方可以推动油气开采和下游加工产业合作；开展包括海洋捕捞和水产养殖及生产服务在内的渔业合作；加强港口建设合作；开展船舶制造业合作；大力促进旅游业合作。”在互惠、规范化和民心相通方面，作者认为具体有以下方面：推动双方贸易平衡发展(印尼方面应该升级出口结构并多领域扩大出口，而中国方面则可以积极为印尼产品出口中国创造更多条件；中国方面可以提升产品档次特别是扩大在当地的生产规模，尤其应避免同质同档次竞争；中国可以利用印尼丰富的铁矿资源、年轻且低廉的劳动力以及庞大的消费市场，扩大对印尼钢铁行业的直接投资)；努力实现规范化合作并开展好面向印尼社会的公共关系工作(有意前往印尼从事劳务工作的非印尼籍公民必须仔细了解印尼相关法律规定；就中国企业而言，应加强对劳工队伍的管理，并尽可能多吸收印尼本国劳工；双方应加强传播和公共关系方面的合作，以保证印尼社会获得包括用工等方面的正确信息)；加强对印尼有影响的重点人群的工作以促进民心相通。在加强对印尼有影响的重点人群的工作以促进民心相通这个方面，作者认为，“在印尼，军方和穆斯林人群具有较强的社会影响力。这些群体在印尼与中国关系中所起的作用应该为两国所关注。同时，需要附带说明的是，出于特定原因，中国在对包括印尼在内的东南亚地区开展经济贸易和产业合作时，又需要避免过于倚重特定族群”。作者建议：“在双方的发展对接中，中国企业或机构不应过于倚重绝大部分已经归化为印尼公民的华裔居民。因为这很容易带来不必要的误会，而且可能也会妨碍与当地‘原住民’的交流。”因此“中国应当加强与印尼军方的交流与合作，促进双方军事领域的互信。加强政策沟通，让双方客观了解各自的战略意图”。“中国还应当加强与印尼穆斯林的交流与互动。印尼是目前全球穆斯林人口最多的国家，在相关国家中具有重要的国际影响。两国在这方面的交往是两国人民往来的重要方面，对于增进两国人民相互了解、巩固两国人民友谊，可以起到不可替代的促进作用。”文章提出今后两国需要进一步加强交流。“首先，中国可以邀请印尼伊斯兰长老访华，包括参访中国的相关文物遗址，考察中国少数民族文化的发展现状等，以消除其对中国的误解。”“两国旅游部门可以联合开发‘伊斯兰旅游’路线，以吸引更多的对方游客前来观光和体验对方的风土人情、人文风貌。”

赵昌、许善品在《澳大利亚学者对“21世纪海上丝绸之路”南线的认知述评》一文中提出，“澳大利亚学界对‘21世纪海上丝绸之路’南线话题的讨论必然对政府决策产生一定影响，因为澳大利亚学界与政界之间关系向来极为紧密。因此我们必须关注澳大利亚学者的研究动态，加强与澳学术界的交流沟通，以推动南线建设的顺利进行”。21世纪海上丝绸之路南线其总体方向是从中国沿海港口过南海到南太平洋。文章中写道，“‘21世纪海上丝绸之路’南线的出台，引发了澳大利亚学界的极大关注。在经济和地缘因素推动下，澳学者倾向于把南线及相关议题放到国际政治转型的大背景下考察，关注中国经济活动的政治寓意，对中国的政治意图进行全方位的解读”。作者详细介绍了澳学者对南海航行自由、达尔文港租借、南太平洋区域事务以及亚投行经济合作等方面的认知和解读。在这个基础上，作者得出总结：“澳大利亚学者对‘21世纪海上丝绸之路’南线的认知虽因人而异，但仍然呈现出许多共性和特点，表现出强烈的自我认知能力。”主要体现在：(1)“中等强国”是澳大利亚学者分析问题的基本出发点；(2)地缘因素是澳大利亚学者始终关注的重要问题；(3)平衡策略是澳大利亚追求自身利益最大化的基本策略；(4)利益主导，具体应对。

美国作为当今世界最具影响力的国家之一，系统分析其对“一带一路”倡议的认知至关重要。马晴的《美国主流智库对“一带一路”倡议的认知探析——基于布鲁金斯学会、卡内基基金会及美国进步中心的研究》一文甄选出布鲁金斯学会(Brookings Institution)、卡内基国际和平基金会(Carnegie Endowment for International Peace)、美国进步中心(Center for American Progress)作为研究的样本。“这三大智库的选择有一定的代表性，布鲁金

斯与卡内基属于老牌智库，而进步中心属新兴智库。布鲁金斯中间偏左，卡内基中间偏右，进步中心为典型的自由派智库。”三大智库关于“一带一路”的研究报告主要集中在三个方面：阐述“一带一路”提出的动因；分析“一带一路”给美国及国际社会所带来的影响；从自身的角度提出了相应的对策建议。文章在详细列举三大智库相关专家观点的基础上，得出结论：“美国主流智库学者对‘一带一路’倡议的认知是复杂的、多元的。少数学者承认并肯定此举将给中国、周边国家乃至世界所带来的好处，但大部分学者仍然在宣扬‘中国威胁论’，怀疑中国未来推进‘一带一路’倡议的决心和能力。在动因认知上，部分学者承认‘一带一路’将给中国带来的诸多好处，比如解决国内经济问题、促进中国周边政治环境的稳定、促进人民币国际化等，但更多的学者直接表明中国是想依靠经济上的强大来‘统治世界’。在影响认知上，少数学者跳出了美国的视角，认为中国是在倡导全球秩序的集体领导，对世界和平与稳定是有积极作用的。但更多的美国学者认为，未来‘一带一路’将挑战美国在全球的主导性地位。伴随中国在沿线资金的投入、基础设施的建设，中国有正当、充足的理由加大在当地的军事力量，同时沿线国家也会对中国产生更多的好感，美国甚至有可能被排挤出亚洲。从智库学者研究成果的内容看，美国主流智库对中国‘一带一路’的解读存在较大的负面因素，与‘一带一路’共商共建共享的理念相比仍存在较大偏差。”作者对了解美国主流智库关于中国“一带一路”的认知以及根源，针对性地提出了一些政策建议：第一，密切关注“一带一路”计划的推进，在有选择性合作的基础上进行应对；第二，实现中国“新丝绸之路经济带”与美国“新丝绸之路”计划之间的互补；第三，明确提出自身期许，关注美国在“一带一路”沿线国家的利益。

三、学术界对“一带一路”的探讨

2017年，以“21世纪海上丝绸之路建设”为检索关键词，在中国知网CNKI上进行检索，发现已发表的关于21世纪海上丝绸之路的学术性论文共约440篇。这些学者从不同学科、不同视角和不同层面开展对21世纪海上丝绸之路的研究。综观这些文章的主题,大体可以分为:(1)对21世纪海上丝绸之路进行宏观的探讨;(2)从文化角度对21世纪海上丝绸之路进行探讨;(3)关于海洋、港口及南海问题的探讨;(4)从经济学的视角进行的探讨;(5)关于21世纪海上丝绸之路建设所面临风险及对策的探讨。

(一)对21世纪海上丝绸之路进行宏观的探讨

2017年,有关21世纪海上丝绸之路的研究从内涵、背景及对策方面进行分析的文章主要有:李大海、孙杨、韩立民的《21世纪海上丝绸之路:物流分析、支点选择与空间布局》(《太平洋学报》2017年第1期),杨怡爽的《跨界发展:从21世纪海上丝绸之路到亚洲生产网络的边界扩展》(《当代亚太》2017年第1期),李曦辉的《从地缘政治视角看"一带一路"倡议》(《经济导刊》2017年第2期),禹丝思、孙中昶等撰写的《海上丝绸之路超大城市空间扩展遥感监测与分析》(《遥感学报》2017年第2期),陆韧、余华的《南方陆上丝绸之路与海上丝绸之路互联互通的历史进程》(《云南大学学报·社会科学版》2017年第2期),周春霞的《21世纪海上丝绸之路建设的研究现状和趋势展望——基于中国知网CNKI上550篇论文的统计分析》(《社科纵横》2017年第2期),倪杰文、胡永祥、陈国良的《医学地理信息系统在"21世纪海上丝绸之路"战略构想中的作用》(《第二军医大学学报》2017年第3期),方李莉的《"黄色"与"蓝色"的中国选择——来自"海上丝绸之路"的启示》(《群言》2017年第2期),刘鹏、胡潇文的《国际机制视角下的"21世纪海上丝绸之路"建设》(《印度洋经济体研究》2017年第3期),韦晓慧的《海上丝绸之路核心城市与区域的科技合作战略研究》(《科学管理研究》2017年第3期),张克成的《"一带一路"的地缘政治风险解析》(《内蒙古社会科学·汉文版》2017年第3期),梁颖、卢潇潇的《加快"21世纪海上丝绸之路"重要节点建设的建议》(《亚太经济》2017年第4期),李嘉曾的《两艘古船的启示——海上丝绸之路与开放型世界经济》(《群言》2017年第4期),郑军、张永庆、黄霞的《基于演化博弈的海上丝绸之路合作稳定性分析》(《运筹与管理》2017年第4期),刘保奎、张健的《21世纪海上丝绸之路对中国沿海城市的影响》(《景观设计学》2017年第4期),于光胜的《打造21世纪海上

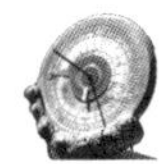

丝绸之路的障碍与路径》(《理论月刊》2017 年第 5 期),何帆、朱鹤和张骞撰写的《21 世纪海上丝绸之路建设:现状、机遇、问题与应对》(《国际经济评论》2017 年第 5 期),程永林的《海丝谋划、风险评估与监控监管》(《社会科学研究》2017 年第 5 期),张春宇的《多举措深化"21 世纪海上丝绸之路"建设》(《中国远洋海运》2017 年第 5 期),姚景芳、陈淑华的《谈海上丝绸之路的历史贡献与重建对策》(《辽宁师专学报·社会科学版》2017 年第 5 期),张江河的《对现代海上丝路建设的地缘安全认知》(《东南亚研究》2017 年第 6 期),曲雯嘉的《论"21 世纪海上丝绸之路"沿线国家互联互通建设》(《贵州社会科学》2017 年第 8 期),张广威、刘曙光的《21 世纪海上丝绸之路:战略内涵、共建机制与推进路径》(《太平洋学报》2017 年第 8 期),王婷婷、韩满和王宇撰写的《基于"21 世纪海上丝绸之路"文献的文本挖掘研究》(《统计与信息论坛》2017 年第 11 期),王靖的《海上丝绸之路建设面临的挑战和对策》(《纳税》2017 年第 19 期),等等。

刘鹏、胡潇文的《国际机制视角下的"21 世纪海上丝绸之路"建设》一文指出,从国际机制视角下,21 世纪海上丝绸之路的建设需要进一步明确其功能定位、主要议题和评估体系。21 世纪海上丝绸之路合作机制的建设首先需要明确其功能定位,同时也要意识到 21 世纪海上丝绸之路虽然有利于中国的国家利益,但一旦这一合作机制建成,其将具有自身的利益诉求,与中国的国家利益不一定完全一致。21 世纪海上丝绸之路合作机制的建设面临着 7 个方面的挑战,即中国与部分国家贸易额占比较高、贸易不平衡问题较为突出、制度化水平较低、经济关系受安全关系的影响较大、沿线国家的"弱国家"状态、海上丝绸之路面临的海盗问题以及互联互通问题面临较大的挑战。这些问题的存在既凸显了建立合作机制的必要性,也增加了建立合作机制的难度。根据 21 世纪海上丝绸之路合作机制的功能定位,合作机制目前应该以与贸易、投资密切相关的 5 个平台(即贸易促进与争端解决平台、互联互通平台、金融平台、对外援助平台和对外投资平台)的建设作为主要议题。对 21 世纪海上丝绸之路合作机制的评价包括了对其有效性与合法性的评价。在有效性为主兼顾合法性的思路下,21 世纪海上丝绸之路合作机制应该根据不同的合作议题建立核心小组和开放性论坛。从合作机制有效性的角度来看,21 世纪海上丝绸之路的成员国数量并非越多越好,在不设定门槛的情况下,成员国数量的增加将对合作机制的有效性造成挑战。作者认为,21 世纪海上丝绸之路合作机制的构建不应该力图寻求所有沿线国家的支持,其涉及的议题也应以经济领域为主,当合作机制在一定范围内产生有效性后,其外溢效应将会使更多的议题被纳入这一合作机制,其示范效应也会使更多的国家寻求加入这一合作机制,这样 21 世纪海上丝绸之路就会实现有效性与合法性的良性互动。

张广威、刘曙光的《21 世纪海上丝绸之路:战略内涵、共建机制与推进路径》一文,对 21 世纪海上丝绸之路的定义、特征、目标、重点等进行了诠释。作者梳理了古代海上丝绸之路的代表性观点,认为 21 世纪海上丝绸之路被赋予了新内涵、新特征,主要体现在三个方面。(1)时代性。21 世纪海上丝绸之路所开展的海上贸易遵循现代市场规律,坚持市场化导向,而我国古代海上丝绸之路贸易是以官方为主导,多是朝贡贸易;运输的贸易产品不仅包括丝绸、茶叶、瓷器等传统贸易商品,还包括更多以现代技术为支撑的贸易商品;运输方式不再是木帆船等传统交通工具,而是现代动力机械船,配备先进的通信工具,并与铁路、公路、航空等现代运输方式形成互联互通。(2)宽广性。在合作空间上,21 世纪海上丝绸之路的合作对象不限于古代海上丝绸之路的国家,世界各国、地区组织、经济集团均可参与,只要愿意同中国合作的都会被欢迎;在合作领域上,21 世纪海上丝绸之路继续关注古代留传的贸易、文化、外交等合作领域,同时将合作拓展到投资、金融、基建、科技、安全、救灾等领域。这比古代海上丝绸之路的范围和领域更加宽广。(3)共建性。21 世纪海上丝绸之路尽管由中国率先倡议,但完成这项工程非一国之举,需要与其他合作伙伴共商、共建、共享,这也是最显著的特征。中国欢迎沿海国家参加,沿线所有参与者无论大小、强弱和贡献多少,政治和法律地位都是平等的,不存在领导者和被领导者的关系。中国会听取其他共建者的意见,寻求利益交汇点,共同推动这项巨大工程,让合作成果惠及沿线各国及世界人民,实现共赢发展。作者认为,从全球看,当前 21 世纪海上丝绸之路建设面临挑战与困难,如何加快共建步伐,关键在于创新机制,开辟有效路径,实现合作共建。这就是在国际合作、通道安全、投融资、

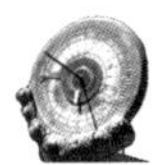

联动发展、区域分工方面进行机制设计，在自贸区建设、港口互通、海洋经济、企业走出去、发挥华侨华人作用、文化交流等路径上集中推进。

（二）从文化角度对 21 世纪海上丝绸之路进行探讨

21 世纪海上丝绸之路也是一条文化交流之路，2017 年学术界从文化的角度来探讨“一带一路”的文章明显增多，主要有韩炜师的《从海上丝绸之路的遗产价值探讨文化遗产保护的理念》（《文物世界》2017 年第 1 期），林华东的《利益驱动，文明交汇——海上丝路的文化阐释》（《泉州师范学院学报》2017 年第 1 期），田丰的《海上丝绸之路精神与广东近代思潮》（《岭南文史》2017 年第 1 期），秦义、许斗斗的《“业缘”文化助力“21 世纪海上丝绸之路”建设》（《福建工程学院学报》2017 年第 2 期），叶岗、陈民镇的《越文化与海上丝绸之路的发生与发展——兼及对“一带一路”战略的启示》（《绍兴文理学院学报·哲学社会科学》2017 年第 2 期），姜波的《海上丝绸之路：环境、人文传统与贸易网络》（《南方文物》2017 年第 2 期），曾庆江的《海上丝绸之路沿线华文媒体与中国近现代化进程》（《南海学刊》2017 年第 2 期）、尹伶俐的《21 世纪海上丝绸之路海洋文化传承与创新的局限性研究》（《广州航海学院学报》2017 年第 3 期）、陈呈的《建设 21 世纪海上丝绸之路与弘扬嘉庚精神》（《福建文博》2017 年第 1 期），张镒、柯彬彬的《文化遗产廊道构建影响因素及适宜性评价——以海上丝绸之路为例》（《台湾农业探索》2017 年第 6 期），王春亮的《丝路精神研究》（《黄河科技大学学报》2017 年第 6 期），曾军伟的《丝绸之路文化元素在包装设计中的应用研究》（《美与时代》2017 年第 6 期），郑剑玲的《21 世纪海上丝绸之路的文化价值及路径选择》（《学校党建与思想教育》2017 年第 8 期），朱锦程的《21 世纪东南亚海上丝绸之路文化传播与海外华人文化认同研究》（《福建论坛·人文社会科学版》2017 年第 8 期），康海玲的《人类学视野下的海上丝绸之路戏曲奇观——以新加坡酬神戏为例》（《艺术评论》2017 年第 8 期），黄佳敏的《面向 21 世纪“海上丝绸之路”的德化陶瓷工艺美术品文化走向》（《美术大观》2017 年第 10 期），马坚的《中国影视剧“走出去”战略的经验与思考》（《中国广播电视学刊》2017 年第 10 期），谢喜梅的《海上丝绸之路上的音乐传播考察——评

〈海上丝绸之路的音乐文化〉》(《传媒》2017年第19期),等等。

林华东的《利益驱动,文明交汇——海上丝路的文化阐释》一文从战略性的宏观研究角度,以海上丝绸之路重要起点——泉州为思考原点,围绕“利益”“互信”“共享”三个关键词,跨学科、多角度、全方位地论述了“海丝故事”的文化基座、时空脉络及其阐释路径,论从史出、史论兼备。作者认为,利益是海上丝路运行的核心,互信是海上丝路建构的前提,共享是海上丝路发展的基础,中西方文明和文化的互动交融是海上丝路最终也是最丰硕的成果。这一时期最有力的印记就在中国的泉州刺桐港。泉州汇聚了宋元时期海上丝路的历史辉煌,闽南文化在古代海上丝路中弘扬了中华文化共生共荣的精神。21世纪海上丝绸之路应以文化为底座,创新话语体系,梳理“海丝”文化,讲好“海丝”故事以通民心。新“海丝”也需要多边化的建设理念,坚持多边主义,高扬利益共享大旗,构建命运共同体,以聚共识,实现沿线各国的文明共进和利益共赢。作者最后强调,中国打造21世纪海上丝绸之路,一是为了保证中国的国际战略安全,构建一个能够保障和平稳定发展的周边环境;二是为了进一步拓展经济发展的空间,实现和沿线国家互利共赢;三是为了加强人文交流和文明互动,促进沿线国家向共同繁荣的时代前进。这是一项伟大的战略决策,风险和挑战并存。但是,我们已经清醒地看到,沿线国家加强与中国合作的期盼已经是大势所趋。

尹伶俐的《21世纪海上丝绸之路海洋文化传承与创新的局限性研究》一文主要研究海洋文化意识的局限性、海洋文化价值取向转换的局限性、海洋精神文化的局限性。作者认为,目前海洋文化意识存在很大的局限性,“一方面,人们深深认识到:海洋文化意识的认同是逾越国与国之间合作发展中重重困难的重要保证,海洋文化已经成为21世纪海上丝绸之路建设中重要的坚实基石,是面对不同国家的政治、经济、文化宗教以及历史发展的现实,克服障碍开展合作的重要基础。另一方面,在目前,不仅中国还没有形成良好的海洋意识氛围,国人的海洋文化意识还比较淡薄,包括海洋国土意识、海洋资源意识、海洋环境保护意识等都需要增强与提升;而且沿线不同国家的海洋文化内涵不同,理解不同,在一定时期内,很难形成海洋共识,在海洋文化思想、宣传以及历史教育等方面都存在着局限性”。文章指出,

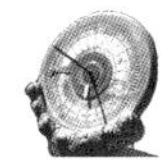

美国亚太再平衡战略、中国南海问题、沿线国家错综复杂的地缘政治、国家政治体制以及宗教信仰差异、局部地区与国家不确定的动荡局势和长期存在的贫穷等问题，给在推进中的海上丝绸之路倡议带来重重困难，因战争、国土主权之争、历史遗留问题而长期存在的区域内矛盾摩擦也将深深地影响着海洋文化价值取向的转换。海洋文化意识与观念、海洋文化价值取向转换以及海洋精神在 21 世纪海上丝绸之路倡议推进中至关重要，海洋合作与海洋竞争的实质就是海洋文化的认同，海洋文化的认同度决定了海洋合作与海洋发展的紧密度，为各国参与到 21 世纪海上丝绸之路的战略合作创造条件，而海洋文化的局限性影响着各国海洋政策的发展方向以及合作与发展的深度，甚至会阻碍合作与发展的顺利进行。

朱锦程的《21 世纪东南亚海上丝绸之路文化传播与海外华人文化认同研究》一文从历史和文化传播二元维度探索东南亚地区海上丝绸之路文化传播的影响，分析 21 世纪东南亚海上丝绸之路文化传播促进海外华人文化认同的价值所在和凝聚效应，研究在新的海上丝绸之路背景下通过文化传播渠道提供促进海外华人文化认同的主要方式。作者认为，21 世纪海上丝绸之路的出发点在于给予东南亚海外华人对中华民族曾经开辟的古代海上丝绸之路在经济全球化背景下的现代意义解读和诠释。其根本价值在于：这是从文化认同的根源凝聚海外华人社会对新的海上丝绸之路在思想、认识、规划等价值层面和实践行动中给予的理解、认同和支持，更是对习近平总书记所倡导的 21 世纪海上丝绸之路规划及其建设初衷和构想形成的高度共识和积极回应。这是“一带一路”背景下海上丝绸之路文化传播促进海外华人文化认同的核心价值所在。作者提出，应从以下几个方面促进海外华人文化认同凝聚效应：(1)强化东南亚地区海外华人社会对中华文化的民族记忆和归属感；(2)巩固东南亚地区海外华人与祖国大陆之间的情感纽带和交往渠道；(3)形成东南亚地区海外华人社团彼此之间的相互联系与合作共识。作者提出，21 世纪东南亚海上丝绸之路文化传播促进海外华人文化认同的主要方式有：(1)重视融合东南亚地区海外华人凝聚力的文化传播载体；(2)完善促进东南亚海外华人文化培养的教育培训机构；(3)发挥东南亚地区海外华人新移民具有的文化传播效力。21 世纪海上丝绸之路文化传播，就是在海上丝路文化的对外传播中把中国制造的工匠精神和中国传统文化的内在精髓有机结合并加以有效传播，把海上丝绸之路中华文化精神作为贡献给人类文明的中国智慧，提升“文化中国”的世界影响力。

除了从宏观角度探讨外，还有一些文章从比较具体的角度探讨古今海上丝绸之路上的文化交流与影响，其中探讨妈祖文化的文章尤其突出，主要有林国平的《海神信仰与古代海上丝绸之路——以妈祖信仰为中心》（《福州大学学报·哲学社会科学版》2017 年第 2 期），廖中武的《“21 世纪海上丝绸之路”战略中妈祖文化的传播研究》（《中共福建省委党校学报》2017 年第 2 期），夏立平的《妈祖文化在海上丝绸之路建设中的作用》（《珠江水运》2017 年第 3 期），李一鸣、李洁宇和黄海蓉的《古代海上丝绸之路与海南妈祖信仰关系初探》（《新东方》2017 年第 3 期），黄婕的《妈祖文化与海上丝绸之路的民间交流及其途径研究》（《闽台文化研究》2017 年第 4 期），帅志强、曾伟的《妈祖文化产业发展的意义、机遇及策略——以 21 世纪海上丝绸之路为背景》（《徐州工程学院学报·社会科学版》2017 年第 4 期）。有些文章还专门探讨了中国的茶文化如何借助海上丝绸之路倡议走出去的问题，如蔡梦虹的《“海上丝路”背景下中国茶文化的海外传播》（《青年记者》2017 年第 17 期），蔡定益的《海上丝绸之路视角下的浮梁近代红茶历史》（《蚕桑茶叶通讯》2017 年第 4 期），刘章才的《茶文化西传与海上丝绸之路》（《茶世界》2017 年第 6 期）等。还有些文章专门探讨了沿线国家中医药以及传染病预防方面的问题，如潘沙沙、张思容等撰写的《海上丝绸之路沿线国家中医药科教概况》（《中华全科医学》2017 年第 5 期），张熙遥、吴琼琼等撰写的《新海上丝绸之路沿线国家主要虫媒传染病流行状况及预防措施》（《解放军预防医学杂志》2017 年第 9 期）。还有涉及沿线国家专利关系的研究，如杨春平、张文德的《中国与海上丝绸之路沿线国家专利关系研究》（《情报杂志》2017 年第 4 期）。此外，一些文章从高校、教育方面来探讨，主要有：杨建锋的《海上丝绸之路文化资源融入高校社会主义核心价值观教育的实践路径研究》（《西部素质教育》2017 年第 6 期），植素芬的《高校图书馆助力“一带一路”建设的服务策略——以国内“21 世纪海上丝绸之路”四省区高校为例》（《宁波教育学院学报》2017 年第 4 期），周超、陈捷的《文化认同：海上丝

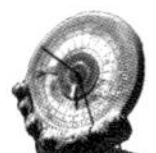

绸之路精神融入高校校园文化建设的应然路径》(《思想理论教育导刊》2017 年第 8 期),张毅的《“21 世纪海上丝绸之路”建设对我国海洋高等教育的启示》(《农村经济与科技》2017 年第 19 期),等等。

(三) 关于海洋、港口及南海问题的探讨

21 世纪是海洋世纪,近几年对海洋的研究越来越多。2017 年从海洋角度探讨 21 世纪海上丝绸之路的文章主要有:徐峰的《“海上丝绸之路”战略倒逼海事强制法松动》(《天津航海》2017 年第 1 期),郑崇伟、孙威等撰写的《经略“21 世纪海上丝绸之路”:综合应用平台建设》(《海洋开发与管理》2017 年第 2 期),戚凯、刘乐的《“21 世纪海上丝绸之路”建设的海事保障与中国角色》(《当代亚太》2017 年第 2 期),齐庆华、蔡榕硕的《21 世纪海上丝绸之路海表温度异常与气候变率的相关性初探》(《海洋开发与管理》2017 年第 4 期)和《21 世纪海上丝绸之路海洋环境的气候变化与风暴灾害风险探析》(《海洋开发与管理》2017 年第 5 期),章成、平瑛的《海洋产业结构优化与海洋经济增长研究》(《海洋开发与管理》2017 第 3 期),蔡旭、李文静和张萍萍撰写的《海上丝绸之路海洋环境法律保护研究》(《湖北科技学院学报》2017 年第 3 期),朱雄的《海上丝绸之路与中外海洋社会互联互动》(《泉州师范学院学报》2017 年第 3 期),尹伶俐的《21 世纪海上丝绸之路海洋文化传承与创新的局限性研究》(《广州航海学院学报》2017 年第 3 期),郭旭的《21 世纪海上丝绸之路航海保障服务体系研究》(《广州航海学院学报》2017 年第 3 期),郑剑玲的《当代中国海洋文化发展力与 21 世纪海上丝绸之路建设》(《创新》2017 年第 4 期),封学军、张铖等的《“海上丝绸之路”集装箱航运网络路由策略研究》(《复杂系统与复杂性科学》2017 年第 4 期),杨洁勉的《中国特色海洋外交的实践创新和理论探索》(《边界与海洋研究》2017 年第 4 期),严南南、陆珉和宗康的《海上丝绸之路航线网络的连通性建模与仿真研究》(《华中师范大学学报·自然科学版》2017 年第 5 期),姜晓云的《在海上丝路探寻中国海洋文化》(《中国建设信息化》2017 年第 6 期),刘婵娟、胡志华的《海上丝绸之路海运网络层次体系划分》(《经济地理》2017 年第 7 期),范勇的《科技创新与物流发展——基于“海上丝绸之路”重点省市数据分析》(《生产力研究》2017 年第 7 期),李大光的《经略东海与融入 21 世纪海上丝绸之路》(《中国经贸导刊》2017 年第 28 期),齐庆华、蔡榕硕的《21 世纪海上丝绸之路海洋上层热含量及热比容海平面异常变化》(《海洋学报》2017 年第 11 期),马晓雪的《中国海上运输通道安全脆弱性演化机理论析》(《世界经济与政治》2017 年第 11 期),郑崇伟、李崇银的《21 世纪海上丝绸之路:海洋新能源大数据建设研究——以波浪能为例》(《海洋开发与管理》2017 年第 12 期),张超、王绍仁和潘文军《海上丝绸之路经济带物流协作模式实证研究——基于供给侧视角下的 LPI》(《物流技术》2017 年第 12 期),王列辉、朱艳的《基于"21 世纪海上丝绸之路"的中国国际航运网络演化》(《地理学报》2017 年第 12 期),等等。

上面的文章中,有些还是比较有新意的,分析也比较深入透彻。如戚凯、刘乐的《"21 世纪海上丝绸之路"建设的海事保障与中国角色》一文指出,海事是指关于人和船在何种航行环境下进行哪些水上活动的事务,是海上安全合作与海洋安全治理的重要组成部分。文章以海事为核心研究对象,指出目前中国海事国际合作中存在的问题与不足表现在硬实力(装备水平不足,投射能力有限;财政预算不足,外交投入有限)和软实力(主导权有限、领导力不足;国际海事伙伴有限,海事网络经营不足)上。文章接着提出在"海上丝路"的建设过程中,中国与国际社会毫无疑问将面临一系列的安全风险,进而产生了对国家与国际海事保障的现实需求:庞大的海运经济规模与实际的航海保障需求;海洋航行的日常活动与海上事故的应急处理;海上安全的潜在挑战与全球海洋安全的海事治理。文章进一步提出中国海事的角色作用:大国协调与机制完善;规范重塑与标准修订;国际交流与队伍建设。最后作者建议,"中国海事在'海上丝路'的建设中可以寻求构建一个以重点港口为点、以支点国家为节点、以辐射对象为延伸区域,以及以海运航路为线与串联的社会网络,以加强和深化与有关各方的海事保障与国际合作"。

港口在建设"丝路"进程中起着至关重要的作用,我国又是世界港口大国。2017 年有关港口方面研究的文章主要有:熊勇清、许智宏的《海上丝绸之路上港口与港口城市的互动发展机制研究》(《财经理论与实践》2017 年

第 1 期)，张璐、殷焕焕的《21 世纪海上丝绸之路战略下港口腹地划分研究》(《交通运输研究》2017 年第 1 期)，李剑、兰潇文和姜宝的《“海上丝绸之路”战略下的我国港口功能布局研究——基于临港产业空间集聚视角》(《海洋开发与管理》2017 年第 2 期)，刘大海、王艺潼等撰写的《“21 世纪海上丝绸之路”海上战略支点港的主要建设模式及其政策风险》(《改革与战略》2017 年第 3 期)，杨林燕的《海上丝绸之路沿线港口物流对国际贸易的影响——基于 15 个港口的面板数据分析》(《太原学院学报・社会科学版》2017 年第 3 期)，赵旭、梁雪娇、周巧琳等的《海上丝绸之路沿线港口体系的空间布局演化》(《上海海事大学学报》2017 年第 4 期)，贾大山的《海上丝绸之路战略与港口网络化发展》(《中国远洋海运》2017 年第 3 期)，魏海蕊、盛昭瀚的《我国内陆省份参与海上丝绸之路的外向型特征与优化策略——基于无水港海港定向合作视角》(《国际贸易问题》2017 年第 5 期)，潘静静、王晓峰的《复杂网络视角下的港口连通性建模及应用》(《深圳大学学报・理工版》2017 年第 5 期)，赵旭、高苏红和王晓伟的《“21 世纪海上丝绸之路”倡议下的港口合作问题及对策》(《西安交通大学学报・社会科学版》2017 年第 6 期)，黄庆波、林晗龙和刘思琦的《21 世纪海上丝绸之路港口建设投资风险研究》(《大连海事大学学报・社会科学版》2017 年第 6 期)，杨莉、祝捷的《“海上丝绸之路”沿线港口资源整合规划研究》(《赤峰学院学报・自然科学版》2017 年第 7 期)，袁莉琳、季鹏的《“21 世纪海上丝绸之路”沿线区域枢纽港优化选择》(《经济地理》2017 年第 11 期)，等等。

其中袁莉琳、季鹏的《“21 世纪海上丝绸之路”沿线区域枢纽港优化选择》一文，从“丝路”沿线区域枢纽港口的优化选择角度进行了研究，现实参考意义较大。作者通过复杂网络理论、O'Kelly 的枢纽区位优化方法、运输成本最小化原理等得出结论:21 世纪海上丝绸之路的枢纽航线，“中国沿海地区，可重点建设深圳和广州‘双枢纽’发展模式，以承担‘丝路’的出海港功能。东南亚地区，借由新加坡港已有的国际枢纽港优势，发挥连接中国与南亚地区的桥梁作用。南亚地区，实行两步走战略:第一步由区域枢纽港科伦坡在初期承担枢纽港功能;第二步将瓜达尔港建设为南亚地区的另一枢纽港，绕开马六甲海峡，通过海陆联运实现中国与中东地区的直航。西亚北非地区，以吉达港为枢纽港，直驱地中海。地中海沿岸地区，以位于入海口的塞得港为枢纽港，畅通与欧洲地中海沿岸地区的贸易往来”。最后从境内港口和境外港口提出海上丝绸之路枢纽港的优化方案：中国沿海区域枢纽港的优化（明确深圳港与广州港的枢纽地位，加快国内港口资源整合，着力将两港打造成为国际性枢纽港口，以承担“丝路”始发港的重要功能）；境外区域枢纽港的优化（加强境外港口特别是南亚和西亚北非等地区港口的投资建设，实现枢纽航线的整体优化；将南亚的科伦坡港、瓜达尔港、西亚北非的吉达港以及地中海口的塞得港作为重点支持、投资建设的港口；充分利用“亚投行”“丝路基金”等金融组织，解决沿线区域基础设施建设所需要的资金，支持境外枢纽港优化工程的落地实施）；加快中巴经济走廊建设，开辟一条新的海上丝绸之路通道。

赵旭、高苏红和王晓伟撰写的《“21 世纪海上丝绸之路”倡议下的港口合作问题及对策》一文开篇就一针见血地提出：“构建港口合作网络是海上丝绸之路倡议实施的最佳切入点与关键突破点。”但“港口合作必定是一个长期复杂的动态博弈过程，即使合作双方有充分合作意向并形成明确合作协议，港口合作也可能随时终止。受制于主观和客观因素，海上丝绸之路倡议实施过程中的港口合作虽然成果丰富，但港口合作过程中的不确定性还很大”。文章分析了海上丝绸之路倡议实施中的港口合作存在的问题：港口合作基础不稳定导致港口合作行为具有脆弱性；港口合作主体分工不明确和功能重复降低资源配置效率；港口合作缺乏统筹协调限制了港口合作网络覆盖范围；港口合作面临诸多风险影响海上丝绸之路倡议实施进程。最后作者提出了港口合作对策：完善区域性的港口合作组织；形成经常性的联系机制；以港口投资为先导，丰富港口合作模式；建立港口合作保障机制。

黄庆波、林晗龙等撰写的《21 世纪海上丝绸之路港口建设投资风险研究》一文，指出“21 世纪海上丝绸之路沿线港口主要分布在东南亚、南亚、中东北非、地中海沿岸、南太平洋等地区”。文章建议“在进行 21 世纪海上丝绸之路港口建设项目投资风险防范与管理之前，有必要对存在的和潜在的风险因素进行分类识别与评价，在众多的风险种类中抓住主要矛盾，做好投资风险防范”。文章结合投资环境评价基本方法，以资本抽回、外商股权、对

外商的歧视、货币稳定性、政治稳定性、给予关税保护意愿、当地资金可供程度、近五年通货膨胀率等为主要指标，分析得出结论：“东南亚、西亚和欧洲港口投资环境良好，而非洲、南亚投资环境比较复杂，面临的不确定性较大。”文章写道：“21世纪海上丝绸之路沿线国家港口投资，不仅受到中国和东道国政治、经济、法律、社会、文化等多方面因素制约，而且深受美国、日本、印度等国的战略竞争与利益博弈的影响。”面临的主要瓶颈有：政府层面的制约瓶颈（配套政策不完善；缺乏有效的风险评估手段；海外投资保险制度不完善）；企业层面的制约瓶颈（企业对东道国投资环境了解不够深入；企业大多缺乏风险意识；人才缺乏，企业整体竞争力偏弱）；国际环境的制约瓶颈（美国对华博弈的战略牵制；印度怀疑中国的战略意图；中国与沿线国家的争端）。最后文章针对性地提出了对策：构建风险预警管理机制（要对沿线港口建设实行全程监测，对大量的信息进行分类、整理和存储，并将这些监测信息及时准确地发布；要利用指标评价体系对监测信息进行分析，以识别港口建设项目各类投资风险的征兆，判断项目处于正常、警戒还是危机状态；要通过技术手段分析已被识别的各种风险因素的成因、过程及发展趋势，明确危害性大的风险因素）；健全海外投资保险制度（立法机关要加快制定海外投资保险制度的基本法，扩大海外投资保险法的覆盖范围；我国应该选择合适的海外投资保险制度，采用“双边保证为原则，单边保证为例外”的混合模式，实现防范与补救的结合）；推进港口投资金融支持（要加快银行业跨国经营的步伐，积极给港口投资企业的海外投资提供融资便利，给予融资担保和信贷优惠；国家政策性银行要与各商业银行展开合作与对接，合力为港口投资企业提供融资保障；政府要适度放松金融管制，赋予港口投资企业必要的海内外融资权和担保，鼓励其在国际金融市场上筹资）；完善企业内部风险管理机构（要在企业内部设立风险管理部门；港口投资项目下设立投资风险评估小组）；培育风险管理专业人才（加大对高校的财政支持力度，鼓励其对投资风险进行专业化研究；在高校内设立21世纪海上丝绸之路研究基地，对沿线港口的投资风险进行针对性、系统性的研究；鼓励投资风险管理咨询和培训机构的建立）。

南海在丝绸之路经济带的建设中具有举足轻重的地位，引发了众多学者的关注。2017 年有关南海问题研究的文章主要有：刘舒羽的《从南海贸易圈到 21 世纪海上丝绸之路战略的发展》(《西安财经学院学报》2017 年第 1 期)，邓颖颖、蓝仕皇的《南海文化遗产保护及其旅游开发利用研究——基于 21 世纪“海上丝绸之路”建设背景》(《贵州省党校学报》2017 年第 1 期)，周伟的《21 世纪海上丝绸之路与环南海公共外交》(《公共外交季刊》2017 年第 2 期)，阎根齐的《论南海海上丝绸之路的形成时间》(《学术探索》2017 年第 3 期)，鞠海龙、林恺铖的《南海地区推进“一带一路”建设的经济基础与政策空间》(《国际问题研究》2017 年第 6 期)，陈雅婷的《海洋法视域下的南海海盗治理问题——以建设 21 世纪海上丝绸之路为背景》(《法制与社会》2017 年第 20 期)，梁铁奎的《海上丝绸之路与南海区域宗教传播》(《戏剧之家》2017 年第 22 期)，等等。

周伟的《21 世纪海上丝绸之路与环南海公共外交》一文提出“海上丝绸之路建设的进展相对滞后，其阻力和障碍之一便是南海争端的现实存在”，认为必须大力开展面向环南海国家的公共外交。公共外交就是“致力于打动人心的工作，以人为本是其核心要素，无论依托哪种载体，其出发点和落脚点都充分建立在吸引人、打动人的基础之上”。作者认为：“中国要实现和平崛起以及不断增强自身的软实力，不仅需要加强国家与政府层面的外交，同时还要大力开展面向周边国家的公共外交，通过各种有效方式化解它们对中国的负面认知。”具体途径有：一是政府层面的工作。包括加强环南海国家之间立法机构、主要党派和政治组织的友好往来；加大环南海国家之间的教育文化合作，相互间扩大留学生规模，鼓励开展国际合作办学；深化环南海国家之间的人才交流与科技合作；强化环南海国家之间在传染病疫情信息沟通、防治技术交流、专业人才培养等方面的合作，提高联动处理突发公共卫生事件的能力。二是社会层面的工作，包括加强环南海国家之间的旅游合作；加快环南海国家之间的侨务交流合作；发挥博鳌亚洲论坛、博鳌公共外交基地等平台的品牌效应，着力打造面向环南海国家的公共外交精品平台；拓展环南海国家之间的智库交流合作，鼓励支持沿岸国家智库之间开展联合研究，充分发挥智库的辐射与孵化效应，共同建立相关合作组织与机构；加大环南海国家之间民间组织的交流合作；开展环南海国家之间的体

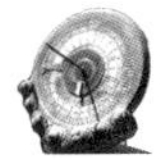

育交流活动，支持沿岸国家申办重大国际体育赛事；深化环南海国家之间文化传媒的国际交流合作。

邓颖颖、蓝仕皇的《南海文化遗产保护及其旅游开发利用研究——基于21 世纪“海上丝绸之路”建设背景》一文中写道：“由于南海形势的复杂多变，中国实施区域合作战略的难度不小。要改变这一局面，南海文化遗产无疑需要‘历史再现’。而南海文化遗产的‘历史再现’，需要以文化遗产的有效保护为基础，以遗产展示、文化传承、观念认同为核心，以旅游开发利用加强合作为重要载体。”南海文化遗产包括了海上文化线路遗产和水下文化遗产。南海海上文化线路遗产主要包括了古港口、古建筑、摩崖石刻等物质文化遗产，以及民间渔业文化等非物质文化遗产。水下文化遗产包括古沉船、古沉船所带来的文物和大自然遗产。作者认为，“国家在对南海文化遗产的保护逐步形成了‘立法保护—机制保护—学术保护’三位一体的格局”的基础上，更需要探寻出“温和”的保护路径，即公众的认同与积极参与是实现南海文化遗产有效保护的重要路径。在作者看来，文化旅游是其关键的钥匙。需要构建南海文化遗产的文化旅游开发保护机制：摸清家底，全面普查南海文化遗产，科学规划文化旅游路线；积极打造国家主题海洋公园，坚持原生态旅游开发；加强宣传，让南海文化遗产旅游深入人心；加强与我国台湾地区相关机构以及南海周边国家的交流合作，搭建文化旅游开发合作平台。

（四）从经济学的视角进行的探讨

21 世纪海上丝绸之路首先是经贸之路，2017 年学者们发表了许多从经济学的视角来探讨 21 世纪海上丝绸之路建设的文章，主要有：王爱虎、杨淞晓的《“一带一路”国际物流绩效对中国出口贸易影响研究》（《华南理工大学学报·社会科学版》2017 年第 1 期），丁丽红、朱智洺的《中国对“21 世纪海上丝绸之路”沿岸国家的农产品出口研究——基于贸易便利化视角》（《山东农业科学》2017 年第 1 期），蔡婷、侯方淼的《中国对“海上丝绸之路”沿线国家出口贸易实证分析——以林产品为例》（《北京林业大学学报·社会科学版》2017 年第 1 期），刘运昌、王绍仁和潘文军的《科技创新与物流发展——基于“海上丝绸之路”重点省市数据分析》（《科技与经济》2017 年第 1 期），杨忠振、陈东旭的《制造业沿海上丝绸之路的转移趋势》(《中国航海》2017年第1期),吴旭梅、陈万灵的《中国对海上新丝路沿线国家出口增长的来源分析——基于CMS模型的需求效应、结构效应和竞争力效应分解》(《西部论坛》2017年第1期),陈展、周广仁的《税收服务“海上丝绸之路”“走出去”企业研究》(《税务研究》2017年第2期),李勇的《“21世纪海上丝绸之路经济带”区域货币一体化研究》(《西安交通大学学报·社会科学版》2017年第2期),郑军、张永庆、黄霞的《2000—2014年海上丝绸之路贸易网络结构特征演化》(《国际贸易问题》2017年第3期),刘超、吴晓斌的《21世纪海上丝绸之路视阈下我国能源货物贸易制度之疏失与更新》(《法治社会》2017年第3期),李晓莉的《21世纪海上丝绸之路沿线国家投资环境分析》(《学术探索》2017年第4期),李海燕、兰永红的《海上丝绸之路沿线国家税务风险防控的国际借鉴研究》(《国际税收》2017年第4期),冯学钢、唐睿的《“21世纪海上丝绸之路”沿线省市入境旅游市场效率研究》(《南京审计大学学报》2017年第4期),刘镇、邱志萍、刘伟明的《自贸协定对“21世纪海上丝绸之路”出口贸易的影响》(《经济经纬》2017年第5期),彭渤、胡麦秀的《中国与“海上丝绸之路”沿线国家贸易对我国经济增长的影响分析——基于VAR模型的实证研究》(《海洋经济》2017年第5期),谭卓、杨松岭和蔡文杰的《“21世纪海上丝绸之路”油气勘探开发合作战略》(《国际经济合作》2017年第5期),黄迪、胡麦秀的《中国对“21世纪海上丝绸之路”沿线国家的投资潜力分析——基于投资非效率因素的研究》(《海洋经济》2017年第6期),张建武的《中国与海上丝绸之路国家贸易的影响因素分析——兼论“龙腾模型”的可行性》(《人民论坛·学术前沿》2017年第15期),朱晓翔的《中国与“海上丝绸之路”国家间旅游流双向互动关系分析》(《太平洋学报》2017年第8期),胡艺、闫吉丽、全毅的《中国与“21世纪海上丝绸之路”沿线国家贸易互补性测度及其影响因素的实证研究》(《世界经济研究》2017年第8期),蒋蔚芳的《中国出口贸易中的本地市场效应估计——以“21世纪海上丝绸之路”国家为例》(《市场周刊》2017年第9期),李文霞、杨逢珉的《中国对“海上丝绸之路”沿线国家农产品出口的影响因素及潜力研究》(《现代经济探讨》2017年第11期),陈继勇、卢世杰的《“21世纪海上丝绸之路”沿线

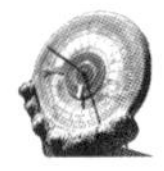

国家贸易竞争性测度及影响因素》(《经济与管理研究》2017 年第 11 期),吴迪的《“丝绸之路”经济带和“海上丝绸之路”之金融支持对策研究》(《产业与科技论坛》2017 年第 12 期),郑军、张永庆等的《基于国际贸易网特性的贸易依赖派系过滤算法》(《计算机应用研究》2017 年第 12 期),曲国明、路璐的《中国对 21 世纪海上丝绸之路沿线国家出口的影响因素及潜力研究》(《商业经济研究》2017 年第 20 期),樊晓菲、邓慧杰、杨璐瑶的《基于层次分析法的海上丝绸之路发展战略对中国工业经济影响力的评估》(《中国市场》2017 年第 31 期),等等。

这些文章从不同视角来进行探讨,涉及的范围较广,对各领域的研究也各有千秋。陈继勇、卢世杰的《“21 世纪海上丝绸之路”沿线国家贸易竞争性测度及影响因素》一文采用 2000—2015 年联合国商品贸易统计数据库的出口数据,测算了中国与 21 世纪海上丝绸之路沿线国家的以联合国国际贸易标准分类(SITC Rev. 3)的二位数代码分类的出口商品的附加值和出口相似度指数,分析了两地之间贸易竞争性的影响因素,得出了以下的结论:“第一,就整体商品而言,中国与‘一路’沿线国家贸易竞争性大小与地理分布有着显著的联系。在‘一路’沿线国家中,东南亚国家与中国的贸易竞争性最强,南亚国家与中国的贸易竞争性次之,西亚和非洲国家与中国的出口结构差异性最大,竞争性最弱。第二,就分类商品而言,在‘一路’沿线国家中,东南亚国家与中国在各类商品上竞争性都较强或很强,且在低、中、高附加值商品领域上竞争性依次递增,南亚国家与中国在低附加值商品领域上竞争性最强。而西亚七国和非洲四国与中国在低、中、高附加值商品领域和整体商品上的贸易竞争性均较弱,双边拥有广阔的贸易合作空间。第三,中国与‘一路’沿线国家竞争性影响因素的回归结果显示:两地需求结构的差异性对各类商品贸易竞争性有负向作用,‘一路’沿线国家的金融发展水平和 FDI(外商直接投资)的提高增强了双边各类商品的贸易竞争性,‘一路’沿线国家基础设施的完善增强了双边低、高附加值商品和整体商品的贸易竞争性;而中国 FDI 的提高降低了双边中附加值商品和整体商品的贸易竞争性,对于双边低、中附加值商品和整体商品的贸易竞争性,中国基础设施的完善有正向影响,中国金融水平的提升有负向影响。”基于上述结论,如何发挥中国与“一路”沿线国家的产业优势以及确立现实可行的经贸合作路径？作者提出了政策建议：加速推进产融结合；大力发展互联网经济模式；注重纠纷解决机制建设。

胡艺、闫吉丽和全毅合撰的《中国与“21世纪海上丝绸之路”沿线国家贸易互补性测度及其影响因素的实证研究》一文利用2014年及2015年中国与“一路”沿线66个国家产品层面的贸易数据计算的贸易互补性指数，指出“以‘一路’沿线国家为出口方、中国为进口方的贸易互补指数呈现出显著的地域特色，即东盟和南亚在资源密集型产品和劳动密集型产品出口上与中国互补性更高，东非和西亚在资源密集型产品，尤其是西亚在第5类矿产品出口上与中国互补性极强。欧洲国家与中国互补性较高的产品分布则比较广泛。而从以中国为出口方、‘一路’沿线国家为进口方的贸易互补性指数来看，互补性强的产品显著集中在中国具有比较优势的劳动密集型产品和部分资本密集型产品上，从东盟经南亚、西亚、非洲至欧洲，互补性有增强的趋势。贸易互补性影响因素的回归分析结果显示，资源禀赋差异是决定中国与‘一路’国家贸易互补性的关键性因素，证明了H-O理论在中国目前和‘一路’国家贸易模式上的适用性，也预示未来中国与‘一路’沿线国家基于工业产业内分工贸易模式的巨大潜力。回归结果还显示，‘一路’沿线国家在市场效率、贸易效率、科教水平、基础设施和宏观经济环境等方面的提高和改善有助于提高双边贸易的互补性，这些因素发挥的效果如何很大程度上则依赖于资源禀赋上的互补性”。作者根据以上结论提出中国在发展同“一路”沿线国家经贸关系、增强贸易互补性方面要注意以下几点：(1)发展现有基于资源禀赋的传统贸易模式下，大力开拓基于产业内分工的现代贸易模式；(2)进一步强化与“一路”沿线国家的互联互通，推进基础设施建设；(3)注重改善“一路”沿线国家经贸发展中的软环境；(4)扩大科教合作，提升贸易互补性。

李晓莉的《21世纪海上丝绸之路沿线国家投资环境分析》一文从宏观层面的政治稳定性、社会治理能力和经济发展水平三个维度，评估21世纪海上丝绸之路主要沿线国家的投资环境。作者认为，21世纪海上丝绸之路建设是我国在新形势下对外开放的重大倡议，而对外投资则是实施该倡议

的重要方式,它不仅有助于促进沿线国家的繁荣和发展,而且有助于我国在更大范围内优化资源配置和产业转型升级。中国海外投资的绩效将会影响中国"一带一路"倡议的成败。作者利用世界银行各种经济指数进行研究,发现中国对 21 世纪海上丝绸之路主要沿线国家的投资总体风险较高,存在一定程度的投资悖论现象,即投资环境较差也能吸引中国的投资。主要原因是中国要确保能源运输的安全,中国企业要在夹缝中求发展,华侨华人网络可以降低企业投资的风险预期。因此,在实施 21 世纪海上丝绸之路建设时,中国不仅要加强对东道国投资环境的了解,还要从制度安排、产业升级、人才培养和文化交流等方面来化解投资风险。

(五)关于 21 世纪海上丝绸之路建设所面临风险及对策的探讨

21 世纪海上丝绸之路建设在不断推进和实践,所面临的挑战和风险也是空前的,因此一些学者认真梳理这些问题,实事求是地寻找和解决问题的具体办法,2017 年度关于这方面研究的文章主要有:王凤娟、卢毅的《"一带一路"海外承包工程非传统安全风险分析——以 21 世纪海上丝绸之路为例》(《工程管理学报》2017 年第 1 期),李玉璧、王兰的《"一带一路"建设中的法律风险识别及应对策略》(《国家行政学院学报》2017 年第 2 期),杜江玮的《从"一带一路"战略看国际海上货物运输法律统一化》(《中国水运·下半月》2017 年第 2 期),扈琼琳的《21 世纪海上丝绸之路面临的非传统安全问题研究》(《江汉大学学报·社会科学版》2017 年第 3 期),宫晓婷、吕靖的《海上丝绸之路关键节点动态安全效率评价》(《系统工程学报》2017 年第 3 期),夏真真、汪万发的《21 世纪海上丝绸之路:非传统安全问题及其合作安排》(《江南社会学院学报》2017 年第 4 期),李海燕、兰永红的《海上丝绸之路沿线国家税务风险防控的国际借鉴研究》(《国际税收》2017 年第 4 期),黄河、邹为合撰的《中国建筑企业在"一带一路"沿线基础设施投资的政治风险及其管控》(《云南大学学报·社会科学版》2017 年第 4 期),刘超、王静的《"21 世纪海上丝绸之路"能源投资准入之法律风险与应对》(《中国矿业大学学报·社会科学版》2017 年第 5 期),李人达的《建立新时期海上丝绸之路法律制度和发展规划的思考》(《中国党政干部论坛》2017 年第 6 期),张燕生、王海峰和杨坤峰的《“一带一路”建设面临的挑战与对策》(《宏观经济管理》2017 年第 11 期),黄艳葵的《跨境基础设施 PPP 项目的法律保障问题分析——基于对 15 个海上丝绸之路沿线国家的分析》(《经济研究参考》2017 年第 29 期),等等。

上面的文章中,有的论证充分,针对性和可操作性很强,现实意义大。如黄河、邹为合撰的《中国建筑企业在“一带一路”沿线基础设施投资的政治风险及其管控》一文逻辑结构清晰,层次分明。文章指出,基础设施互联互通是“一带一路”倡议实施的重点内容,但是“一带一路”沿线大多是欠发达的国家和地区,是恐怖主义、宗教矛盾、极端民族主义以及跨国犯罪的多发地,也因为地缘政治的影响,沿线国家容易受到域外大国的干涉。因此,中国的建筑企业在沿线国家投资或承包交通基础设施建设项目所面临的政治风险是非常复杂的,并且与中资企业在欧美投资所遇到的政治风险有很大的差别。接着文章对政治风险的定义和内涵、外延做了深入的分析和界定,作者在文章中界定的“政治风险”概念为“能够引起一个跨国商业运作的利润潜力或资产损失的任何类型的政治事件”。文章根据中国在“一带一路”沿线国家基础设施投资的详细数据,指出了中国建筑企业海外经营面临的政治风险为两类:一类是普遍性的政治风险,也就是所有的跨国企业在海外经营时都将面临的风险;另一类则是建筑行业的行业性政治风险,是由建筑行业的某些特点所导致的重点风险。文中还提出基础设施建设行业政治风险特点主要有以下五种:建筑项目资金投入巨大、建设周期长、项目不能轻易撤资或终止;基础设施项目以国有企业参与为主,私人资金不愿介入;基础设施建设项目的政治敏感性很高;基础设施项目具有特殊的地缘政治敏感性;建筑行业腐败问题严重,可能成为东道国政治介入的借口。作者最后针对性地提出管控风险的具体措施:建立政府间“丝绸之路基础设施建设保险基金”;通过提供安全类公共产品打造区域安全共同体;推动基础设施投资主体多元化。

李玉璧、王兰《“一带一路”建设中的法律风险识别及应对策略》一文指出,“‘一带一路’建设是一项十分复杂的系统工程和全新事业,没有法治的引领、推动和保障是无法取得成功的”。作者认为,“‘一带一路’多是基础设施

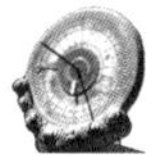

建设项目,沿线国家的对外开放程度、法治状况和市场化水平差异较大”,因此我国市场主体在参与共建“一带一路”中面临的法律风险有:因沿线国家隶属法系不同而引发;因沿线国家法治状况和国民道德水平不同而产生;因贸易保护主义而引起。文章还对法律风险的类型进行分析,认为法律风险有:因直接投资产生的法律风险;因市场准入产生的法律风险;因知识产权保护产生的法律风险;因国际金融交易产生的法律风险;因劳工问题引发的法律风险;因环境问题产生的法律风险;因经营管理不善产生的法律风险。最后,文章从政府和企业两方面提出应对之策,在政府方面:签署双边或多边投资保护协定,实现沿线国家法制协同;建立海外投资贸易咨询、指导、服务机构及相关制度;加强风险评估、预警研究,有针对性地开展法律风险管控专项培训;优化创新海外投资保险制度。在企业方面:学习和研究“一带一路”沿线国家和地区的法律,避开法律“雷区”;自觉遵守所在国法律制度,严格依法经营;合理利用国际贸易规则,科学评估争端解决机制;善于利用中介机构,加强尽职调查。

张燕生、王海峰和杨坤峰的《“一带一路”建设面临的挑战与对策》一文认为,“‘一带一路’建设是一项庞大而非常复杂的系统工程,涉及国内外方方面面的利益和关系,面临的风险和挑战不容忽视”。文章概括了8个方面的风险:国内对风险认识和准备亟须加强;突破发展中国家面临的发展陷阱是一个世界性难题;地缘政治安全对“一带一路”建设的影响不容忽视;重大设施联通建设项目隐含财务风险;境外经贸产业合作区建设和运营存在挑战;金融机构“走出去”面临着更大的金融风险;复杂多变的投资环境增大了决策风险;“一带一路”建设项目亟待国际金融机构积极参与。文章基于分析借鉴世界历史经验教训,提出了10条建议:建议设立国际经济合作开发署统筹推进“一带一路”建设;推动公平、创新、良治的新型全球化向前发展;发挥“一带一路”作为扩大对外开放重大战略举措的功能;发挥“一带一路”作为经济外交顶层设计的功能;发挥“一带一路”作为对外开放和对外合作总规划的功能;“一带一路”是推动全球治理体系变革的主动作为;建立“一带一路”风险跟踪、应对机制;鼓励民间资本以PPP模式来投资建设重大基础设施项目;争取更多国际化机构参与分担“一带一路”建设风险;让市场成为吸收和化解“一带一路”建设风险的主体。

21世纪海上丝绸之路建设是新形势下我国对外开放的重大倡议,2017年国家领导人习近平在世界和国内重要场合反复阐释和强调“一带一路”发展倡议,积极推动21世纪海上丝绸之路的建设。2017年度国内外学术界发表了大量关于21世纪海上丝绸之路的研究成果,聚焦于中国地方政府的“一带一路”倡议与作为,也关注“一带一路”倡议对世界带来的影响,更是对“一带一路”倡议进行深入研究和风险评估。尽管本年度发表的文章有一部分缺乏学术深度,甚至有一些立论不当、史实错误、概念模糊、人云亦云之处,但相信随着“一带一路”倡议的推进及学术研究的发展,这方面的遗憾会越来越少,期待学术界乘势而上、顺势而为,在推动21世纪海上丝绸之路的研究上行稳致远,迈向更加美好的未来。

(本章作者:姚蕾,宁波大学马克思主义学院副教授;龚缨晏,宁波大学人文与传媒学院教授,“中国南海研究协同创新中心”兼职研究员,浙江省重点文化创新团队“海洋文化研究创新团队”负责人)

第二章　海上丝绸之路东海航线研究

2017年，海上丝绸之路东海航线历史研究有了进一步推进，相关成果集中于港城、航海贸易、文化交流、外交往来等专题，另有一些论文和著作聚焦于东海航线的航路、人员往来、国族间相互认知等领域。2017年各地举办一系列“海丝”主题研讨会，有力地促进了“海丝”东海航线研究的深化。相关研讨会包括：广州举行了“海上丝绸之路与人类文明进程”（2017年3月24日）；广西合浦举办了“跨地区跨国界的多维对话：汉代海上丝绸之路学术研讨会”（2017年4月16日）；英国普雷斯顿市由英国中央兰开夏大学国际法与比较法研究所、中央兰开夏大学孔子学院和中国南海研究院共同举办“海上丝绸之路：欧亚的挑战与机遇”国际研讨会（2017年5月4日）；青岛举办“海陆丝绸之路的历史变迁与当代启示”中国中外关系史学会第九届会员代表大会暨学术研讨会（2017年5月26日）；福州市王审知研究会在福州闽王祠召开了“纪念王审知入主福州1124周年暨海上丝绸之路源史研讨会”（2017年6月15日）；广州举办了“广州与海上丝绸之路”学术研讨会（2017年12月1日），等等。

另外，2017年与海上丝绸之路东海航线有关的新出版著作包括：郭杰忠主编的《海上丝绸之路：陶瓷之路——景德镇陶瓷与“一带一路”战略国际学术研讨会会议文集》（中国社会科学出版社，2017年）、闽都文化研究会编《海外福州人与海上丝绸之路》（海峡文艺出版社，2017年）、刘士林著《中国海上丝绸之路城市廊道叙事》（东方出版中心，2017年）、陶红亮著《海洋传奇 海上丝绸之路》（海洋出版社，2017年），海上丝绸之路研究中心主编

《中国海上丝绸之路研究年鉴 2015》(浙江大学出版社,2017 年)、朱丽霞著《海上丝绸之路与 16 至 17 世纪中国文坛:以胡宗宪浙江幕府为中心》(中国社会科学出版社,2017 年),等等[①]。

一、港口、航路、船舶及航海研究

(一)港口研究

2017 年有关海上丝绸之路东海航线港口的成果,以对广州、福州、宁波、泉州、澳门、日本福冈市博多等港城的历史考察、比较等文章为主。需要指出的是,本年度关于港口研究热度呈现出"降温"态势。值得关注的是,中国海外交通史研究会等著《海上丝绸之路综论》(海洋出版社,2017 年)共收录 19 篇文章,进一步推动我国海交史领域的研究工作,为 21 世纪新海上丝绸之路建设提供了理论参考与资讯服务。刘士林著《中国海上丝绸之路城市廊道叙事》(东方出版中心,2017 年)一书立足于"文化城市群"理论,一方面,通过历史与人文、古代与现代、海内与海外、政治与经济等多方面的梳理和研究,努力还原古代海上丝绸之路城市的真实发展历程;另一方面,按照"一个人的生命史"方式再现"一个城市的发展史",用生动的历史情节讲述大连、天津、烟台、蓬莱、青岛、南京、扬州、苏州、上海、嘉兴、湖州、杭州、宁波、泉州、福州、厦门、漳州、高雄、汕头、深圳、香港、广州、澳门、湛江、海口、三亚、北海等 27 座名都名城的城市故事,阐释城市精神。作者为普通读者深入了解海上丝绸之路提供了一个"城市读本",为国家在"一带一路"倡议中的"重建文化认同,连接古今中外"提供支持。

在海上丝绸之路研究方面,陈霖《新罗与唐代福建地区的海上交往》(延边大学硕士学位论文,2017 年)一文认为,"新罗完成统一后,在海外贸易方面不断锐意进取,在东亚地区海上贸易中扮演重要角色,特别是在张保皋时

① 此外,还有部分著作与海上丝绸之路密切相关,择要而言,如:刘迎胜的《话说丝绸之路》(安徽人民出版社,2017 年);修斌的《中国海洋符号 海上丝路》(中国海洋大学出版社,2017 年);张世民主编的《杨良瑶与海上丝绸之路——〈唐故杨府君神道之碑〉解读》(地图出版社,2017 年);潘茹红的《海上丝绸之路研究丛书:海洋图书变迁与海上丝绸之路》(厦门大学出版社,2017 年)。

期新罗的海外贸易达到顶峰。安史之乱后,唐各地方势力割据。福建地区在地方当权者的鼓励政策支持下,不但未切断与中央王朝的联系,反而借助海上进贡路线与朝鲜半岛的新罗发展了广泛的海上交往,从而在东北亚的海上贸易中日渐活跃起来。泉州更是在宋代成为唐宋四大港口之一,与高丽海上贸易更加繁荣"。但是,作者认为"福建地区早就与新罗有过海上往来,但直到唐、宋时期,才出现频繁的交往"。

上海博物馆主编的《考古·古港 上海青龙镇的发掘与发现》(上海古籍出版社,2017年)一书主要是上海博物馆考古研究部在对青龙镇遗址进行了长期的考古勘探和发掘工作的基础上,对考古工作中取得的新发现进行总结,从而逐步揭开了一座掩藏于地下数百年的港口重镇的神秘面纱。该书主要是从青龙镇的历史地位、青龙镇历年考古发掘、隆平寺塔地宫重要发现、青龙镇出土陶瓷与海上丝绸之路等方面开展论述。青龙镇是上海城镇发展史上重要的一环,青龙镇遗址考古发现确证了青龙镇是上海较早的贸易港口,也是唐宋时期海上丝绸之路重要的始发港之一。

薛彦乔的《由海道传入福建的两种农作物:高丽菜和新罗葛》(《农业考古》2017年第4期)一文以中国与朝鲜半岛的农作物的传播为视角,通过梳理福建历代地方志中关于这两种蔬菜的记载,详细地对这两种蔬菜的原产地、传入福建的时间、传播路径等问题展开深入探讨,作者认为高丽菜和新罗葛是通过"海上丝绸之路传入福建"的。

李素在《明清时期福州地方政府机构与琉球进贡》(《三明学院学报》2017年第5期)一文中认为,"明清中琉两国五百余年的交往过程中,福州是官方指定的中琉交往的唯一口岸,为保障琉球进贡活动顺利进行且不失礼仪规范,福州政府机构各司其职、互相配合、互相监督,形成较为完备的'封贡事务管理体系'。闽安镇巡检司、福建市舶司、闽海关作为福州政府机构中的代表机关,肩负起统筹琉球朝贡诸事务的重任,在中琉两国五百余年友好往来历史上发挥着举足轻重的作用"。

在泉州与海上丝绸之路研究方面,李冀平等的《梯航百货万国商——海上丝绸之路货币与贸易(泉州)》(社会科学文献出版社,2017年)一书立足于"海上丝绸之路"视角,结合泉州是海上丝绸之路重要起点之一,指出海上丝绸之路是连接中国与外国贸易往来和文化交流的海上大通道，也是迄今所知最为古老的海上航线之一。作者以泉州为考察对象，介绍了唐五代时期泉州港交通、造船技术、对外贸易等情况，重点介绍贸易中流通于各个时期的货币情况，让我们重识这些海上丝路的流通货币以及相关文化遗存的历史，追忆当年沿线各国在海上丝路贸易中和平共荣的盛景。

庄维民编的《山东海上丝绸之路历史研究》（齐鲁书社，2017 年）一书立足于国家提出的“一带一路”倡议构想的实施、海上丝绸之路申报世界文化遗产的提出和山东海上文化廊道建设工作展开，使有关山东海上丝绸之路的研究进入兴盛时期。山东地处“一带一路”两大倡议的交汇处，是中国古代对外贸易的重要货源地，也是古代北方对外交往的重要门户和海上丝绸之路的重要发源地，在海上丝绸之路的起源和发展过程中占有重要位置。该书主要的研究旨在系统梳理山东海上丝绸之路的历史发展历程，揭示其演进的轨迹，了解其发展趋势，探讨不同阶段的特点和影响，总结借鉴其中的历史教训，通过对其中经验教训的总结，寻求当下促进山东海疆文化建设的对策，以期能为推进海上丝绸之路研究提供助力。

刘锡涛的《试述泉州海洋文化的历史特色》（《福建省社会主义学院学报》2017 年第 3 期）认为，福建泉州濒临浩瀚海洋，随着古代海上丝绸之路的形成和泉州人出洋谋生，“泉州文化呈现出与海洋气息水乳交融的特征，逐渐成为中外文化交往的区域中心，并凸显海洋文化繁荣昌盛的勃兴景象”。泉州自古以来就逐渐积淀了自己独具特色的海洋文化底蕴。泉州海洋文化多方面表现出自身特色：开放性、包容性与叛逆性。其中，泉州的包容性是指泉州享有“宗教的博物馆、文化的中转站”的美誉，不仅有佛教、伊斯兰教、基督教及摩尼教，还有传入中国的印度教、犹太教、日本教等教派。在文化交流中，“泉州在对外的交往中，不但吸收外来的宗教，而且将西方的先进科学技术输入，将中国的先进文化输出，成为中外文化交流的中转站”。作者认为泉州的反传统性可以概括为三个方面：“第一，舍弃了重农轻商的传统思想，注重发展海外贸易。第二，泉州妇女经商是经常的现象。第三，出现了反封建的思想家李贽。”

王思杰的《“海上丝绸之路”视域下的宋元泉州与宗教共生》（《宁夏社会

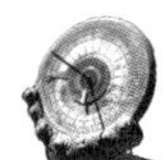

科学》2017 年第 6 期)则同样立足“海上丝绸之路”视角，对宋元时期泉州的宗教进行了考察。作者认为，“宋元时期的泉州，因为海上丝绸之路贸易的兴盛，经济繁荣，通达世界，蕃商纷纷涌入，各种外国宗教得到传播。这一时期，伊斯兰教、景教、摩尼教、天主教、婆罗门教等在泉州和谐共生，相互借鉴。宋元统治者对各种宗教持平等尊重的态度，实行优待，任命教徒担任官员，从而实现了有效管理”。作者进一步指出，宋元时期“泉州的历史经验给我们以启示，处理好宗教问题，使其和平共生，需要社会主流价值框架，需要政府合理的法律规控，同时也需要实现经济与贸易的繁荣”。

刘英英《试述泉港东岳庙与“海上丝绸之路”的关系》(《福建文博》2017 年第 3 期)一文从“海上丝绸之路”视角对泉州东岳庙进行考察，将东岳庙与“海丝”文化密切相关的联系作为切入点，作者分别从东岳庙的建设时间、建设特点、地理位置、东岳庙的历史变迁、东岳庙与海神文化、东岳庙楹联、龙柱、戏台、东岳庙与峰尾船员的关系、“烧王船”“祭王船”等消灾祈安的仪式，多方面详细说明泉州的海洋文化。

其他港口方面的研究有：徐晓望的《中国福建海上丝绸之路发展史》(九州出版社，2017 年)中，作者在书中详细论述了福建在海上丝绸之路进程中的历史情况，主要通过对环南海视野的海洋文化起源、早期闽中历史与商业萌芽、隋唐闽人对琉球的探索、唐五代福建海洋商业的起步等进行专题研究，考察福建海上丝绸之路的发展历史。作者认为“唐宋以来，海上丝绸之路从福建与中国东南的口岸出发，一直延续到南海、印度洋。明清时代，福建与中国东南是环球贸易体系的热点区域。海上丝绸之路上的丝绸、瓷器、蔗糖、香料、武夷茶等商品贸易，以及占城稻、棉花、番薯、玉米等物种的传入提高了福建与中国东南经济的海洋性，从而成为中国经济上升的变量”。

王建富主编的《海上丝绸之路浙江段地名进行考释》(浙江古籍出版社，2017 年)中，作者对海上丝绸之路浙江段重大地名进行解读；同时，作者依据史料对古代海上丝绸之路浙江段地名进行考释；特别是对浙江沿海地区的港口，如宁波——海上丝绸之路的千年枢纽港、舟山群岛——海上丝绸之路的古津要塞等进行了考察。

闽都文化研究会编《海外福州人与海上丝绸之路》(海峡文艺出版社，

2017年)一书中收录了海内外专家学者的31篇论文,涉及中马人文交流、海外福州人的迁徙和再移民、海外福州人的创业精神、海外福州人的民族大义和家乡情怀等,旨在进一步挖掘和弘扬海外福州人敢于拼搏、爱国爱乡的精神,探访黄乃裳等华侨先驱开发南洋的艰苦历程,深入挖掘福州与海上丝绸之路的关系,加强与海外福州人的联系沟通,宣传福州,扩大闽都文化影响。

石玉兵的《宋元时期北方海港及相关考古遗存的初步研究》(吉林大学硕士学位论文,2017年)从考古学视角系统研究宋元时期北方海港及相关考古遗存。作者通过对宋元时期北方海港遗址以及出土瓷器的梳理,初步分析了各港口时代变化和功能变迁,并通过出土瓷器分析沿海各港口之间以及港口与沉船、窑址等其他遗迹之间的联系,推测运输航线。作者对港口及出土瓷器的文化面貌进行分析,探究港口兴衰原因,对北方沿海港口对海上丝绸之路发挥的作用进行一番讨论。作者认为:"宋元时期是海上交流与贸易蓬勃发展时期,沿海港口在当时海上物资运输、货物贸易以及对外交流等方面发挥了重要作用。近年来港口遗址的发现逐渐增多,成为研究当时港口的重要材料。南方地区宋元时期的沿海港口相对稳定,而北方地区由于政局的变迁,各港口兴衰有时,学术界对北方地区这一时期沿海港口考古资料的关注程度相对较低。"

王可佳《浅析青岛与"东方海上丝绸之路"的历史渊源》(《烟台职业学院学报》2017年第2期)一文认为,"山东与东方海上丝绸之路的历史是源远流长的,萌芽于先秦时代,秦汉魏晋时期日益兴盛。它是一条从山东半岛出发,经过渤海到达辽东半岛、朝鲜半岛乃至日本列岛的重要航线。这对山东与东方海上丝绸之路的密切程度又给予了充分的肯定"。作者进一步指出青岛"应该充分利用这些独有的资源和优势,加强对相关历史文化价值的挖掘和利用,把自己打造成为'21世纪海上丝绸之路'的始发港,争取更大的发展和进步"。

田中克子《日本出土的宋代潮州窑产品与相关问题——以福冈市博多遗址群出土为主》(《海洋史研究》2017年第2期)一文认为,"中晚唐以后,中国民间海外贸易活跃起来。到了宋代,东亚及东南亚海域形成了广阔的

海上贸易网络。中国商人向当时尚未掌握陶瓷施釉技术的日本输入大量的贸易陶瓷，日本成为东亚海域最大的中国陶瓷外销市场。‘博多’（Hakata）是当时日本对外贸易的窗口，为九州北部福冈市面向博多湾的一个地区。宋日贸易时期，博多是日本唯一的对外贸易港口”。

陈少丰《宋朝的发舶港与发舶权》（《史志学刊》2017 年第 4 期）一文中，作者认为宋朝对发舶港和发舶权的管理经历了从松散到严苛再到务实的变化过程，强调这一过程的改变主要是发生在北宋神宗“熙丰变法前后”。作者经过详细梳理史料后认为，“熙丰变法前，基本上市舶港口和非市舶港口都能发舶，发舶权分别掌握在市舶机构和沿海州军手中；熙丰变法期间，朝廷限定市舶港口为发舶港，而且还划分了发舶港的贸易区，发舶权由市舶机构掌管；熙丰变法之后，发舶港和发舶权依照变法时期的规定，取消了划分贸易区的做法，市舶机构可签发前往所有区域的出海公凭。公凭的签发单位是路级机构市舶司，由市舶司和发舶港口市舶务的两级官员联合署名”。

陈丽华《元代畏吾儿航海家亦黑迷失与泉州港——以三方碑刻为中心》（《海交史研究》2017 年第 1 期）一文，立足于泉州碑刻史料视角，详细考察元代著名航海家亦黑迷失。亦黑迷失是元代著名航海家、外交家，也是维吾尔族历史上第一位航海家。作者在文章中详细论述了亦黑迷失极富传奇的一生。亦黑迷失前后五次奉使海外，为扩大元朝在海外的影响，沟通同东南亚、南亚诸国的关系和海外交通事业的发展，做出了重要贡献。

其他海上丝绸之路研究方面，还有伍显军的《唐宋温州与日本佛教文化的交流及其影响》（《温州文物》2017 年第 1 期），杨蕾的《松浦章〈温州海上交通史研究〉》（《海交史研究》2017 年第 2 期），张子旭、张荣生的《试论双屿港的兴废及明代的海疆政策》（《大庆师范学院学报》2017 年第 5 期），郑传锋的《樟林古港与中国“海上丝绸之路”关系探索》（《南方职业教育学刊》2017 年第 1 期），陈穗芳的《“物证”汕头：“海丝”重要门户》（《潮商》2017 年第 4 期），何笙、王勇森的《“一带一路”上的青岛印记》（《走向世界》2017 年 33 期），吴碧英的《传承与发展“海上丝绸之路”文化——以福州市为例》（《济宁学院学报》2017 年第 6 期）等，分别从不同视角对港口进行了考察和论述。

（二）航路研究

2017 年海上丝绸之路东海航线的航路研究成果，主要涉及古代中日、中琉、中韩之间的航路发展状况。[①]

刘恒武《图像观识与海上丝绸之路史》（《学术月刊》2017 年第 12 期）一文论及图像遗物在古代海上丝绸之路航线追迹研究中的重要价值。作者在文章中强调："首先有必要对海上丝绸之路史的研究内涵做一阐释。无疑，海上丝绸之路史在海交史（海上交通史、海域交流史）范畴之内，然而，其关切点和方法论均带有自身的特征。这里的所谓'丝绸'，指代以丝绸为首亦包括陶瓷、铜钱、书画、雕刻等在内所有跨海流动的物品，属于有形之'物'，亦呈有状之'象'；所谓'路'，即跨海物流运行的轨迹，是可视之'迹'，也有可察之'场'。另外，海上丝绸之路研究需从'点'切入，由'线'入手，'点'即沿海港口、海路要津、海舶寄泊地、海商交易点；'线'即航路，除了海上交通网线，也包括连接海港与腹地的通海河道。"

熊昭明《汉代海上丝绸之路航线的考古学观察》（《社会科学家》2017 年第 11 期）一文，通过汉代海上丝绸之路的线路复原，对汉代海上丝绸之路沿线东南亚和南亚国家发现的、年代为公元前 2 世纪前后的大型考古遗存进行梳理和初步研究。作者认为"日南"位于今越南中部秋盆河谷的沙莹文化区，"都元"在柬埔寨的吴哥博垒，"邑卢没"指向泰国中西部的班东塔碧遗址一带，"谌离"与"夫甘都卢"分别位于克拉地峡两侧的泰国春蓬府和拉廊府境内，"黄支"在印度东南部泰米纳德邦的阿里卡梅度遗址附近，"已程不国"在今斯里兰卡，主要港口为今曼泰。回程的"皮宗"，在马来西亚柔佛河上游和中游一带，其中心是后来作为柔佛王国都城的哥打丁宜。基于交往的需要，在马来半岛一段，返程选择了绕过半岛的海路航线。作者强调这一条路线是"汉使团经过的完整路线，民间交往大多为接力式的就近贸易"。

姜成山的《唐代"丝绸之路"北航线考——以韩朝彩出使中国东北与朝

① 海上丝绸之路的路线研究还有：古小松的《早期海上丝绸之路与中南半岛国家的建立》（《云南社会科学》2017 年第 3 期），刘耀辉、唐春生的《古代斯里兰卡与中国的交流与互动》（《重庆师范大学学报・哲学社会科学版》2017 年第 4 期），周永卫的《对早期华南海上丝路民间贸易的重新审视》（《地域文化研究》2017 年第 2 期），等等。

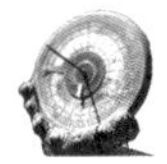

鲜半岛路程为中心》(《东疆学刊》2017 年第 2 期)认为唐代丝绸之路空前繁荣,出现了陆上、草原、海上等路线。海上丝绸之路分为南、北两条航线,其中海上丝绸之路北航线经渤海、新罗通往日本。作者通过文献和考古遗迹考证,不仅复原了唐朝于 762—764 年间出使渤海、新罗勅使韩朝彩的行驶路程,还考证了渤海国交通和新罗"五通"的形成过程。作者通过考证,认为南航线"对了解 9 世纪以后出现的'丝绸之路'北航线以及出现在东亚世界的繁荣贸易圈具有良好的作用"。

李华瑞、张倩《中唐以后至宋朝海路交通的转型》(《中国史研究》2017 年第 4 期)一文,认为唐中叶以后中国海上交通地位逐渐提高,对外交通出现由政治经贸文化并重向以经济贸易为主的转型。作者分别从五个方面进行了详细分析,认为:"第一,交通方向的转变。唐前期是由京城出发,经河西、西域向印度、西亚、欧洲的西向为主,唐中叶以后则是从沿海广州、泉州等地出发,向西亚、南亚、北非,但重点是向以南海周围东南亚为主的转变。第二,中国产品对域外由输出丝织品为主的贸易,向输出瓷、陶器、铜钱为主——当然丝绸仍然是大宗,这里主要是与瓷器和铜钱相比而言——转变。第三,从唐玄宗开元二年(714)开始设市舶使到宋太祖开宝四年(971)设置市舶司,是中西交通史上带有重大变革意义的历史事件。第四,汉唐时陆路丝路上的贸易主要是朝贡回赐贸易。唐朝为显示富强,远播声威,怀柔远人,对前来'朝贡'的外国贡使一般都给予丰厚的'赏赐',西来的使团和商人是进出口贸易的主力军。不仅由陆路而来如此,从海路来也是如此。唐朝中期以后至宋朝,因造船技术发达,入宋以后也存在只为单纯经济利益而主动出海出境的经济贸易政策和活动。第五,对外开放政策发生重大转变。一是进入宋朝以后,由于先后在北部、西部与辽金、西夏对峙,陆路交通不畅,宋已不能像唐朝般直接与较为发达的西亚、阿拉伯、欧洲文明交流,海路所邻近的南海诸国及东亚要么属于汉字文化圈,要么是文明程度较低,交流只能停留在经济物产互补的水平上,不能有新的文明碰撞。这在客观上促成了宋朝对外保守文化交流政策的形成。二是从中唐至北宋中期两次古文运动,使得儒学复兴取得决定性胜利,不仅佛道日渐世俗化,僧道徒不能登上国家科举选士的最高殿堂,而且在唐朝传播的祆教、摩尼教、景教和伊

之一①。

（三）船舶及航海研究

2017年古代船舶及航海研究论文数量不多。如陈颖艳《日本〈唐船图〉里的中国古代帆船》（《东方收藏》2017年第12期）一文依据日本长崎县平户市松浦史料博物馆收藏的长崎画工画于18世纪的《唐船图》，共12幅。画卷除收录了从南京、宁波、福州、厦门、台湾、广东、广南（今越南会安附近）、暹罗（今泰国）、咬留吧（今印尼、爪哇一带）出发的唐船之外，还有一艘阿兰陀（今荷兰）船。作者认为“当时在东亚海域里，中国帆船的活动曾非常活跃”。张江齐和陈现军《郑和牵星图导航技术研究》（《地理信息世界》2017年第5期）一文是依据明代《武备志》240卷中发现的地图，作者认为该地图“是一种传统的中国导航牵星图和针路图”。作者利用此地图对郑和航海图中“更数”所代表现代概念的距离和速度进行了研究，发现帆船航行“更数”距离和速度在不同的地区存在差异；牵星图中的星座只能用来确定纬度坐标。将郑和航海图和现代地图做了实验对比，在进行大气折射校正后，郑和航海图的纬度坐标能够准确显示在现代谷歌地图中。

王军、龚德才《南京明代宝船厂遗址出土舵杆结构特征研究》（《东南文化》2017年第6期）一文，作者主要是依据南京明代宝船厂遗址中出土的舵杆，认为“是船舵的重要组成部分，也是复原船舵的主要依据”。作者通过对舵杆本体特征部位与古代不平衡舵的比较研究，对舵首、舵身、舵尾特征部位的结构、功能进行了深入、细致的分析研究，并对初步完成的船舵结构、功能和操控系统进行复原，认为“南京明代宝船厂遗址的发掘及船舶构件的出土，为研究郑和下西洋活动，尤其是郑和船队的相关信息提供了宝贵的资料”。

冯欣欣等人《宁波“小白礁Ⅰ号”清代沉船部分构件木材树种的补充鉴

① 关于海上丝绸之路的路线研究还有：李彩霞的《从航海更路簿向渔业更路簿的演变——兼论南海更路簿的分类与分期》（《海南热带海洋学院学报》2017年第1期），陈博翼的《从月港到安海——泛海寇秩序与西荷冲突背景下的港口转移》（《全球史评论》2017年第1期），苏尔梦、罗燚英的《马六甲施善华商与公众记忆——以甲必丹李为经(1614—1688)为例》（《海洋史研究》2017年第2期），汪汉利的《三佛齐：宋代海上丝绸之路重要节点》（《浙江海洋大学学报·人文科学版》2017年第6期），等等。

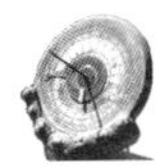

定》(《文物保护与考古科学》2017 年第 1 期)一文主要是依据浙江宁波出水的清代"小白礁Ⅰ号"沉船船体所用木材的资料进行研究。作者通过将清代"小白礁Ⅰ号"沉船船体所用木材与国内外类似案例进行比较,分析"小白礁Ⅰ号"沉船的用材特点,利用植物解剖和光学显微技术,对后续出水的"小白礁Ⅰ号"沉船木材种类进行了补充鉴定。作者得出的结果显示,"除了前期调查发现的木材种类外,该船的构件中还有榄仁(*Terminalia sp.*)和五瓣子楝树(*Decaspermum parviflorum*)两种木材"。

此外,学界对"黑石号"沉船给予一定关注。齐东方《"黑石号"沉船出水器物杂考》(《故宫博物院院刊》2017 年第 3 期)一文中,以"黑石号"沉船中出水了大量珍贵的 9 世纪早中期器物为视角进行研究,认为对于"黑石号"沉船中发现的部分形制独特的铜镜、瓷器和金银器,通过对其制造、使用和流通情况进行讨论,可进一步了解这一时期的海上对外贸易模式。同时,通过结合扬州考古发现进行对比,作者认为"扬州作为重要的对外贸易口岸,见证了 9 世纪海上丝绸之路的兴起"。李怡然的《"黑石号"货物装载地点探究》(《文物鉴定与鉴赏》2017 年第 9 期)一文则对"黑石号"货物装载地点是何地这一问题进行探究。作者结合相关文献史料,初步证明"室利佛逝"即是"黑石号"装载地。

陈曦《"黑石号"出水唐代瓷器外来因素研究》(华东师范大学硕士学位论文,2017 年)一文针对印尼发现的一艘唐代沉船"黑石号"中出水的唐代瓷器的外来因素进行研究。作者在广泛搜集"黑石号"瓷器相关图像和现状材料的基础上,经过实地考察,通过对"黑石号"上出土的数万件瓷器的归类、分析、梳理,从器型、纹样、模印贴花三个角度,将"黑石号"出土瓷器与来自拜占庭、萨珊波斯、阿拉伯、粟特、印度等国的陶瓷器、金银器及其纹饰等进行充分对比,分析得出"黑石号"出水瓷器中包含外来因素。作者从三个方面进一步探究"黑石号"出水瓷器的文化渊源,"首先,'黑石号'出水瓷器的器型中,胡瓶、高足杯、带把杯、多曲长杯与花口器、扁壶等多系仿自具有西亚与中亚因素的金银器制品。其次,'黑石号'出水瓷器中的绘画纹样,受到佛教文化与伊斯兰文化的双重影响,如佛教文化中的莲花纹、摩羯鱼纹等,伊斯兰化的人物纹、动物纹、植物纹、设计几何纹样与阿拉伯语均出现在长沙窑瓷器彩绘中。最后,‘黑石号’出水瓷器中的模印贴花中大量出现椰枣树、胡人与狮子的形象,均来自西方和海外,具有明显的外来因素”。作者在文章最后强调:“‘黑石号’出水唐代瓷器忠实反映了晚唐时期海上丝绸之路的繁荣,代表了唐代中国与‘一带一路’国家之间陶瓷的艺术交流已经达到了一定的水平。”①

盛荣红《泉州出水古船桅杆初探》(《福建文博》2017年第4期)一文的背景为2014年晋江出海口浔埔水域出水一根17.85米古代福船桅杆。作者通过对桅杆的结构、材质、年代、尺度分析,推测这是一艘清代福船的重要构件。作者认为,“该古船桅杆出水也再一次印证了泉州自古就是海上丝绸之路起点,是福建古代先进造船业和发达航海业的实证,对于研究福船营造技艺、保护传统工艺技术具有重要的价值”。此外,徐颖颖《航海技术史研究综述》(《世界海运》2017年第6期)一文对学界关于航海史的研究进行了较为全面的综述,通过整理航海史、造船史、海图针路、天文与水文导航术等方面资料,对航海技术做了分类,以使其研究更加深化、全面。②

二、航海贸易、海洋行政研究

(一)航海贸易研究

2017年有关海上丝绸之路东海航线海上贸易方面的成果覆盖的专题包括:航海贸易与东亚关系、东亚货币、水路运输与海上贸易、海外贸易管理体制、海商等。另有一些文章专门论述中日、中韩、中荷特定时代的海上贸易状况。以下依次做一介绍。

李光宗和高冰《唐代淄青镇与渤海国的良马贸易》(《山东工商学院学

① 此外,2017年关于“黑石号”沉船的研究还有,如李嘉曾的《两艘古船的启示——海上丝绸之路与开放型世界经济》(《群言》2017年第4期)、谭仲池的《“黑石号”见证千古璀璨》(《新湘评论》2017年第23期)。

② 此外,海上丝绸之路的研究也引起了新闻媒体的关注,如崔勇的《“南澳Ⅰ号”沉船与明代海上丝绸之路》(《中国文物报》2017年6月16日第3版)、梁国庆的《新安沉船与海上丝绸之路》(《中国文物报》2017年6月30日第4版)、辛光灿的《东南亚发现的沉船与海上丝绸之路》(《中国文物报》2017年8月11日第3版)、王剑波的《古代海上丝绸之路起点探源》(《浙江日报》2017年8月14日第11版)、吕文利的《赵匡胤与海上丝绸之路》(《北京日报》2017年4月24日第17版)、张清俐的《有序开展海上丝绸之路史迹调查》(《中国社会科学报》2017年3月3日第1版),等等。

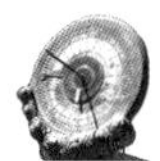

报》2017 年第 4 期)一文论述唐代淄青镇与东北地区渤海国通过海运进行良马贸易。作者认为,"渤海国盛产良马以及造船技术和航海的进步为这种贸易奠定了基础。淄青镇与渤海国的良马贸易不仅仅使淄青镇成为最为强盛的藩镇之一,加剧了藩镇割据,而且加速了山东半岛开发,与河朔江淮间的贸易共同促进了中国东部、南部经济的发展。这种贸易对中晚唐时期藩镇割据局面以及经济社会产生广泛的影响,在一定程度上促进了东亚贸易体系的形成"。

黄纯艳的《变革与衍生:宋代海上丝路的新格局》(《南国学术》2017 年第 1 期)认为:"宋代出现了巨大的变革,经济重心南移、造船业和航海技术进步,以及宋朝相对积极开放的贸易政策等因素推动下,中国对外贸易重心完成了由陆上丝路向海上丝路的转移。宋代中国海洋经济的变革及西亚商人掀起的印度洋沿岸地区和东南亚海岛地区的早期伊斯兰化两股潮流相互激荡,催生了海上丝路新的运行机制。中国形成了成熟的近海区域市场,成为进出口商品供给和分销的重要平台,以及联系国内市场和海外市场的枢纽。浙东和福建沿海地区形成了川工商业为主的经济结构及'重商轻农'的思想观念和生计方式,孕育出滨海地区新的海洋性地域特征。印度洋沿岸和东南亚海岛地区贸易空前发展,并进入早期伊斯兰化时期,形成了巨大和稳定的贸易动力。在亚洲海上贸易全面繁荣的推动下,南海贸易体系最终形成,将印度洋沿岸、东南亚和东亚海域各国整合为一个联系紧密的国际市场体系。在海上贸易发展推动下,宋代海洋知识、海洋观念也进入一个新的阶段,并催生了若干新的文化因素。海洋不再是一个荒诞的神仙世界,而成为充满商机、聚财生利的现实世界和生存空间,人们的海洋观念发生了根本变化。出于护佑航海的需要,海上神灵信仰有了巨大发展,并出现若干新的变化。外来的宗教信仰也通过海上贸易传到中国,并成为社会文化的一部分。宋代海上丝路的新变革、新机制在宋代以后持续增长,使亚洲海上贸易具有了持久稳定的动力;即使明清实行'海禁'政策,也无法阻挡亚洲海上贸易前进的步伐。"

黄纯艳《宋元海洋意识的新变与海洋贸易时代的确立》(《思想战线》2017 年第 6 期)一文认为:"16 世纪以后,中国逐步融入海洋贸易为主导的世界贸易体系,但中国的海洋贸易时代并非被西方带入。宋元激发出的沿海百姓贸易求利的海洋意识及中国在海洋贸易中的优势,使中国对外贸易真正进入海洋贸易时代,并成为亚洲海域的南海贸易体系中发挥主导作用的海洋大国。这一地位直到西方殖民者控制亚洲海域以前一直延续。同时需要看到的一是宋元海洋贸易时代与经济重心南移的大背景密切相关,二是宋元及其后中国整体社会经济对海洋贸易的依存度和市舶收入在国家财政中的比重始终十分微小,尚称不上是海洋路径的外向型经济。”

葛金芳《南宋海外贸易方式论析》(《决策与信息》2017 年第 5 期)一文认为:“南宋时期的海外贸易方式主要有民营外贸和贡赐贸易两种。在海外流通阶段,民营外贸由于为官营外贸提供物资基础,处于主导地位。以民间舶商为主体的贸易相当频繁活跃,中外物资交流因此而扩大。在国内流通阶段,官营禁榷贸易与舶商自行货卖两者并存。后者市场主要集中于东南地区,水陆交通枢纽和区域中心城市,也是商人推销舶货之所在。”

冒志祥《苏轼对宋代“海上丝路”贸易法规建设的贡献——以苏轼有关高丽的状文为例》(《南京师范大学文学院学报》2017 年第 1 期)一文中,作者挖掘苏轼主政杭州和礼部时期的政治作为,其中通过高丽状文,对宋代“海上丝路”贸易法规进行了深入研究。作者认为:“宋朝的‘元丰市舶条’是中国历史上第一部对外贸易法规。苏轼在自己状文中详细记录了这部法规的修改完善过程,并结合自己的施政实践,对该法规的形成和完善有所贡献。苏轼在推进对外贸易立法过程中尽管也体现了华夷有别、正朔有分的封建思想,但认为对外贸易需要服从国家安全、要有法可依、要贯彻公平原则、要体现务实双赢、要以人民的福祉利益为重、要坚持可持续发展等理念,在今天仍有现实意义。”

王勇和秦利《东北亚丝绸之路的历史演变与柞蚕产业发展的思考》(《蚕业科学》2017 年第 6 期)一文立足于东北亚丝绸之路视角,通过柞蚕产业进行考察。作者在仔细查阅历史文献资料的基础上,对上古时期直至清代东北亚丝绸之路的历史演变及路线进行了详细的挖掘和梳理。作者认为:“东北亚丝绸之路最早可推至虞舜时代,确切的文字记载是从周代开始,汉魏以后逐渐兴盛起来,唐代的渤海国贡道象征东北亚丝绸之路繁荣的第一次高

潮，创造了‘海东盛国’的辉煌；借助‘山丹贸易’，明代内地的‘丝绸诸物’到达了日本，成为‘虾夷锦’。伴随贡赏制度产生的东北亚丝绸之路，加强了不同民族物质和文化的交流。”最后，文章回顾了东北地区的柞蚕产业伴随着东北亚丝绸之路的拓展而繁盛的历史，并提出借助“一带一路”国家倡议和依靠科技创新，使柞蚕茧丝绸产业向多元化、省力化、规模化、机械化方向可持续发展的建议。

2017 年有关古代中日贸易的论文如下。

潘树红《日本商船的入元贸易初探》(《中共青岛市委党校青岛行政学院学报》2017 年第 3 期)一文中，作者认为：“宋元两代，中日虽继承了前代的通好往来，但均未建立正式的官方关系。”宋代对外贸易取得优异成果，元代对外贸易的发展势头比宋代更盛，但是，中日之间经历了忽必烈两征日本，元朝与日本之间的敌对关系既成事实，“遂史书对于此时的元日贸易记载甚少”，“但是日本商船入元贸易，架起了元日交流的桥梁，成为元日交流的主要媒介，担当起了元日交流的使者”。作者针对出现这种现象的主要原因进行了分析，认为“一是元朝统治者的征服欲望，使其以宽容的心态促使元日通商；二是元朝与欧亚众多国家通商，利益远大于对日贸易，所以终元一代少有元商赴日，日商成为主角；三是由于跟高丽贸易的受阻，元朝几乎成为其唯一的海外市场，是日本与世界联系的唯一窗口；四是日本上层社会对华舶来品的迫切需要以及日本本土的经济现状，促使众多日本商船赴元进行贸易”。实际上，“赴元的日本商船，除极少数为幕府派遣的募资船（如建长寺船、摄津住吉神社费船、天龙寺船）具有半官方性质外，其余绝大部分均属于西日本地区商人的私有物，因此元日贸易的民间性甚为明显”。

何宇和苍丽颖的《明清之际中日贸易时代背景初探》(《大连大学学报》2017 年第 2 期)认为，虽然中日之间缺乏官方贸易往来，但民间贸易在较长时段内保持相当规模。作者认为清代中日贸易繁荣的原因有三：“一是葡萄牙和荷兰殖民者对海外贸易的充分利用，尤其是其在中日贸易过程中通过居中转贩获取巨额利润的现实为当时中日两国商人提供从事贸易的动力和可以仿效的标尺；二是日本官方的海外贸易政策，其政策经历了一个明显的变化，前期对贸易的鼓励态度刺激了日本对华贸易的发展，后期的锁国政策则有效地排除了葡萄牙殖民者的竞争，使得中国商人几乎处于一家独大的地位；三是当时我国私人海外贸易经历了明代百余年的曲折发展后，已成为一支相当成熟的海上贸易力量。”

郭闿异《16—17 世纪日本白银对外贸易研究》（浙江师范大学硕士学位论文，2017 年）一文重点考察了 16—17 世纪日本与中国之间的白银贸易。作者在文章中认为 16 世纪末至 17 世纪初日本白银贸易繁荣的主要原因有三点：“第一，从朝鲜传入的‘吹灰炼银法’的普及使得日本银矿的开采量迅速提高。第二，1601 年，德川家康设立了金座、银座和钱座，制定了统一的货币制度（三货制度），稳定了国内的经济秩序。第三，1601 年，‘朱印船贸易’开始兴起，这些朱印船为了获得中国的生丝和丝织品，开往东南亚，大量输出白银。但是到了 17 世纪中叶，日本的白银贸易出现走向衰落的情况。其主要原因是日本的白银大量输出到海外，对日本的国内经济秩序造成了极大的冲击，不止一次引发了幕府的财政危机。为了应对财政危机，德川幕府的统治者们不得不采取措施限制白银的外流。对内，幕府进行了银币的改铸，降低了银币的含银量；对外，幕府颁布了‘锁国令’，严格限制了对外贸易，同时改变了贸易方式，试图将银输出改变为金和铜的输出。”

杨杨《明嘉靖时期中日民间贸易评述》（《理论观察》2017 年第 5 期）一文认为，嘉靖时期中日民间贸易对明朝经济产生了一定影响，作者指出，“在明朝海外贸易中流入的白银中，从日本流入的白银大约可以占到总量的一半，中日贸易的重要性显而易见。大量白银流入中国，对当时的明朝社会产生了深远影响。它逐渐成为处于变革当中的明朝社会经济增长的推动力，同时也直接推动了银本位制度在明朝的确立，促进了明代商品经济的高度发展”。但是，争贡事件发生后，“嘉靖皇帝奉行严厉的海禁政策，在强大利益的驱动下，中日民间走私贸易不断发展起来，对当时明朝的经济发展产生了重要影响”。

王立诚和孙立春《宁波在明朝中日朝贡贸易中的地位变迁——兼及对“一带一路”建设的启示》（《中国集体经济》2017 年第 22 期）一文认为，“宁波具备诸多优越条件，因而成为中日朝贡贸易的唯一指定港口。但后来出于政治、经济等原因，中日朝贡贸易势衰直到完全消失，宁波因此失去历史

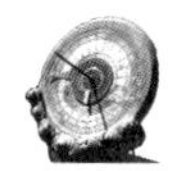

发展机遇”。因而，作者指出在如今“一带一路”建设中，宁波“应该采取扩大开放、减少过度的行政干预、重视市场经济等政策”。戚文闯在《宁波“争贡”事件与中日海上走私贸易》(《浙江海洋大学学报·人文科学版》2017 年第 6 期)一文中认为，宁波争贡事件后，“中日朝贡贸易近乎中断，走私贸易便乘势而起。而明朝商品经济的发展和对白银的巨大需求、日本银矿山的新发现，以及不满于‘海禁’政策的中国商人的参与也在客观上推动了中日走私贸易的发展”。作者进一步指出，随着走私据点“双屿岛的摧毁，促使以浙东沿海为中心的走私贸易畸形发展，海商与倭寇合流，进一步加剧了倭寇的猖獗，最终促成‘嘉靖大倭寇’的发生”。作者强调，“宁波‘争贡’事件无疑是其后猖獗的走私贸易和‘嘉靖大倭寇’的发端”①。

2017 年有关中朝贸易的论文有：郭宇婷的《清初东北地区中朝烟草贸易问题研究(1628—1644)》(东北师范大学硕士学位论文，2017 年)，主要考证中国东北地区烟草贸易产生的时间，并进一步考证中朝烟草贸易开端。作者认为，中朝烟草贸易划分为三个阶段，其所呈现的特点是：“一是贸易目的从单纯的经济目的发展为‘烟草外交’；二是贸易方式以潜商为主，以合法的使行贸易为辅。中朝烟草贸易在交往中具有重要作用，不仅维系朝鲜与后金贵族的交往，还促进东北亚区域内俄国、朝鲜、蒙古和中国之间的贸易往来。”

李艺《朝鲜对清贸易中的违禁物品》(吉林大学硕士学位论文，2017 年)一文认为“有清一代，朝鲜对清贸易虽大体依明例，但仍有很多独特性存在”。作者认为，“朝鲜对贸易的态度经历了由政治导向、被动消极贸易，到经济利益驱使、大力支持换贸，再到依政治、经济利益需求适时不断调整贸易政策及贸易物品的变化”。作者在文章中进一步指出：“在朝鲜对清贸易中，朝鲜依据自身白银储备量调整贸易政策及贸易物品，实际上，朝方以其自身军事安全、经济利益为基础，区别待之。对于弓角、马匹等物，由于朝鲜自产不足，且出于政治、国防安全等各方面的因素，政府对其有很大的需求，

---

① 关于中日贸易的研究还有：蔡凤林的《丝绸之路对日本文化形成的历史影响》(《日本问题研究》2017 年第 6 期)，唐黎标的《日本平安时代瓷器与中国唐宋时期瓷器的比较研究》(《陶瓷》2017 年第 3 期)，约翰·K. 惠特摩、周鑫、孙来臣的《沿海崛起：早期大越的贸易、国家与文化》(《海洋史研究》2017 年第 1 期)，等等。

故此类物品虽名为朝鲜的违禁贸易物品，亦有相应的法律条文，但在实际操作上，朝鲜政府对此类物品的输入不仅未依律严格禁止，甚至持鼓励、积极促成的态度。而对于朝鲜自身主动设置的长期违禁物品（如黄金），以及处于违禁时期的违禁物品（如人参、绸缎等）的私贸易，朝鲜政府则出台了详细的限制政策并采取严格执行、严打走私贸易的处理方式，但出于多种因素的影响，执行效果亦不同，在违禁物品处理上，体现出朝鲜适时灵活调整贸易态度、贸易政策的特点。”

刘强《协议、禁令与招揽：郑氏集团的对外贸易策略研究》（《财经问题研究》2017 年第 4 期）一文，将郑氏集团放在早期经济全球化背景下进行考察，指出郑氏集团“面对众多的竞争对手和复杂的贸易环境时如何灵活地运用协议、禁令和招揽等对外贸易策略保护和争取商业利益，并最终掌握东亚和东南亚的贸易主导权。这些贸易策略与明清以来中央政府所采取的打击私人贸易或者至少是不支持海商、漠视海商利益的政策颇为不同，反而与早期经济全球化中的强权国家葡萄牙、西班牙、荷兰和英国等国家的对外贸易策略颇为相似”。

松尾恒一和梁青的《基于中国在日资料进行民俗研究的可能性——聚焦明清访日海商相关记录》（《文化遗产》2017 年第 3 期）一文中，首要考察日本人对明末至清代造访日本的中国、荷兰海商记录，以及访日欧洲海商和天主教传教士对清代海商生活、信仰等民俗方面记录。作者认为：“清代，中日间并未建立国交关系，但从大陆造访长崎的海商带来了生丝、砂糖、鹿皮、中药等产品，很大程度上影响了日本人的日常生活。与此同时，赛龙舟、妈祖巡行等中华文化也传到了长崎，日本人和华侨也继承了这些民俗文化。另一方面，在清代唯一一个与日本进行贸易的荷兰也留下了对清代海商的贸易、生活的记录。”①

① 关于 2017 年海上丝绸之路的研究还包括：何玲玲的《明朝初期（洪武年间）中国与朝鲜的贸易往来》（《哈尔滨师范大学社会科学学报》2017 年第 2 期），金玲芝的《中日朝贡体系与中日贸易发展的未来》（《农村经济与科技》2017 年第 5 期），蔡凤林的《丝绸之路对日本文化形成的历史影响》（《日本问题研究》2017 年第 6 期），林姝伶的《中日文化交流史上的龙泉窑青瓷研究》（浙江工商大学硕士学位论文，2017 年），等等。

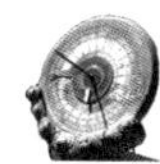

（二）海洋行政研究

2017年古代海洋行政研究成果涉及具体专题包括：陆海观念、海疆防卫、岛屿归属等。周家明的《明中期以后开海思潮研究》（山东大学硕士学位论文，2017年）立足嘉靖时期严行海禁，从嘉靖“倭患”视角考察明中期以后的开海思潮。作者认为：“经开海与海禁思想激烈交锋与融合后，隆庆开海意在弭患，具有很强的政治目的性。隆庆开海后，百姓得以合法进行出海贸易，朝廷则从出海贸易中抽税，开海思想的富国裕民经济性质不断增强。万历中期以后明朝面临严重的内忧外患，这些内忧外患因素促使隆庆后开海思潮得到进一步发展。隆庆后开海思潮形成了融合消弭国内外祸患的政治思想，发展百姓民生、增加政府财政收入的经济思想，了解海外威胁势力以防御的对外思想，开通海运以补充漕运之不足和救灾、运饷的思想。”作者在文章中强调并认为明中后期开海思潮是“一种先进思潮”，“对于促进明朝开放海禁有重要的作用，对明朝有重要的影响”。作者认为明中后期“开海思潮在政治上有利于明朝消弭出自国内之祸患而巩固统治，在经济上有利于通过发展海外贸易而富国裕民，在对外方面有利于明朝了解海外形势、应对海外势力威胁和促进中外经贸等交流”。

关于中日两国之间海上贸易政策存在的差异，刘钦和陈景彦在《江户时代早期日本海外贸易体系的构建》（《社会科学》2017年第4期）中认为德川家康在江户开府后，大力发展海外贸易，主要体现在三个方面：“一是与明朝贸易的恢复，以重启官方勘合为始，以私人贸易代替勘合贸易结束。二是与朝鲜贸易的恢复，则在两国议和复交背景下展开。三是与南洋地区的朱印船贸易，家康在继承的基础上更进行全面扩大。因此，伴随以上商贸策略的实施，日本海外贸易体系构建完成。”同时，作者也进一步指出：“江户时代早期家康对海外贸易体系构建，一方面意味着日本彻底脱离了以明朝为中心的东亚朝贡体系，另一方面则体现了幕府面对西力初次东渐所作出的积极回应。”张子旭和张荣生在《试论双屿港的兴废及明代的海疆政策》（《大庆师范学院学报》2017年第5期）中则认为“双屿港的覆灭是明朝政府对海疆政策的有力维护，是对殖民者猖獗行为的有力抗击，一定程度上海疆政策的收紧也是应对严峻的海疆形势的客观要求”。

赵中男《明初下西洋的停止及其原因》(《清华大学学报·哲学社会科学版》2017 年第 2 期)一文对明初下西洋的停止及其原因进行探究。作者归纳了其中的原因,认为“永乐时期南征北讨、迁都建陵等活动消耗空前,远航总体上得不偿失,明朝的综合国力严重下降,无法长期支撑连续远航之举。仁宗全面停止下西洋,一方面是顺应开拓向守成的时代转折,实施务实稳定的‘仁宣之治’,另一方面也是重用辅政集团、与父皇朱棣产生矛盾的结果。宣宗先停止后恢复远航,实际上是在父、祖之间寻求折中。英宗年幼即位,辅政集团都是反对下西洋的老臣,‘土木之变’后即位的景帝和‘夺门之变’后复辟的英宗更多专注于内部事务,已不可能恢复下西洋。成化初期远航综合条件的不足,以及官僚集团出于国家和自身利益需要的强烈反对,尤其是国内的社会经济对这种官方垄断的远航活动并无需求等原因,使下西洋最终停止成为必然”。

2017 年海疆防卫成为本年度的研究热点,相关论文有:吴晶晶的《元代市舶制度研究》(内蒙古民族大学硕士学位论文,2017 年)、李鹏飞的《元末东南沿海地区海寇研究》(浙江师范大学硕士学位论文,2017 年)、陈箫箫的《明代杭州湾北岸海防体系及演变述论》(浙江师范大学硕士学位论文,2017 年)、牛传彪的《明代出海水军巡哨规制考察》(《军事历史研究》2017 年第 3 期)、李新贵的《明万里海防图初刻系研究》(《社会科学战线》2017 年第 1 期)、秾与健和孙善根的《明代舟山海防被忽略之原因及其影响》(《中国港口》2017 年第 S1 期)等。

吴晶晶《元代市舶制度研究》对元代市舶制度做了一个全面、客观的整合分析,力图从总体上把握元代市舶制度的特点与影响,展现其全貌以及时代赋予的民族特色。吴文重点论述了元代市舶机构的运作与管理,针对市舶机构建置、职官及隶属关系、市舶港口置废情况展开研究。作者在文中着重对市舶机构的军事、经济、政治职能进行了详细论述,特别是针对元代市舶法则的颁布与实施进行了较为翔实的考察。在文章中,作者将至元年间和延祐年间颁行的两部市舶则法实施细则,按照船舶出回港手续、进出口舶货管制、征缴舶税、舶货起解与发卖、其他相关规定等五部分进行对比研究。

作者认为:“元代市舶制度是一柄双刃剑,对元朝的海外贸易发展有利也有弊,然而瑕不掩瑜,它在中国市舶制度史上仍然留下了浓墨重彩的一笔。元之后的明清两朝对海外贸易持排斥态度,长期实行闭关锁国政策,这使得元朝成为中国古代社会时期的最后一个对外开放的盛世王朝。”

李鹏飞在《元末东南沿海地区海寇研究》一文中认为:“元代海洋活动颇为活跃,主要表现在南北漕粮海运的开通、海盐业的发展及海外贸易的繁盛,彰显了蒙古人经营海洋的雄心。积极的海洋经济政策为元政府带来巨大收益的同时,在其执行过程中,弊端丛生,导致社会矛盾不断加剧,海运船户因负担过重而破产,海商群体与政府离心,沿海私盐盗贩愈加猖獗,最终导致元末海上动乱的爆发。”特别是,作者强调“元末东南沿海的海寇崛起反映了政府的应对失措,元政府因族群隔离政策未能建立有效的海防军事体系,在与海寇的海上交锋中屡屡落败,在剿捕不断失利的形势下,政府为维系漕粮海运,被迫招安以方国珍为代表的海寇势力,最终使其割据浙东,漕粮海运亦断续无常”。作者特别地指出,“元代海洋政策的弊端催生出东南沿海强劲的海寇势力,截断漕粮海运,留下‘帝国亡于海’的历史教训,促使明初君臣实行海禁,力求从根本上消除海寇势力对明王朝的威胁。海禁政策的施行固然有助于解决东南沿海的海寇问题,但就长远而言,海禁阻断了唐宋以来中国的海洋事业,严重损害了沿海民众的利益”。

陈箫箫《明代杭州湾北岸海防体系及演变论述》一文则以明朝杭州湾北岸海防为研究对象,探究明朝杭州湾北岸海防体系不断建构的过程。作者认为:“杭州湾北岸沿海临近日本及东南沿海方国珍、张士诚残余势力,造成明初杭州湾北岸的海防形势十分严峻。为了应对,明政府建立了陆上和海上两部分构成的海防防御体系。陆上防守由卫所、巡检司和台、寨、烽堠构成。海上防守主要依靠强大的水军、军船和水军巡逻制度构成。但是到了明中后期,杭州湾北岸的柘林被倭寇霸占,成为倭贼和海盗的大本营。明政府派遣了许多专门的备倭专员整饬杭州湾北岸海防,还对原有的海防体系进行了调整。军船、屯田得到整修,巡哨制度正式建立,民间力量得到了合理的招募与利用。此后,杭州湾北岸海防体系未曾大变。明代杭州湾北岸的海防是明代海防中的重要组成部分,这种防御体系不仅可以保护国家的安全,也起着维护当地社会治安的重要作用。明代的杭州湾北岸海防体系对于清朝的海防建设也有积极的借鉴作用。”

牛传彪《明代出海水军巡哨规制考察》一文则认为“明前期出海巡哨军船主要是由京卫及沿海卫所派出,并形成了以沿海卫所为主体的巡洋会哨制度。嘉靖时期,出于御倭的需要,出海水军的营兵制度逐渐在东南沿海确立完善。出海水军基本编制为哨,哨属船只依船型配置数量不等的官兵与器械装备,别以不同的号带旗色。船上官兵编成甲或队,分别有甲长或队长管理。部分地区哨上设营的编制。汛期出海军船主要执行瞭探、御敌、缉私、潜伏等任务,会哨时填注相关凭证缴军政各司官员查考。为防止水军出海玩愒敷衍,嘉靖以后稽查监哨制几经调整。但其努力多是领帅衙门为监督水军出海而作,以弥补稽查制度之疏漏,并未从出海水军军役负担与生活境况方面寻找其不愿出海原因”。

稂与健和孙善根《明代舟山海防被忽略之原因及其影响》一文则认为:“明代倭患一直是危害东部沿海的重大问题,其中浙江地区尤为严重。明朝虽然重视浙东区域的海防建设,但因保守的海防思想和舟山自身的局限,作为浙东门户的舟山的战略地位被忽略,不仅使得舟山防御力量薄弱,也同样削弱了浙东地区的防御纵深,最终使得舟山沦为海盗、走私的大本营。”李新贵《明万里海防图初刻系研究》一文对郑若曾、唐顺之绘制的 12 幅沿海图进行了考察。作者认为:“该图系有三个突出特征:突兀海中的半岛与控遏倭寇的岛屿;沿海、陆地的建置数量不等地标绘图上;每幅图都有不同的纵深。初刻系背后隐藏着绘图者军事协同与经济贸易相结合的海防思想。”①

论述明清时期沿海地区海盗的论文有郑维宽的《明清之际北部湾地区的“海寇”与海疆经略》(《广西师范大学学报·哲学社会科学版》2017 年第 2 期),该文认为,“明清之际,北部湾地区‘海寇’利用清朝集中力量对付南明政权和郑氏集团之机,以钦州湾内的龙门岛为基地,接受南明政权和郑氏集团的招安,发展壮大为控制北部湾洋面的海上势力”。随着南明政权退出广

---

① 关于海疆防卫的论文还有:周伟峰、黄忠鑫的《明代潮州府巡检司的设置与山海防御》(《历史档案》2017 年第 3 期),杨乐的《明代广东东路海防地理研究》(暨南大学硕士学位论文,2017 年)。

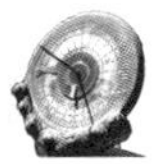

西，特别是清朝平定“三藩之乱”后，清政府取得北部湾海域控制权，加强了对北部湾海疆经略，清朝政府通过建设沿海水师、确立巡洋会哨制度、调整沿海岛屿的军事部署、完善海岸防御设施等，保障了清前期近百年北部湾海域安宁。

王宏斌在《清代前期台湾内外洋划分与水师辖区——中国对钓鱼岛的管辖权补证》（《军事历史研究》2017 年第 3 期）一文中认为，清代前期福建台湾府按照朝廷旨意，严格划分了内洋与外洋，明确了水师官兵的水陆汛地，而且建立了比较严格的巡逻会哨制度。具体内容是：“凡是靠近台湾府和澎湖厅治所所在岛屿（台湾岛和澎湖岛）岛岸的岛屿和洋面均被划入内洋，纳入文武官员共同的管辖范围；凡是远离台湾府和澎湖厅治所所在岛屿（台湾岛和澎湖岛）岛岸的岛屿和洋面均被划入外洋，由水师官兵负责巡洋会哨。”台湾海峡在清代前期已经形成了“两纵八横”的海道网络。水师的管辖范围大致包括台湾海峡全部水域和台湾岛周围海道以内的内外洋水域。中国台湾南面的琉球屿、七星岩，东面的兰屿（红头屿）、绿岛（火烧屿），北面的鸡笼、花瓶屿、棉花屿、钓鱼台等作为商船、渔船、兵船或海匪船只的临时港口，以及其所在洋面是清代环台湾海道的重要组成部分，已经被纳入清军水师巡哨、管控范围。

关于明代倭寇研究的论文有杨艳香《论明代嘉靖中期倭患战争的性质——以徐渭抗倭诗为例》（《杭州师范大学学报・社会科学版》2017 年第 4 期）、陈尚胜《东亚海域前期倭寇与朝贡体系的防控功能》（《中国边疆史地研究》2017 年第 1 期）等。关于明代嘉靖年间倭患战争性质问题研究，杨艳香认为争论的焦点主要集中于明人抗倭到底是反对异族侵略还是只是封建社会内部阶级斗争。作者以徐渭嘉靖年间创作大量抗倭诗为出发点，考察了嘉靖年间倭患战争的性质。作者认为徐渭的诗词“以纪实的手法讴歌了明军夜袭倭寇的英勇，展现了抗倭战争的残酷，表达对倭寇入侵中华大地的极度痛恨之情。此诗所描写的倭寇形象证明，当时入侵中华的倭寇主要为真倭，而非从倭”。“另一个角度证明徐渭对真倭与从倭有着泾渭分明的辨别，正是这种细微的辨别，表现了众多知兵文人对嘉靖年间倭患成分的普遍认知。徐渭抗倭诗中所表现出来的夷夏之分，强烈地表达了当时明人对抗倭战争的极度愤慨和厌恶，真切地突显了抗倭战争的性质就是一场反对外来侵略的正义战争。”

陈尚胜认为“在14世纪中叶至16世纪中叶是东亚海域史中倭寇的活跃时期”，作者充分考察了高丽、明朝围绕前期倭寇，与日本南北朝以及室町幕府之间的交涉活动，认为“高丽在14世纪后期与日本南北朝以及明朝之间，在倭寇情报和防范、解救被掳他国人口、帮助缉捕海洋犯罪逃犯等方面，开始有了初步合作。而到15世纪，随着明朝与朝鲜王朝、明朝与日本室町幕府之间封贡关系的建立，在防范、控制和打击倭寇活动方面有了进一步合作”。作者进一步指出：“15世纪的朝贡体系曾是维护东亚海域秩序的重要机制。”

三、文化交流、政治交往、人员往来与国族间认知研究

（一）文化交流研究

古代东亚诸国以汉字、古典汉文为桥梁和媒介进行交流往来，且都深受儒家观念和佛教思想影响，这决定了海上丝绸之路东海航线文化交流拥有丰富内涵和多样形式。

2017年古代中国与朝鲜半岛文化交流研究成果仍然很丰富。除了有关文化传播样态的综合研究，其他诸如历史上思想、制度、语言、文学、典籍、艺术等方面交流的专题也得到较多探讨。

吴珍锡《三燕文化及其与高句丽、朝鲜半岛南部诸国文化交流的考古学研究》（吉林大学博士学位论文，2017年）一文以考古资料为依据探讨三燕与高句丽及朝鲜半岛南部诸国的文化交流。作者以墓葬为研究重点，通过对墓葬形制、随葬器物具体分析和探讨，阐释其所蕴含的文化特征，并对年代做了新的界定和研究，将三燕文化墓葬分为四期，认为“Ⅰ期为慕容鲜卑入居辽西地区后至公元3世纪末的墓葬，此期周边文化对其影响甚微。Ⅱ期为元3世纪末慕容廆在棘城时期的墓葬，此时慕容鲜卑势力开始明显扩张，生活方式发生转变，并借鉴中原法律和制度，讨伐了鲜卑宇文部，打击夫

余，掠夺其人口。总体而言，此时慕容鲜卑开始全面受到周边文化系统的影响，包括汉文化、当地土著文化、其他鲜卑文化、夫余文化等。Ⅲ期墓葬为前燕时期的墓葬，这一时期迁都龙城，取段部、宇文部、高句丽，势力扩张到中原，都城最终转移到邺城。此期慕容鲜卑自身文化因素不断减少，吸收汉文化加速，本身墓葬文化发生较大变化，与汉文化融合更加明显。Ⅳ期为后燕、北燕时期墓葬，这一阶段失去大部分中原地区，回撤龙城地区发展"，"三燕文化是在短短两个世纪内，不断融合汉文化、本地土著文化及周边其他多种文化后创造的独特文化"。

佟大群在《东北亚丝绸之路发展历程考察》(《学问》2017 年第 1 期)一文中认为，东北亚丝绸之路渊源可以追溯到石器时代。明代时期，"东北亚丝路发展的格局基本确立。在此后两千余年间绵延不断、屡经拓展，在东北亚区域经济、文化和社会发展中均发挥了相当重要的作用，影响非常深远，有一系列经验教训可资借鉴"。在《古代东亚的汉文献流传与汉籍之路的形成》(《社会科学战线》2017 年第 11 期)一文中，作者孙晓认为"中外经济交流与文化交流的路线并不完全是重合的，或许用'汉籍之路'来描述古代亚洲的中外文化交流也有其必要性"。作者强调："东亚域外汉籍是东亚地区共同创造的文化财富"，"汉字是古代东亚最基本的语素文字，以汉字为基本符号的汉籍，不仅承载了中国文化的记忆与辉煌，也承载了东亚其他国家的文化记忆，更是东亚各国文化交流的记述者和见证者"。

杜亚雄著《海上丝绸之路的音乐文化》(苏州大学出版社，2017 年)一书较为全面、系统地介绍了我国东南沿海各地及海上丝绸之路沿途亚、非各国的音乐文化，是作者多年研究丝路文化的最新成果。该书介绍了山东鼓吹、昆曲、古琴、江南丝竹、福建南音、广东音乐、海南调声、印尼佳美兰、印度拉格、阿拉伯木卡姆、非洲鼓乐等世界著名的音乐品种，内容丰富，文字流畅，可读性强。该书对了解海上丝路各地、各国的音乐，研究古代音乐文化、考察中外音乐交流史等很有助益。康海玲著《海上丝绸之路上的戏曲传播》(文化艺术出版社，2017 年)一书则立足于海上丝绸之路视角考察了中外戏曲的传播路径。作者从方言剧种角度，对戏曲在东南亚的诸多问题进行较为全面系统、深入具体的探讨，重点在于探讨戏曲在东南亚的社会文化功能、被放逐的生存危机和革新举措等。

除了上述论文从东北亚整体上对海上丝绸之路进行了概述外，学界还分别立足于朝鲜半岛各个时期与中国文化交流对海上丝绸之路进行了研究。如陈霖《新罗与唐代福建地区的海上交往》(延边大学硕士学位论文，2017年)一文指出，新罗在东亚地区海上贸易中，“在张保皋时期新罗的海外贸易达到顶峰”。安史之乱后，“福建地区在地方当权者的鼓励政策支持下，不但未切断与中央王朝的联系，反而借助海上进贡路线与朝鲜半岛的新罗发展了广泛的海上交往，从而在东北亚的海上贸易中日渐活跃起来”。作者还对泉州进行了个案研究，认为“泉州与高丽海上贸易更加繁荣”。

朴哲希《论朝鲜三国及统一新罗时期文学思想的形成——以中国文学典籍接受与变异为中心》(延边大学硕士学位论文，2017年)一文侧重中国文学典籍传播视角，作者详细考察了中国文学典籍在朝鲜三国及统一新罗时期接受与变异。作者认为：“朝鲜三国及统一新罗时期乡歌、乡曲、汉诗、汉文、口传文学等作品数量上不在少数，且中国的文学理论典籍已经流传到朝鲜。然而，建立或者创造出一套文学理论不是一蹴而就的，依靠的是前人长期探索和自身对文学理论的选择。而外来强势文学思想的传入对自身固有的、传统的文学意识必然会造成巨大冲击。一方面，强势文学思想作为一种催化剂，促进文学思想的产生、发展；另一方面，却往往会陷入一种极端也就是未能将自身的文学自律性与主体性加以保留，对强势文学思想亦步亦趋、盲目模仿。”王兰兰《唐道教文化在朝鲜半岛的传播研究》(《西安电子科技大学学报·社会科学版》2017年第4期)一文认为，唐高祖、唐太宗、唐玄宗等数位君主还曾经尝试以官方形式在朝鲜半岛推广道教。

拜根兴《岑仲勉教授对石刻碑志等史料的考释——以唐与朝鲜半岛关联石刻等史料为中心》(《史学集刊》2017年第5期)一文以唐代与朝鲜半岛关联石刻等史料为中心，对岑仲勉教授论著中涉及朝鲜半岛古代新罗、百济历史人物事件、古代中韩关系史中关联问题，做了相应探讨。作者认为“岑著从浩如烟海的石刻碑志资料中，找寻出和古代朝鲜半岛关联的人物，并利用其他史料严密考释”，“作为20世纪隋唐史等领域全方位研究历史学家，岑仲勉先生涉及研究领域宽广、具体研究深邃无穷，他留给后人众多学术著

作，特别是有关东北边疆及朝鲜半岛古代史的论述，必将对隋唐时代边疆史、古代中韩关系史的研究手段、方法、理念等提供指导，促进海内外学者对这一领域整体研究更上一层楼”。

段晓慧《唐代小品文研究——兼论其在高丽朝的传播与影响》（延边大学硕士学位论文，2017 年）一文对唐代小品文进行了搜集整理，在选取了 49 位作家近 200 篇作品的基础上，对唐代小品文分类、思想内容、艺术特色及其在高丽朝的传播和影响进行了分析研究。作者认为：“唐代小品文在古代小品文发展史上处于承上启下的地位，小品文作家和作品数量较前代有很大的提高，同时出现了一些新的文体，为后世小品文的发展奠定了基础。唐代小品文在高丽朝的传播，对高丽朝文学的创作和发展产生了巨大影响。高丽朝文人结合自己本国特色，创作了一系列具有本国特色的文学作品。”作者在文章中对高丽文学受唐代小品文的影响进行了归纳，高丽文学主要表现在体裁形式、思想内容和艺术特色三个方面受唐代小品文的影响。高丽文学在体裁形式上的影响主要表现为体裁形式多样；思想内容上的影响为朋友往来、社会黑暗和自我陶冶。语言特征主要表现为言简意真、诙谐犀利；表现手法上主要表现为引经据典、借事说理、托物言志。

程雅娟《高丽王朝时期青铜行炉溯源考——兼论丝路艺术东传演变特征》（《装饰》2017 年第 5 期）一文依据现藏于韩国与日本的两鼎高丽王朝时期的青铜佛教香炉，认为这可以从实际上印证丝绸之路文明传播的过程。作者在文章中考证出这种青铜行炉从东罗马时期的“圣杯”造型发展为中亚伊朗地区的“鎏金银高足杯”，唐代时期传入中原与传统中原器型相结合产生“唐式高足杯”，在之后的“行香”供佛盛行的社会背景之下，逐渐演变出一种青铜高足行炉并远传高丽王朝的过程。

闫姝涵《宋丽书籍交流探析》（延边大学硕士学位论文，2017 年）一文以宋朝与高丽两国书籍交流为考察重点，深入探究两国书籍交流的历史背景、途径、类型、特点以及所产生的深刻影响。作者认为宋丽书籍交流的原因有三：“一是宋朝重文轻武的基本国策影响着文臣的地位、统治者的政策以及社会认同等方面；二是雕版印刷广泛应用，宋朝书籍出版业兴盛繁荣；三是高丽的崇文轻武的社会状况。”

张炎钰《宋代茶文化在朝鲜半岛的传播与接受研究》(《福建茶叶》2017年7期)一文认为唐朝时期我国茶文化开始正式形成，随后唐代凭借强大国力及繁华，“引得无数外国人慕名而来，将中国的文化与物质产品引入本国”。作者进一步认为，“朝鲜半岛的茶文化最早于新罗时期传入，游学的僧人与学生将唐朝的茶文化带入了新罗”，“宋代不仅将名茶作为外交礼品而赠送他国，也将饮茶习俗与国家礼仪制度相结合，制订了饮茶的国礼。高丽的饮茶风俗亦是如此，并且对于饮茶习俗的严谨度更胜于宋朝”。

骆国昌《奚琴在中国和朝鲜半岛的传承与发展探微》(上海音乐学院硕士学位论文，2017年)一文认为“奚琴起源于古代中国，随后传入东部邻邦朝鲜”，数百年间各自发展，“在中国，奚琴经历了宋、元、明、清与近现代等不同朝代，由起初传统的《乐书》形制逐一形成和扩散至庞大的胡琴家族体系下的多种衍生体；在朝鲜半岛，传统形制的奚琴仍一直被保存与传承，直到二十世纪中叶形成南北两种不同的国度与社会体系后，半岛北部的朝鲜将奚琴进行了全方位的西式改革，以另一种新面貌问世”。作者在文章中主要运用音乐史学研究方法，并集合音乐图像学、音乐文献学、音乐考古学、民族音乐学等考古方法对奚琴在中国和朝鲜半岛的发展历程进行分析与探讨。作者首先主要是立足唐宋时期音乐文献考察，经过考订后，认为“奚琴在中国的确凿年代为宋代”；其次，作者提出“奚琴在中国的发展称为‘衍变’，在朝鲜半岛的传承称为‘演变’的观点”；最后，作者试图分析奚琴在中、朝历代传承中所呈现的流传地域变迁及其角色功能特征，以及二者间的成因。

翟金明《文本的力量——以朝鲜汉籍所涉〈史记〉〈汉书〉资料为基础的研究》(中国社会科学院研究生院博士学位论文，2017年)一文借助“汉文化整体研究”以及传播学、文本学理论，利用《朝鲜李朝实录》与朝鲜文集等史料，叙述了《史记》《汉书》在朝鲜时代传播与接受的相关史实，并探讨两书作为历史文本在“事、文、义”方面表现出来的力量。作者在文章中主要以史料为线索，叙述了不同历史时期汉籍在朝鲜的传播：“魏晋时期，《史记》《汉书》开始向朝鲜半岛传播，以官方赐予为主，民间书籍交流也是一种补充方式。”《史记》《汉书》在版本方面，主要存在“朝鲜时代则存在庚子字本、甲寅字本、显宗实录字本等金属活字印本。其中庚子字本和甲寅字本分别以元代彭寅

翁本《史记》、大德九年(1305 年)本《汉书》为底本,显宗实录字本则以明代《史记评林》《汉书评林》为底本",但是,作者在文章中强调《史记》《汉书》传入朝鲜半岛之后,"被接受的同时,也逐渐形成了具有'本土化'色彩的历史文本"。作者认为其中的原因是"朝鲜时代接受《史记》《汉书》的各种表现,与当时的程朱理学和古文风气有着密切关系。《史记》《汉书》与儒家经典、程朱理学、《通鉴》、《纲目》等均作为经筵召对和讲读书籍,不仅为了以史为鉴,还在于阐明义理,使经史互相发明。高丽时代的《三国史记》和朝鲜时代的《高丽史》受《史记》等纪传体正史的影响,表现在确立本国正史,显示正统,体现民族与国家意识等方面"。作者进一步研究后,认为"朝鲜文人在接受《史记》《汉书》文章与史实的同时,也对其进行评论,主要表现在史汉文章论与史论散文两方面,而涉及史学研究及考订的情况较少。一方面,朝鲜文人肯定《史记》《汉书》文章在叙事方面的成就,并认为《汉书》逊于《史记》;另一方面,他们又对史汉体例与书法不符合义理的方面提出了批评。朝鲜文人对于《史记》《汉书》中史实的评论(史论、史论散文),受程朱理学及宋儒史论散文的影响,呈现出'理学化'的特点,成为表达儒者历史观与进行哲学思考的一种方式,将义理的'普遍性'通过史实的'特殊性'进行表达和强化,因而与史学的关系比较疏远"。

金香花和刘斌《〈孟子〉在朝鲜半岛的接受、版本与诠释特点》(《许昌学院学报》2017 年第 6 期)一文,主要从《孟子》在朝鲜半岛的接受、版本与诠释特点进行考察。作者认为,"《孟子》对朝鲜半岛最初影响可追溯至唐朝奖励经学、广纳海外留学生的时候"。但是,作者在文章中发现,朝鲜在以佛教为统治理念的 15 世纪之前,虽有朝鲜的士大夫倾慕孟子之学问与政治思想,但在当时的朝鲜,《孟子》并没有受到广泛关注,朝鲜半岛官方正式接受《孟子》出现得较晚,是在"丽末鲜初,作为朝鲜时代儒教的核心经典、教育科目和科考内容之一,朝鲜朝对其进行多次刊行,并通过谚解的方式广泛传布。朝鲜朝哲学极其重视对《孟子》心性论的诠释",最后,作者在文章中强调《孟子》在"朝鲜朝几大哲学论辩中有着无可估量的影响"。

魏志江和魏珊《论宋丽海上丝绸之路与海洋文化交流》(《东疆学刊》2017 年第 1 期)一文中,除了对宋与高丽海上航路进行考察外,作者着重强调，“宋丽海上丝绸之路，不仅是宋丽两国之间物质文明交流的桥梁，也承载着两国人文和精神文化的沟通和交流”。作者认为，宋丽两国海上文学、艺术、制度文化、典籍与人员往来等交流，主要体现在以下几个方面：“首先，随着宋丽海上航路的开拓，两国海民相互形成了共同的宗教海神信仰意识，成为此时宋丽海上丝绸之路的重要内涵，其主要体现为宋丽两国都存在着祭祀东海龙王和观音崇拜等信仰。其次，在宋丽海上丝绸之路往来中，增进了两国人文典籍的交流。高丽使臣于海上来华，通常会进行大量的求书、购书活动。再次，宋丽两国佛教文化的交流，构成了宋朝与高丽海上文化交流的重要内容，主要体现在两国《大藏经》之交流、僧侣的往来和中国科举制度、儒佛道三教教义对高丽佛教的影响等。”作者在文章中还考察了科举制度传入高丽产生的影响：高丽不仅接受、施行科举取士，还进一步创造性地施行僧科制度。

此外，还有徐利华、刘崇德的《〈抛球乐〉传入高丽考》（《北京舞蹈学院学报》2017 年第 5 期），赵胤宰的《略论高句丽鸟羽冠与丝绸之路的文化互动》（《西部考古》2017 年第 3 期），徐利华、刘崇德的《明代永乐佛教歌曲在朝鲜半岛的流播考》（《兰州学刊》2017 年第 3 期），张佳的《衣冠与认同：明初朝鲜半岛袭用“大明衣冠”历程初探》（《史林》2017 年第 1 期）等，均从不同角度对古代中国与朝鲜半岛之间的文化进行了考察和探究。[①]

古代中韩文化交流研究成果也很丰富。程利田《朱子学在朝鲜（韩国）的传播、发展与全盛》（《海峡教育研究》2017 年第 4 期）一文，主要是考察朱子学在朝鲜（韩国）的传播、发展与全盛过程。作者认为，“朱子学于 13 世纪初传入朝鲜（韩国）”，朱子学传入朝鲜（韩国）途径有三个：“（一）中国移民传播；（二）高丽王朝统治者派官吏、学者入元学习并携回朱子学著作，兴办学堂推行理学教育；（三）高丽王朝统治者派人到中国采购朱子学书籍、实行科举制，发展理学教育。”通过详细梳理朱子学传入朝鲜（韩国）后的发展、表现

① 2017 年关于中朝之间文化交流的论文还包括：丁生花的《朱彝尊对朝鲜文献的发掘与运用考》（《延边大学学报·社会科学版》2017 年第 1 期），孔定芳、赵蒙的《清前期汉籍东传与朝鲜中华认同观之嬗变》（《学术界》2017 年第 1 期），杜彦松的《郑蕴汉诗研究》（延边大学博士学位论文，2017 年），赵现海的《异域看长城——明清时期朝鲜燕行使的长城观念》（《史学月刊》2017 年第 6 期），张琳的《试析明与朝鲜外交中的宦官群体》（《兰州教育学院学报》2017 年第 5 期），陈丽娟的《朱之蕃的〈奉使朝鲜稿〉研究》（山东大学硕士学位论文，2017 年），等等。

和影响，作者认为有以下几个主要阶段：朝鲜（韩国）的朱子学者们“大力推广朱子学”，朝鲜（韩国）统治者“实行崇儒抑佛政策，运用朱子学治理国家，实行社会改革，制定各项礼仪制度，编纂刊行大批理学著作，朱子学得到广泛普及”。作者强调在15世纪末至16世纪，朝鲜（韩国）朱子学向全盛期发展，特别是朝鲜（韩国）理学大师李滉和李珥，“分别完成了集朝鲜王朝及之前的朱子学之大成的任务，建立起了退溪学和栗谷学，并成为主导朝鲜王朝政权的正统思想；16世纪末至19世纪上半叶，朱子学的正统思想在朝鲜王朝社会植根牢固。朱子学支配朝鲜王朝政治、教育、学术达500年之久，朝鲜（韩国）朱子学达到全盛”。

在杨昭全《中韩古诗交流与研究》（《东疆学刊》2017年第1期）一文中，作者从内因和外因两个方面进行分析，认为“汉诗在韩国古代的传播与发展，并取得辉煌成就，既有赖于中韩两国之间频繁的文化交流，也有赖于韩国历代统治者的重视、提倡和他们所采取的相应措施以及历代众多诗人的热心学习与积极创作”。作者分别从汉诗的数量、形式和内容上，对韩国汉诗作品做了较高评价，认为韩国汉诗“不仅数量众多，而且质量上乘，从形式上看，既有古体诗的四言、五言、杂言体，也有近体诗的律诗（五律、七律）和绝句（五绝、七绝）以及排律。从内容上看，举凡言志抒情、写景状物、咏史怀古等，无不纳入了诗歌创作题材的范围。中韩两国先人创作大量诗歌，友好往来，唱和酬谢，为我们中韩两国的后人奠定了文化交流、友好合作研究的坚实基础”。

高福升、权太东《古代韩国中华文化体系构建历程》（《延边大学学报·社会科学版》2017年第2期）一文认为，古代韩国中华文化体系构建分为不同时期，其中从“箕子朝鲜、卫满朝鲜到汉四郡时期，代表中华文化的政治势力在朝鲜半岛建立了强大政权，使中华文化得以直接在朝鲜半岛传播。此时期，以汉字、农业生产技术、法律、官制等为代表的中华文化开始传入韩国”。作者认为这是由于“古代中韩之间在政治、经济及军事等方面存在强弱之分”，导致古代中韩之间是一种“文化单方向流动现象”。在韩国的三国时期到朝鲜王朝时期，代表中华文化的政权退出了韩国历史舞台，但作者在文章中强调，“韩国历代王朝均奉中国王朝为宗主国，在政治、经济、文化、农业生产等方面学习中国。在此背景下,儒教、佛教及当时中国文学作品等流入韩国。如此一来,经过近两千年的历史,慢慢在韩国文化中出现了'中华文化体系',而它对韩国社会的影响一直延续至今"。[①]

2017 年古代中日文化交流研究成果仍然丰富。除了有关文化传播样态的综合研究,其他诸如中日历史上思想、制度、语言、文学、典籍、艺术等方面交流的专题也得到较多探讨。如杨绍华的《秦汉时期中国与丝路沿线诸国体育文化的交流——以汉画像石为考察对象》(《西安体育学院学报》2017 年第 3 期)、潘天波的《中日漆器文化交流的历史进程:从溢出到透入》(《艺术学界》2017 年第 2 期)、毕汉东的《明清俗曲在日本的传播——以日本"清乐"为例》(山东艺术学院硕士学位论文,2017 年)、顾姗姗的《奈良·平安前期日本与新罗使、渤海使之间的汉诗交流——从分韵诗到次韵诗》(《延边大学学报·社会科学版》2017 年第 2 期)等。

杨绍华认为,"秦汉时期的汉画像石中反映出中国传统的刀剑兵戈等武器传到东亚的日本、朝鲜,甚至远在欧洲的大秦;一些体育项目如角抵、蹴鞠、马球、养生术等传到日本、朝鲜、越南等周边国家。秦汉时期,中国与丝路沿线国家的体育文化交流是互动和双向的,这种交流与互动不仅加强了双方政治、经济、外交往来,更是促进了双方体育文化的发展"。潘天波则从文化溢出视角,对中日漆器文化交流原因进行探究。作者在文章中认为,是"天然港口、先进的海洋知识及造船技术为促成这种进程提供了契机,海上丝路贸易、宗教、遣使及朝贡也为推进中日漆器文化交流进程发挥了重要作用"。作者也强调中华漆器文化对日本文化提升效应是强势的,但是,因为"中华文化特有的秉性在面对日本文化透入之时,也实现了双向的耦合,进而提升与发展了自身文化。18 世纪以后的'倭漆'透入已然标志中国由漆文化输出国转为输入国,也预示中国文化身份的世界地位开始松动,更象征中国社会开始步入变革期"。

毕汉东的《明清俗曲在日本的传播——以日本"清乐"为例》认为,"明清

① 2017 年关于中韩之间的文化交往的论文还包括:孙婉霞的《益斋李齐贤的中国体验诗研究》(华中师范大学硕士学位论文,2017 年),明生的《中韩日佛教友好交流的可持续发展》(《法音》2017 年第 10 期),金洙京的《"剪灯二话"在韩国的传播与接受》(山东大学博士学位论文,2017 年),等等。

是继唐朝以来，中日音乐交流在历史上的又一次高潮”。作者在文章中强调明清时期中日音乐交流史上，“俗曲”成为明清时期与日本“民间音乐和文学艺术的重要载体”，而明清时期中日两国音乐交流主要是通过日本江户时期开埠城市长崎路径，扩散到日本，“成为日本传统音乐‘明清乐’中‘清乐’主体，并在日本生根发芽，带去了中国音乐文化，促进了日本音乐前进的步伐”。顾姗姗则在文章中强调汉诗在中日信息交流方面的重要性，认为“奈良、平安前期，日本在东亚复杂的政治环境中经营着与新罗、渤海的外交关系。外交场合上，由于语言相异，除正式的汉文文书以外，汉诗也是重要的信息交流媒介”。

张小敏《日本汉儒对中国诗经学的继承性接受研究》(《日本研究》2017年第4期)一文研究表明，日儒对《诗经》的接受大致可分为“继承性接受与改造性接受”两种方式。作者强调在两种方式中，日本汉儒对《诗经》“继承性接受的特征更为显著，是日本诗经学的主流接受方式。继承性接受思维主导下的日本《诗》著带有鲜明的注疏表征，与日本自古以来重传统、重家学的传经模式一脉相承，在保存《诗经》古本与承传中国主流文化精神中扮演了极其重要的角色”。张德恒《6至16世纪〈春秋〉学文献流传日本考》(《江苏师范大学学报·哲学社会科学版》2017年第5期)一文，考察了6至16世纪《春秋》学文献在日本的流传。在文中作者认为加强对6至16世纪《春秋》学文献流传日本的过程及相关书目考察，有利于“我们更深刻地认识德川日本《春秋》学繁盛的原因以及汉籍流日的具体情况”。伍显军《唐宋温州与日本佛教文化的交流及其影响》(《温州文物》2017年第1期)一文阐述了唐宋时期温州与日本佛教文化的交流及其影响。

王树义《国风文化对日本平安时代教育的影响》(河北大学博士学位论文，2017年)一文认为奈良时代(710—794)是日本在“移植和模仿中国文化形成了‘唐风文化’”的时期；平安时代(794—1192)前期则是迎来了“‘唐风一边倒’的唐风文化全盛期”。但是，作者在文章中也强调了，在平安时代中期以后，“日本却在此前大规模移植、模仿中国文化的基础上，结合本国国情进行了消化、吸收和改造，形成了独具日本民族特色的‘国风文化’”。作者在文章中认为这是“一场巨大的文化变革”，对“日本平安时代教育的走向和风格产生了重大影响”。作者在文章中总结了日本“文化变革”的表现:“官学儒学教育受到冲击,汉诗文教育的重要性明显削弱;官方专门教育权威向个人迁移,专门教育出现家学化倾向;贵族私学勃兴,贵族教育呈现百花齐放的局面;佛教教育本土化日益明显,为国家服务和人皆平等的佛教教育主张得到提倡。”作者还发现在国风文化的强烈影响下,“日本平安时代教育的民族自觉被唤起,在整体上呈现出以‘和魂汉才’为核心的既能吸收外来文化教育的优长、又能结合本国国情进行融合与创新使之本土化的兼容性特征。这种特征的形成,为其后日本以‘和魂洋才’为指导思想更大规模地吸收欧美文化和教育,以及建立独具特色的日本近代教育奠定了坚实基础”。

端木义梦《中日漆文化交流研究》(南京艺术学院硕士学位论文,2017年)一文从中日两国交流历史悠久的视角对中日漆文化进行考察。作者以中国时间发展为主线,从三个阶段进行探究:“第一阶段,从汉代一直到两宋时期,以日本学习中国的漆艺技法为主,中国是日本的老师。第二阶段,到了元明时期,中国漆艺的发展大不如前,但依旧保持着一些优秀的技法,比如素髹、雕漆、螺钿镶嵌等,日本漆艺在继承中国漆艺技术的基础上,各种技法开始走向成熟,并且逐渐形成了自己的风格,中国甚至感叹日本销往中国的漆器非常精美,还派遣专人去日本学习,此时中日两国处于相互学习的阶段。第三阶段,明清直至近代,中国的漆器种类与之前相比发展较单一,此时日本的漆艺通过巴黎博览会这个契机,在世界上崭露头角,并逐渐享誉世界,技术整体上超过中国,中国不断地向日本学习漆艺技法,在此阶段日本是中国的老师。”基于上述考察,作者认为在中日两国漆文化交流过程中,“两国充分进行漆艺交流的同时,制定和完善相关的政策和保护措施,鼓励和支持手工艺的发展,保护好和传承好这项传统工艺已经变得相当紧迫”。

张红《江户初期朱子学派的诗文观念及杜甫接受》(《中国文化研究》2017年第4期)一文认为:“江户初期朱子学兴盛,理学大家藤原惺窝及其弟子林罗山、松永尺五、那波活所既为儒宗,同时也为重要的汉诗人,其诗文观念深刻地影响了江户时代。惺窝主‘文道合一’,重视‘诚’与‘感’,其诗学思想表现出浓郁的理学色彩。林罗山、松永尺五、那波活所注重经学、兼取诗文,诗以唐为宗,兼参汉魏、宋元,诗学门径较为开阔。杜甫为朱子学家共

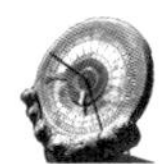

同尊奉，以‘尊杜’通于‘宗经’‘明道’，掀起日人宗杜的高潮。此一时期的诗学表现出融通性、过渡性的特点，主要受到宋元诗学的影响，也开启了取法明代诗学的端绪。”

在吴光辉、郭立欣《近代以来日本视域下的朱子学与中国形象》(《思想与文化》2017年第1期)一文中，作者认为“自13世纪传入日本之后，朱子学的地位与形象即与‘中国形象’本身保持了高度的一致性，毋宁说它成了日本认识与诠释‘中国形象’的一大文化符号。在这一过程之中，朱子学融入江户时代以来的日本潜心塑造的‘自我/他者’的框架之中，成为幕府末期日本构建自身的‘华夷思想’的理论工具，成为明治时期日本推动‘文明开化’背景下的批判对象，成为明治中期日本谋求‘传统回归’思潮下的援用对象，成为明治后期日本基于自身‘国民国家’的观念而批判中国、贬斥中国的根源之所在”。作者在文章中也认识到，“中国形象与朱子学所走过的为日本人崇尚、批判、援用、贬斥的精神历程一样，也经历了一个被日本推崇敬仰，进而被日本怀疑否定，最后被日本批判抛弃的一大转折”。

古代中日文学交流方面，祁晓明《〈济北诗话〉产生的文学背景》(《日语学习与研究》2017年第2期)一文认为：“《济北诗话》是在镰仓、室町时代宋人诗话传入背景下形成的。无论是对宋人诗话的引用、诗话编排体例，还是诗论用语、评述对象选择，以及诗学主张表述，《济北诗话》都与宋代魏庆之《诗人玉屑》存在着千丝万缕的联系。这与这个时期正好是《诗人玉屑》初传日本，在皇室公卿、僧侣、歌人之间受到普遍关注有关。《济北诗话》又是在理学传入的背景下形成的，其中表现出的批判态度和质疑精神也是从宋儒那里继承来的。虎关诗学主张的独创性或特异性，也应该置于这样一个历史背景下来考察。”

此外，中日之间文化交流相关研究还有：竺秉君、竺济法的《最澄传茶日本文献探微》(《农业考古》2017年第2期)，周伟良的《简论明代武术文化的对外交流——以与日本、朝鲜为视阈》[《中华武术(研究)》2017年第1期]，高薇的《清朝商人与江户时期中日文化交流》(《广东外语外贸大学学报》

2017 年第 2 期)等,从不同的视角论述了中日文化交流。①

古代中琉之间文化交流相关研究有:金晖和刘逸的《十五至十九世纪琉球漆文化考述》[《南京艺术学院学报(美术与设计)》2017 年第 5 期]一文表示:“明清时期,漆艺是琉球重要的手工艺产业和物质文化形态,很大程度上代表了国家形象和部族文化。本文研究了琉球漆艺的起源和漆文化的形成,论述了琉球漆器在朝贡贸易体系和物质文化中所扮演的重要角色,并以中国漆文化传播和东亚地缘政治为背景分析琉球漆艺的风格演变。”曹建南《冲绳茶文化的历史与发展》(《农业考古》2017 年第 2 期)一文认为:“16—17 世纪冲绳茶文化以用于款待和交际的末茶点饮法为主流。”周朝晖《清代册封使徐葆光笔下的琉球风情》(《寻根》2017 年第 6 期)一文则侧重从琉球封使徐葆光诗文视角对琉球的风情进行了展示。

有关中外医学交流的论文有王志翔的《唐代针灸对外交流研究》(河南中医药大学硕士学位论文,2017 年),此文运用文献学和比较分析的研究方法考察唐代针灸对外交流,认为“中医针灸中的‘腧穴’‘经脉’等概念有着鲜明而独特的理论与实践基础,其文化魅力深深地根植于中华文明的土壤中,大量文献、文物有力地证实了针灸是中华文明对世界医药文明的伟大贡献;唐代陆海丝绸之路的发展和唐代针灸医学的进步是唐代针灸对外交流繁荣的基本条件;唐文化‘向心力’是域外使者来华的主要动力;高度的文化自信是唐使者远行传播中医药文化的强大支撑;唐文化的繁荣是唐代针灸对外交流繁荣的内在原因;对外传播主要以医学典籍为媒介;以文化需要为基

① 除了上述所胪列的研究外,还包括:赵忠的《中国古代文学中的日本人形象研究》(《开封教育学院学报》2017 年第 3 期),熊威威的《浅谈唐朝以后筝在中日间的发展》(《黄河之声》2017 年第 12 期),何晓毅的《〈登徒子好色赋〉在日本的流传及影响》(《长江大学学报・社科版》2017 年第 2 期),蔡凤林的《丝绸之路对日本文化形成的历史影响》(《日本问题研究》2017 年第 6 期),张文池的《文化反哺——论日本茶道对中国茶道的“反作用”》(《福建茶叶》2017 年第 9 期),王秀、王莲的《东传日本宋元中国画研究初探》(《美术观察》2017 年第 10 期),周逢年的《朱舜水思想在日传播研究》(浙江大学博士学位论文,2017 年),黄玫瑰的《泉州梨园戏与日本歌舞伎的对比研究》(《日本研究》2017 年第 2 期),叶磊的《中日文化交流视阈下日本古典绘画艺术的嬗变发展与源流关系考探》(《艺术百家》2017 年第 5 期),兰兰的《从大和绘到水墨汉画——兼论中国禅宗思想对日本绘画的影响》(《文艺争鸣》2017 年第 6 期)等。

此外,还有关于海上丝绸之路中日文化对比研究:徐菁的《明代仕女画与江户美人画的比较研究》(河南师范大学硕士学位论文,2017 年),唐黎标的《日本平安时代瓷器与中国唐宋时期瓷器的比较研究》(《陶瓷》2017 年第 3 期),Ueta Satsuki (上田五月)的《日本羽衣仙女传说研究——兼与中国羽衣仙女传说的比较》(江西师范大学博士学位论文,2017 年)。

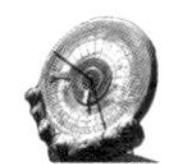

础;更多地在‘汉文化圈’进行传播;唐代针灸对外交流对宋代针灸对外交流影响极深;并对当代中医药对外传播有着重要的借鉴和启示意义”。

回嘉莹等人《六朝隋唐时期中日医学交流——读小曾户洋〈汉方的历史〉》[《医学与哲学(A)》2017 年第 11 期]一文以小曾户洋的论著《汉方的历史》为中心,重点考察六朝隋唐时期中日两国医学交流情况,针对小曾户洋的独特见解做了详细介绍与论述。在李敏《18 世纪日朝笔谈的医学史料研究》(北京中医药大学博士学位论文,2017 年)一文中,作者认为:“朝鲜通信使是朝鲜国王向日本派遣的官方正式使节团,江户时代自庆长十二年(1607)到文化八年(1811)两百年间,朝鲜通信使团共访日 12 次。在此期间,两国学者均运用汉字笔谈的方式在当地留下了文献资源,是研究当时朝鲜与日本政治、文化、经济关系的重要内容。18 世纪更是日朝笔谈集聚精华的时代,各种笔谈资料不仅内容丰富、数量浩繁,而且其中蕴含着极为丰富的医学史料研究价值。”

贾敏如等人《我国使用进口传统药物(药材)的历史(春秋至明清)和品种概况》(《中国中药杂志》2017 年第 9 期)一文研究表明:“秦汉时期为发展初期;宋金元时期是发展鼎盛期;明清时期是发展衰退期;文献记载历代进口药物(药材)品种最多的时期是宋代,达 300 余种。去掉重复和存疑品种后,有依据可信的应在 230—250 种,还有 40 余种不知为何物,或是异名,或是加工品,暂称‘存疑品种’;药用部分不同于汉族所用中药,以树脂类、果实种子类最多,根和根茎类较少,矿物药比动物药多;进口药材的产地主要集中在历史上与丝绸之路有关的国家和地域。”

(二)政治交往研究

从东亚整体视域探讨东亚诸国政治交往史以及相关观念形态的论文有:吕振纲的《道义、合法性与国家实力——1592 至 1662 年东亚朝贡体系中的权力转移研究》(《国际政治科学》2017 年第 3 期),万晓的《朝贡的名实与朝贡之外的东亚——分类框架、案例举隅与研究建议》(《国际政治科学》2017 年第 3 期),宋晓芹的《试论中国在东亚朝贡体系中的地位和作用》(《大连大学学报》2017 年第 4 期),吕振纲的《从朝贡文书看清代的朝贡体系——兼评何新华〈清代朝贡文书研究〉》(《史学理论研究》2017 年第 1 期),杨恕、李亮的《反思朝贡体系的安全功能:内涵、制度与实践》[《南京大学学报(哲学·人文科学·社会科学)》2017 年第 2 期],崔思朋的《宗藩体系:古代东亚地区国际秩序运行及特征》(《南都学坛》2017 年第 2 期),徐波的《对古代东亚朝贡体制的再思考》(《国际政治研究》2017 年第 3 期),赵毅的《论明代东北亚国际秩序的二元结构》(《古代文明》2017 年第 3 期),王开玺的《明末清初中外宗藩关系重构过程中的疏离倾向》(《晋阳学刊》2017 年第 5 期),王泉伟的《天朝意识与明清中国的朝贡外交》(《国际政治研究》2017 年第 1 期),等等。

关于明清朝贡体系研究,吕振纲从主导国自身探讨权力转移,将一国对内对外的道义水平作为干预变量,将内部稳定/合法性与国家实力作为自变量,对晚明时期朝贡体系中的权力转移个案进行比较和分析。作者在文中认为,“1592—1662 年的东亚朝贡体系处于一个大危机时代,作为主导国的明朝先后受到日本和清朝(包括后金时期)的挑战,但在晚明权势衰微已成必然的情况下,明朝政府依然承受住多次冲击,直到最后才实现权力转移”。作者强调,“在主导国国内政权不稳和综合实力受损的情况下,如果其不实行道义,就会加剧自身合法性的丧失和实力的衰退,在面对外来威胁和挑战时,也就无法组织有效的反抗,导致权力转移不可避免”。吕振纲在评何新华《清代朝贡文书研究》一书中认为:“清代的朝贡文书详细而系统,史料翔实而丰富。全书共收集了 532 件朝贡文书,涵盖了清朝与当时世界上的不同国家、不同地区之间的各种文书交往,并在很多地方给出了独到的解释,具有重要的史料价值和学术价值。”

杨恕和李亮对朝贡体系的安全功能进行了深刻反思,以朝贡国家对中原王朝的安全护卫功能为切入点,系统梳理朝贡体系的安全理念、安全内涵与安全机制,从“不犯边”与“守在四夷”两个方面来检验朝贡国家对其安全护卫功能的实践,并考察中原王朝对体系的认知与管理能力。作者认为有必要重新评价朝贡体系的安全功能并实现“纠偏”,应当主要“一是朝贡体系的安全功能体现的是中原王朝的单一意志,而非协商共识;二是与一般等级制不同,朝贡体系的本质不是权力,而是权威,权威依赖的是认同而非威

慑”。作者强调，“在朝贡体系内，中原王朝与周边国家之间因国力（主要是军事力量）差距而形成的天然威慑、温和霸权效应，在一定程度上维护了东亚各国间的相对和平，也为已经发生的冲突提供了仲裁和调和的渠道”。

徐波在文章中指出明史界和国际关系史界的研究者都认为：“明代东北亚国际关系格局是最为典型的‘华夷秩序’体系。帝制中国的‘华夷秩序’体系可谓‘春秋公法’，牢牢笼盖朝鲜、琉球和日本，使东北亚诸国诚心向化、恭谨输贡、严守藩封，心悦诚服奉帝制中国为天朝上国。”赵毅却认为“明代东北亚国际关系格局十分复杂、十分诡谲，‘华夷秩序’体系遭到严峻冲击和挑战。日本始终没有承认明代中国的宗主地位，明日关系与明朝关系、明琉关系不可等同视之，有本质差异。特别是日本在十六世纪中叶结束南北分裂后，侵朝鲜、伐琉球，叫板明朝独大地位，俨然在构筑‘华夷秩序’之外的‘和夷秩序’，东北亚国际关系格局是二元的”。

王开玺在文中认为，“明清之际，清王朝已基本上重构恢复了明王朝时期中外宗藩关系的旧格局”。作者强调在历史的发展中，特别是西方资本主义国家的东渐而来，兴起的“殖民体系或条约体系成为国家关系的主要形态”，作者认为，“中国的藩属国大多遭受到西方各国的侵略，东亚地区的传统宗藩国家关系日趋瓦解。1894 年甲午中日战争以后，伴随着中国的最后一个藩属国为日本吞并，清王朝建构的东亚宗藩国家关系体系寿终正寝”。

王泉伟对天朝意识与明清中国朝贡外交进行深入探讨，他在文章《天朝意识与明清中国的朝贡外交》中认为，“在明清的朝贡外交中，天朝理念具有重要的影响，维持天朝体面是明清对外交往中不可动摇的一条底线。一方面，天朝意识的影响方式可能是个体性的，它深植于决策者的意识中，在朝贡危机的情境下，现实主义的考量与世界观之间的冲突妨碍了冷静理智的思考；另一方面，天朝理念的影响方式更是群体性的。天朝理念内化于官方的意识形态之中，是整个统治集团所共享的信念，成为当时政治生活中难以动摇的政治正确”。但是，由于“天朝意识限制了明清中国的外交选择，其中最重要的就是屏蔽了平等议和的可能性，由此深刻地影响了一些重大的外交决策”。在文章中作者通过分析明代和议、晚清与西方列强交往发现，“即使出现了势均力敌乃至比自己更为强大的外部势力，明清中国也拒绝放弃天朝的自我想象，极难接受对等的外交。天朝意识妨碍了冷静的战略思考与明智的外交决策，使中国陷入进退失据的境地。从结果上看，对天朝地位与朝贡等级秩序的坚持损害了明清中国的安全与利益”。

周海军在《八世纪至十世纪渤海国对外交流探究》（辽宁师范大学硕士学位论文，2017年）中认为，渤海国“在八世纪至十世纪辐射于整个东北亚地区，它一方面学习唐朝的先进制度并对唐朝多民族的统一提供了很大帮助，另一方面对周边少数民族进行卓有成效的统治，逐渐成为海东盛国”。特别是渤海国在唐朝和日本交流中扮演着重要的桥梁作用，在东北亚地区传播盛唐文化起到很大的作用。作者在文章中关注到，“八世纪至十世纪间渤海国对外交流主要体现于对唐朝的朝贡关系和对日本的交聘关系”。在朝贡关系上，“唐朝对渤海新王的册封，渤海国对唐朝的称臣、接受藩镇管理、向唐朝纳贡有时甚至提供王室成员进行宫室宿卫”。特别需要指出的是，作者详细地介绍了渤海国朝贡的两条主要路线，即“海路的鸭绿—朝贡道和陆路的长岭—营州道”。同时，在文章中，作者也对渤海国对日本的交聘关系进行了考察，认为两者之间“确立主要有政治上的亲仁结援、交通道路上以东京—龙原道为主要路线以及后期渤海国与日本交聘主要以商业和文化为驱动力”。

在刘海霞《唐高宗对朝鲜半岛的封授与彼时战事》（《衡阳师范学院学报》2017年第4期）一文中，作者主要是以唐朝介入朝鲜半岛事务而发生的三次主要的战争为考察对象，这三场战争是：唐罗联军平灭百济、平灭高句丽和唐与新罗战争。作者认为在这三场战争，“唐朝的边疆册封与授官政策对边疆诸政权起到了优遇、激励、惩戒、扶弱抑强等作用，唐朝最终得以成功设置了百济五都督府、鸡林州大都督府、安东都护府，一定程度上巩固了对朝鲜半岛的统治”。同时，作者也指出唐高宗的边疆封授政策有其无力的一面，“在百济与新罗实行州县制的艰难、唐罗联盟的瓦解与战争的爆发、仪凤年间数次封授的无效均是其体现”。

在苗威《唐朝平灭百济析论》（《韩国研究论丛》2017年第1期）一文中，作者主要是以唐朝平灭百济为考察对象。作者认为，在唐朝军事进攻下，“百济成为海东三国最早灭亡的政权，其国祚的终结成为新罗统一的基本前

提。以武力解决百济问题并非唐朝的初衷，而是有着复杂的国际背景，其中包括百济不接受唐朝对半岛诸势力的调和、日本的介入，以及终结高句丽僵局等因素。百济的灭亡导致东亚局势的重新调整”。

张微微、于海洋《“华夷秩序”研究的历史演进及其启示》（《东北师大学报·哲学社会科学版》2017 年第 1 期）一文考察了西方国家和日朝越等国学者分别从华夷秩序与西方关系、华夷秩序内部的华夷之辨角度来解释其历史逻辑。中国学者则经历了尊崇、质疑、否定到重建等不同阶段。作者通过梳理华夷秩序研究中的观点和方法，认为“可以看出政治文化上高度的歧视性和统治结构的松散，形成华夷秩序内外部变化的重要线索。中国在参与和塑造未来国际和地区秩序的时候，也要与等级制的华夷观划清界限，坚持古典华夷秩序中宝贵的高度灵活的协商规范”。①

丰臣秀吉发动的侵朝战争是晚明东亚政治关系史中的大事件。2017 年多篇文章涉及该专题，如丁秋瑾的《朝鲜王朝的“请援”与明朝出兵援朝》（山东大学硕士学位论文，2017 年），解祥伟的《壬辰战争初期朝鲜国王内附问题考议》（《史学集刊》2017 年第 4 期），刁书仁的《壬辰战争中日本“假道入明”与朝鲜的应对》（《外国问题研究》2017 年第 4 期），周郢的《明万历壬辰之役“借兵暹罗”发覆》（《历史研究》2017 年第 6 期），陈尚胜的《论丁酉战争爆发后的明军战略与南原之战》（《安徽史学》2017 年第 6 期），孙卫国、解祥伟的《明抗倭援朝战争初期中朝宗藩间之“信任危机”及其根源》（《古代文明》2017 年第 1 期），杨艳香的《论明代嘉靖中期倭患战争的性质——以徐渭抗倭诗为例》（《杭州师范大学学报·社会科学版》2017 年第 4 期），孙文忠的《万历朝鲜战争期间宋应昌对日策略研究》（宁波大学硕士学位论文，2017 年）等。

① 学界关于东亚海上丝绸之路政策研究，还包括：潘洪岩、张柳的《基于路径依赖视角分析明代朝贡贸易》（《经济师》2017 年 10 期），高同同的《宋朝与高丽聘问研究》（暨南大学硕士学位论文，2017 年），刘楠楠的《论隋唐（前期）对高句丽、渤海政策的展开与突厥因素》（延边大学硕士学位论文，2017 年），董灏智的《五至九世纪日本构建区域秩序的尝试》（《世界历史》2017 年第 1 期），黄纯艳的《北宋东亚多国体系下的外交博弈——以外交谈判为中心》（《中国边疆史地研究》2017 年第 1 期），郑惠先的《明清鼎革——朝鲜与日本的反应》（东北师范大学硕士学位论文，2017 年），梁山的《孔雀与六到十二世纪的东亚外交世界——以中日两国为中心》（《古代文明》2017 年第 3 期），等等。

丁秋瑾硕士学位论文《朝鲜王朝的“请援”与明朝出兵援朝》以《朝鲜王朝实录》《朝天录》和《明实录》等中外文献为史料，研究朝鲜王朝请援使臣在壬辰战争初期使行以及他们在请求明朝援助方面发挥的重要作用，进而分析明朝在慎重地审视朝鲜提出“请兵”缘由后，最终出兵援助朝鲜的决策要因。作者意图探析在东亚封贡体制下明—朝鲜关系在军事层面上的实质。在壬辰战争爆发初期，朝鲜王朝多次派遣请援使臣“陈奏倭情”，请明朝出兵援助朝鲜。作者就朝鲜请援使臣在向明朝提出援助请求时所主张的理由进行归纳，主要有三点：“第一，朝鲜王朝二百年来‘事大至诚’，按照宗藩朝贡体制下‘事大字下’原则，‘小邦’朝鲜被祸，明朝作为大国理应救援。第二，朝鲜君臣认为：正是为了阻挡日军入侵明朝，拒绝了日本‘假道入明’要求，朝鲜才遭遇倭贼侵略，因而应当得到明朝援助。第三，朝鲜认为其作为中国的藩篱，国家危亡之际，以一己之力必难以抵挡日军侵略。而假若朝鲜灭亡，明朝就会失去藩篱屏障，面临日本的长驱直入。”作者在文章中，指出“明朝援助朝鲜是宗藩朝贡关系中义不容辞的责任”。同时，在文章中强调明朝决定派出大军援朝抗倭，实质上是“反映了 16 世纪东亚宗藩封贡体系下朝贡国对明代中国的信任和依赖”，而明朝出兵朝鲜抗击日本，则体现了作为“天朝上国”应尽的责任和义务。作者在文章中认为，明朝出兵朝鲜是“东亚封贡体系下明—朝鲜关系本质最好的诠释”。

解祥伟认为，壬辰战争爆发后，朝鲜迅速溃败，“国王决定‘北渡’内附，并采取对内命世子权摄国事及设立分朝，对外向明请援等措施为内附做准备”。明朝同意朝鲜国王有条件地内附。但在此过程中，情况发生一定变化，国王不得已放弃内附。国王内附虽然没有实现，但其过程展开仍对朝鲜政局及壬辰战局产生深远影响。作者在文章中梳理朝鲜内附过程及明朝应对措施，认为“一方面可以发现明朝在对外交往中具备清晰的疆界观念，并予以恪守，这与近代殖民体系下的‘宗主国’与‘附属国’的关系有本质的不同；另一方面则说明中朝之间宗藩关系的主流之外亦有一种看似亲密，而实则疏远的潜流”。刁书仁认为，壬辰战争(1592—1598)中，“如果没有明朝的及时出兵和明军将士的舍生驰援，朝鲜的国祚恐怕就会是另外一番景象了。朝鲜在壬辰战争中所遭受的‘倭乱’，与其轻敌，获悉日本欲‘假道朝鲜进攻

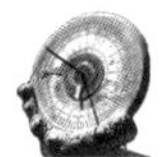

明朝’后首鼠两端，对明廷隐瞒日本‘假道入明’内情，以及向明廷‘从轻奏闻’有关。这种轻敌思想根植于朝鲜长期以来自诩‘小中华’，鄙视日本，将其视为文化上落后的‘蛮夷’，以为处于劣位的日本绝不会对代表‘中华’的东亚共主明朝和自诩‘小中华’的文化上处于优位的朝鲜发动战争”。

周郢以程鹏起《灵岩寺诗碑》为线索，对古寺诗碑上描述“借兵暹罗”史事的部分进行重新解读，以此为研究壬辰战争前后明朝政府政策提供了一个新的观察角度去探讨。作者在文章中认为明朝对日策略预做多手准备，包括“出兵朝鲜迎战、议和缓兵、策反日本国内大名、联合周边力量共同征讨等”，特别是针对程鹏起提出“借兵暹罗”议，意图策动东南亚之明朝属国攻击日本本土进行了议论。但是，作者指出，“随着战争形势的变化以及明朝内部的矛盾，这一计划被中途搁置，而为此在基层和前沿活动的程鹏起，则被当作弃子与替罪羊，受到罢黜、笞责”。

孙卫国、解祥伟的研究认为，抗倭援朝战争初期，明与朝鲜间本来稳固的宗藩互信关系出现危机。作者在文中指出，主要是由于“朝鲜私通日本种下了祸根”，但是“东亚贸易网传来朝鲜诱引日本入犯大明的报告”，引起误解，导致朝鲜感到压力后迅速派使辩诬，暂时修复了信任关系。战争初期，朝鲜节节溃败，但迟迟未向明廷请援，再度引起明朝怀疑。面对危局，明朝主动派人勘疑，先后派三拨使节进入朝鲜；朝鲜则连遣使节入辽、入京请援，同时与东来明使臣沟通，释疑辩诬。经过努力，双方终于再建信任关系，并迅速投入联合对日作战中。

孙文忠硕士学位论文《万历朝鲜战争期间宋应昌对日策略研究》是以万历朝鲜战争为背景，主要以战争初期东征明军最高指挥官宋应昌为研究对象，围绕他任职期间对日策略前后变化及其原因进行探究。作者在文章指出，“在明军出征前他为此次东征进行了多方准备，以求东征明军可以尽快驱逐侵朝日军。在明军入朝不久，随着前线形势出现了不利于明军的变化，他的对日策略由之前的积极作战变为稳健用兵。在明军攻势受挫后他积极应对，通过多方谋划迫使日军主动提出了求和。此后他根据前线形势变化以计退敌，以极小的代价恢复了朝鲜大部分国土”。但是，作者也指出，宋应昌因在朝鲜善后事宜上主张对日封贡策略饱受争议而辞官归乡。

范敬如《明朝首辅赵志皋与万历明日和议》(山东大学硕士学位论文，2017 年)一文以明代首辅赵志皋为研究对象，考察“万历朝鲜战争”中明日和议问题。作者在文章中认为，“首辅赵志皋在和议中起到了重要的推动作用，是册封事件中的关键人物，却在以往研究中被忽视”。作者分析了首辅赵志皋推动明日和议的原因有三：“第一，明朝远征兵力与粮饷耗费巨大，继续出兵救援恐使国库空虚、徭役繁重，影响明朝内部安定；第二，万历皇帝表现出支持议和的意愿，在‘国本之争’君臣矛盾激化之后，支持皇帝的决策是继任首辅的赵志皋的必然选择；第三，明末党争在万历一朝已现端倪，万历援朝时期复杂的政治态势引导了赵志皋的政治取向。同时，纵观万历援朝战争明日和议的整个决策过程，充分反映了万历朝后期内政混乱对外交产生了影响。”

郑洁西和陈曙鹏在《沈惟敬初入日营交涉事考》(《宁波大学学报·人文科学版》2017 年第 6 期)中认为，万历朝鲜战争期间(1592—1598)的对日和谈，“首席代表沈惟敬是当时东亚和平事业的一个关键性人物”，作者主要利用朝鲜方面第一手资料《李元翼状启》考述万历二十年(1592)八月底沈惟敬初入日营交涉的相关情形，认为“当时的对日交涉获得了成功”。郑洁西在《万历朝鲜战争期间和平条件的交涉及其变迁》(《学术研究》2017 年第 9 期)一文中则认为，“明朝和日本曾一度谋求以和平手段协调朝鲜半岛的冲突，重构东亚和平”，“日本则以丰臣秀吉颁发的朱印状《大明日本和平条件》《大明朝鲜日本和平条目》最为典型，其在和平条件上不断调整，有所妥协，但仍坚持对朝鲜的特殊优越地位，其外交活动既有回归东亚封贡体系的外在表象，又有提升其国际地位的实质内涵，然而并不为明朝所认可。东亚和平问题最终重新诉诸武力”。

陈尚胜则具体对丁酉倭乱之中的战役进行研究，明朝迅速做出了再次援朝御倭决策，并重建军事指挥体系，进行战略部署。作者认为，“南原之战的失败，不仅在于南原的明军主将杨元个人轻率寡谋，还在于朝鲜水军在闲山岛海域的覆没使南原失去屏障，还在于邻近明军与朝鲜军队缺乏相互配合与援救，更在于明军的战略失误以及相关决策者的急躁心理。不过，也正是南原之战的失利，明朝及时调整了援朝御倭的军事战略”。

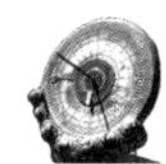

关于明清朝时期与朝鲜关系研究有：吴大昕的《朝鲜己亥东征与明朝望海埚之役——15世纪初东亚秩序形成期的“明朝征日”因素》(《外国问题研究》2017年1期)、郑惠先的《明清鼎革——朝鲜与日本的反应》(东北师范大学硕士学位论文，2017年)、惠男的《17世纪清朝和朝鲜关系的演进：女真国·金国·大清国》(山东大学硕士学位论文，2017年)、张月莹的《三道沟事件与朝鲜的应对》(东北师范大学硕士学位论文，2017年)、柏松的《清朝入关前后朝鲜王朝对清心态变化探究》(《社会科学论坛》2017年第3期)、孙卫国的《朝鲜王朝对清观之演变及其根源》(《廊坊师范学院学报·社会科学版》2017年第3期)、王臻的《入清为质：昭显世子在清与朝鲜关系中的活动探析》(《廊坊师范学院学报·社会科学版》2017年第3期)、韩云云的《1592—1637年建州女真与朝鲜关系探析》(陕西师范大学硕士学位论文，2017年)、闻竞的《古代朝鲜的国际秩序观——基于〈李朝实录〉的档案解读》(《山东农业工程学院学报》2017年第5期)，等等。

吴大昕认为，明永乐十七年(1419)六月，在辽东半岛与对马岛，明朝与朝鲜对活动于黄海、渤海地区的倭寇发起两次战役，使严重的倭寇问题得到了暂时的平息。“两场战役看似独立发生，实则是明、日、朝三国之间围绕政治、外交与贸易问题不断冲突与交涉的结果。从两场战役之前的明朝对朝鲜、日本的外交活动，可以见到在15世纪东亚区域秩序建立过程中，明、日、朝三国所扮演的各自角色与各自目的。明代朝贡体系并非只基于明朝中心或华夷秩序，也必须适应东亚各国当时的现实状况与各国利益。”

郑惠先研究认为，“明清鼎革是中国历史上的巨大变革，宣告了东亚秩序面对中心易主的挑战”，“在明清鼎革之际，朝鲜虽然迫于后金的军事压力，实行了‘两端外交’的政策，即使在朝鲜成为清朝的属国之后，也并没有忘记明朝的壬辰之恩，在国内还酝酿着‘反清复明’‘遵明排清’的北伐计划。日本一直游离于东亚秩序的边缘，发动了侵略朝鲜的壬辰倭乱，企图挑战以明朝为中心的华夷秩序，使中日关系更加恶化。德川家康建立的江户幕府虽然有意缓解明日关系，却未能如愿。正当中国发生明清鼎革之时，日本虽然处于华夷秩序之外，却尤为关注中国的这一政局变化”。作者进一步指出日本在这方面动作频频，“不仅建立了搜集海外情报的机制，还将搜集到的中国情报编辑为册,命名为‘华夷变态’”。然而,“日本的反应却和朝鲜有所不同,在明清鼎革之时,日本虽对明朝的灭亡感到惋惜,但更多的是利用明朝遗臣的赴日乞师以及日本儒学者的诠释,致力于构建所谓的以日本为中心的‘华夷秩序’”。

王臻的研究表明,“清朝发动征伐朝鲜的‘丙子之役’,打败朝鲜使其成为臣属国后,出于割裂朝鲜与明朝关系以及培植亲清势力的考虑,清廷要求朝鲜派昭显世子等到沈阳为人质。昭显世子在为质期间极力维护朝鲜利益,但由于清曾对其进行利诱而被国人疑有亲清倾向,回国后即被害死。昭显世子入清为质的前后过程,揭示出清朝与朝鲜封贡关系最初确立阶段,双方政治外交发展的实态”。

惠男试图将清朝和朝鲜早期关系演进过程置于清初政体建立和转型语境下思考,透过16—17世纪清、朝间的通使、国书和边疆之形成过程,讨论长期行政实践如何塑造国家的行政职能。作者在文章中认为,“清朝从建州女真部落统一为女真国,接着再发展为金国和大清,其内在性质和结构发生了变化,投射到清朝和朝鲜关系上,也应该存在类似变化”。作者翔实地考察了在两国来往书信上的称谓变化,在文章中指出:努尔哈赤统一女真后,在写给朝鲜地方监司的书信中自称“建州等处地方夷王”;建立金国后,努尔哈赤、皇太极在写给朝鲜的国书中自称“aisin gurun i han(金国汗)”;随着大清国的出现,并通过军事手段征服朝鲜后,皇太极在国书中自称为“daicing gurun i han(大清国汗)”;清朝入关后,在朝鲜的奏书中,清朝皇帝被称为“dulimbai gurun i huwangdi(中国皇帝)”。

柏松认为“清朝时‘华夷秩序’内部中朝间的宗藩朝贡关系以及清朝入关前后朝鲜王朝对清朝政治文化心态变化,清朝时期中朝之间宗藩关系典型标准争论主要是围绕影响中朝宗藩关系因素中‘义理’与‘利益’何者更为重要的问题而展开”。作者在文章中指出,清朝入关前后,“朝鲜王朝‘华夷秩序’发展演变的历史,‘自民族中心主义’这一核心理念才是其中起决定作用的因素”。孙卫国的研究则认为,在相当长的时期内,“朝鲜王朝并不把清朝视作‘中国’,因为他们所认同的‘中国’是明朝。他们深感‘胡无百年之运’,有强烈的现实忧虑,文化上不认同清朝。英祖、正祖时期所出现的‘北

学派'，虽然强调认清现实，倡导向清朝学习'利用厚生'之学，但依然不将清朝视作'中国'。近代，为了应对西方列强与日本的侵略，朝鲜要仰仗清朝，政治上方将清朝视作'中国'，但文化心态上依然不认同清朝为中华"。

张月莹认为，在中朝宗藩关系发展过程中，"清朝对朝鲜的国防政策、朝鲜利用清朝政策在国境地带保持瓯脱的举措，以及长期以来朝鲜边民越境采参的状况是两国间边务纠纷产生的重要背景"。在文章中，作者对具体发生在康熙二十四年(1685)的三道沟事件进行研究，事件大致是：清朝派驻防协领勒楚等再次查踏长白山地区，行至鸭绿江上游三道沟一带时，与朝鲜越境采参边民相遇被袭，造成人员伤亡，酿成朝清间重大犯越案件，引发严重交涉。清朝在处理这起事件的态度上，先是严厉处理，最终采用先严后宽、严宽相济的做法，最后"造成越境朝鲜边民主犯处斩，从犯免死、减等发落，地方官革职、降级，朝鲜国王罚银二万两的结果"。经此一案，朝鲜采取了一系列防止边民越境措施，同时也对清朝与朝鲜关系产生了较为深远的影响。

关于明清朝时期与琉球关系研究，李健《"联动"与"调控"：洪武七年李浩往琉球"市马"考述》(《外国问题研究》2017 年第 4 期)一文认为，"明朝派遣刑部侍郎出使琉球，是给琉球极大礼遇，满足了琉球所需的姿态，往琉球市马，目的是羁縻琉球，防止琉球继耽罗之后成为新的海寇及倭寇势力的聚集地，扰害明朝海疆"。在文章中，作者认为明朝派遣李浩"市马"的意图，"实则是明朝初期东亚联动性及朱元璋积极调控东亚关系的产物"。

李明泽《东亚视野下明代朝鲜与琉球的交往》(《三明学院学报》2017 年第 1 期)一文认为，"明代以来，琉球通过与明王朝的朝贡往来，航海技术不断提高，同时明初的海禁政策，使其依靠中介贸易往来于东亚诸国，为琉球与朝鲜的交往提供了契机。两国的交往以 1524 年为界可分为两个阶段，其交往方式、频次及深度均有差异，差异形成的原因与明中后期放松海禁及日琉关系密切相关"。赖正维、李郭俊浩《回顾与展望：中琉关系史研究 30 年》(《中国边疆史地研究》2017 年第 1 期)一文对 20 世纪 80 年代迄今包括中国台湾、香港在内的中国史学界有关中琉关系史学术研究历程进行了认真梳理，对中琉关系史研究的重要档案资料及学术著作出版进行了介绍，同时还对大量中琉关系史学术论文做了分类评述。在此基础上，作者总结归纳了中琉关系史研究的主要特点。

陈小法《〈使琉球录〉中的钓鱼岛史料性质之研究》(《日本研究》2017 年第 2 期)一文是在明朝嘉靖十四年(1535)陈侃的《使琉球录》到清朝同治五年(1866)赵新的《续琉球国志略》等文献基础上对钓鱼岛史料性质进行的专门研究。作者试图通过十三部官方正式出使奏报说明其“连续不断地记载了中琉航线上的钓鱼列岛是在我国的海疆之内,再次有力地证明了钓鱼岛属于中国确凿无疑”。吴元丰《清初琉球国王舅马宗毅使华及其意义》(《清史研究》2017 年第 2 期)研究表明,马宗毅使团是清朝建立后琉球国派遣来华的第一个高级别使团,担负琉球国与清朝建立交往关系使命,意义非凡,十分重要。琉球通过此次出使清朝,主要完成了“(一)建立了正式交往关系,(二)明确了册封事宜,(三)明确了朝贡事宜,(四)革除了晚明时期的贸易积弊,(五)改进了贸易模式”等任务。

陆臻杰《明清时期浙江与琉球的历史关系研究》(宁波大学硕士学位论文,2017 年)对明清时期浙江与琉球的历史关系进行了详细考察。作者认为在明朝,“中琉关系进一步加深,尤其在朝贡贸易上,琉球时常从浙江温州以及宁波来贡,以获得陶瓷等高额利润的货品。至嘉靖寇乱,发展中的东亚海洋经济一度被倭乱侵扰,尤其浙江遭倭严重,此时琉球积极配合朝廷剿灭倭寇,起到了屏障作用”。作者进一步对清朝时期中琉之间,特别是琉球与浙江之间的政治及文化交流进行了概括,主要内容包括:“一、贡道浙江段,官府派送员弁与沿途县官护送琉球使臣,同时优恤在浙进京途中去世使臣及官生。而琉球使者在浙沿途欣赏浙江风土人情,留下诗歌百篇;另一方面,使者到达杭州,拜访浙江官府衙门,致谢漂风难民救助之事。二、浙江为琉球漂风船只最多省份,其构筑起强大的海难救护网络,护送球人至闽省,且浙江在财政困难时,依旧保持对琉球赏恤,体现浙江维护朝贡体制的良好愿景。三、清朝,浙江籍册封使费锡章及高人鉴不辱使命,册封回朝,同时浙江籍从客在中琉历史友好发展上也留下浓墨重彩的一笔。四、浙江籍琉球教习与琉球官生保持良好的师生关系,同时琉球官生以及来华使臣通过教习等,又接触到浙江文人士大夫,为中琉历史发展留下了佳话。”

刘斐《清代诗文中琉球史料探析——以〈琉球文献史料汇编〉(清代卷)

为例》(福建师范大学硕士学位论文,2017 年)一文以《琉球文献史料汇编》(清代卷)为例对清代诗文中琉球史料做了进一步研究和梳理。《琉球文献史料汇编》(清代卷)由《清代诗文集琉球史料辑录》、陈元辅《枕山楼诗集》和《枕山楼文集》三个部分组成,是将清代个人诗集、文存和笔记小说中有关琉球历史诗文资料摘录而出,为世人直观地呈现那一时期中国与琉球交往史事。其中主要有四种诗文类型,包括“京城百官为册封使而作的壮行诗文、往封途中地方官员与文人为册封使而作的诗文、地方官员与文人在册封使归国后而作的诗文以及清代文人为琉球留学生而作的诗文”。作者在文章中认为,“中琉关系是中国古代对外关系的一个重要组成部分,通过对清代诗文中琉球史料的探析,不仅可以再现历史上清代中琉两国在政治、文化等方面的交流、交往盛况,填补史学研究这方面的不足,同时也可以了解古代中国政府的对外政策以及中华文明对周边国家的影响,这对加强中国同周边国家的传统友谊,正确处理国家关系都有十分重要的借鉴意义”。

(三)人员往来与国族间认知研究

2017 年研究古代东海航线人员往来的成果比较丰富,其中,以东亚区域整体移民活动、商人往来为考察对象的论文如下。

李智君《无远弗届与生番地界——清代台湾外国漂流民的政府救助与外洋国土理念的转变》(《海交史研究》2017 年第 2 期)一文认为,在朝贡时代,清政府“对海上遭风船舶和漂流民的救援,与其宗主国的地位非常相称。最彻底的救助对象,是肩负着政治使命的贡船和船员,以及护送中国遭风漂流民回国途中再次遭风漂流的外国船只,救助数量最多的是海上往来频繁的商船和船员”。但是,西方殖民者的出现,“使得东亚传统的地缘政治关系和海上国际救助体系被彻底打破”。作者指出,鸦片战争之后东亚海上救助体系的转变“清楚地反映了有清一代东亚海域国际地缘政治的风云变化”。

中朝人员跨海往来方面的论文有刘家兴的《漂流人与中外关系研究(5—14 世纪)》(暨南大学硕士学位论文,2017 年),此文主要是考察 5—14 世纪漂流人与中外关系,作者在文中认为,“唐代时期,不仅登州、明州、泉州、广州在中外交往中位置尤为突出,青州、海州等地也是沟通中国与海外往来的重要据点，唐与新罗、日本、虾夷国、琉球群岛等东北亚地区以及南海的交通联系密切”。作者还通过对耽罗(今韩国济州岛)的个案考察，认为中国与耽罗海上交往存在诸多联系。通过考察漂流人活动经历可知，漂流人对历史时期各政权、国家间政治交往也产生了一定影响，反映出漂流人与政治联系之紧密。

孙炜冉《高句丽入唐移民与仕唐蕃将研究状况及其学术价值》(《博物馆研究》2017 年第 4 期)一文认为：“高句丽灭亡前后，有一百五十余万高句丽人移民于唐朝内地，他们基本都被唐朝政府妥善予以安竊。其中，高句丽人中的杰出代表人物大量入仕唐朝，成为唐朝政府统治阶层内部一支重要的社会构成力量，为唐朝社会发展做出突出的贡献。唐朝对高句丽人的收容和妥善安竊，既表明了唐朝开发的民族政策，又体现了高句丽作为汉民族重要构成的历史事实，这与新罗对于高句丽遗民先利用后镇压，整个新罗社会从未出现一位高句丽仕人的情况形成巨大的反差。”

李春杰、苗威《渤海派遣学生赴唐学习情况探析》(《东疆学刊》2017 年第 2 期)一文主要是考察渤海国派遣学生赴唐学习情况。作者在文章中指出，渤海国是与唐朝确立了臣属关系的我国古代地方少数民族政权。渤海国从建国初便开始向唐派遣学生学习先进的文物典章，“积极推行‘唐化’政策，从而逐渐摆脱了氏族部落和奴隶制的原有特征，发展至以儒家经典为治国理念的区域强国。因此，对渤海国‘唐化’过程中最为重要的渤海学生在唐学习状况进行较为系统的研究和探讨，就成为深入研究渤海国存亡历程的重要途径之一”。

范恩实《入居唐朝内地高句丽遗民的迁徙与安置》(《社会科学战线》2017 年第 5 期)一文对入居唐朝内地高句丽遗民迁徙与安置进行了详细考察，认为“内迁高句丽人的安置方式主要有五类：其一是因为担任唐朝中央官职而安置在长安地区的高句丽贵族；其二是长安地区的‘投化高丽’与高句丽奴婢；其三是折冲府武官；其四是诸州高句丽人，总章二年以侨置羁縻州方式管理，仪凤二年(677)以后，则分散安置在河南、陇右诸州；其五是以羁縻州方式安置的由突厥降唐者”。

石磊和刘海霞《唐朝封授新罗王金春秋、金法敏父子考》(《江西社会科

学》2017 年第 1 期）一文对唐朝封授新罗王金春秋、金法敏父子进行了考定。作者在文中认为“唐朝的封授是基于自身的文化思想观念，带有深刻的文化烙印”。作者强调的是：“封授之被接受和发生效力，不仅仅基于唐朝军事、经济等硬实力上的绝对优势，也基于文化思想制度等软实力上的绝对优越性。边疆政权对封授的接受和认同，不仅是对唐王朝强国地位的承认，同时也是对唐文化的臣服。封授反过来又刺激和深化了唐王朝对藩属国的文化辐射和影响，从而最终在文化认同的基础上巩固和强化了唐王朝的宗主国地位和政治向心力。”

安海淑《高丽文人郑梦周的东亚使行诗考》（《延边大学学报·社会科学版》2017 年第 6 期）一文主要考察了高丽著名政治家、文学家、外交家郑梦周。作者认为郑梦周一共有 4 次出使到中国，1 次出使日本。特别是郑梦周一生留下了不少使行诗。作者通过研究发现：“郑梦周的中国使行诗和日本使行诗中共同流露的是因身处万里之外异国他乡而产生的孤寂感。相比之下，中国使行诗倾向于表现出其对于大国的惊叹、对于皇帝的贺礼及对于邻邦的友好之情，而日本使行诗则在对其美丽之景表示感叹的同时在某种程度上贬之为野蛮的国度。”

李忠辉《汉至清代朝鲜语译员的设置及活动研究》（《东疆学刊》2017 年第 2 期）一文着重考察了汉至清代朝鲜语译员的设置及活动。作者认为：“从汉代至元代，我国的各类史书中虽无朝鲜语译员具体设置记载，但有朝鲜语译员活动记载，明清时期则明确记载设有朝鲜语译员职位并培养朝鲜语译员；朝鲜语译员的口笔译活动以及其他政务等活动则贯穿汉至清代。汉至清代我国古代朝鲜语译员设置及其活动是我国中朝翻译史中不可或缺的组成部分，在我国与朝鲜半岛交流中发挥了重要作用，推动了‘丝绸之路’的东向延伸。”

在金锦子、李丹《清朝会同四译馆中的朝鲜通事考论》（《延边大学学报·社会科学版》2017 年第 6 期）一文中，作者认为：“在清朝与朝鲜两国关系建立和发展过程中，作为翻译官的通事是必不可少的联系纽带。清朝设立会同四译馆作为客馆机构接待前来朝贡的国家，鉴于朝鲜内服最早、往来最为频繁，所以在不复设置其他国家通事的情况下一直保留有朝鲜通事，由此体现出清朝与朝鲜关系的密切性和特殊性。会同四译馆中的朝鲜通事处于清朝与朝鲜交流的最前沿，肩负着翻译、敕使、迎送使臣、贸易等多种职责。朝鲜通事在履行自身职责的过程中，对增进清朝与朝鲜的交流和两国关系发展起到了不可替代的作用。”

郭涛《清鲜交涉中的郑命寿(1633—1653)》(东北师范大学硕士学位论文，2017年)一文主要考察了在清鲜交涉中郑命寿的外交活动。郑命寿为朝鲜平安道殷山县贱隶，“萨尔浒之役”随姜弘立出征后金被俘。由于其通晓朝鲜语，因而受后金重用，多次担任出使朝鲜通事。在清朝征朝鲜“丙子之役”两国议和过程中，郑命寿从中积极沟通、斡旋，发挥了十分重要的作用，因而受到清廷信任，在出使朝鲜时，被任命为代表清朝国家的敕使。郑命寿作为投降清朝的朝鲜籍外交官，在清初清鲜关系中扮演了特殊角色，对后金(清)而言，他凭借自己独特的语言优势，以及对自己国家朝鲜的熟悉，为清朝建立起一个情报网络，朝鲜国内任何反清举动都无法逃脱郑命寿的耳目，他成为清朝控制朝鲜的有力帮手。另一方面，由于他出身低贱，借出使朝鲜之际，依仗清廷的政治权势，为自己家乡及家族谋取各种利益，甚至是毫无止境，从而与朝鲜君臣产生矛盾，“郑雷卿事件”正是这种矛盾的反映。对朝鲜而言，郑命寿是数典忘祖的叛徒，但慑于清朝国威及受朝鲜国内拥清势力影响，朝鲜只得对其忍气吞声。

孙成旭《明清朝鲜使者眼中的“皇都”形象》(《北京社会科学》2017年第2期)一文主要考察了明清朝鲜使者眼中的“皇都”形象。作者认为：“明代，朝鲜使臣以‘观光上国’为荣，十分向往使行来京，且被皇都北京的繁荣景象以及中华文物所吸引。而到清初，持有尊王攘夷之心的朝鲜使臣对清的反感达到高潮，他们眼里北京也失去了文物之都的面貌。清朝中期，随着清朝与朝鲜关系的稳定，朝鲜使臣目睹康乾盛世以及清皇帝的中华趋向，对北京的看法再度变化。北京逐渐转变为中国世界秩序中心的皇都。不过，这时皇都形象与明代不同，是‘盛世’‘中华趋向’‘夷俗’并存的空间，还存在着在‘小中华’意识下对中华文明的衡量之处。”

漆永祥《论朝鲜燕行使笔下的清朝皇帝形象》(《中国文化》2017年第2期)一文论述了朝鲜燕行使笔下的清朝皇帝形象。作者考察后认为，朝鲜燕

行使“怀着深深的成见与偏见，燕行使所‘看到的’都是荒淫的帝王、混乱的朝政、贪腐的官场、夷俗的民间，极少有正面的形象”，作者认为这是源于“清廷君臣对这个‘素来恭顺’的朝鲜所知更少，以至晚清朝鲜半岛危亡之际，清朝君臣对朝鲜国事蒙昧依稀，处置失当。中国与朝鲜这种表面看下来稳固而恒久的‘朝贡体系’，在遇到清季世局大变的危亡之际，便如沙滩华屋，瞬间坍塌。即今日而论，当我们处理中国与朝鲜半岛两国关系的时候，面对复杂多变、矛盾纠结的东北亚局势，似乎仍能看到百余年前魅影的存在”。

谭春阳《明初偰氏家族对中朝关系影响研究——以偰斯、偰长寿为中心》（延边大学硕士学位论文，2017 年）一文试图以明初两国之间政治关系发展过程为背景，以偰斯、偰长寿作为外交使臣的外交活动为中心，探讨偰斯、偰长寿外交活动，考察明初偰氏家族对中朝关系的作用。偰斯、偰长寿因其家族的社会政治地位而成为明朝与高丽王朝、朝鲜王朝的外交使臣，他们的外交出使活动为明朝与高丽王朝、朝鲜王朝之间建立友好外交关系打下了坚实基础，消除了两国政治上的隔阂与摩擦，完成了作为外交使臣国家所赋予的重要任务，并为两国政治、经济以及文化上更好的交流做出了重要贡献。

中日、中琉人员跨海往来方面的论文有：连晨曦《琉球闽人与 Gores 关系考》（《东南学术》2017 年第 3 期）一文，主要是依据 16 世纪葡萄牙人皮列士在其撰写的《东方志》一书中提到的来自琉球的商人“Gores”。作者通过史料、福州方言和明代闽人移居琉球历史来论证“Gores”即移居琉球的闽人及其后裔。

许可《琉球对华派遣留学生的政治动因与作用探析》（《东南学术》2017 年第 5 期）一文主要是对自明初中琉建立宗藩关系以来琉球对华派遣留学生的政治动因与作用进行考察。作者文章中认为：“琉球定期派遣留学生至中国学习政治、科技、文教等先进文明成果，这些留学生学成归国后为促进琉球的社会繁荣做出了不可磨灭的历史贡献。而琉球历代统治者大力推进并维护留学生派遣制度固然确有‘慕效华风’之故，更主要还是基于自身政治需要和国家利益的现实考量。借助留学生教育这一有效途径，琉球进一步强化了同中国之间的封贡体制，巩固了本国的封建君主专制统治，从而推动社会各方面的进步。这表明重视人才、发展教育对于维护社会政治稳定，促进社会政治变革具有积极影响，对于今天我国教育发展以及推进社会政治民主建设亦有着重要的借鉴价值。”

邱成海《久米村毛氏家族与清代琉球对外交往研究》（福建师范大学硕士学位论文，2017 年）考察了明万历三十五年（1607）毛国鼎入籍琉球后的家族发展情况。作者在文章中指出：“四百余年来，毛氏家族不仅在琉球开枝散叶，成为久米村最重要的家族之一，其家族更是为琉球王国政治、经济、文化和外交等方面做出重要贡献。”

张逸舟《明清琉球官生派遣制度之研究》（福建师范大学硕士学位论文，2017 年）一文中详细考察了明清琉球官生派遣制度。作者研究指出，明、清两代近五百年的琉球官生派遣制度，“始于明洪武二十五年（1392 年），止于清同治七年（1868 年）。琉球一共派遣官生四期 26 批，最终进入国子监读书的官生只有 79 人，学成归国者实乃 71 人”。作者在文章认为：“琉球官生派遣制度作为中琉宗藩关系极其重要的一环，是中琉间政治往来、朝贡贸易和文化交流的桥梁纽带，中琉双方都予以高度重视。琉球从官生的选拔、赴华前的准备、向中国申请派遣官生到申请官生归国、官生归国后的遣使来华谢恩等，形成了一整套系统、有序的官生派遣制度。明清朝廷从琉球官生一踏入中国国土开始，对官生的款待、官生入监后负责安排其学习与生活、官生归国时的御赐，甚至对在华病故官生的抚恤等，无不形成了一整套‘至丰且备’的最优接待机制。琉球官生派遣制度，首先强化了中琉宗藩关系，其次对琉球的政治理念及文化的长远发展发挥了极大的推动作用，最后对中国儒家思想文化在东亚及海外地区的远扬，都产生了极其深远的影响。”

赖鸿《历代类书中琉球史料的整理和研究》（福建师范大学硕士学位论文，2017 年）一文搜集整理了历代类书中大量琉球史料，尝试将历代类书中的琉球史料进行分类，并对历代类书中琉球史料价值进行了初步判断。作者认为这些琉球史料主要有两种类型：“一类是历代正史和政书或明清两代‘使录’中常见的琉球史料，这是历代类书中琉球史料的主体，相对历代正史和政书或明清两代‘使录’而言是转引的二手材料，史料价值不大。另一类是历代正史和政书或明清两代‘使录’之外的琉球史料，这类琉球史料主要

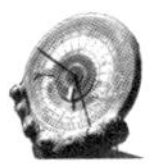

转引至正史、政书、'使录'之外的文人诗文集、小说、类书、杂著、地方志等书，本身数量较少，加之其原书多已亡佚，所以相对来说是正史、政书、'使录'之外的补充性史料，对中琉历史关系研究有重要参考价值。"

顾姗姗《奈良·平安前期日本与新罗使、渤海使之间的汉诗交流——从分韵诗到次韵诗》(《延边大学学报·社会科学版》2017 年第 2 期)一文考察了奈良、平安前期日本与新罗使、渤海使之间的汉诗交流，作者认为："奈良、平安前期，日本在东亚复杂的政治环境中经营着与新罗、渤海的外交关系。外交场合上，由于语言相异，除正式的汉文文书以外，汉诗也是重要的信息交流媒介。"

卞利《明代郑舜功籍贯、生平事迹及出使日本考辨》(《安徽史学》2017 年第 6 期)一文从明朝倭寇之患猖獗、派遣使臣前往日本了解夷情视角出发，较为全面系统地对郑舜功籍贯、生平事迹及其出使日本相关史实进行考证，并以郑舜功自荐出使日本及其所纂《日本一鉴》为中心，考察其出使日本航线及其派遣者，同时对郑舜功和蒋洲、陈可愿出使日本的历史功过等问题进行比较与评述。作者在文章中认为郑舜功的"身份和家族乃是历代从事商业经营的徽商，其自荐出使日本是为了了解倭情，而派遣郑舜功出使日本的则为兵部尚书杨博和浙江等处总督杨宜"。

陈小法《大慧宗杲及其相关著述在日本的流播与影响》(《文献》2017 年第 6 期)一文依据大慧宗杲的相关著述《大慧普觉禅师语录》《大慧普觉禅师宗门武库》《大慧普觉禅师普说》《大慧普觉禅师书》《大慧普觉禅师法语》以及《大慧禅师年谱》等进行考察，作者认为这些著作是"日本五山禅僧平时的重要读物，也受到幕府将军的钟爱，更是丛林讲筵、众僧谈资的材料"。作者认为流传在日本五山丛林的各种逸闻趣事，是体现"大慧宗杲的人格魅力、弟子教育以及佛法追求，在日僧心目中具有较高地位。大慧宗杲虽然没有和日本进行过直接的交流，但'大慧再世说'的出现，实乃大慧精神及其所创禅风因东渡扶桑而被世代传诵之最好印证"。

此外，2017 年中日佛教之间交流密切，相关的论文有：孙迁的《日本入南宋律僧研究》(河北大学硕士学位论文，2017 年)、张凯的《日僧源信求决知礼相关史实考释》(《宗教学研究》2017 年第 3 期)、师敏的《入唐求法僧最澄和圆仁对日本禅宗的影响》(《五台山研究》2017 年第 2 期)、靳成诚的《天宝末年的阿倍仲麻吕及相关诗文研究——以名号和官职为中心》(《唐都学刊》2017 年第 3 期)、张鸿的《7 世纪唐朝国学中日本留学生就学状况再探索》[《陕西教育(高教)》2017 年第 9 期]、葛莹的《圆仁往台州求法失败原因考》(《河北北方学院学报·社会科学版》2017 年第 5 期)、李铭佳的《高僧隐元东瀛开宗的现代启示——刍议黄檗宗东传日本的条件》(《法音》2017 年第 10 期)、介永强的《日本僧人圆珍入唐求法活动摭谈——读〈行历抄校注〉》(《唐史论丛》2017 年第 2 期),等等。[①]

孙迁认为,"日本律宗自唐代鉴真传入后,至平安时代发展渐次衰落,但在日本僧侣入南宋求法的潮流中,日本律僧也积极到中国访学。日本入南宋的律僧有名可查的僧人有十五位,入宋时间多集中在宁宗朝及以后。这一时期宋日律宗僧人间的交流,尤其是日本入宋的律僧,他们宣扬僧人要守持戒律并推动了日本戒律及律宗复兴的脚步,振兴日本律宗。日本律僧入南宋求法访学的行为对日本律宗发展产生了极大影响。他们到南宋后拜访名山古刹,求学参律,既注重自身对戒律的守持,又不断学习精进自身修行"。作者在文中强调日本律僧归国后,"他们积极创建律苑、宣扬律宗典籍、广纳信众,不仅使日本的律宗出现了复兴,也对复兴日本佛教戒律发挥了重要作用"。

张凯的论文,首先,对《四明尊者教行录》所载北宋初期日本天台宗僧源信"二十七问"的求决对象与"再答日本国十问"的作者归属进行了考察,澄清了相关史实,纠正了学界的通常说法。其次,作者对"中日两国基于各自立场对源信求决动机的不同记载与论说进行了梳理与评判,指出源信求决是继承自日本天台宗开祖最澄以来入唐求决的传统,也有为自宗在日本佛教宗派斗争中的发展谋求资源,以期保持自宗地位与利益的考量"。师敏的

① 此外,研究古代中日宗教之间的交流的还有:梁桂熟、杨乔君的《论道教在日本的传播与影响——以日本道教遗迹为线索》(《江南大学学报·人文社会科学版》2017 年第 4 期),林观潮的《隐元大师与黄檗文化刍议》(《佛学研究》2017 年第 1 期),马旭明的《1657 年隐元禅师付即非源流手迹考释》(《世界宗教文化》2017 年第 2 期),陈白雪的《木庵禅师和日本——以其诗偈为线索》(华东师范大学硕士学位论文,2017 年),明生的《中韩日佛教友好交流的可持续发展》(《法音》2017 年第 10 期),彭瑞花的《论鉴真对菩萨戒的弘传》(《法音》2017 年第 10 期),邹一清的《南方丝绸之路与道教在东南亚的传播》(《中华文化论坛》2017 年 10 期),等等。

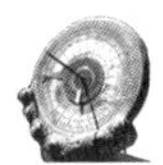

研究认为,“唐时来中国的日本僧人络绎不绝,他们取经学禅,把中国禅宗传入日本,对日本的佛教产生了深远的影响”。作者在文中进一步指出:“日本入唐求法僧对日本禅宗的影响,对研究和认识入唐求法僧以及日本佛教具有非常重要的作用。通过入唐僧最澄和圆仁学习以及接触的中国禅来宗考察其对日本禅宗的影响,认为最澄和圆仁对禅宗在日本的确立影响巨大。”

靳成诚的论文以名号和官职为中心对阿倍仲麻吕及相关诗文进行了研究,作者认为:“日本赴唐留学生的杰出代表阿倍仲麻吕(汉名晁衡),在华居留超过五十年,其富有传奇色彩的一生也成为这一时期中日文化交流的缩影。”张鸿认为:“日本遣唐使的派遣多是为解决外交问题而非文化摄取,加之留学人员在派出时比例严重向留学僧倾斜,所派留学生人数十分有限,应有入国子监学习者,但没有形成一股引人注目的力量,其真正占有一席之地还要等到 8 世纪以后。”葛莹对圆仁往台州求法失败的原因进行了探究,认为圆仁往台州求法失败的原因有二:“一是党派分歧。圆仁请公验的扬州归李德裕管辖,而计划前往的台州则是李宗闵治下。二人为牛李二党的代表人物,执政政治观点相左,关系不睦。二是官员对待圆仁的态度因藩镇类型不同而存在差异。东南财源型藩镇的官员多为文臣,谨遵朝廷法度,而河朔割据型藩镇的官员在处理圆仁请公验的问题时则更为自由。”

李铭佳认为“人才资源、政府支持、因地制宜这三点在建设 21 世纪海上丝绸之路,尤其是挖掘开发其为文化交流之路具有巨大的借鉴作用和挖掘价值。古代海上丝绸之路的发展,因促成了隐元东渡等文化传播的成果而促进了东亚内部的对话交流;而东亚这一场域下和平发展的成功,作为全球化的缩影,亦可成为 21 世纪世界发展新模式的一个试金石,隐元东渡弘法也因此具有了典范意义”。

此外,学界对东亚海上丝绸之路的人物进行过专门研究和论述。李波《金仁问史事考》(东北师范大学硕士学位论文,2017 年)一文对金仁问(629—694)进行了翔实研究。金仁问是新罗历史上著名的外交家,新罗第二十九代太宗武烈王次子、第三十代文武王金法敏胞弟。作者以金仁问主要历史活动为着眼点,分析彼时东亚大环境及格局之下唐朝与新罗关系的走向。作者的研究表明,金仁问曾在显庆五年(660)、总章元年(668)参与唐朝与百济、高句丽的战争，并且在显庆五年之战中任征讨军副大总管；金仁问具有外交才能，参与了唐朝在百济灭亡后举行的会盟仪式。

白冰在《张保皋之建立清海镇的根本意图研究》（青岛大学硕士学位论文，2017 年）中认为，张保皋作为活跃于 9 世纪 20 年代末至 40 年代初的新罗人，因创建“唐罗日三国贸易圈”而闻名于史。该文对 9 世纪 20 年代东北亚的国际形势进行了分析，认为“西部沿海地区频遭天灾人祸，导致奴婢数量激增，加之此时唐朝对异国奴的需求增长，而占据山东半岛的李正己家族对新罗奴婢贸易实行放任政策，致使唐罗之间的交易一度以奴婢贸易为主”。张保皋确为荡除海贼而建镇，从而开展唐、罗、日三国海上贸易，张氏一手创建“唐罗日三国贸易圈”，独掌东亚三国间海上贸易。

学界充分挖掘新材料，利用已发现碑志史料对中朝有关人物进行研究。陈玮《陈法子墓志所见入唐百济遗民史事研究》（《北方文物》2017 年第 1 期）利用洛阳邙山新出、归藏于西安大唐西市博物馆之《大周故陈府君墓志铭》，对入唐百济移民进行了考察。作者详细考察了陈法子先世源流、其曾祖以下家族世系、显赫仕途及其本人入唐前后的仕宦经历，通过墓志研究百济教育制度、官制、政区、族群结构等。作者认为从该碑志中“可管窥唐廷对百济移民的安置政策、百济移民于唐代军事系统之融入以及百济移民在唐代士民社会中的族裔感知、家国情怀”。

楼正豪《新见高句丽移民李隐之墓志铭考释》（《延边大学学报・社会科学版》2017 年第 2 期）)一文认为，李隐之墓志是新发现高句丽移民墓志，其子李怀墓志曾于 1928 年出土于洛阳。根据李隐之墓志记载，其出身于中国辽东李氏，与晋尚书令李胤为同族，至唐灭高句丽时举家入唐。而其子李怀墓志称自己为中国赵郡赞皇人，先祖李敏于 3 世纪末随魏军进入辽东，后生活于此，其家族至唐太宗征辽东时方还。通过几方墓志对比，作者指出，这对父子关于李氏家族起源记述存在矛盾，“李隐之墓志中还保留其来自异域高句丽之痕迹，而在唐朝出生的李怀则将自身完全包装成华夏之人，这与两人在唐朝所属的身份与地位有直接关系。两方墓志内容的比较，能够使我们进一步探究高句丽移民攀附中国高门士族的心理原因”。

王连龙和丛思飞《唐代新罗人金日晟墓志及相关问题研究》（《北方文

物》2017年第3期)一文对金日晟墓志从三个相关问题进行考证,认为“其一,金日晟之名为入唐后改名,其为圣德王侄子,即孝成王、景德王之从兄,与开元十八年(730年)入唐的金志满事迹多有重合。其二,金日晟入唐后,累授银青光禄大夫、光禄卿,为目前文献仅见新罗王室子弟入唐宿卫除授之职官,其长期居于长安并擢升诸官,应与‘安史之乱’有关。其三,金日晟以大历九年(774年)八月五日葬于长安永寿之古原,永寿乡之始置可追溯至隋代大兴县,入唐后,永寿乡辖属于长安县下,范围向北至长安城郊,东以天门街为界,南界可达韦曲,西面将姜村一带纳入辖属”。

拜根兴《初唐将领张士贵的行迹考述——以贞观十九年征伐高丽为中心》(《唐都学刊》2017年第3期)则以贞观十九年征伐高丽为中心,作者详细考察了唐将张士贵的行迹。作者认为,张士贵是“初唐时代著名的将领,为大唐王朝的建立、唐朝疆域的开拓捍御建立了不朽的功勋”。但是,“《旧唐书》《新唐书》所列传记简略”,即使有张士贵的出土墓志,“对张士贵参与征伐高丽(高句丽)前后涉及问题的探讨却疑点甚多”。①

(四)海洋信仰

海洋信仰相关论文主要聚焦在妈祖研究,如刘婷玉《明代海上丝绸之路与妈祖信仰的海外传播》(《中国高校社会科学》2017年第6期)一文,从海上丝绸之路角度出发,强调古代中国航海力量不可忽视,“东西方文化在此时于海上丝绸之路发生碰撞,代表中国民间信仰文化的海洋女神妈祖,自宋元以来长期作为海上丝绸之路上重要的海神信仰,在这一过程中起了不可或缺的作用。十六世纪欧洲的官方使节、传教士、商人和水手都记载了各自目睹的明代中国妈祖信仰,体现出妈祖对基督教文明影响下的欧洲东来者的文化震撼”。

在林国平《海神信仰与古代海上丝绸之路——以妈祖信仰为中心》(《福州大学学报·哲学社会科学版》2017年第2期)一文中,作者认为海上丝绸

① 关于东北亚海上丝绸之路上的人物研究,还有:杜彦松的《郑蕴汉诗研究》(延边大学博士学位论文,2017年),倪毅的《漂海闻见 15世纪朝鲜儒士眼中的江南》(《收藏》2017年第4期),谷小溪的《千载明妃玉塞行——论顺治七年朝鲜王朝护行使申翊全的燕行诗》(《辽宁教育行政学院学报》2017年第5期)等。

之路开辟,“根本动因是海上贸易和海外移民,而精神支柱则是海神信仰。海神信仰贯穿于航海始终,它既反映了时人对海上巨大风险的畏惧心理,又体现了航海者借助海神信仰战胜各种艰难险阻的必胜信念,两种心态交织在一起,后者占主导地位”。

刘帅《天妃信仰在日本的传播和演变》(天津外国语大学硕士学位论文,2017 年)一文着重探究了天妃信仰传入日本的过程。作者认为“天妃信仰传入日本的类型分别为官方的朝贡贸易类型和民间的海上活动类型”,民间的海上活动类型表现为:“海上贸易、海盗活动以及移民等方面。天妃信仰在日本境内传播到的区域包括如今的 13 个都府县,信仰所在地基本为海(水)陆交通枢纽地带。其传播与日本近世时期的近海航路的开拓有着高度的关联性”。此外,作者还认为“天妃信仰在日本的演变多表现为与当地民间信仰结合后发生了一系列变化。天妃信仰发生演变的原因在于天妃与当地信仰中的神灵的神性拥有一致性。神性的一致性具体表现为对航海安全乃至人身安全的保护性”。

吴智刚著《21 世纪海上丝绸之路与妈祖文化》(广东旅游出版社,2017 年)主要考察了妈祖文化的起源、传播与发展。作者以时间为线索,详细地介绍了妈祖文化在各个朝代、时代的发展历程。结合海上丝绸之路,作者认为妈祖文化在海上丝绸之路国家的传播与发展,对解读跨地方、跨国界对话下,对妈祖文化的信仰与认同感很有帮助,随着“海上丝绸之路‘一带一路’的战略的部署与开拓,妈祖文化将迎来新的传承与发展,将成为中国独特的文化遗产,是中国打造世界妈祖文化的品牌力量”。

国家海洋局办公室主编《妈祖文化与海洋精神》(海洋出版社,2017 年)一书是在 2016 年 11 月,国家海洋局、中国社科院、福建省人民政府等在福建湄洲岛联合主办世界妈祖文化论坛背景下结集出版的,内容方面除了相关领导致辞,还有主旨报告和精选的 18 篇会议论文,如王元林的《元代海上漕运与天妃信仰的广布》、于国华的《元代京杭大运河的精神之魂——妈祖信俗》、黄海德的《闽台〈妈祖六十甲子灵签〉的流传衍变及其信仰特征》、徐作生的《崇明岛祭海习俗及天后宫遗迹踏勘》等,目的是为了展示“妈祖文化与海洋精神”国际研讨会的成果,推动妈祖文化研究的深入开展。

吉峰著《闽台妈祖文化传播研究》(厦门大学出版社,2017 年)一书从传播学角度出发,以传播学原理为理论基础,对妈祖文化传播进行考察。该书共分 6 章,分别梳理了妈祖文化传播现状、妈祖文化传播的未来展望等。作者在对闽台妈祖文化思想传播发展态势做一番整体性梳理和小结的基础上,对妈祖文化思想传播的现状进行客观思考,紧紧抓住重点,突出与妈祖文化传播关系紧密之处。如"传播内容探讨"重点在于阐释符号化与妈祖文化传播关系;"传播介质剖析"重点在于阐释技术化与妈祖文化传播关系;"传播效果阐释"重点在于阐释娱乐化与妈祖文化传播关系。①

鲁玉洁《唐代祭海相关问题研究》(陕西师范大学硕士学位论文,2017 年)一文认为,入唐以后,海洋活动空前发展,是唐代时推进祭海神灵人格化与世俗化的趋势。作者研究表明,唐代除确立以五郊迎气日、腊日等常祀祭海活动,还不断派遣官员前往祭海。作者认为"唐代祭海活动的类型多样,包括祈求航行平安,祈雨(晴)或报谢,祈求风调雨顺,或其他重大事件昭告海神灵等祭海仪制不断完善。唐代明确四海分祭之制,在山东半岛的莱州建立海神祠以祭拜东海神,岭南沿海的广州建立南海祠以祭拜南海神,于河南府、同州分别祈祭北海、西海。制定了国家制度明确祭海祀典的规格,并制定祭海仪典"。作者认为引起这一变化的主要原因是,"唐代海洋活动获得空前发展,随着造船技术与航海技术的长足进步,海上航线不断拓展。海上交通的发展进而推动海洋经济,特别是海上贸易的繁荣兴盛"。

通过整理和总结 2017 年海上丝绸之路东海航线研究概况,可以看到,我们具有丰富的档案资料、独特的文献优势。目前学界的研究成果丰富多彩,涵盖众多学科,特别是在海交史、文学史、医学史料和海上丝绸图像史上有所发展;我们拥有的研究力量不断壮大,各个高校重视培养高水准的青年研究人才,不断充实研究团队,2017 年就有不少高质量的硕、博士论文问

① 2017 年关于妈祖文化的研究还包括:李一鸣、李洁宇、黄海蓉的《古代海上丝绸之路与海南妈祖信仰关系初探》(《新东方》2017 年第 3 期),黄婕的《妈祖文化与海上丝绸之路的民间交流及其途径研究》(《闽台文化研究》2017 年第 4 期),谢应祥、王元林的《泉州海神通远王源流与信仰流变新探》(《海交史研究》2017 年第 2 期),王永健的《伴随"海丝"陶瓷贸易而来的妈祖信仰移植》(《莆田学院学报》2017 年第 3 期),筱舟的《妈祖文化:海上丝绸之路的文明纽带》(《中国海洋报》2017 年 9 月 20 日),等等。

世。学界呈现出明显的趋势:第一,在以往研究的基础上,不断推进海上丝绸之路新材料、新资料的挖掘与整理工作,进一步对海外文献进行解读,研究成果逐步扩大和加深;新史料的挖掘与研究,不仅能开辟新的研究领域,而且能深化和纠正先前的研究。第二,秉承创新意识,对东亚朝贡体系进行了深入反思,不断扩展和深化学术研究视角及领域。第三,东亚佛教和僧人研究越来越受到重视,不断取得新成果,惠及学林。第四,积极召开海上丝绸之路会议和举办论坛,资料共享,共同参与研究课题与项目,为学者们提供了深入交流和切磋的机会。此外,《海交史研究》《日语学习与研究》《东疆学刊》等知名学术期刊设置专栏、征集稿件为"海丝"东海航线研究提供了积极能量。

(本章作者:金城,上海师范大学人文与传播学院博士生;刘恒武,宁波大学人文与传媒学院教授)

第三章　古代海上丝绸之路南海航线研究

2017 年关于东南亚、西亚和非洲的海上丝绸之路研究成果有了一定变化，主要表现在：(1)港口、经济往来、文化交流的研究相对来说成果较多，而政治外交研究、经济贸易、造船、移民等研究相对较少；(2)相关著作数量增多。

下面我们具体介绍这一年的研究情况。

一、交通航海、港口和船业研究

(一)交通航海和港口研究

陆韧、余华《南方陆上丝绸之路与海上丝绸之路互联互通的历史进程》(《云南大学学报·社会科学版》2017 年第 2 期)指出，南方陆上丝绸之路是历史时期云南各条对外交通道路的统称，也是中国对外交通的重要组成部分。汉晋时期开辟的“蜀身毒道”“进桑麋泠道”以陆上交通和陆水混合交通为主，形成云南西出缅(甸)、印(度)，南下越南的交通格局；唐宋时期，海上丝绸之路兴起，南方陆上丝绸之路开始了走向大海的转型，“安南通天竺道”使云南成为连接太平洋与印度洋的大陆桥，同时，云南地方性政权南诏还积极探寻南下东南亚各重要港口的三条出海通道；元明清时期，云南借助与东南亚之间的国际河流，形成通江达海的交通态势，南方陆上丝绸之路通过陆、水(跨国河流水路)、海联运的方式，实现了与海上丝绸之路的互联互通，使内陆的云南融入了世界交通贸易体系中。

王中亚的《宋代步入海上丝绸之路快速发展期》(《中国商报》2017 年 8 月 9 日)一文指出,大宋王朝是中国历史上经济、文化最繁荣的时代,达到了封建社会的巅峰,宋朝的成就离不开“一带一路”带来的丰厚红利。宋朝举国开放,建立了十分完备的对外贸易体系;万国通商,打造对外贸易空前繁荣的时期;海运发达,开创国际贸易中的主导地位,步入了海上丝绸之路快速发展时期。

林瀚的《传统航海测深用具“铅锤”考》(《福建文博》2017 年第 1 期)一文指出,在传统风帆时代,我国古代海上船民在从近海沿岸到跨海远洋的航行探索中,日渐积累起丰富的航海术知识。航海测深“铅锤”作为船只航行纠偏及停泊寄碇时的必要辅助用具,在古代航海过程中得到广泛应用。该文通过水下考古出水的实物与文献、田野调查相印证,探讨“铅锤”的名称、形状、尺寸样式及使用方法,以充实人们对传统航海测深船具的认识。该文指出,有必要对古代海上丝绸之路中做出重大贡献的陶瓷原产地和起运地给予重新认定,让内陆起点地沿线地区在“一带一路”建设的新形势下重放光彩。文章介绍了丝绸之路从陆上到海上的演变,分析了南宋时海上贸易和覆盖范围远非陆路可比的原因。两宋时,贸易输出的主要商品从原来的丝绸为主变为瓷器为主,龙泉青瓷在宋元时期海上丝路居主导地位。宋元海上丝路真正的起点在龙泉及瓯江两岸,主产地认定与从海上起始算起的认定相比,具有更加重要的历史意义和现实意义。

杨洸的《广州海上丝绸之路研究综述》(《广州社会主义学院学报》2017 年第 2 期)一文从广州海上丝绸之路的形成演变与影响、贸易情况、文化交流、资源开发等方面,回顾并分析中外学者关于广州海上丝绸之路的研究,以求较全面地把握学术界对此课题的研究现状。

姜波的《海上丝绸之路:环境、人文传统与贸易网络》(《南方文物》2017 年第 2 期)一文指出,海上丝绸之路就是古代风帆贸易的海上交通线路,是古代人们借助季风与洋流,利用传统航海技术开展东西方交流的海上通道,也是不同文明板块之间经济、文化、科技、宗教和思想相互传输的纽带。探究海上丝绸之路港口、沉船和贸易品等文化遗产,展示了东西方文明的海洋

对话。姜波指出，海上丝绸之路就是古代风帆贸易的海上交通线路，真正形成远洋贸易的海上丝绸之路，是利用季风与洋流开展的航海活动。海上丝绸之路是不同文明板块之间交流的海上通道。由于自然资源与人文传统的不同，基于各自的地理单元形成了不同体系的文明板块，各板块的资源、产品、科技、宗教与思想存在自身的独特性，使交易与交流成为可能。海上丝绸之路留下的珍贵遗产生动展示了各文明板块之间的文化交流，使我们可以通过解读港口、沉船和贸易品等考古遗迹，探究海上丝绸之路上古代族群、语言和宗教的交流史实。海上贸易与族群之间的交流，首先需要解决语言交流的问题。海上贸易活动，需要有通用的货币与度量衡，以方便实现价值交换。对于海上丝绸之路的运输工具——帆船，也存在造船工艺的交流。导航技术也有技术交流的史实。海上丝绸之路反映了不同族群、语言与宗教之间的交流，突出地体现了文明交流与对话的遗产价值。

姜波的另一篇《海港遗址与海上丝绸之路》(《中国文物报》2017 年 7 月 21 日)指出，港口、沉船和贸易品是解读海上丝绸之路的关键遗存，尤以港口遗迹最具代表性。古代海港城市一般选址于河流入海口，对内可以依托内河航运形成的贸易网络，对外便于接驳海洋贸易体系，同时还可以规避海洋风暴和海盗袭击。为适应海洋贸易的发展，形成一种有别于内陆城市的海港城市形态，我们称之为“海港模式”。以海港为连接点，有不同族群主导的海上贸易形成了自成一体的贸易网络。“大航海时代”以后，西方殖民贸易者建立了有别于古代的港口贸易航线。海港遗址出土的舶来品成为研究海上丝绸之路的珍贵实物。海港遗址为探究海上丝绸之路上古代族群、语言和宗教的交流留下了弥足珍贵的考古遗存。海港遗迹突出地体现了古代文明交流与对话的遗产价值。

姜波的《考古学视野下的海上丝绸之路》(《中国文化报》2017 年 5 月 16 日)一文指出，海上丝绸之路就是古代风帆贸易的海上交通线路。参与海上丝绸之路贸易活动的族群主要有：古代中国人、波斯—阿拉伯人、印度人、马来人以及“大航海时代”以后的西方殖民贸易者。以古代中国为视角，海上丝绸之路形成于秦汉时期，成熟于隋唐五代，兴盛于宋元明时期，衰落于清代中晚期。海上丝绸之路既包括国家管控的官方贸易，也涵盖民间自发的贸易形态。官方贸易以郑和下西洋(1405—1433)为巅峰,民间贸易则以明代“隆庆开海”(1567)为标志,曾一度达到极度繁盛的状态。从考古学的角度来看,研究古代海上丝绸之路最重要的遗存是港口、沉船和贡品。通过对此类遗存的研究,我们可以看出海上丝绸之路上古代族群、语言和宗教的交流,看到海上丝绸之路上丰富而精彩的历史细节。

金炳董《韩国海上丝绸之路的中心泰安马岛海域》(《中国港口》2017 年第 S1 期)一文指出,韩国泰安马岛海域不仅是韩国国内的漕船和运送陶瓷器、粮食船只的必经海域,也是与国际海上丝绸之路密切相关的海域之一。因洋流流速快、起雾较多而经常发生沉船事故的泰安马岛海域同时也是韩国水下考古学的宝库。文章阐述了泰安马岛海域的水下考古成果,并以此证明它在韩国海上丝绸之路中的中心地位。

刘向明、郑三粮《从考古发现看东江与海上丝绸之路的关系——以出土唐代梅县水车窑为中心的考察》(《惠州学院学报》2017 年第 2 期)一文指出,9—10 世纪时,梅县水车窑与我国唐代长沙窑、越窑、邢窑同时出现在世界贸易的舞台上,共同推动中国古代陶瓷外销第一个高峰时期的到来。而从水车窑在东江上下游的唐墓中的密集出土,到水车窑与高明窑或新会窑、邢窑和长沙窑在唐墓中形成的固定陪葬组合或同一历史时段的交集联系,再到水车窑以广州港为输出始发港的考古发现,均可佐证东江是唐代海上丝绸之路的重要通道之一,也为世人翻开了一幅深藏不露的唐代东江珍贵历史画卷。

阎根齐《论南海海上丝绸之路的形成时间》(《学术探索》2017 年第 3 期)一文指出,在形成南海海上丝绸之路前,南越人经过了长期的航海知识积累。战国至南越国时期已经有了海外贸易。汉武帝在海上丝绸之路开通前经过了一系列准备。公元前 111 年汉武帝灭南越国,在岭南设九郡,合浦成为始发港,应为南海海上丝绸之路形成的标志,也是汉武帝一生中的壮举。阎文指出,南海海上丝绸之路的形成时间尽管有春秋战国、西汉、东汉等多种说法,但专家普遍认为形成于秦汉时期,其经过了长期的积累过程,特别是对南海天文、地理知识、造船和航线的探索,而长期生活居住在南海北岸海边的岛民则为此做出了重要的贡献。南海海上丝绸之路的形成因素

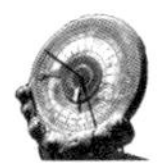

非常复杂，最明显的特征是朝廷和官府的推动。西汉朝廷在海上丝绸之路开通前做了一系列的准备。《汉书地理志》的一段记载中，海上丝绸之路的基本特征已具备，记载比较明确（汉武帝时），具有标志性意义，应当视为成熟时期的南海海上丝绸之路。这一时期南海海上丝绸之路的主要特点有：朝贡贸易的推动；船队的形成；有明确的航线和始发港；水陆兼行；转送贸易；贸易的商品种类（带去的物品有黄金和丝绸）。关于南海海上丝绸之路的形成时间，阎文认为应以公元前 111 年为标志，理由为：《汉书·地理志》记载的是史无前例的最完备的南海海上丝绸之路；南海海上丝绸之路与陆上丝绸之路的形成时间相近；南海海上丝绸之路的开通是汉武帝一生中的壮举；南海海上丝绸之路的开通对后世产生了深远影响。

朱建君《海参之链："海上丝绸之路"上的中澳早期交通》（《学海》2017 年第 5 期）一文指出，澳大利亚通常被视作在海上丝绸之路的通达范围之外，但文章在综合分析澳大利亚学者相关研究及对其历史遗产进行解读的基础上，结合中文历史文献分析，提出明清时期海上丝绸之路网络中出现了一条从中国到澳大利亚北海岸的海参之链，海参之链由从中国到望加锡的传统航线和从望加锡到澳大利亚北海岸的南向延伸线两段航线组成，在澳大利亚与中国都产生了积极的影响。因此，历史上澳大利亚就曾是古老的海上丝绸之路的南向延伸地区，有重要的历史研究价值与遗产价值。

刘英英《试述泉港东岳庙与"海上丝绸之路"的关系》（《福建文博》2017 年第 3 期）一文指出，福建作为古代海上丝绸之路的重要区域、重要枢纽和节点，自古海洋文化就底蕴丰厚。泉州更是我国古代对外通商贸易的重要港口、古代海上丝绸之路的起点之一，海上交通发达。尤其自宋代建立市舶司以后，泉州对外交通贸易更为兴盛，曾被称为"东方第一大港"，历代遗留下来的海洋文化史迹颇多。文章介绍了被列为省级文物保护单位的泉港东岳庙的历史沿革、建筑特色及其与海上丝绸之路的关系。

李文浩《揭秘历史上的海上丝绸之路》（《智慧中国》2017 年第 7 期）一文指出，海上丝绸之路的两条主线路为东海起航线和南海起航线。汉朝农业和手工业高度发达，商业勃兴，为海上丝绸之路的形成打下了基础。古中国造船技术高超，秦汉时迎来了中国历史上第一次造船技术的飞跃，"楼船"

最能体现汉代高超的造船技术。天文学的进步,使得汉代舟师可以“观星定海”。汉代造船与航海技术的不断发展创新,为海外贸易创造了必要的条件,提供了可靠的保证。古罗马积极探索海上贸易之路有力地推动了海上丝绸之路的形成。隋唐以后,海州成为大唐帝国和新罗、日本交往的重要城市。徐闻县是汉代海上丝绸之路最早发祥地。六朝政权为了建立与朝鲜半岛和日本列岛国家的友好往来,形成了以建康(今南京)为起点的东海航线。北海(合浦)古代海上丝绸之路的重要节点广州古称番禺,位于南海之滨,凭借自身拥有的海上交通中心的优越条件,成为中国古代海上丝绸之路的发祥地。

冯国昌《元初陆海“丝绸之路”及当代启示》(《江苏科技大学学报・社会科学版》2017 年第 3 期)指出,元初陆海丝绸之路作为中国古代两千余年丝绸之路的重要组成部分,影响深远,意义重大。在军事征服以及贸易往来需求下,元初构建的陆海交通一体化网络格局,保障了元朝中央政府与丝绸之路沿线区域的经济贸易。为了有效地控制和管理陆海丝绸之路,元初中央承袭了“站赤”制度以及“市舶司”等旧有的制度性模式。在不同的要求以及不同的管理下,陆上丝绸之路优势逐渐减弱,海上丝绸之路开启“一家独大”局面。在陆海丝绸之路共同推动下,元代开启了与丝绸之路沿线区域文明高效互动合作的新“范式”。其历史经验为 21 世纪“一带一路”倡议实施提供了重要的借鉴意义。

李大伟《唐代海上丝绸之路》(《学习时报》2017 年 12 月 8 日)一文指出,海上丝绸之路自形成之后,尽管印度洋各地战乱、灾荒与海盗侵扰为贸易带来不便,但是东西方诸国对海外贸易亦十分重视。唐代中期之后,由于北方战乱与经济中心的南移,海上丝绸之路成为沟通中西方的主要通道。此时,沿海上丝绸之路入华贸易的印度洋诸地商人众多,汉籍亦多记载波斯、大食、昆仑、印度等地商人在安南、广州、泉州、扬州等地贸易。唐代,波斯、阿拉伯商人已从海上丝绸之路入华贸易,但是不能确定唐代中国商人是否已深入至阿拉伯等地贸易。海上丝绸之路的重要性在唐代中期之后日益显现,历经五代十国之演进,直到宋元时期中国海外贸易已改昔日唐代“外商来贩”之格局。此时大量中国海舶深入印度洋各地,远航至波斯湾等地贸

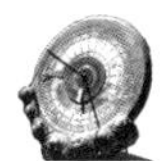

易，并因其良好的安全性能，一度成为各地商人首选搭载的航行工具。大量中国商人放洋域外、竞逐财富，海上丝绸之路与中国的海外贸易亦盛极一时。

李明山的《东南沿海疍民与海上丝绸之路（上）》（《广东职业技术教育与研究》2017 年第 5 期）、《东南沿海疍民与海上丝绸之路（下）》（《广东职业技术教育与研究》2017 年第 6 期）指出，崛起于东南沿海的疍民族群，历史悠久，特色鲜明，与中国航海、造船有不解之缘。疍民参与郑和下西洋，经略南海，对海洋文化建设多有建树。这一切表明，疍民为后来的海上丝绸之路形成与发展提供了重要元素，贡献很大。

后雪峰、屈清《潮汕商贸港口的空间演变特征》（《嘉应学院学报》2017 年第 11 期）一文指出，商贸港口是海上丝绸之路的重要节点，港口的空间演变特征为研究丝绸之路贸易提供了新的支撑点。文章以潮汕不同时期商贸港口为研究主体，借助 GIS 空间分析方法，分析潮汕商贸港口的空间分布特征，探讨潮汕商贸港口空间分布与河流、货物贸易、政策、海岸线的内在影响因素。研究表明：河道通航能力关系商贸港口的兴衰；潮汕地区商贸港口在时间序列上呈现地区迁移的特征，由内地向东南沿海方向延伸；在空间上呈聚集特征，多集中在东南部沿海、沿江水运条件便利的地区；贸易政策、通商口岸与经贸区的设立加速商贸港口的变更和扩张，又为地区经济发展提供引擎。

陈立新《古代港口史视野下的广州湾》（《岭南师范学院学报》2017 年第 4 期）一文指出，广州湾的名称最早出现在明代嘉靖年间的方志和图经上，是以渡口形式展示给世人的，它的频频出现与海防密切相关。广州湾自唐初起就是海上丝绸之路的重要节点，它的前身是“九州湾”，陆名沿革于九州岛，“九州岛石”作为“广州通海夷道”的航海地标至今已有 1300 多年。广州湾坊都由百年前法人设立了引导灯桩，新中国湛江商港建港时予以修复，至今仍在发挥重要的海上导航作用。

王可佳《浅析青岛与“东方海上丝绸之路”的历史渊源》（《烟台职业学院学报》2017 年第 2 期）一文指出，山东与东方海上丝绸之路的历史是源远流长的，萌芽于先秦时代，秦汉魏晋时期日益兴盛。它是一条从山东半岛出发，经过渤海到达辽东半岛、朝鲜半岛乃至日本列岛的重要航线。韩国群山大学教授金德洙认为："'海上丝绸之路'应早于陆地丝绸之路，比陆地丝绸之路持续时间更长、范围更广、影响更大。"这对山东与东方海上丝绸之路的密切程度又给予了充分的肯定。青岛是山东省的龙头，是胶东半岛的心脏。从古至今，青岛与古代东方海上丝绸之路有着深厚的历史渊源，更是古代东方海上丝绸之路的重要节点城市。青岛应该充分利用这些独有的资源和优势，加强对相关历史文化价值的挖掘和利用，把自己打造成为21世纪海上丝绸之路的始发港，争取更大的发展和进步。

田心《广西钦州"海上丝绸之路"历史文化遗址考证及评析》(《钦州学院学报》2017年第2期)一文指出，钦州位于北部湾沿岸，是古代海上丝绸之路的重要始发港之一。长期以来研究者大多是以历史文献为依据对钦州与海上丝绸之路的关系进行论证研究，而以近期考古调查资料和文物遗存为依据，对今钦州市境的海上丝绸之路历史文化遗址进行梳理和分析，可从遗址和实物方面证明钦州确实是海上丝绸之路的重要环节，从而为钦州市申报海上丝绸之路文化遗产城市提供佐证。该文简单介绍了钦州海上丝绸之路历史文化遗址——钦江古城遗址、久隆古墓群、谭池岭窑址、母鸡坑窑址、长墩岛和钦州博易场，并对上述遗址进行了考证和评析，总结出钦州海上丝绸之路历史文化遗产的特征为：可信度高，可见度好；关联度高，整体性强；类型众多，风貌独特；内外连通，时代鲜明。

文社《写好海上丝绸之路新篇章——广西文物局负责人谈海上丝绸之路·北海史迹保护和申遗》(《中国文物报》2017年4月28日)一文指出，海上丝绸之路北海史迹作为海上丝绸之路中国史迹的组成部分于2012年被列入国家文物局《中国世界文化遗产预备名单》，其有合浦汉墓群、草鞋村遗址(汉城址)、大浪古城遗址(汉城址)3处遗产点，均为全国重点文物保护单位，合浦汉墓群与汉城址已列为"十三五"时期国家大遗址保护项目。广西壮族自治区、北海市和合浦县认真组织开展研究、保护、管理、展示、宣传等工作，取得积极成效。首先，各级党委、政府高度重视，全力推进。其次，基础工作扎实推进，成效显著。深入考古研究，探寻汉代合浦港口遗址，合浦汉墓出土文物认定了一批与海上丝绸之路密切相关的"舶来品"文物，由此

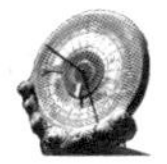

展开了有关申遗课题研究。这些研究成果，有力地证明了合浦是汉代由官方组织入海进行远距离贸易的合浦、徐闻、日南等港口城市中最重要的一处，是中国最早的海上丝绸之路始发港，充分地印证了《汉书·地理志》的有关记载，表明了合浦在海上丝绸之路中地位独特并且具有不可替代性。对该遗产，要加强保护管理，实施保护和环境整治工程，建设展示设施，扩大宣传交流，该文还列出了下一步工作计划。

汪汉利《三佛齐：宋代海上丝绸之路重要节点》（《浙江海洋大学学报·人文科学版》2017 年第 6 期）一文指出，三佛齐地处东西水道之要冲，是两宋时期南海强国及东南亚贸易中心。文章以《诸蕃志》《宋史》等文献为中心，结合国际学界相关研究成果，分析三佛齐在 10 至 13 世纪称霸南海的主客观因素，考察它与宋代中国海上交往情况，探讨三佛齐在中国与南印度、中东海上贸易中所起的作用，揭示三佛齐对于宋代海上丝绸之路的重要价值。

吴培植《泉州：海上丝绸之路起点城市》（《文物鉴定与鉴赏》2017 年第 9 期）一文指出，泉州因刺桐港而享誉全世界，是"海上丝绸之路"的重要起点，有一千多年的古港历史。泉州自古享有"东方第一大港""四海人文第一邦"等盛名，是知名的"世界宗教博物馆"，闽南文化的主要发源地和保存地，闽南文化的核心区和富集区，同时也是海上丝绸之路最为重要的起点城市。

熊昭明《汉代海上丝绸之路合浦港的考古学探究》（《中国文物报》2017 年 5 月 5 日）一文指出，2002 年 2 月始，广西考古工作者围绕汉代合浦港课题，持续开展一系列的考古调查与发掘，并在此基础上着手进行资料整理和多学科综合研究，取得了一系列重要成果，使得以合浦港为中心的汉代海上丝绸之路考古学探索和研究迈出了坚实的步伐。该文指出，史载合浦是海上丝绸之路最早的始发港之一，合浦汉墓出土文物是海上丝绸之路有力的物证，文中介绍了合浦发现的金饼、玻璃、石榴子石珠、肉红石髓、玛瑙、蚀刻石髓珠、水晶珠、绿柱石珠、琥珀珠、金珠、绿松石饰件、香料、非贸易品等。汉城遗址的确认为找寻合浦港指明了方向，汉代海上丝绸之路考古学研究的现实意义重大。

王建文、陈杰《海上丝绸之路考古的新发现——上海青龙镇遗址考古取得重要成果》(《中国文物报》2017 年 2 月 10 日)一文指出,青龙镇遗址位于上海市青浦区白鹤镇,居古吴淞江的出海口,据文献记载是唐宋时期重要的对外贸易港口。后因吴淞江变迁,港口功能逐渐丧失,至今遗址仅保留了青龙塔等少量遗迹,依稀可以追溯旧时风貌。为了解青龙镇遗址的文化内涵、市镇布局,2010—2016 年上海博物馆考古研究部对该遗址进行了长期的考古勘探和发掘工作,共发掘 4000 余平方米,发现了佛塔塔基、建筑基址、铸造作坊、墓葬、水井等重要遗迹,出土了大量的瓷器、建筑构件等遗物,考古取得了丰硕的成果。以聚落考古方法为指导,基本明确了青龙镇市镇布局特征。大量的贸易陶瓷及相关遗迹确证了青龙镇是唐宋时期海上丝绸之路的重要港口之一,青龙镇遗址历年考古发现了瓷片堆、河埠头和大量的瓷片等与航运和贸易相关的遗存和遗物。隆平寺塔基及地宫的发现反映了北宋时期民间佛教信仰世俗化的特点。上海青龙镇遗址考古具有重要的学术意义。

吴丹微《广州与海上丝绸之路》(《文物天地》2017 年第 10 期)一文指出,广州在以海上丝绸之路为依托的国际商贸活动和文化交流中扮演着不可替代的角色。优越的自然条件和深厚的海洋文化传统促进了广州港的兴起。秦统一岭南,建番禺城,为广州的发展奠定了基础。南越国积极开展海外贸易,开启了广州作为海上丝绸之路重要跨板块节点历两千年而持续繁荣发展的历史。汉末晋初,海路贸易繁盛,印度僧侣来华,佛教文化东传,延续至今的光孝寺是佛教文化在广州留下的印记。隋唐时广州已成为东方第一大港。随着海上贸易活动的兴盛,此时广州出现了一大批与海上丝绸之路密切相关的史迹,始建于隋的南海神庙见证了海上丝绸之路的历史发展,怀圣寺光塔和清真先贤古墓则是著名的伊斯兰教圣地和广州对外交往的史迹。开元二年(714),唐朝政府首先在广州设置市舶使,这是总管外贸事宜的长官,堪称中国海关制度的雏形;随着对外商务繁荣,在城西设置"蕃坊",作为外商居住区,唐宋时期蕃商云集。五代十国南汉时期,岭南相对稳定,广州的海外贸易继续发展。宋政府进一步完善了唐代的市舶机构,鼓励外商来华贸易,支持华商出海贸易,使得宋代对外通商范围和贸易额都大大超过唐代,海上丝绸之路的发展进入鼎盛时期。明清时期,港通四海,广州的

海外贸易发展到又一个巅峰。乾隆二十二年(1757),仅保留广州口岸一关,并特许广州十三行行商统一经营全国对外贸易,在西关的珠江河北岸设立夷馆,规定为外商办理商务及居留之地。明清以来一年一度"波罗诞"庙会的兴旺,充分说明南海神庙在民间的地位和影响。文中还介绍了方济各·沙勿略墓园及大洲湾遗址。从粤海关到十三行商馆,这些明清海外贸易机构的遗迹清晰地展现了广州从古代贸易港向近代通商口岸的转变,季节性的"互市"最终被形形色色的"夷务"所代替。以朝贡贸易为主的市舶贸易体制也最终转变为条约贸易制度,广州逐渐被纳入世界贸易体系之中,海上丝绸之路的影响愈发长远。

毛洪东、杨丁《浅析山东半岛在"早期东方海上丝绸之路"开辟过程中的地位及作用——兼论中国文化对早期日本文化的影响》(《中国港口》2017年第S1期)一文指出,山东半岛与朝鲜半岛、日本列岛隔海相望,先秦时期逐渐形成了一条自山东沿海起航,沿朝鲜西海岸南下,到达日本南部的"早期东方海上丝绸之路"。文章通过对早期中日交流的研究,揭示了山东地区在"早期东方海上丝绸之路"开辟过程中的地位及作用,展示了中国文化在早期日本文化形成过程中的影响。

吴伟峰《广西合浦汉代出土文物与海上丝绸之路》(《当代广西》2017年第10期)一文指出,广西的合浦港在汉代时曾经非常繁荣和辉煌,是早期海上丝绸之路的始发港,具有很高的历史地位和研究价值。文中介绍了合浦的历史地位与海上丝绸之路的记载和广西合浦出土的汉代文物,指出无论是从文献史料上的记载,还是考古发现和实物考证来看,合浦作为海上丝绸之路早期始发港的历史地位是毋庸置疑的。

吴伟峰的另外一篇文章《汉代的广西文物所反映的海上丝绸之路与文化交融》(《广西文博第一辑》2017年第9期)指出,在美国纽约大都会艺术博物馆举办的"帝国时代——中国秦汉文明特展"共展出十六件(套)广西文物。这些文物证明了广西北海合浦是汉代海上丝绸之路最早的始发港,揭示了古代广西地区出现文化交流、传播、融合的历史事实,说明广西自古就是"一带一路"衔接的重要门户。

张晓东《古代上海如何参与海上丝绸之路》(《解放日报》2017年1月10

日）一文指出，古代上海地区的对外经济文化交流，以青龙镇港衰落和上海港兴起为标志，可以划分为前后两个阶段。前期上海地区参与海上丝绸之路的交流活动以市镇港口为中心，后期则以港城为中心；前者以青龙镇和宋朝后期的新市镇为支点，后者以上海县及其港口为主要支点。青龙镇贸易航线远达东北亚、东南亚海域，崇明宝船港遗址见证了上海参与郑和下西洋。

楚鲁鹏《蓬莱"东方海上丝绸之路"上的贸易与文化研究》（《才智》2017年第5期）一文指出，海上丝绸之路，广义上讲是人类文明史上进行商贸、文化交流的一条人文道路；狭义上讲，分为"东方海上丝绸之路"和"南方丝绸之路"两大部分。文章研究了"东方海上丝绸之路"的文化发源，透视东方海上丝绸之路蓬莱。蓬莱隶属登州管辖，除了其本身神秘的文化色彩外，作为中国大陆与朝鲜半岛、日本等地区开展海上贸易的港口，是我国最早与其他各国进行文化交流的海口。

李磊《考古学视野下福州港之变迁研究》（福建师范大学硕士论文，2017年）一文指出，当前，伴随着21世纪海上丝绸之路这一倡议的提出，该领域成为许多学者的研究热点。福州背靠山、面临海的自然环境，形成了自身独特的海洋文明。伴随着河口地貌的迁移，福州港自西向东不断延伸，港口功能的逐渐开发使得福建先民们将自己的命运与海港紧紧联系在一起。昙石山文化遗址揭开了福建海洋文明的面纱，而东冶港则成为最早有文字记录的港口名称。自东汉以来，闽越王与中央政权的不断融合、甘棠港开辟、郑和下西洋等海洋活动，使得福州港的运输功能不断扩张。文章从考古学的观察视角，辅之以文献资料和田野调查等研究方法，对福州港的历史变迁做了系统性梳理与探究。不仅对福州古港演变及其历史地位做出新的考释与评价，亦为当今福州21世纪海上丝绸之路的发展提供了历史借鉴。

高崇文《试论广西地区先秦至汉代考古学文化变迁——兼论汉代合浦的历史地位》（《四川文物》2017年第1期）一文指出，先秦时期，广西地区主要是"西瓯""骆越"的聚居地域。西瓯、骆越有着独特的文化传统，商周时期受到岭北青铜文化的影响，开启了广西青铜文化的缓慢发展。至战国时期，由于岭北楚、越系青铜文化大量进入，广西西瓯、骆越青铜文化得以快速发

展。秦汉时期，广西考古学文化面貌又发生较大变化。从广西先秦至汉代考古学文化变迁看，本地文化是受到楚文化、秦文化、汉文化的影响而发生重大变化的。发生变化的历史背景，与岭北越人的南迁、秦征岭南、汉武帝平定南越有直接关系。汉武帝统一岭南后，加大了对岭南的开发，北部湾地区成为当时面向海外的战略要地，开通了汉王朝对外交流与贸易的国门，而合浦、徐闻、日南则成为汉代海上丝绸之路始发的重要港口。

郑传锋《樟林古港与中国"海上丝绸之路"关系探索》(《南方职业教育学刊》2017 年第 1 期)一文指出，中国海上丝绸之路有三个重要起源地，它们分别是南宋时期的福建泉州港、元明时期的福建漳州月港以及清朝中叶的广东樟林港。樟林作为红头船的故乡，在经济史上曾经是粤东地区对外贸易的重要门户。如今繁盛的樟林古港已经永载史册，新樟林正在重写繁荣昌盛的新篇章。

王铎《青岛：中国海上丝绸之路的"东方走廊"》(《走向世界》2017 年第 37 期)一文指出，中国的丝绸之路，始于远古，盛于秦汉。而青岛，正是在这样一个波澜壮阔的历史背景下，成为演绎着一段段撬动东方文明、拓展世界历史、开辟环球航线的"东方走廊"。文章分历史寻源、徐福东渡、琅琊古港、胶澳盐场、北宋市舶、板桥重镇、高丽亭馆、宋代铁钱、运河古道、"下南洋"等部分介绍了中国海上丝绸之路的"东方走廊"青岛。

冯毅《"海上丝绸之路"上的宁波往事》(《宁波通讯》2017 年第 14 期)一文指出，宁波是海上丝绸之路这条纽带在中国端的纽结点之一。春秋战国时期，甬江流域最早的港口——句章古港在姚江之滨出现。文章摘录了历史长河中与宁波港口相关的二三事，勾画出宁波通过港口与国外文化、外交、军事来往的画面。其一是"遣唐使"的到来，唐开元年间，明州已经成为海上丝绸之路上的始发港之一、遣唐使的主要登岸港之一。唐时，明州港口私相贸易的民间行为中逐渐夹杂了遣使往来的政府行径。宋元时期，明州成为经略海外的基地，港口发展更增加了军事征服和张扬国威的色彩。其二是"万斛"神舟的建造。北宋年间，明州曾经建造过一艘世界上规模最大、技术最先进的大船，名"万斛"神舟，是北宋政府倾国力、费工匠、耗时长所建造的最大的官船。其三，忽必烈东征的起航港。宁波，因其独特的地理位置，成了蒙古帝国忽必烈征伐日本的备战基地。宁波在海上丝绸之路中扮演着重要的角色，因航海而带来的政治、商贸、军事、文化事件在历史发展过程中极大地促进了宁波的发展，也形成了宁波独特的城市特征。

谢重光《唐宋元时期的漳州海上丝绸之路史迹》(《大众考古》2017 年第 3 期)一文，就相关文物与文献稍作梳理和考证，略述唐宋元时期漳州的“海丝”史迹，以期世人对漳州自唐代以来在“海丝”路上的重要地位有一个正确的认识。“海丝”史迹其一是唐初漳浦温源溪的温泉浴池，这是具有确凿文献可征的漳州“海丝”史迹；其二是五代北宋漳州西郊法真寺故址；其三是元代漳州北郊石亭镇北斗村朝真堂。当然，唐宋元时期漳州的“海丝”遗迹应该不止上述三处。

这一年的著作成果颇丰，李庆新、胡波主编的《东亚海域交流与南中国海洋开发》(科学出版社，2017 年)一书，为 2014 年 9 月中国经济史学会、广东省社会科学联合会、广东中国经济史研究会、广东省中山市社会科学联合会、广东省社会科学院广东海洋史研究中心联合在中山市举办的“海上丝绸之路与明清时期广东海洋经济”国际学术研讨会的论文集萃。论题主要包括：“大航海时代”亚洲海洋形势与海上丝绸之路变迁，中国南方海洋经济发展与海陆互动，海上贸易与海洋网络，濒海地区开发与区域社会，海盗与海防，海洋文化与海洋信仰，海洋生态与环境变迁，以及海洋史研究的理论、方法等。

广东省交通运输厅主编的《蔚蓝轨迹：广东航运经济文化史》(广东旅游出版社，2017 年)一书指出，广东航运经济文化史，既是岭南的文化史，也是古代中国外交与对外贸易历史的重要组成部分，更是海上丝绸之路的主体篇章。从秦始皇修筑灵渠统一南越，经过漫漫两千多年的历史更替，到现代进入 21 世纪，广州南沙港成为自贸区，广州确立了“国际航运中心”的发展定位。

刘迎胜的《话说丝绸之路》(安徽人民出版社，2017 年)一书，结合历史文献和实地考察，通过图片，对陆上丝绸之路及海上丝绸之路的起源，具体线路，沿线民族、文化、名城以及相关历史事件和重要历史人物等做了精要的介绍。精选历史上具有代表性的人、事、物，着重解读了丝绸之路在中国

与海外交流方面所发挥的重要历史作用，以体现中国与丝绸之路沿线国家源远流长的贸易畅通、民心相通和文化交融的历程。

于强的《丝路碧海情》(中国文联出版社，2017 年)一书，以海上丝绸之路的起点之一泉州为背景，反映明永乐初年泉州人海上丝绸之路的情结和海上丝绸之路中产生的大爱，既生动再现闽南人下南洋遇到的艰辛和不测，也展现了闽南几代人扬帆海上丝绸之路的坚强意志和决心。作品也赞扬了闽南人不屈不挠、前赴后继传承和弘扬海上丝绸之路的可贵精神，同时也歌颂了郑和下西洋的丰功伟绩。

陶红亮的《海洋传奇——海上丝绸之路》(海洋出版社，2017 年)一书，以我国古代海上丝绸之路中重要的港口为主线展开，详细解读了各个港口在不同历史时期的发展。从兴起到衰落，宛如一幅历史画卷。书中言语简单明了，却不乏浓厚的历史气息。该书分为十个部分，分别介绍了海上丝绸之路的兴衰、海上丝绸之路的第一港——徐闻、海上丝绸之路的起点之一——广州、重要始发港——泉州、重要港口——扬州、传统的对外开放港——宁波、重要遗迹——南海神庙、登州与海上丝绸之路、海上丝绸之路的重要贡献和 21 世纪海上丝绸之路，内容全面，涵盖了政治、经济、交通、造船、港口、宗教文化交流等诸多方面的内容，力求贴近史实，从各个角度全面分析海上丝绸之路的发展历程。另外，紧扣当下发展潮流新趋势，对 21 世纪提出的“一带一路”倡议做了全面阐释，为再创海上丝绸之路的辉煌增添一分力量。

徐晓望的《中国福建海上丝绸之路发展史》(九州出版社，2017 年)一书指出，福建所在的东南滨海区域为中国海上丝绸之路的历史起点，它孕育了中国特色的海洋文化。唐宋以来，海上丝绸之路从福建与中国东南的口岸出发，一直延续到南海、印度洋。明清时代，福建与中国东南是环球贸易体系的热点区域。海上丝绸之路上的丝绸、瓷器、蔗糖、香料、武夷茶等商品贸易，以及占城稻、棉花、番薯、玉米等物种的传入提高了福建与中国东南经济的海洋性，从而成为中国经济上升的变量。

王明星、陈守明绘著的《寻味羊城——海上丝绸之路今昔》(广东旅游出版社，2017 年)一书，以广州海上丝绸之路古迹新貌的景观为核心内容，分

"海丝遗迹""东西汇流""羊城之心"三个部分,寻味海上丝绸之路今昔美景。原创的手绘图分解景观,读者可以拿着这本书在景区内"寻路",仔仔细细地体味景区的一花一草,彻彻底底地熟悉自己喜欢的每一个角落。

广东省人民政府参事室、广东省人民政府文史研究馆编的《广东海上丝绸之路史料汇编》(广东经济出版社,2017 年),该丛书为"海上丝绸之路研究书系"之"史料篇",分"秦汉至五代卷""宋元卷""明代卷""清代卷"四个分册。每册大致由以下几部分内容组成:政治关系(贡使往来、涉外关系)、商贸往来(市舶朝贡贸易、海禁与民间贸易、贸易商品、关税征收等)、海防体系(海防布局、倭夷海寇)、港口航线、船舶与航海技术、军器与火炮技术、文化交流。举凡正史、政书、类书、丛书、文集、笔记、方志、谱牒、碑刻等均在该书搜集辑录范围。凡与广东海上丝绸之路相关的史料均按类辑录。

陈建军的《合浦——汉代海上丝绸之路始发港》(广西人民出版社,2017 年)一书收入的各类文章从不同角度、不同侧面反映北海这座文化名城的历史和现代文明。该书主要包含文化政论、历史文化和民俗风情三个方面。对于所收编的文章,在导向无误的前提下本着文责自负、各类观点并存的原则,力争做到内容丰富,资料翔实,观点突出,特色鲜明,文笔流畅,注重思想性和艺术性相结合,具有较强的知识性、可读性。

上海博物馆编的《考古·古港:上海青龙镇的发掘与发现》(上海古籍出版社,2017 年)一书,从青龙镇的历史地位、青龙镇历年考古发掘记、隆平寺塔地宫重要发现、青龙镇出土陶瓷与海上丝绸之路等方面,讲述上海这个现代化城市的重要发源地。

宋平的《海上丝路之建港贸易》(广东科技出版社,2017 年)一书,图文并茂地讲解了中国古代海上丝绸之路,呈现了十大港口——广州、蓬莱、扬州、杭州、宁波、温州、福州、泉州、漳州、北海的历史画面和贸易特点。

廖国一的《广西北部湾地区出土汉代文物与海上丝绸之路研究》(科学出版社,2017 年)一书,通过文物考古研究,并结合文献资料的记载,肯定了从北部湾出发的汉代海上丝绸之路的客观存在。广西北部湾地区汉代经济的新发展,正是通过海上丝绸之路把来自中原地区的"黄金杂缯"等发明创造传播到了东南亚、南亚等地,并且把海外生产的"明珠、璧流离、奇石异物"

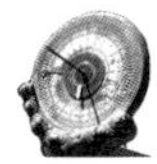

等物品交换回来。同时，也向海外学习先进的生产方式和科学技术。广西北部湾地区由于有着良好的区位优势，合浦县成为汉代海上丝绸之路的始发港。从北部湾出发的汉代海上丝绸之路，是一条经贸与文化之路、和平与合作之路，对世界历史进程和人类文明产生了重要的影响，同时对当今构建“一带一路”也具有重要的意义。

李伟才的《海丝晋江》（海峡文艺出版社，2017 年）一书指出，晋江作为古代泉州府的重要组成部分，是古代海上丝绸之路起点的一部分，现留存有众多的文物史迹。如今的晋江是福建省民营经济较为发达的地区，是建设新时期海上丝绸之路起点的重要基石。《海丝晋江》包括古港雄风、风云人物、丝路寻踪、“海丝”情怀等四辑，收录三十余位作者的散文作品，如《安海，“海丝”的海》《安平桥笑了》《五里桥有多长》《围头诗》《五店市的回归情怀》等，从多角度展示晋江悠久的历史文化和今日多姿多彩的地域风貌。

（二）船业研究

徐霞鸿《海上丝绸之路的“绍兴船”——重商的越地先人曾是海上丝绸之路兴衰浮沉的见证者》（《绍兴日报》2017 年 6 月 14 日）一文指出，早在几千年前，越地的先人们已经在这条海上丝绸之路中扮演重要的角色。与海上丝绸之路的发生与发展有着密切联系的越文化，不但奠定了海上丝绸之路的技术基础和精神基础，还直接见证了海上丝绸之路的兴衰浮沉。该文指出，重商的越地先人曾是海上丝绸之路兴衰浮沉的见证者，越地的航海传统可以追溯到史前，关于越人习水便舟，文献多有记载。越地的航海传统延续至今，其孕育的先进航海技术影响了中国沿海乃至整个环太平洋地区，为后来的海上丝绸之路奠定了技术基础。越地自古都是重要的造船基地。越地的重商传统，为海上丝绸之路输入了独特的精神内涵。海上丝绸之路上的主要商品，均与越地有不解之缘。

日本松浦章著、杨蕾等译的《清代华南帆船航运与经济交流》（厦门大学出版社，2017 年）一书，着重探讨了清代华南帆船在东亚海域内所扮演的角色。全书上下两编各有侧重点，上编侧重于文化层面的解读，分析历史文本，勾勒船神信仰、海上救助等历史面貌。下编侧重于经济层面的探讨，讨论了清代华南帆船往返福建、长崎、台湾、上海等地的经济活动，讨论了清代华南帆船航运与经济交流的意义。

广东省交通运输厅主编的《蔚蓝船说：广东商船船型变迁》(广东旅游出版社，2017 年)一书，主要以图片的形式，再现了自远古开始，一直到现代广东商船船型的变迁和发展，申明了广东商船历经时代的变迁，在海上丝绸之路发展兴盛的漫长历史长河中的基础作用。

郑海涛《清中期沙船商人探析》(江西师范大学硕士学位论文，2017 年)一文指出，道光四年，高堰漫口，河道浅阻，有碍漕运。经过海漕之争的辩论后，清廷决意承雇沙船进行海运。清廷士大夫认为沙船商人分布于长江河口通州、海门、崇明、宝山、南汇、太仓等州县。沙船字号的特征，多展现出沙船籍贯的地域分布情况。州县沙船数量多寡及其字号，反映出沙船商人的地域分布情况。道光六年海运承雇的沙船数量中，通州、崇明县、元和县所属沙船数量最多。沙船地域分布层次鲜明，州县所属沙船数量变化总体趋势也非常显著。长江河口一些州县沙船漂没琉球的遗迹，说明一些州县所属沙船数量与沙船商人情况亦不能忽视。相比道光二十八年、咸丰二年海运，沙船数量地域分布总体变化并不明显。三次海运承雇各州县沙船的数量，都较为清晰地呈现出沙船商人地域分布情况。府州之间沙船数量分布不均，其中以直隶太仓州、苏州府、直隶通州沙船数量居多，亦是沙船商人分布的主要区域。府州所属沙船数量的多寡受到经济、地理位置等因素的影响。同一府州区域内沙船数量分布不平衡，以通州、崇明、太仓、镇洋、元和、昆山等州县船籍居多，是沙船商人集中分布的主要州县。自康熙二十三年开海禁后，沙船商人即在清廷的严厉控制之下讨生活，畏官之心向来有之。在筹议道光六年海运前期，时任江苏巡抚张师诚盲目封锢商船，沙船商人畏官情绪加重。同时，在商业贸易所获重利的诱导下，部分船商排斥海运，狡诈诡辩，拒揽漕粮，甚至避匿海外，揽载客货。江省官员面对故意拒绝承揽海运的船商，亦制定相应的惩罚措施。陶澍、贺长龄等海运派官员为保障海运的正常进行，身体力行，亲赴上海，考察商情，制定相应措施，维护海运，保障船商切身利益，实现“互惠共赢”。官府在海运过程中的积极作为，赢得部分大船商的认可，粮米抵津交卸，船商未受扰累之困，商情大悦，使得船商积

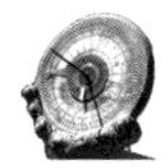

极性有所提升。但由于商业贸易能获重利，部分船商仍不热衷于海运，清廷筹议海运并未获得船商的全部认同。从海运的过程看，不论船商对承揽海运意愿如何，最终都将选择与官府合作，盖因传统社会下，商业贸易从属于政治。

佚名《中国古代造船业成就回顾》(《珠江水运》2017 年第 4 期)一文，追溯了夏商周两汉、隋唐宋元明时期中国的造船能力。秦汉造船业的发展，为后世造船技术的进步，奠定了坚实的基础。秦汉时期，我国造船业的发展出现了第一个高峰；汉朝，以楼船为主力的水师已经十分强大。唐宋时期为我国古代造船史上的第二个高峰时期。无论在船舶数量上还是质量上，都体现出我国造船事业的高度发展。一是船体不断增大，结构也更加合理，二是造船数量不断增多，三是造船工艺越来越先进。明朝时期，我国造船业的发展达到了第三个高峰。中国在航海船舶方面居于世界首位，登上了我国古代造船史的顶峰，为世界各国所称道。

二、经济贸易研究

郑学檬《唐宋元海上丝绸之路和岭南、江南社会经济研究》(《中国经济史研究》2017 年第 2 期)一文指出，唐五代广州呈现外需型(对外贸易)港口的某些特征，进出口货物带动了产业链延伸，促进了岭南、江南社会经济的发展。宋元时期岭南、江南港口数量增加，供需系统的各条产业链纷纷启动，岭南、江南以及西南的外向型经济某些产业表现强劲。唐宋元海上丝绸之路航海技术的进步则会影响贸易方式的改变。文章第一部分介绍了唐五代和宋元两个时期海上交通的发展及岭南、江南港口和外向型经济的产业链，第二部分分析了唐宋元航海技术对贸易模式的影响。

徐东升、毛蕾、靳小龙《推陈出新，探寻新的学术增长点——“唐代江南社会经济与海上丝绸之路”学术研讨会综述》(《中国经济史研究》2017 年第 1 期)一文提到，2016 年 8 月 26—27 日，厦门大学历史系举办了“唐代江南社会经济与海上丝绸之路”学术研讨会。来自国内高校、科研院所等机构的 40 多位专家学者参加了会议，提交论文 23 篇，对江南社会经济、海上丝绸之路及相关问题进行研讨。会议期间,武汉大学中国三至九世纪研究所教授、中国唐史学会会长冻国栋和中国社会科学院经济研究所研究员、中国经济史学会会长魏明孔作了精彩的开幕致辞;与会代表围绕相关主题进行交流和讨论;厦门大学历史系教授陈明光最后做大会总结发言。海上丝绸之路问题是此次会议讨论的热点,收到的论文主要集中在海上丝绸之路与社会经济的关系上。江南社会经济也是此次会议集中关注的问题,收到的论文内容的时间跨度从东晋南朝一直到南宋,涉及地区开发、乡里制度、土贡、麻布生产、土地等问题。

葛金芳《南宋海外贸易方式论析》(《决策与信息》2017 年第 5 期)一文指出,南宋时期的海外贸易方式主要有民营外贸和贡赐贸易两种。民营外贸由于为官营外贸提供物质基础,处于主导地位。在海外流通阶段,以民间舶商为主体的贸易相当频繁活跃,中外物资交流因此而扩大;在国内流通阶段,官营禁榷贸易与舶商自行货卖两者并存。后者市场主要集中于东南地区水陆交通枢纽和区域中心城市,这些地方也是商人推销舶货之所在。

高乔子《海上丝绸之路上的广东海商》(《广州航海学院学报》2017 年第 4 期)一文指出,在悠久的海上丝绸之路上,随着广东贸易的频繁、市场的扩展,逐渐形成了具有冒险精神、坚韧意志、灵活头脑、求变求新、善于捕捉商机的海商群体。广东海商群体在海洋商业活动的探索和创造中,留下了大量海商文化的物质遗存和精神成果。广东海商文化中敢为天下先的开放意识、兼容并包的多元意识、勇立潮头的创新意识,已成为广东发展的不竭动力。对海上丝绸之路上的广东海商展开研究,具有承上启下、继往开来的重要意义。

王日根《闽商是海上丝绸之路的拓荒者》(《福建日报》2017 年 5 月 2 日)一文指出,海上丝绸之路上的活跃人群之一是闽商。东南亚、中亚直至非洲东海岸是历史上海上丝绸之路的主要区域,数代闽商筚路蓝缕、辛勤耕耘,无论是官方组织的大规模航海行为,还是零星的民间航海行动,处处活跃着闽商、闽人的身影。郑和船队中的主要人物多是福建人,福建的山海经济随着海洋贸易的发展,具有了外向型的特征。

周建明《以海上丝绸之路为视角:普鲁士银币与中德贸易》(《区域金融

研究》2017 年第 12 期）一文指出，中德贸易兴起晚于其他西方国家，是海上丝绸之路的重要组成部分。中德贸易的发展，与海上丝绸之路的形成和发展有着特殊的关系。德国曾为最早航行中国的商船“普鲁士国王”号专门铸造与中国贸易相关主题图案的银币，为欧洲所仅见。中德贸易的兴起使中国与欧洲的贸易由最初的南欧、西欧延伸到欧洲的腹地，拓展了海上丝绸之路在欧洲的市场。该文指出，德国是欧洲与中国交往的迟到者，中德贸易兴起晚于其他欧洲国家。直至 18 世纪，普鲁士商船才出现在广州港口，作为迟到者，普鲁士对华贸易与其他国家有所不同，它甚至专门为对华贸易发行了银币，银币不仅成为中德贸易的交易媒介，更是海上丝绸之路弥足珍贵的历史见证。德国则极为罕见地发行了一种有中国商人和丝绸、瓷器、茶叶图案的银币，1752 年（乾隆十七年）远航中国的“普鲁士国王”号开创了中德贸易的先河。普鲁士国王批准为首航广州的商船铸造一批银币，银币所展示的图案其背后的历史背景和文化内涵是丰富的，与中国进行海外贸易的国家甚多，而直接印制有丝绸贸易和中国商人形象相关图案的货币，恐仅此一例。银币不仅见证了德国与中国通过海上丝绸之路进行贸易的历史事实，也反映了海上丝绸之路在欧洲以至世界广泛深远的影响。中德贸易拓展了海上丝绸之路在欧洲的市场。而德国在欧洲则具有得天独厚的地理位置。在中德贸易关系建立之前，中国与欧洲贸易交往主要在欧洲的南部和西部，而中德贸易关系的确立，使欧洲中部腹地纵深也与中国建立起了贸易关系，中德贸易的发展，使中国与欧洲的经济交往范围扩大，由欧洲的边缘地带延伸到欧洲的腹地部分，拓展了海上丝绸之路在欧洲的市场，其意义甚为深远。中德贸易已经成为两国经济发展中不可或缺的重要组成部分。

叶农、陈益歆《海上丝绸之路的新支点——鸦片战争后港澳对外贸易研究综述》（《海交史研究》2017 年第 2 期）一文指出，鸦片战争后至太平洋战争爆发之前的一个世纪里，港澳地区对外贸易与鸦片战争之前相比，出现了许多新局面。香港、澳门地区的对外贸易，推动了中国海外贸易的发展，续写了海上丝绸之路的新辉煌，成为海上丝绸之路的两个新支点。学术界关于此问题，在以下方面做过研究工作：史料的整理与出版；香港转口港形成、转口贸易发展、贸易制度；近代澳门海上贸易的兴衰；港澳与鸦片、苦力贸易；港澳贸易区域及粤港澳贸易关系；贸易走私与管制；港澳对外贸易参与者研究；与港澳对外贸易有关服务业问题。

袁晓春《海上丝绸之路朝鲜史料中的宁波海商》(《民族史研究》2017 年第 00 期)一文指出，朝鲜李朝《备边司誊录》为官方实录，文中记载了两艘宁波商船孙合兴商船、“顺茂号”商船的海洋贸易史料。宁波商船的船主跟船交易，商船中选用经验丰富的年长人员担任舵工(船长)，父子兄弟有时同为船员，往北方输送茶叶、酒，运回红枣、粉条等物产。同时，宁波海商、船员还搭乘福船，赴日本从事海外贸易。此外，文中还对宁波商船的货物价值、船员信仰佛教以及商船失事后焚烧船材取出铁钉带回等进行探析。

林仪《“海上丝绸之路历史上的移民与贸易”学术研讨会综述》(《海交史研究》2017 年第 1 期)一文提到，2016 年 12 月 23—24 日，由中国海外交通史研究会、泉州“海丝”申报世界文化遗产工作小组联合主办，福建省泉州海外交通史博物馆承办，德化陶瓷博物馆协办的“海上丝绸之路历史上的移民与贸易”学术研讨会在泉州海交馆召开。来自北京、江苏、四川、浙江、福建、广东、海南等高等院校、科研机构的 18 位专家学者参加了会议。会议共收到论文 19 篇。学术讨论分为四场，分别就海上贸易商品、航线、贸易网络，历史上经由海路迁徙海外的移民活动、移民社会以及文化适应等专题进行深入的学术交流。

周运中《西汉扬州海上丝路与岭南荃布考》(《扬州文化研究论丛》2017 年第 2 期)一文指出，西汉时期，在今扬州的江都王刘建用锦帛奇珍与华南进行海路贸易，获得的货物有荃布。颜师古认为荃布是细布、篃布。文章考证，荃布是广西所产的藉布、緆布，也即南宋周去非所说的广西苎麻布練子，读音接近，材质和产地都符合。可以装入小竹筒，故名篃布。广州是布的集散地，扬州是西汉中原和岭南之间海上丝绸之路的重要城市。西汉扬州输出的商品主要是锦帛，证明海上丝绸之路名副其实。

孟原召《“器成天下走”：外销瓷与海上丝绸之路》(《中国文物报》2017 年 7 月 28 日)一文指出，从历史文献和考古资料来看，中国瓷器的对外输出与海上丝绸之路的发展密切相关。唐、五代时期，特别是晚唐以后，瓷器开始大批输往海外，其由扬州、明州、广州等港口出发，销往东亚的日本列岛、

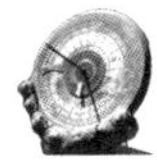

朝鲜半岛、东南亚各地区，并远销至西亚、非洲东海岸等地区。这一时期的外销瓷以越窑的青瓷、邢窑和定窑的白瓷、巩县窑瓷器、长沙窑瓷器等为主，闽粤沿海地区窑场所产的一些瓷器也是当时的外销品类之一。宋、元时期，制瓷手工业得到了空前发展和繁荣，也掀起了中国瓷器外销新的高峰，尤其是南宋和元代。明、清时期，特别是明代晚期至清代早期阶段，制瓷手工业格局与瓷器品种较之前代大变，出现了一些新的销售形式和瓷器类别，如订烧、纹章瓷等，这也促使中国瓷器外销进入一个新的发展阶段，外销区域进一步扩大。“器行天下”，中国瓷器销往海外地区，将具有中国传统特色的器形类别、装饰风格等传到了海外。海外市场的需求不仅刺激了中国制瓷手工业的发展，而且不少瓷器也吸收了一些外来文化因素，如品种、器类、纹饰等方面，瓷器风格适应了当地的特殊需要。与此同时，“技传海外”，中国的瓷器风格和制瓷技术也影响和流传到了国外地区，尤其影响了日本、朝鲜半岛制瓷手工业的发展，以及 18 世纪欧洲瓷器的成功烧制。瓷器，作为中华文明的伟大发明和象征之一，是悠久而绵长的海上丝绸之路上文化交流的生动写照。

周永卫《对早期华南海上丝路民间贸易的重新审视》(《地域文化研究》2017 年第 2 期)一文指出，丝绸之路至今已经存在 2000 多年，而以珍珠、香料、犀角、象牙等“宝货”为主的海上丝路民间贸易，同样历史悠久，影响深远。海上丝路早期的民间贸易在中外文化交流史上的重要地位因材料相对缺乏，常被忽视，应对其进行重新审视和定位。广义的海上丝路可以包含西南丝路或南方丝路。中西方两大文明直接对话始于海上丝路而不是陆上丝路，其原因发人深省，并与海路沿线民间贸易的繁荣不无关系。海上丝路和陆上丝路相伴而生，珠联璧合，相得益彰，共同构成了中国古代对外交往的两大重要通道。

这一领域著作不多，李冀平主编的《梯航百货万国商——海上丝绸之路货币与贸易(泉州)》(社会科学文献出版社，2017 年)一书指出，海上丝绸之路是中国与外国贸易往来和文化交流的海上大通道。该线路始于秦汉，繁荣于唐宋，转变于明清，包括东海航线和南海航线，是迄今所知较为古老的海上航线。历史证明，它是一条自由商贸之路、和平发展之路，也是一条东西文明对话、互学互鉴之路。它推进了人类文明进步，促进了沿线各国繁荣发展，是东西方交流合作的象征，也是世界各国共有的历史文化遗产。泉州是海上丝绸之路的重要起点之一，从唐到宋元时期，泉州的海外通商贸易繁盛长达400年，在12至14世纪，更被誉为"东方靠前大港"。文化的相互尊重和包容已沉淀为泉州这座城市永远的精神特质。今天的泉州，"海丝"遗迹随处可见，其中就包含了大量与"海丝"贸易相关的中外货币，它们的存在表明：由古及今，海上丝绸之路既是一条贸易之路，也是一条货币之路。货币，不只是交易通货，也承载着技术与文化，它们传播了不同地区间的文明，见证了当时贸易与交往的盛景，蕴含着极为丰富而重要的历史文化信息。该书让我们重识这些"海丝"货币以及相关文化遗存的历史，追忆当年沿线各国在海上丝路贸易中和平共荣的盛景。

杨晓波的《明朝海上外贸管理法制的变迁》（中国社会科学出版社，2017年）一书，在明朝前期的海上对外贸易管理法制方面，主要关注海上朝贡贸易法律体系的建立，明朝的海上对外贸易被政府赋予了浓厚的政治使命，立法者精心设计了一套合法的朝贡贸易体系。当然，贯穿全书的还有一条主线，即明朝海上对外贸易管理执法机构的变迁。值得一提的是，当前我国正在推进"一带一路"建设，大量的内容涉及对外贸易管理及其法治建设。明朝的对外贸易管理法制是服务于那时丝绸之路的法制，而且还形成了较为丰富的经验，可以为今天的"一带一路"建设所借鉴。

三、政治、外交和文化交流研究

（一）政治与外交研究

黄映晞《印度洋上的"珍珠"》（《中国农业金融》2017年第14期）一文指出，斯里兰卡原名"锡兰"，中文意为"光明富饶之地"。斯里兰卡拥有丰富的自然文化遗产，被人们称作"印度洋上的珍珠"；其上空飘散的浓郁香料味，使得这块土地充满异域风情，让人流连忘返。斯里兰卡地处印度洋，是"一

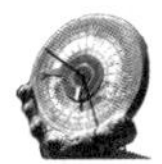

带一路”倡议中非常重要的一个支点。首都科伦坡的国家博物馆中就陈列着一块引人注目的纪念碑，是明朝三宝太监下西洋时在斯里兰卡建立的，碑顶镌刻着中国的图案和文字。这足以说明当时海上丝绸之路带给当地人的繁荣与富足。

吕文利《赵匡胤与海上丝绸之路》(《北京日报》2017 年 4 月 24 日)一文指出，当时的世界范围内，随着指南针发明、航海术发展，宋朝的海上丝绸之路也进入了空前繁荣的时期，海上贸易量居世界前列，宋朝成为当时最重要的海洋国家之一。宋太祖赵匡胤有马背上统一天下的魄力，也具备除旧布新的精神。除了平定南方，一统中原，赵匡胤在发展经济、促进海外贸易上颇有建树。在赵匡胤刚登基不久，就有三佛齐国来朝贡，此后宋朝与海外各国和地区的交流日益加深。971 年，宋军攻灭南汉后，赵匡胤在广州设市舶司，是宋王朝拓展海上丝绸之路的重要窗口。当时在市舶司贸易的商品，中国方面主要是丝绸和瓷器，外国商品主要有象牙、犀牛角、香料等，其中香料以乳香为最大宗。赵匡胤还非常重视科学技术的发展。

邱捷《清代广东丝绸出口与“海上丝绸之路”》(《学术研究》2017 年第 5 期)一文指出，丝绸的出口对广东的社会经济产生了很大影响，在晚清是促进广东早期现代化的重要因素，蚕丝业成为晚清民国初年广东商业的命脉。一般认为，海上丝绸之路始于秦汉，繁荣于唐宋，到明清则既繁盛而又发生了重大转变，鸦片战争后，海上丝绸之路就不复存在了。事实上，晚清丝绸出口对中国社会、经济的影响，也是空前绝后的。如果把视野扩大，那么晚清中外各方面的交流、冲突、融汇，更是远远超过鸦片战争以前。从这个角度看，认为鸦片战争导致海上丝绸之路的结束并不符合客观事实。

马啟亮《16 世纪以前南海丝绸之路上的通使活动》(《世界海运》2017 年第 9 期)一文指出，南海丝绸之路是汉代以来中国与东南亚及印度洋地区经济与文化交流的重要通道。在此航道上，使节及其所承载的通使活动，加强了古代中国与海外各国的联系，反映了各国间的和平交往，特别是礼物和贡品反映了物质文化的交流。总体而言，16 世纪地理大发现以前南海丝绸之路上的通使活动，可分为两汉、三国至隋、唐宋、元至明中叶四个阶段。

古小松《早期海上丝绸之路与中南半岛国家的建立》(《云南社会科学》

2017年第3期)一文指出，公元前3世纪秦朝拓展到岭南之前，包括红河三角洲在内的中南半岛地区尚处于原始部落社会时期。秦朝统一中原后，跨过五岭，将岭南纳入了中国版图。中原地区由长江水系的湘江南下，经珠江水系的漓江、西江、北流江，跨越桂门关分水坳，从南流江顺流而下达至北部湾地区。北部湾沿岸的合浦、徐闻、日南成为中国最南和最早由海上经中南半岛通往西域的起点，并形成早期的海上丝绸之路。中南半岛扶南、占婆等东南亚最早建立的国家依赖海上丝绸之路带来的贸易与文化而兴建起来。而红河三角洲的安南地区经过多年发展，宋朝初年从中国独立出来，建立了自主封建国家。

魏梦月、孙慧兰和张冰《从〈东西洋考每月统记传〉看鸦片战争前夕南海地区的"海上丝绸之路"缩影》(《学报编辑论丛》2017年第00期)一文，基于对《东西洋考每月统记传》"地理"与"市价篇"两个专栏的内容分析，从微观层面，勾勒出了鸦片战争前夕南海地区海上丝绸之路诸国贸易往来的概貌，为研究海上丝绸之路的发展沿革提供了可资借鉴的事实依据。

相关著作还有刘迎胜的《从西太平洋到北印度洋——古代中国与亚非海域》(南京大学出版社，2017年)一书，该书主要论述古代中国的海上丝绸之路，从西太平洋到北印度洋，讲述了宋元明清各个朝代中国与亚非国家的交流，并且展望了丝绸之路的未来与"一带一路"。

(二)文化交流研究

刘婷玉《明代海上丝绸之路与妈祖信仰的海外传播》(《中国高校社会科学》2017年第6期)一文指出，15、16世纪在西方的历史话语中常被表述为西方人的"大航海时代"，然而从海上丝绸之路的角度出发，中国的航海力量不可忽视。东西方文化在此时于海上丝绸之路发生碰撞，代表中国民间信仰文化的海洋女神妈祖，自宋元以来长期作为海上丝绸之路上重要的海神信仰，在这一过程中起了不可或缺的作用。16世纪欧洲的官方使节、传教士、商人和水手都记载了各自目睹的明代中国妈祖信仰，体现出妈祖对于基督教文明影响下的欧洲东来者的文化震撼。

该文共分为三个部分，分别介绍了明代丝绸之路与西方航海者东来，西

方使节及官方志书记载中的妈祖信仰，传教士眼中的妈祖信仰和西方商人、水手对妈祖信仰的观察。该文中指出，历史悠久的海上丝绸之路萌芽于先秦，开辟于秦汉，发展繁荣于隋唐，兴盛于宋元，曾经促成包括佛教、伊斯兰教和占城稻等物质文化与精神文化的中西交流，并且在宋代催生了中国的海神妈祖信仰，却在明代以郑和下西洋为标志由极盛转衰。这其中关键性的因素便是欧洲人东来，介入原有的海上丝绸之路贸易网，以殖民武装改变了海上丝绸之路“和平、友好、平等交流”的精神内涵，代之以西方中心的“地理大发现”。“西方中心”的历史书写使16世纪中西初遇海上丝绸之路的历史张力被长久忽视了。来自欧洲官方史书、传教士记载和商人行纪中的中国妈祖信仰的书写，体现了三个层次的西方对于中国宗教和文化的试探性态度。代表葡萄牙宫廷的使节被要求审慎地对待中国的信仰和习俗，他们试图同明朝廷建立正式的外交关系以获取商业便利，尽管屡遭失败，但葡萄牙国王唐·曼努埃尔一世仍然对来自中国的妈祖神像充满了好奇与兴趣。传教士则由于其特殊的宗教使命，更多地将代表中国民间信仰的妈祖视为基督教外的“异端”，有极强的对抗心理，因而屡屡出现在面对海上灾难时，传教士希望通过以基督教信仰代替妈祖信仰而遭到挫败的事例。但也正是由于传教士对宗教信仰信息的敏感，这个群体最为细致地记载了明代妈祖信仰的庙宇、神龛和仪式细节，参照当代宗教和人类学研究，不难发现妈祖信仰及其仪式在明代已经相当稳定且持续至今。民间层面的水手、商人则多以猎奇的心理记录了明代中国海洋文明中的妈祖信仰，他们一方面更容易将妈祖信仰同欧洲基督教文明已有的圣母相等同，另一方面又在与中国商人水手产生冲突时将妈祖信仰作为中国文化的代表性符号放在基督教文明的对立面上。正如最早提出“丝绸之路”这一概念的李希霍芬所说的：“正是丝绸之路，带给我们关于中国的知识。”不同层面的西方人对明代中国妈祖信仰的认知，既显示了明代海上丝绸之路上本就相当丰富的宗教文化因西方基督教文化的加入而产生的新碰撞，这些有关中国海上女神的知识又在17世纪的欧洲汇合成了对于中国的全新认识，影响着启蒙运动时代欧洲与中国的关系。

羊泽林、杨敬伟《福建松溪县西门窑发掘收获》(《东方博物》2017年第3

期）一文指出，松溪县西门窑是宋代闽北地区以烧造青瓷为主，兼烧部分酱黑釉瓷的窑场，产品种类较丰富，质量较高，窑业技术与浙江龙泉窑关系密切。其产品在西沙华光礁一号宋代沉船亦有发现，是福建一处重要的外销瓷生产地。

陈颖贤《浅议广东省博物馆藏唐代水车窑瓷器》（《客家文博》2017 年第 2 期）一文指出，20 世纪七八十年代，梅县水车、瑶上、畲江一带陆续发掘出土一批唐代精美陶瓷器。生产这批精美瓷器的窑址，经专家学者研究被正式命名为“梅县水车窑”。水车窑瓷器因造型精美、釉质莹润且具有一定的岭南地方特色而广受青睐，并远销海外。文章通过对水车窑的发现过程及馆藏产品的介绍分析，就水车窑瓷器的相关问题进行了探讨。

王元林《吴哥古迹出土陶瓷与海上丝绸之路文化交往》（《南方文物》2017 年第 2 期）一文指出，柬埔寨是东南亚考古学的一个关键地区，而吴哥古迹又是最主要的考古学遗址之一。百余年来吴哥古迹文物保护与考古发掘中发现了大量古代高棉陶瓷文物，还有中国、越南、泰国及欧洲等外来陶瓷遗物，以及近年来吴哥窑业考古、南海沉船考古的新进展，揭示了海上丝绸之路背景下吴哥文明与古代中国的经济往来和文化交往。

该文基于中国参与国际援助吴哥古迹保护与考古研究 20 余年的工作经历，结合吴哥古迹陶瓷考古、南海水下沉船考古等新发现及相关研究进展，以吴哥古迹出土中国陶瓷为主，对吴哥文明与海上丝绸之路文化交往的考古学研究提出体会，介绍了吴哥古迹出土陶瓷器的概况、海上丝绸之路背景下的吴哥出土中国陶瓷，从古代中柬窑业技术交流发现的线索、吴哥古陶瓷的科技监测分析、中国陶瓷在吴哥社会生活中的作用、吴哥对外交流的港口与通道四个部分阐释了古代中柬窑业技术与文化的交流。

施雪琴、许婷婷《海上丝绸之路与印尼民丹岛华人民间信仰的传播》（《海交史研究》2017 年第 1 期）一文指出，印尼廖内群岛的民丹岛古称长腰岛，是古代海上丝绸之路的重要枢纽，18 世纪来自中国的潮州与闽南的大量移民聚居民丹岛，种植甘蜜、胡椒并从事进出口行业，对民丹岛的开发做出了重要贡献。华人移民也促进了中国民间信仰在民丹岛的广泛传播。

文章指出，民丹岛地理位置非常特殊，处在新加坡、马来西亚柔佛州、印

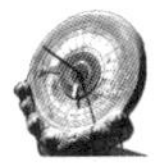

尼廖内群岛三角区域的核心，是古代海上丝绸之路的枢纽之一。历史上，民丹岛的繁荣与发展和华人的贸易与移民密不可分，随着华人移民的增加，华人的民间信仰也逐渐在民丹岛落地生根，成为多元文化景观的重要构成。该文考察了民丹岛的海上贸易、华人移民与民间信仰的传播，从中探寻民丹岛在海上丝绸之路的地位与华人民间信仰在海上丝绸之路沿线的传播与发展。文章由廖内群岛(民丹岛)与海上丝绸之路、华人定居点与民丹岛城镇的形成、民丹岛的华人庙宇分布、华人移民与大坡镇的古老庙宇四个部分组成。

郑婷婷《试析泉州海上丝绸之路上的文物史迹》(《文物鉴定与鉴赏》2017 年第 4 期)一文指出，海上丝绸之路是人类文明建设的重要成果，在世界文明发展进程中占据着不可比拟的地位。泉州作为重要的交通枢纽，具有丰富的文物史迹，彰显着独特的地域特色，同时也为海上丝绸之路赋予了新的文化内涵。文章主要针对泉州海上丝绸之路上的文物史迹进行系统的阐述与分析，介绍了泉州海上丝绸之路上的航海通商类文物史迹(古船的造型，包括龙骨、多重船板、水密隔舱，九日山祈风摩崖石刻)、宗教文化类文物史迹(三贤、四墓，基督教石刻，两教相容的开元寺)、城市建筑类文物史迹(海上船标——六胜塔，特色民居——蚵壳厝，通商门户——聚宝街、德济门)。泉州的文物史迹在航海通商、宗教文化以及城市建筑等方面都各具风格，富有特色文化气息，丰富了泉州优秀的历史文化，增添了地域强大的魅力。

张小琴《闽台神庙金身巡游和进香的文化探析——以清水祖师为例》(《湖北民族学院学报·哲学社会科学版》2017 年第 2 期)一文，以闽台及海上丝绸之路上清水祖师的巡游、进香文化现象为研究个案，采取田野调查法，应用社会资本理论，分析当前两岸关系乃至海上丝绸之路的发展走向。研究内容包括清水祖师主庙以及分灵庙宇的巡游、进香活动，闽南清水祖师主、分灵庙走向台湾区域以及海上丝绸之路的情况。其中，闽南区域庙宇采取了“交陪”联合方式走向海外；清水祖师在走向海上丝绸之路中，出现了与其他神庙金身“融合共奉”的现象。调查研究台湾区域、海上丝绸之路分灵庙宇回闽主庙开展巡游、进香活动，据此认为巡游、进香等信仰仪式发挥了中国文化“软实力”的作用，积极推进了两岸关系的良性发展，促进个体信徒、国家乃至海上丝绸之路等多方“合作共赢”的局面。

李艺《海上文化线路视域下中药外传线路考——以宋代为例》(《西部学刊》2017 年第 7 期)一文指出，海上文化线路是人类跨越海洋实现文化传播、交流、融合而形成的线路。中药作为我国的国粹之一，与丝绸、瓷器一道对外传播成为中华民族的骄傲，但在学术研究领域中药的外传几乎无人问津，重视程度远远不够。宋代指南针的应用和航海技术水平的提高，为物质文化外传提供了可能。这一时期中药外传的路径，分别为东北亚诸国的东线航路，东南亚诸国的南线航路，西亚、南亚诸国的西南航路。这些航路传播了中华文明，促进了沿线国家经济的发展，实现了各国文化的交流和社会的进步。

章小叶《黄檗文化研究的最新动态》(《福建师大福清分校学报》2017 年第 6 期)一文提到，为了弘扬黄檗文化，宣传隐元禅师东渡日本的历史意义，深入研究黄檗文化，2017 年 5 月 16 至 17 日黄檗山万福禅寺、福建师范大学福清分校、福清市黄檗禅文化研究会共同主办了“首届黄檗禅文化与海上丝绸之路高级论坛”，展开了一场跨国界、跨学科的高层次学术交流与研讨。文章围绕此次论坛收集的论文，从历史事件的文献史料、东亚经济共同体、文化艺术研究细化等三个层面进行综述梳理，从而了解黄檗文化研究的最新动态。

莫艳梅《〈诸蕃志〉:中西文化交流与海上丝绸之路的志书》(《中国地方志》2017 年第 5 期)一文指出，《诸蕃志》是我国首部系统记述海上丝绸之路的志书，它翔实记载了当时所知海外国家和地区的地理、交通、物产、风俗、国际贸易等，是宋人了解海外情况与从事海外贸易的重要参考，是今人研究古代中外关系与海上丝绸之路的重要文献。《诸蕃志》的译注是一项跨国工程，1911 年德国汉学家夏德和美国汉学家柔克义合译成英文本，在西方反响热烈；经数代中国学人的引介，译注最终回归中国，先后有冯承钧《诸蕃志校注》、韩振华《诸蕃志注补》、杨博文《诸蕃志校释》出版，充分反映了中西文化交流与志书的顽强生命力。

《诸蕃志》，南宋赵汝适(1170—1231)撰写，成书于宝庆元年(1225)，分

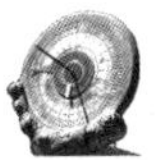

上下两卷，所记海外情况与海外交通贸易，比欧洲《马可·波罗游记》早 70 多年，比元代汪大渊《岛夷志略》早 120 多年。19 世纪末，《诸蕃志》受到西方学者的关注。1911 年 9 月，夏德、柔克义合注的英译本，由俄国圣彼得堡皇家科学院印刷所刊行，在译注中，夏德、柔克义共征引西文文献 263 种、中文文献 57 种，富有史学价值。《〈诸蕃志〉：中西文化交流与海上丝绸之路的志书》第一部分介绍了《诸蕃志》的记述内容。《诸蕃志》主要以海外国家和地区为记述对象，对中国国内的记述很少（流求除外），详细记载了各国的地理、交通、物产、风俗、国际贸易等，基本反映了宋代海上丝绸之路的盛况，是一部纯粹的异域志书。全志前有自序，后有附录，分上下两卷。上卷《志国》，设 46 个目，分别介绍 57 个海外国家和地区的地理、交通、物产、风俗、国际贸易等；下卷《志物》，设 48 个目，分别介绍从各国至中国泉州的大宗贸易近 50 种。《诸蕃志》记述海上丝绸之路沿线国家和地区数量之多，是前所未有的，是南宋周去非的《岭外代答》所记海外诸国数量的近 3 倍。除专门介绍的 57 个国家和地区以外，志中提及的国家更多，东至今天的日本，南达印度尼西亚各群岛，西至非洲及意大利的西西里岛，北达中亚及小亚细亚，地域之广，为当时罕见。专记物产种类之多，叙述之详细，也是当时所未有。因《岭外代答》成书早于《诸蕃志》，赵汝适撰写《诸蕃志》在一定程度上借鉴了《岭外代答》的体例以及一些内容，可以说《岭外代答》对赵汝适写《诸蕃志》有重要影响，《诸蕃志》对元代汪大渊写《岛夷志略》又有重要影响。第二部分介绍了《诸蕃志》著者生平及成书背景，提出《诸蕃志》的价值不可小觑。第三部分介绍了《诸蕃志》独特的史料价值。其一，记述了海上丝绸之路各国的地理位置、航道。该志以泉州为中心，由近至远，不仅记述各国的地理方位、自然环境，还描述了从中国泉州到达各国的具体航道以及日程，为外国来华朝贡以及商人从事海上贸易提供了参考。其二，记述了海上丝绸之路各国的风土民情。该志记载了海外国情、风土民情，对当时舶商、蕃商了解当地地情，入乡随俗，开展海外贸易，是十分有利的，也是很实用的。其三，记述了海上丝绸之路的大宗商品以及国际贸易。其四，填补了国内、海外历史的空白。在《诸蕃志》之前，虽有《岭外代答》，但后者所记国家和物产的数量没有《诸蕃志》的多，有的记述内容没有《诸蕃志》的详细，因此补史之缺、详史之略，是《诸蕃志》的独特价值之一。

陈容凤《赤石茶市史迹考察》(《福建文博》2017年第4期)一文指出，赤石作为盛极一时的茶市，是武夷茶输出的交通要地，记录了武夷茶的贸易史。它不仅是清代武夷茶市的重要组成部分，也是民国时期茶叶研究与教育的基地，承载了一段振兴中国茶业的历史。文章通过调查与赤石相关的茶文化史迹遗存、挖掘文献资料，阐述了赤石茶市在清代武夷茶市的重要地位。

王晓云《埙篪相和 一脉同气——论闽台回族之关系》(《北华大学学报·社会科学版》2017年第2期)一文指出，福建良港众多，历史上是中国对外交流的重要区域之一。唐宋元时，大量来华穆斯林落户福建各地，形成了许多著名的穆斯林家族。在明清至民国的向外移民浪潮中，福建回族后裔迁台渡海，在辛苦开拓和戍守台岛之时，心系祖地，以各种方式怀念族人和记忆乡土，共同企盼两岸一统。

马捷等的《清代中越海上丝绸之路中药交流研究——以“中医药文告”一则为例》(《第十九届全国药学史本草学术研讨会暨2017年江苏省药学会药学史专业委员会年会论文集》,2017年)一文的目的是解析清代海上丝绸之路中药交流状态。方法是利用文献考据等，对清代海上丝绸之路相关“中医药文告”所涉及本草药物与《冯氏锦囊秘录》记载药物进行比较分析。结果是《急救立止吐血灵方》以“活血”“止血”药物为主，兼以“行气散瘀”药物为辅，立法为“行血凉血、理气祛瘀”，其法源于《冯氏锦囊秘录》。结论为“中医药类文告”的应用与传播，证明了中越中医药交流互通，并从一个侧面也证明了中药与他国医药在海上丝绸之路上的交汇与融合。

林国平《海神信仰与古代海上丝绸之路——以妈祖信仰为中心》(《福州大学学报·哲学社会科学版》2017年第2期)一文指出，海上丝绸之路的开辟，根本动因是海上贸易和海外移民，而精神支柱则是海神信仰。海神信仰贯穿于航海始终，它既反映了时人对海上巨大风险的畏惧心理，又体现了航海者借助海神信仰战胜各种艰难险阻的必胜信念，两种心态交织在一起，后者占主导地位。福建是海上丝绸之路的最重要起点之一，闽人不但在海上丝绸之路的开辟中厥功至伟，而且还创造了包括妈祖在内的诸多海神。没

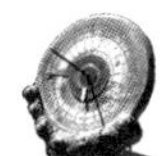

有海神信仰便不会有海上丝绸之路的开辟，没有妈祖信仰就没有海上丝绸之路的延续与繁荣。

侯水平《从唐诗看蜀与海上丝绸之路》(《中华文化论坛》2017 年第 7 期)一文指出，蜀地盛产丝绸。唐代诗人对蜀锦蜀绣之美多有赞誉；蜀地桑蚕纺织品沿长江顺江而下，抵达金陵、扬州等地进而远销东南亚和南亚诸国的盛况也为唐代诗人孜孜不倦地记述。唐诗为蜀地作为海上丝绸之路当之无愧的重要商贸之地提供了佐证。

魏志江、魏珊《论宋丽海上丝绸之路与海洋文化交流》(《东疆学刊》2017 年第 1 期)一文指出，宋朝与高丽朝之间的海上航路，是中韩两国历史上海上丝绸之路的重大发展，宋丽海上航线先后经过由山东半岛的登州(今山东蓬莱)至高丽翁津(今朝鲜海州西南)航线变迁为宋明州(今浙江宁波)到高丽的礼成江碧澜亭(今开城西海岸)航线。宋丽海上丝绸之路，不仅体现了两国物质贸易的繁盛，也承载着两国人文往来和精神文化的交流。

曾建生《中国古代海上丝绸之路诗歌与廉洁文化建设》(《广州航海学院学报》2017 年第 2 期)一文指出，反腐倡廉是古代海上丝绸之路诗歌所吟咏的一大主题。其对今天的廉洁文化建设具有多层面的启示，诸如：加强个人修养，搞好家庭教育；结交诤友，成为诤友；完善选人用人制度；等等。挖掘其中的积极内涵，古为今用，乃当下政治文明建设的良策之一。

司徒尚纪、许桂灵《黄道婆对棉纺织业的贡献与我国海上丝绸之路》(《新东方》2017 年第 3 期)一文指出，宋末元初棉纺织革新家黄道婆，流落海南黎区学习先进棉纺织技术，后回到故乡松江乌泥泾，传播并创新发展了棉纺织技术，使长三角崛起为我国最大的棉纺织业基地。黄道婆以自己的棉纺技术成就和贡献，以棉纺织品形式，通过商业贸易，参与当时的海上丝绸之路，并对后世产生了深刻影响。其在海南时，以黎族棉织品输入大陆，假道闽广商人参与海上丝路；其在上海，则通过大规模纺织品的商品性生产和贸易，远销国内外，对海上丝路发展做出积极贡献。海南和上海的海上丝路，都离不开黄道婆棉纺织技术的作用和贡献。

夏明来《青花瓷的海上丝绸之路》(《检察风云》2017 年第 12 期)一文指出，在元代通过海上丝绸之路，中国的陶瓷，尤其是“青花瓷”大量输往国外，对世界产生了极大的影响，不仅改变了人们的生活方式和审美习惯，更是推动了世界陶瓷的发展，带动世界陶瓷业的发展走向了多元化的方向。青花瓷是景德镇四大名瓷之一，是中国陶瓷的典型代表，是具有民族语言的一个陶瓷品类，在元代开始出口国外。在中国陶瓷史中，元代是陶瓷艺术的分水岭。在元代之前，中国陶瓷的审美是以造型为主的，如宋代的陶瓷器皿，以纯净的釉面质感和造型的考究为尊。在元代之后，中国陶瓷开始走上以绘画为主的道路，画面的构图、发色、技法都是审美的元素。青花瓷便是分水岭时期的典型代表。随着青花瓷在中西亚地区日益受欢迎，在满足国内的需求外，明清时期的青花瓷外销更是达到了鼎盛，输往了更遥远的欧洲国家。青花瓷输往亚洲国家时，受到了伊斯兰国家宗教文化的影响，极大地丰富了中国陶瓷造型的种类。随着青花瓷的传入，瓷器开始成为欧洲人民常用的日用器具。青花瓷单方面地从中国传入欧洲到欧洲人主动来样定制，一方面给欧洲带去了东方文明，让世界了解了中国的陶瓷艺术，另一方面也反哺了中国陶瓷艺术。

蔡定益《海上丝绸之路视角下的浮梁近代红茶历史》(《蚕桑茶叶通讯》2017年第4期)一文指出，浮梁近代红茶的兴衰与海上丝绸之路有重要关系。早在唐宋元明时期，浮梁茶就大量通过海路运销到海外。19世纪由于西方人喜好红茶，浮梁红茶随之崛起。清末民初是浮梁红茶的高峰时期，民国时期逐渐衰落。浮梁红茶衰败的根本原因是海上丝绸之路茶贸形势的变化。

李一鸣、李洁宇、黄海蓉《古代海上丝绸之路与海南妈祖信仰关系初探》(《新东方》2017年第3期)一文指出，古代海上丝绸之路的兴起，不仅推动了海南岛的开发和经济社会发展，而且促进了妈祖信仰在海南岛的传播和盛行，其关系主要体现为：一是宋元以来随着海上丝绸之路的进一步发展，中国东南沿海地区与海南的海上贸易日益繁荣，同时，这些地区的人们大量移民进入海南岛，以及明代郑和七次下西洋的盛举，促进妈祖信仰在海南的传播和流行；二是来自闽、粤等地的移民和商人，积极倡建和参与修复重建妈祖庙宇；三是在空间分布上，海南妈祖信仰主要集中在沿海港口、津渡等，甚至在中国南海诸岛也多有分布。同时，海南妈祖信仰还沿着海上丝绸之

路，广泛传播至海外。

吴石坚《广州番禺学宫与明清海上丝绸之路》(《岭南文史》2017 年第 4 期)一文指出，广州城内有广府、番禺和南海三座学宫，即孔庙，其中番禺学宫保存至今，是岭南文脉之所在，还是广州海上丝绸之路的重要文化史迹。文中指出，番禺学宫是岭南入学文化的重要阵地，培养了大批士子和人才。陈子壮、黎遂球等番禺学宫生员，成为明代著名的抗清英雄，对南明史有着积极的影响。南明特别是永历政权，又与海上丝绸之路有着密切关系。番禺学宫与行商子弟教育有着密切联系。行商在致力于发展对外贸易的同时，十分重视儒学教育。著名行商潘启家族和梁经国家族的多位子弟曾为番禺县学生员，著名的有潘有为、潘正炜、潘正亨、梁纶枢、梁肇煌、梁肇晋等人。因此，番禺学宫是明清海上丝绸之路的重要史迹。番禺学宫建立以后的多次修缮，均得到名宦、学者的支持，行商积极参与其中，反映了中国商人捐资办学的优良传统。这也是商学合一在番禺学宫中的体现。

刘章才《茶文化西传与海上丝绸之路》(《中国社会科学报》2017 年 4 月 6 日)一文指出，海上丝绸之路因丝绸贸易而得名，茶文化作为中国优秀传统文化的重要部分，通过海上丝绸之路，对世界文明的发展做出了重要贡献，成为中华文化影响西方文化的重要之"翼"。饮茶资讯通过海路西传，茶叶贸易通过海上丝绸之路进行，茶树通过海上丝绸之路传播。

叶岗、陈民镇《越文化与海上丝绸之路的发生与发展——兼及对"一带一路"战略的启示》(《绍兴文理学院学报・哲学社会科学》2017 年第 2 期)一文指出，越文化是一种半农耕半海洋的文化，其内蕴的海洋性特征为海上丝绸之路奠定了技术和精神的双重基础。目前中国最早、最丰富的史前舟船遗物发现于越地，越地的先进航海技术影响了中国沿海乃至整个环太平洋地区。正是基于开放、包容的心态，基于开拓、创新的精神，以及渊源有自的重商传统，越地成为孕育海上丝绸之路的温床，并成为后来海上丝绸之路的重要一环，日本列岛、朝鲜半岛对中国文化的吸收以及东亚文化圈的确立与其密不可分。近年的考古发现表明越地作为"世界丝绸之源""瓷之源""中国茶文化之乡"实至名归，而越地出产的丝绸、瓷器和茶叶在海上丝绸之路中也扮演着重要的角色。越文化的发展道路，对于今天建设 21 世纪海上丝绸之路、复兴海上丝绸之路不无启示意义。

王永平《杭州绳技:海上丝绸之路传来的印度魔术》(《北京日报》2017年4月17日)一文指出,14世纪来华游历的摩洛哥旅行家伊本·白图泰(1304—1377)在访问杭州时,观赏过一个神奇的魔术——通天绳技,这个魔术是通过海上丝绸之路从印度传来的,并传播到日本和欧洲等世界各地,成为跨文化交流中一个栩栩如生的艺术范例。这个魔术是由绳技、肢解两部分组成。蒲松龄在《聊斋志异》中也记载了一个大致相同的故事《偷桃》,在主要情节上与伊本所见高度相似,从伊本·白图泰眼中的神奇魔术到蒲松龄笔下的《偷桃》故事,中间应该还有一个过渡阶段,这个阶段就在明代,明代偷桃类绳技大量涌现。唐代嘉兴绳技是伊本·白图泰所见神奇魔术在中国的最早源头。可见,印度"通天绳技"也是跨文化交流中的一种重要的艺术形式。

张赛群《华侨华人与"海上丝绸之路":基于历史和现实的思考》(《东南亚纵横》2017年第3期)一文指出,早期华侨经由海上丝绸之路出国,主要定居在海上丝绸之路沿线国家,并依赖海上丝绸之路贸易生存发展,因此历史上海上丝绸之路成就了华侨,而华侨也为历史上的海上丝绸之路的繁荣做出了自己的贡献。致力于和平、共赢发展的21世纪海上丝绸之路建设同样需要华侨华人的建言献策、牵线搭桥和直接参与,同时也为华侨华人提供了发展机遇,因此,华侨华人与21世纪海上丝绸之路建设合作共赢。

毛章清、郑学檬《8至14世纪海上丝绸之路的跨文化传播考察》(《厦门大学学报·哲学社会科学版》2017年第4期)一文指出,8至14世纪的海上丝绸之路,既体现了东西方的物质生产和物质交往,又体现了精神生产和精神交往。经由海上丝绸之路所发生交往关系的人和物,都是传播媒介;借此传播媒介所传递的种种信息,因其模糊性和变幻性,引发双方的无限想象。此类"无限想象"本身又成为传播的信息。海上丝绸之路所引发的物质交往和精神交往,是西方人对传统中国认知观念变革的重要原动力。这种建构在浪漫想象基础上的"东方形象"是一个复合体,既有形而下的贸易和战争,又有形而上的哲学、宗教和艺术,互为交织,既是复杂的历史进程,也是复杂的传播活动。考察西方的文化认知对构建"东方形象"的具体影响,可以较

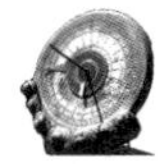

好地阐释海上丝绸之路从形而下到形而上，又从形而上到形而下传播活动的变化过程。

夏立平《妈祖文化在海上丝绸之路建设中的作用》(《珠江水运》2017 年第 5 期)一文指出，妈祖文化是中华民族海洋文化的精华，海上交通贸易及沿海港口开发的历史，更与妈祖信仰有着密不可分的关系。妈祖文化是两岸命运共同体的桥梁之一，妈祖文化可以推动 21 世纪海上丝绸之路形成区域共同价值观。

郭建勋《明代妈祖文化传播及其合法地位的确立》(《云南社会主义学院学报》2017 年第 2 期)一文指出，明代妈祖文化传播与传承具有许多不同的特点。一方面，修建妈祖行宫成为海内外妈祖文化传播的重要形式；另一方面，妈祖文化发展成为朱明政权对外文化交流的重要内容。同时，伴随着明代大规模的海上外交活动，妈祖文化逐渐得到海外各国的认可，并在古丝绸之路沿线国家和地区确立了地位，走出了国门，融入了世界，逐渐演变成为世界海洋文化。

刘恒武《图像观识与海上丝绸之路史》(《学术月刊》2017 年第 12 期)一文对海上丝绸之路的研究内涵做出了解释，认为海上丝绸之路历史研究多停留于屏面的文献检索、纸面的文本解读，而结合由物、象及人的遗物考察，兼重以场、迹及事的遗迹调查，还原历史叙事之真相和复原历史景观之原貌较少。该文探讨了如何利用图像资料使海上丝绸之路的史脉得到可视化、具象化的准确呈现。文章分为四个部分，分别探讨了由此岸到彼岸——图像遗物移动的追迹，“画”“像”照合——绘画与雕刻的互鉴，以“款”辨“图”和以“铭”识“像”，实相与虚相。该文认为，越海追迹、画像互鉴、款铭兼察作为海上丝绸之路历史图像资料解析的几个要项，让我们看到利用图像资料使海上丝绸之路的史脉得到可视化、具象化的呈现。另需指出，随着研究的深入，我们发现这些图像史料具有相当的独立性，还应注意在解读图像时应重视图像自身的系谱。有些海上丝绸之路史像游离于文本史料之外，唯有借助图像史料才能得到揭示。对绘画、雕刻、器物等图像资料的解析，将会有助于揭示海上丝绸之路交流的实相。

汪欣《南音：海上丝绸之路的丝竹乡韵》(《中国社会科学报》2017 年 12

月 21 日)一文指出,海上丝绸之路起始于西汉初年,它不仅促进了中国与亚非欧各国的政治、经济、文化交流,也带来了港口城镇的兴盛繁荣。泉州便是海上丝绸之路必经的港口重镇。南音,发源于泉州,以泉腔闽南方言演唱,故又称泉州南音,是南洋闽南籍华人心中永不磨灭的思乡之曲。南音源自汉唐宫廷燕乐,是由中原古乐与闽地民间音乐融合而成的古老乐种,以闽南语演唱,是闽南语地区人民社会文化生活的重要内容,也是闽南文化不可或缺的组成部分。对于生活在中国东南沿海的闽南人来说,唱南音、听南音是他们的生活。东南亚的南音组织,有从事专业表演活动的南音社团,也有会馆的南音组。同遍布东南亚各地区的宗祠会馆一样,南音是南洋闽南籍华人民族认同的文化符号。可喜的是,南音已入选《人类非物质文化遗产代表作名录》。

张瑾《见证海上丝绸之路“徐州站”奥秘》(《徐州日报》2017 年 2 月 28 日)一文提到,2015 年 6 月,平整土地时煎药庙西晋墓地现身,由南京博物院、徐州博物馆、邳州博物馆组成的联合考古队对墓地进行了抢救性考古发掘。从 2015 年 7 月到 2016 年 9 月,联合考古队对煎药庙墓地进行了调查、勘探,共发掘 9 座墓葬,全部为带斜坡墓道的前后室砖室墓,形制结构完整,随葬品摆放位置明确,出土了随葬品 300 余件。考古专家从 8 号墓中的刻铭砖判断,该墓地应该属于西晋时期下邳国的高级贵族墓葬。墓群葬品中发现了舶来器物。2017 年,在邳州新河煎药庙西晋墓地考古成果专家论证会上,中国社会科学研究院学部委员刘庆柱表示,煎药庙西晋墓地是目前发现的全国唯一没有被盗过的西晋贵族墓葬群,历史信息极为完整丰富。煎药庙西晋墓地的发现,是江苏西晋考古史上的重大收获,它弥补了西晋考古中丧葬制度与埋藏制度研究资料的空白,为研究徐州地区西晋墓葬制度提供了珍贵的实物资料。发掘出的鹦鹉螺杯及玻璃碗,为研究东西文化贸易与交流提供了有利的实证,也为进一步认识江苏地区在当时“海上之路”的走向提供了线索。

王国平《故宫文物讲述“海上丝绸之路”的故事》(《光明日报》2017 年 5 月 9 日)一文提到,2017 年 5 月 8 日,“紫禁城与‘海上丝绸之路’”展在京开幕。15 世纪新航路的开辟,将海上丝绸之路沿线的文明和中华文明联系起

来，销往海外的中国特产深受追捧，并出现了根据国外要求来样加工制作的产品。同时，域外的各种物品也被源源不断地输入中国。这是北京故宫博物院首次利用院藏品举办的反映海上丝绸之路的大型展览。展览共展出各类文物珍品140件(套)，这些文物主要来源于明、清两代贡使往来的礼品，外国传教士带来的礼物，宫廷采购与定购、奉旨由宫廷或地方作坊仿造的舶来之作等，集中反映了明、清两代跟外部世界的交流与互动。其中，展出的粉彩纹章瓷盘就属于来样加工产品。

郑宏《紫禁城与"海上丝绸之路"》(《团结报》2017年7月27日)一文指出，古老的丝绸之路打开了中国对外往来的门户，随着"大航海时代"的到来，中外贸易与交流更加频繁，销往海外的中国产品深受各国人民的喜爱和追捧，同时，域外的科学思想、工艺技术、仪器、医药及香料、宝石等生活用品也漂洋过海，源源不断地输入中国，其中一些还通过各种渠道进入宫廷，融入王朝政治和宫廷日常生活，甚至对宫廷产生了影响。北京故宫博物院藏有与海上丝绸之路有关的各类珍品文物，形象地概括了明清宫廷赏赐给各国使臣及传教士的礼品的去向。种类多样的西洋物品既反映出当时西风东渐以及中国融入世界的历史脚步，也承载着中国宫廷内中、西科学和艺术持续接触、碰撞以及不断交流和融合的历史进程，中西方文化"交互参酌"。故宫收藏的这些文物是当时海上丝绸之路最高端、最奢华的产品代表，它们见证着紫禁城以其至高无上的地位，通过海上丝绸之路与外部世界的互动与交流，体现出当时最高层次的文化致用。

这一领域的著述较多，如王建富主编的《海上丝绸之路浙江段地名考释》(浙江古籍出版社，2017年)一书，共分为"海上丝绸之路浙江段重大地名解读""古代海上丝绸之路浙江段地名考释""21世纪海上丝绸之路浙江段地名选录"三篇，其主要内容包括：宁波——海上丝绸之路的千年枢纽港；舟山群岛——海上丝绸之路的古津要塞等。

郭杰忠的《海上丝绸之路：陶瓷之路——景德镇陶瓷与"一带一路"战略国际学术研讨会会议论文集》(中国社会科学出版社，2017年)中，共包括40余篇论文，主要就"海上丝绸之路上景德镇陶瓷的地位与价值""陶瓷之路上的外销瓷""'一带一路'与景德镇陶瓷发展战略""瓷器贸易与中外陶瓷文化交流”等议题开展学术交流。

韩维龙、易西兵的《海上丝绸之路广州史迹》(广州出版社,2017 年)一书指出,广州的海上丝绸之路史迹是先民留给广州的宝贵历史财富。该书分七章:南越国宫署遗址、南越文王墓、光孝寺、南海神庙、怀圣寺光塔、清真先贤古墓、琶洲塔。内容包括各史迹的概况、与海上丝绸之路的关联价值等。

吴桂就的《丝路邮记——方寸世界中的海上丝绸之路》(广西教育出版社,2017 年)一书是以海上丝绸之路为主题的普及性、知识性大众读物,该书试图以点带面,以邮说史,从港口群的某一港口出发,沿着相关航路线性展开,全面介绍海上丝绸之路的起源、发展、社会影响及历史贡献。

江勤政的《中国和斯里兰卡的故事》(五洲传播出版社,2017 年)一书,分为追忆篇、友谊篇、合作篇和交流篇四部分,其中追忆篇的内容包括海上丝绸之路上中国与斯里兰卡同行、千年佛缘从这里开始、中斯佛教交流薪火相传、郑和碑——中斯友谊的历史见证、亚烈苦奈儿事件、锡兰王子及其后人的传奇故事等。

刘伟的《“一带一路”故事:古丝路发现与交融》(外文出版社,2017 年)一书,从丝绸之路的起源与背景开始,阐述什么是丝绸之路,以及它的形成背景;然后讲述丝绸之路的历史演进,包括陆上丝绸之路、海上丝绸之路的历史以及丝绸之路在近代史上的地位;最后论述丝绸之路上的文明交流,包括物质文明交流以及思想与文化交流。

熊显华的《海权简史:海权与大国兴衰》(台海出版社,2017 年)一书指出,人类社会自进入海洋时代,海权的重要性就变得不容忽视,随着中国开始在海军力量上持续发力、南海争端不断以及海上丝绸之路的提出,海权的影响力更深入到每一个人身边。该书是作者多年悉心之作,通过对历史上重要海权强国逐篇逐章的分析与解读,让读者能够洞察海权与大国兴衰之间清晰而紧密的关系,以更好地适应未来中国迈向海洋的脚步。

黄挺的《中国与重洋:潮汕简史》(生活·读书·新知三联书店,2017 年)一书,力图扼要而清楚地向读者讲述潮汕的历史。潮汕是今天中国大陆东南沿海的一个小区域,北枕群山,南濒大海。因可耕地很少,潮汕人一向

有以海为田、在波涛里闯荡谋生的传统。至今，海内外的潮汕人保留着许多富有特色的民情、民性、民风、民俗，其中令世人瞩目的便是移民和经商的传统。至于这种文化如何造就，该书首先强调地理因素的长久影响，这个地域的发展一直与海洋世界紧密相连，潮汕是海上丝绸之路网络的一个重要节点，潮汕历史的发展得益于这一网络的扩展和繁荣。在此基础上，该书重点讨论了不同来源的多种文化，以何种形态和方式在这一区域相互交流、对抗、包容和融合，从而形塑了潮汕文化的特点。与潮汕社会变迁相关的历史事件，也在这样一个框架下得到解说。

庄维民的《山东海上丝绸之路历史研究》（齐鲁书社，2017 年）一书指出，山东地处“一带一路”两大倡议的交汇处，是中国古代对外贸易的重要货源地，也是古代北方对外交往的重要门户和海上丝绸之路的重要发源地，在海上丝绸之路的起源和发展过程中占有重要位置。随着国家“一带一路”倡议的实施、海上丝绸之路申报世界文化遗产的提出和山东海上文化廊道建设工作的展开，有关山东海上丝绸之路的研究进入兴盛时期。与此同时，关于丝绸之路的历史研究和现实应用研究也得到了沿海相关城市政府的重视，引起了大众媒体和社会公众的关注。顺应社会与学术发展的需要，2015 年山东社会科学院历史研究所组织专门的研究团队，开展了相关研究，并将此项研究作为研究所“创新工程”的一项支撑课题。课题研究旨在系统梳理山东海上丝绸之路的历史发展历程，揭示其演进的轨迹，了解其发展趋势，探讨不同阶段的特点和影响，总结借鉴其中的历史教训，通过对其中经验教训的总结，寻求当下促进山东海疆文化建设的对策，以期能为推进海上丝绸之路研究提供助力。

徐苹芳的《丝绸之路考古论集》（上海古籍出版社，2017 年）收录了徐苹芳先生关于丝绸之路考古的所有论文，以沙漠路线、草原路线、西南丝路、海上路线为经线，以时间为纬线，对丝绸之路上的遗址、出土文物以及相关的生活习俗进行了研究，是丝绸之路考古研究中具有代表性的著作。

赖永海的《丝路文化研究》第 1 辑（商务印书馆，2017 年）以“一带一路”全方位对外开放建设为背景，既研究陆上丝绸之路和海上丝绸之路的文化和历史，又将研究视野拓展至当下，延伸至“一带一路”沿线国家和地区，深度解析了国际当代经济发展趋势，是中国用东方文化和东方思维关照世界、引领世界经济发展的体现，对“一带一路”倡议的推进具有一定的理论指导意义。该期设有“特稿”“丝绸之路经济带历史文化研究”“海上丝绸之路历史文化研究”“丝路沿线国研究”“人间佛教研究”“区域宗教文化研究”“‘一带一路’文明互鉴访谈录”七个栏目，共收录了《“一带一路”与佛儒交融》（赖永海）、《唐代敦煌道教中清信弟子经戒传授考论》（刘永明）、《台湾佛教探源》（刘玉增）等 14 篇文章。

耀智的《莲开一路——海上丝绸之路佛教文化之行》（宗教文化出版社，2017 年）叙述了丝绸之路与佛教文化的传播。

西汉南越王博物馆编的《南越王墓与海上丝绸之路》（广东人民出版社，2017 年）则对丝绸之路上的南越王墓进行了研究。

陈庆庆、李戬的《海上丝绸之路》（四川少年儿童出版社，2017 年）一书指出，海上丝绸之路是古代中国与世界交往的海上通道，中外各国的物产、文化和科技通过它实现了传播与交融。

四、沉船研究

丁见祥《沉船考古与海上丝绸之路》（《中国文物报》2017 年 7 月 14 日）一文指出，沉船是古代航海事件与海事风险的直接体现，沉船考古也由此成为水下考古、海上丝绸之路研究的重要内容。沉船考古尤其是沉船调查的区域化处理，具备了海洋史学的基础，也可较大限度避免“大海捞针”，是一种自然而然的选择。从海域历史地位、航路交通实况、航海风险分布等因素看，海峡具备了沉船考古资源富集的先天条件。在沉船考古中不能机械地谈论具有特定含义的“区域系统调查”。“水下考古区域调查法”的作业要点是结合异常点形态、水底地形、水下地物、海洋动力等，对探测结果进行解译和判读，对图像异常点的可靠性进行分类分级，然后进行水下考古调查确认。图像分析与水下确认相互比对、分析，最终形成复杂背景下的沉船探测与识别方法以支撑“水下考古区域调查法”的调查实践。海上丝绸之路遗存内涵之发掘、诠释固然重要，而文物资源的保护同样不可轻忽。

崔波《南京举办“海上丝绸之路—沉船与贸易瓷器国际馆长论坛”》(《中国文物报》2017 年 12 月 1 日)一文提到，为加强国内外海上丝绸之路的研究和相关博物馆交流，2017 年 11 月 28 日“海上丝绸之路—沉船与贸易瓷器国际馆长论坛”在南京市博物馆举办。本次论坛是中外博物馆界、学术界共同研讨，促进海上丝绸之路相关遗址遗迹研究和展示的盛会。参会代表经过热烈讨论，签署了《海上丝绸之路国际博物馆合作南京共识》。

辛光灿《东南亚发现的沉船与海上丝绸之路》(《中国文物报》2017 年 8 月 11 日)一文指出，东南亚地处印度洋—太平洋贸易圈的要道，是东西海洋贸易的重要十字路口。在东南亚海域发现并打捞出多艘载有大量货物的沉船，那里足以充当东西海上贸易繁荣景象的见证者。东南亚人、印度人、阿拉伯人率先掌握了适应季风的航海技术。中国人直接加入海上贸易的时间比较晚，以前发现的海外沉船资料显示，9 世纪以后中国海船才开始驶向海外。沉船中保留下来的货物绝大部分是陶瓷器，或者还有一些金属器、玻璃器、宝石等其他材质的物品。14 世纪及以前沉船比较著名的有“黑石号”沉船、“井里汶”沉船、“印旦”沉船、“玉龙号”沉船等。明代中期的沉船中，东南亚窑口如泰国青瓷、越南青花瓷等的数量猛增，而中国陶瓷的份额下降。文章还介绍了海路上的东南亚与东西文明的碰撞，辛文认为东南亚与中国官方的接触最早的历史记载可以追溯到汉代，东晋著名和尚法显在《佛国记》中详细介绍了他到印度求法的经历。唐代对海路的记载更为丰富。海上丝绸之路既是贸易往来的交流之路，也是宗教、文化的传播之路。

陈颖贤《“万历号”瓷器，一艘沉船的青花传奇》(《收藏·拍卖》2017 年第 5 期)一文指出，中国拥有 300 多万平方公里的领海，18000 多公里的海岸线。自汉代起，由于船舶的承载量大、有避免陶瓷器等沉重易碎物品在陆路颠簸而造成破损等优势，海上丝绸之路得以开通。茶叶、丝绸、瓷器等商品大批量装上商船后经由海上通道运往世界各地。在这个商贸的过程中，船舶经过大海洗礼后，有的顺利到达目的地赚取了丰厚的利润，有的却未能经得住惊涛骇浪或遭受劫掠而永远沉睡于海底，“万历号”便是明代万历年间(1573—1620)一艘沉睡于海底的沉船，其出水的诸多瓷器，更见证了中国瓷器外销的一段辉煌历史。

（一）"南澳Ⅰ号"的研究

崔勇《"南澳Ⅰ号"沉船与明代海上丝绸之路》(《中国文物报》2017年6月16日)一文指出，"南澳Ⅰ号"沉船位于广东汕头南澳海域，沉船发现于2007年5月。"南澳Ⅰ号"沉船的发现填补了水下考古的多项空白，对于我国水下文化遗产保护事业的发展具有重大意义，而且有助于进一步认识明代海外贸易体系，可谓是海上丝绸之路上的一颗明珠。经过三年的考古发掘，"南澳Ⅰ号"沉船的基本结构得以揭露。沉船出水各类文物约3万件，包括瓷器、陶器、金属器、石器、骨器、漆木器及各类有机遗存，出水铜钱近2万枚。其中，瓷器数量最大，品种繁多。明代的海外贸易，大致可以隆庆为分野，即前期的贡船贸易时期与中后期的商船和私货贸易时期。隆庆开禁只是针对个别地区的部分开放行为，并不具有代表性，所谓的"贡船"本质上讲由明代官家垄断海洋，因而"禁"才是贯穿始终的政策。15世纪以后，人类文明的历史发生了重大转折，地理大发现开启了不同文明之间的联系之门。"南澳Ⅰ号"沉船的内涵正是不同文明、不同地区间物质文化交流的直接证据。

陈穗芳《"物证"汕头："海丝"重要门户》(《潮商》2017年第4期)一文指出，汕头沿海地区保存了丰富的海上商贸文化遗存，而南澳岛一带，在明朝时更享有"海上互市之地"的美誉。明代古沉船"南澳Ⅰ号"在汕头市南澳县"三点金"海域被发现。截至2012年打捞工作结束，发掘出的船载货物中，瓷器最多，各类文物共27282件。"南澳Ⅰ号"古沉船是迄今为止发现的明代沉船里舱位最多、在我国出水器物数量最多的古代沉船，还是迄今为止中国发现的唯一一艘明代晚期的商贸船、第一艘满载"汕头器"的海上商船，充分反映了当时海禁时期的广东港口依旧繁荣、制瓷技术的不断发展和海上丝路的延续，进一步佐证了汕头南澳海域在明代已是中外舶商进行贸易的重要场所，也是当时海上丝绸之路(或叫陶瓷之路)的重要通道之一，是国际贸易货物的转运、集散中继站与必经之路。古商船"南澳Ⅰ号"，使汕头作为海上丝绸之路主要出海口之一的历史地位再度得到确认。作为海上丝绸之路的重要节点，汕头一直是中国古代海上对外经济、文化交流的最前沿。

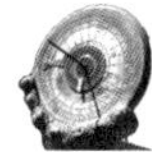

（二）“南海Ⅰ号”的研究

孙键《“涨海声中万国商”——“南海Ⅰ号”与海上丝绸之路》(《中国文物报》2017年6月9日)一文指出，“南海Ⅰ号”沉船位于广东川山群岛海域，于20世纪80年代末期发现，后经整体打捞移入广东海上丝绸之路博物馆内，是我国水下考古的重要发现，亦是海上丝绸之路上的重要遗迹。“南海Ⅰ号”是一条载满货物的南宋时期的外贸商船。船上运载的货物和船体本身，对于研究中国古代造船史、航运史及海外贸易提供了重要线索。“南海Ⅰ号”之所以在该海域被发现并不是偶然的。首先，沉船海域自古以来就是海上交通的必经之路，是连接中国与外部世界的要冲。更为重要的是宋代在经济、科技、文化、艺术等方面，都达到了中国封建社会的顶峰，为通过大海沟通不同文明的海上丝绸之路设备的日趋完备奠定了基础，也成为稍后的“大航海时代”先声。“南海Ⅰ号”的发掘不仅填补了南海丝绸之路研究的空白，使这一沉睡于海底近千年的文明使者得以复苏，重新活跃于中国与世界交流的国际舞台上，更是我国经济文化能够持续发展的强有力的注释。

李嘉曾《两艘古船的启示——海上丝绸之路与开放型世界经济》(《群言》2017年第4期)一文介绍了两艘古船“南海Ⅰ号”和“中国皇后号”。该文认为“南海Ⅰ号”见证开放型经济源远流长，首先，它印证了我国宋代社会经济的高度发达；其次，它见证了开放型经济的兴起与发展。“中国皇后号”体现经济全球化势不可挡。200多年前驰骋大洋的美国货船，从纽约起锚远航，开启了驶向中国的历史性航程。这次航行被媒体誉为“美国商业史上的一个里程碑”，它体现了两个方面的深刻意义，一是开放型经济能够互惠互利，谋求双赢、多赢的好结果；二是经济全球化为历史的必然，大势所趋，不可阻挡。

陈进东、邓佳《出水陶瓷文物保护修复方法概述——以“南海Ⅰ号”出水陶瓷为例》(《文物鉴定与鉴赏》2017年第10期)一文指出，保存至今的陶瓷文物普遍存在多种病害，这些病害危及文物的安全，因而对陶瓷文物的保护修复迫在眉睫。出水陶瓷尤其是海洋出水的陶瓷文物，因其复杂的病害机理而逐渐被文保工作者所关注。作者参加了2016年国家文物局举办的出水陶瓷文物脱盐技术培训班，通过短期系统的理论学习与保护修复实践，以2件“南海Ⅰ号”出水的宋代瓷器作为保护修复案例，试着探析出水陶瓷文物保护修复流程，并对现有修复技术手段提出了若干理解和看法。

杨睿《中国“南海Ⅰ号”考古与保护》（《中国文物报》2017年7月7日）一文指出，“南海Ⅰ号”是中国发现的第一艘沉船，也是一处价值极重要的水下文化遗产。“南海Ⅰ号”沉船的成功整体打捞为沉船今后的整体发掘、整体保护、整体展示等创造了可控的环境和极佳的工作条件，也为世界范围内的沉船保护提供了新思路和新理念。“南海Ⅰ号”的发掘方式最终确定为按照陆上考古的方式进行，发掘工作取得了显著成果。“南海Ⅰ号”沉船是长宽比较小、安全系数高、耐波性好、装货量大的“福船”类型，船体保存较好，存有一定的立体结构，这在以往的中国沉船考古中较为鲜见。保护工作是与发掘同步进行的。“南海Ⅰ号”文物保护工作的对象包括船体及出水文物。“南海Ⅰ号”正处于海上丝绸之路贸易最为兴盛的时期。“南海Ⅰ号”承载的如此丰富的遗物，是了解当时海上贸易的重要实证材料，显示了当时中国与国外贸易的主要内容，证实并补充了历史的相关记载。

谢梦《“南海Ⅰ号”出水铜镜的保护修复》（《文物鉴定与鉴赏》2017年第12期）一文指出，铜镜既是人们日常生活中不可或缺的梳妆用具，又是精美的工艺品。宋代铜镜形制独特、题材多样，是铜镜发展史上的一座里程碑。南宋沉船“南海Ⅰ号”出水铜镜数枚，除有田野考古出土青铜器常见病害外，高含盐量和被覆凝结物是最重要的两个特征。利用X射线探伤评估铜镜的腐蚀程度，XRF（X射线荧光光谱分析）检测铜镜及其病害成分，确认器物病害状况，根据检测结果制定保护修复的技术路线，有针对性地对其进行清洗、脱盐、加固和封护。

束维《“南海Ⅰ号”所承载的佛山古代冶铁业》（《佛山日报》2017年7月4日）一文指出，2007年水下考古工作对“南海Ⅰ号”整体打捞时，发现大量黑色铁锅重叠，黄伟宗指出，这批铁锅就是当时名震天下的佛山铁锅，杨龙胜指出，研究发现“南海Ⅰ号”的沉没之因，竟与商船大量铁锅位置摆放不当有关，为佛山铁锅盛世提供现实考证。从宋代到明清时期，佛山铸铁业十分发达，一直到西方工业革命前，佛山都是中国最大的铁锅出口基地。佛山红

模铸造法被赞为“19世纪工业奇迹”，泥模岗是佛山铸造业的见证。

李政《“南海Ⅰ号”考古工作见证中国水下考古30年的历程——“南海Ⅰ号”发现与研究国际学术研讨会在阳江召开》（《中国文物报》2017年11月28日）一文指出，为纪念“南海Ⅰ号”发现30周年，11月25—26日，“南海Ⅰ号”发现与研究国际学术研讨会在广东阳江海陵岛召开。会议围绕“南海Ⅰ号”调查、发掘、展示与研究，中国水下考古的回顾与展望，海上丝绸之路学术研究，国际视野下的水下文化遗产保护等话题展开演讲和探讨。国家文物局副局长宋新潮、联合国教科文驻华代表处文化项目专员Gurung Himalchuli女士、阳江市市长温湛滨分别在开幕式上致辞。广东省文物局局长龙家有主持开幕式。30年来，“南海Ⅰ号”以精彩纷呈的考古成果向世人展示了海上丝绸之路的历史风采，成为迄今为止我国最为重要的水下考古成果，也见证了中国水下考古从无到有、逐步发展壮大的历程。对研究中国乃至整个东亚、东南亚的古代造船史、陶瓷史、航运史、贸易史等有着特殊和重要意义，同时也为海上丝绸之路的千年传承提供了坚实论据。与会代表还就海洋贸易与文化交流、水下考古探测技术、出水文物保护等展开了热烈的讨论。

（三）“华光礁一号”的研究

赵嘉斌《西沙海域水下考古与海上丝绸之路》（《中国文物报》2017年6月23日）一文指出，西沙群岛地处古代海上丝绸之路的重要航线上，是我国通往东南亚、印度洋乃至欧美各国的海上交通要地。该海域岛礁林立，海况复杂，文献中称之为“千里长沙”或“万里石塘”，是古代航海事故多发地带。因而，该海域有着丰富的水下文化遗存。鉴于此，20世纪，围绕西沙群岛海域的考古工作得以持续开展，尤其是90年代以来的水下考古调查和发展，取得了令人瞩目的成果。20世纪90年代，西沙群岛已有古铜钱的发现。1998年12月至1999年1月，中国历史博物馆等单位对西沙群岛的北礁、石屿、银屿、华光礁等海域进行了水下考古调查，发现了14处水下文化遗存，并对“华光礁一号”南宋沉船遗址做了抢救性试掘。2007年，中国国家博物馆、海南省文物局重启水下考古工作，对“华光礁一号”沉船遗址进行了全面的大规模考古发掘,取得了丰硕成果。这是我国第一次开展的远海水下考古发掘工作,也是西沙海域水下考古工作进入持续开展阶段的转折点。西沙海域的“华光礁一号”沉船,因其地处南海贸易重要航线上,为研究南宋时期海上丝绸之路的发展提供了宝贵的实物资料,具有重要的学术意义。自2009年始,水下考古队连续对该海域开展了水下文物普查和文物执法巡查工作,取得了新的成果。随着巡查保护工作的常态化,各类破坏活动减少,文物巡查效果显著。西沙海域发现的这些水下沉船和遗址,正是这种海外贸易政策不同时期变化的反映。

刘爱虹《“华光礁Ⅰ号”沉船出水陶瓷器概览》(《文物天地》2017年第6期)一文指出,在强大的季风和台风时期,航行船只在西沙群岛的华光礁极易触礁。“华光礁Ⅰ号”共发掘陶瓷器、铁器等各类文物近万件和船体构件511块。“华光礁Ⅰ号”中发现的瓷器部分为东南亚国家和地区特定烧制的产品,作宗教或祭祀活动之用,属富有特色的典型外销器类。另有一部分景德镇窑、龙泉窑的产品,数量较少,精美异常,应为船主自用之器,或为随船携带的馈赠之资。据此推断,“华光礁Ⅰ号”沉船出水的这批瓷器应是从泉州港组织货源起航,其外销的目的地应是东南亚地区。“华光礁Ⅰ号”出水青白瓷居多,青瓷次之,酱褐釉最少。“华光礁Ⅰ号”沉船出水陶瓷器中各类青釉、青白釉的碗、盘占了绝大多数,为来自福建沿海地区的民窑产品,属于粗瓷产品。“华光礁Ⅰ号”沉船出水大量粉盒,说明粉盒不仅国内女性使用,也大量销往海外。文中还介绍了执壶、罐、瓶等。“华光礁Ⅰ号”沉船货物堆放有序,按类归置,属于船货,正是繁荣外销经济的明证。

施泳峰《海南省博物馆收藏的“华光礁1号”南宋沉船出水文物》(《团结报》2017年7月6日)一文,简单介绍了“华光礁1号”的发现、发掘和展出,指出“华光礁1号”南宋沉船的始发港口是福建泉州港。在出水的一件青白釉碗的底部发现了“壬午载潘三郎造”楷书款识,从而判断出“华光礁1号”南宋沉船的沉没时间约在宋宁宗赵扩嘉定十五年(1222)。海南省博物馆收藏有“华光礁1号”南宋沉船的大部分出水文物,文中选取其中的2件进行了介绍。一是宋代松溪窑青釉花卉纹碗。为民窑产品,符合东南亚市场的需求,所以可以判断“华光礁1号”南宋沉船航行的目的地是东南亚地区的

港口。二是宋代同安窑黄釉花口碟，同安窑的产品通过泉州港远销海外，目前在东南亚地区出土有大量福建同安窑生产的瓷器。

尤梦瑜《精密“拼图”复原“华光礁Ⅰ号”》(《海南日报》2017 年 5 月 22 日)一文提到，文物修复实验室搬进了博物馆展区内，“华光礁Ⅰ号”沉船船板残骸就浸泡在去离子水中，在经过第一阶段的脱盐、脱硫后，利用三维激光扫描、高清纹理拍摄技术对每一块残骸进行数据采集，它们的立体形态、纹理、尺寸等多种信息都被精确测量、记录。几年之后，将基于这些数据实体复原出这艘当年乘风破浪的古船。但是，也面临一定的困难，如数千块残骸数据采集工作繁重；推测残骸原属位置很困难；面对数千块残骸，三维“拼图”难度颇大。

五、郑和研究

(一)郑和及相关人物考证研究

王善铸《扬威海外 远播文明——世界航海第一人郑和》(《云南档案》2017 年第 12 期)一文指出，明代郑和远航的成功，标志着海上丝路发展到了极盛时期。郑和七次下西洋，在中国乃至世界历史上都是伟大的创举，史无前例，不愧是少数民族和中华民族的骄傲。

万明《新发现〈郑和写经〉初考》(《安徽史学》2017 年第 1 期)一文指出，写经与刻经是佛教史上一种虔诚的礼佛方式，郑和一生施财印刻了多部佛经，已为学界所熟知。新发现的永乐十二年(1414)《郑和写经》现藏于龙美术馆，为郑和与佛教关系又提供了一件重要的实物证据。文章从这部写经的发愿文谈起，结合相关考古及传世文献等资料，论证这是《郑和写经》的首次发现，并对写经内容及其目的做了初步探讨。

陈平平《今南京郑和墓与其海上丝绸之路申遗问题考析》(《南通航运职业技术学院学报》2017 年第 3 期)一文指出，今之南京牛首山郑和墓，是江苏省文物保护单位，具有象征性的纪念意义，现已被列为海上丝绸之路南京遗迹申遗的备选申报点。指认和确定该墓的主要依据是民间传说和推测，缺乏文献记载和文物实证的确凿依据，疑点多多，存在“五说”的争议，其真实性难以被认同，其完整性也已不复存在，仍是一个有待研究考证的问题。因而，作者认为该墓不宜申报国家文物保护单位和海上丝绸之路中国世界文化遗产南京遗迹申报项目。

王志高《关于郑和的葬地问题》(《南京晓庄学院学报》2017 年第 3 期)一文指出，通过对文献资料的系统梳理可知，清《康熙江宁县志》关于郑和葬地的记载相当可信。1935 年，罗香林在狮子山西南麓乌石村调查发现的“黄琉璃瓦”处与郑和葬地及坟寺确实存在较大的关联性。据新见清光绪十年(1884)“郑和后裔郑锡萱元配陈氏墓碑”记载，郑和坟寺为广缘寺。广缘寺与罗香林发现的“黄琉璃瓦”处实为同一地点，推测就在今大世凹南，而真正的郑和葬地则在广缘寺后(北)，今后应该加强这一地区的全面考古勘探工作。

张江齐、陈现军《郑和牵星图导航技术研究》(《地理信息世界》2017 年第 5 期)一文指出，《1421：中国发现世界》作者加文·孟希斯(Gavin Menzies)将中国的海洋文明推向 15 世纪初，这个历史命题令世界震惊，郑和航海图就是证据之一。“郑和航海图”记录了郑和舰队巡航南海，远航印度洋国家的探索过程。该地图发现于明《武备志》240 卷，是一种传统的中国导航牵星图和针路图，充满了许多待解之谜。文章对郑和航海图中“更数”所代表的现代概念的距离和速度进行了研究，发现帆船航行“更数”的距离和速度在不同的地区存在差异；牵星图中的星座只能用来确定纬度坐标。文章还将郑和航海图和现代地图做了实验对比，在进行大气折射校正后，郑和航海图的纬度坐标能够准确显示在现代谷歌地图中。在郑和航海图的许多航点上，我们可以在谷歌地图中准确找到带有明显中国特点的航海基地。

华惠的《名垂青史：郑和》(辽宁人民出版社，2017 年)一书指出，郑和远航是古代传统的一次历史性总结，同时也是一个新时代的开始，在世界文明史上具有里程碑般的意义。郑和是中国航海的第一人，在某种意义上，也是世界“大航海时代”的第一人。该书讲述了郑和的生平，着重介绍了其七次下西洋的故事。郑和七次下西洋的壮举，不论是规模之大、人数之多，还是航程之远，在世界航海史上都占有重要的地位，都是伟大而仅有的。郑和下

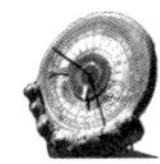

西洋增进了中国与亚非国家的经济文化交流，成果辉煌，影响深远。

（二）郑和下西洋研究

刘明翰、陈月清《郑和七下西洋对海上丝绸之路的贡献——郑和下西洋的伟绩同西欧早期殖民扩张的对比》（《大连大学学报》2017 年第 5 期）一文指出，从郑和与达·伽马和哥伦布的远航对比中，说明因不同的背景、目的和影响，其结果与性质迥异。明成祖的天下观与中国传统的协和万邦对外思想，引领郑和作为和平使者，扩大了中国同亚非各国人民的友好交往，促进了彼此之间互通有无的经济文化交流，而在西方殖民扩张的世界秩序论指导下，达·伽马和哥伦布的远航，则给亚非拉的人民带去了一个整整持续了三四百年的殖民主义暴力侵略、掠夺的时代。郑和下西洋对海上丝绸之路发展做出了突出的贡献，充分贯彻和体现了华夏文明天下观的伟绩，是永载世界史册的。新时代的中外交往是我国历史上中外交流的继续和发展。

徐晓望《论郑和下西洋与明朝构建大同世界的梦想》（《中共福建省委党校学报》2017 年第 12 期）一文指出，明代初年，明朝是世界上经济文化最强大的国家，有意向海外发展，建立以仁义价值观为核心的大同世界。郑和远航时代建立的遍及南海及印度洋的朝贡体系就是为了实现这一目标。不过，由于郑和下西洋开支过大及国际形势的变化，明中叶以后，明朝不得不放弃理想，回归现实。

朱亚非《郑和下西洋时期明朝对印度洋之经略》（《理论学刊》2017 年第 2 期）一文指出，郑和七下西洋，印度洋区域是其活动的主要舞台。郑和遵循明成祖制定的外交方针，在所到之处大力宣传明朝广交邻国的方略，调节各国矛盾、冲突，发展与各国的经济贸易，维护了明朝船队在印度洋的航行安全，减轻了潜在威胁，从而树立了明朝的大国形象。郑和在印度洋区域的活动，是以经济互利推动外交，以文化交流促进外交，以促使各国团结和睦拓展外交，以军事力量为后盾维护外交成果，并最终取得了巨大成功。

王磊《郑和下西洋对明朝对外贸易的影响考究》（《兰台世界》2017 年第 17 期）一文指出，明朝时封建制度逐渐呈现衰落的趋势，而处于世界中心地位的中国，其影响力也有所动摇。明成祖为了加强与其他国家的联系，宣扬本国国威，便派郑和七次下西洋，郑和下西洋的时间之长及规模之大在中国的航海史中是空前的。郑和及其航海活动所取得的成就已经达到当时世界航海事业的顶峰，对中国与亚洲、非洲一些国家的政治经济文化交往做出了巨大的贡献。

董龙梅、成积春《从郑和下西洋看历史中“和”“礼”文化对国家形象的塑造》(《唐山师范学院学报》2017 年第 4 期)一文指出，明王朝和平友好的外交政策是以儒家“和”与“礼”外交理念为理论基础的，郑和下西洋是明王朝外交政策的成功实践。郑和在下西洋的整个过程中，始终以明朝和平友好的外交政策为宗旨，以建立和发展同各国人民的友好关系为使命，“宣德化而柔远人”，郑和七下西洋出色地完成了和平友好的使命，塑造了明王朝和平友好、以礼待人、慎战修睦的国家形象。

廖莉茹《郑和与哥伦布航海差异的文化归因探究》(《兰州教育学院学报》2017 年第 11 期)一文指出，15 世纪，世界兴起一股巨大的航海热潮，中国郑和下西洋、西方哥伦布发现新大陆都为世界航海史做出了巨大贡献。值得注意的是，这二者之间存在着巨大的差异，而这些差异充分反映了中西方文化传统的差异。文章旨在探究造成二者之间差异的深层文化因素。文章从农耕文化与商业文化、重用和平与好战尚争、多元信仰与一神崇拜、天朝心态与欧洲中心论四个方面阐释了郑和与哥伦布航海的文化差异，认为中西传统文化是他们之间差异的内在根源，而这两次航海事件也是中西方文化差异的外在体现。

刘鹏、马红宏《从历史影响的角度看郑和下西洋与地理大发现》(《学理论》2017 年第 5 期)一文指出，从历史影响的角度看，郑和下西洋与地理大发现各自拥有独特的影响和意义。总的来说，郑和下西洋在局部范围内拥有更深层次的影响，放眼全球，地理大发现则拥有更为广泛的历史意义。微观与宏观，深度与广度，局部与全局，郑和下西洋与地理大发现虽各有特色，但都推动了历史的发展进程。

叶冲《永乐时期中国在东南亚区域的经略——以郑和下西洋为中心的分析》(《暨南史学》2017 年第 2 期)一文指出，从现代国际关系理论的视角看，郑和下西洋的重要性，或可理解为永乐时期的中国在海外经略，并成功

地在东南亚区域建立了一种单极体系。这是永乐时期的中国兼具实力和意愿的结果，当时的中国综合运用多种方式，发挥主导国家的作用与影响力，保证了东南亚区域的稳定和安全。尤其值得注意的是，郑和下西洋时期东南亚区域所发生的一些重大事件和关联活动，从某种程度上反映了永乐时期中国在处理海外关系时的立场态度和政策取向。

汪汉利《明代西洋回回与中国海上交往》(《回族研究》2017 年第 4 期)一文指出，明代马欢的《瀛涯胜览》是记录郑和下西洋的权威文献，为研究 15 世纪中国与西洋国家海上关系提供了参照。该文以《瀛涯胜览》所记伊斯兰国家为中心，结合《明史》《西洋朝贡典录》及国际学界研究成果，从"西洋穆斯林""海上交往"和"海上贸易"三方面分析西洋穆斯林与明代中国交往情况，探讨西洋穆斯林在郑和下西洋活动中所起的作用。

林荃《郑和下西洋的基本条件与科技保障》(《回族研究》2017 年第 3 期)一文指出，郑和下西洋的基本条件，其一是，明王朝建立后，朱元璋施行休养生息、"藏富于民"的政策，招抚流散人口，减免租税，计民授田，鼓励垦田，特别是施行大规模的屯田，推行卫所制，使军屯制度化，成为明代基本的军事、经济制度。其二是，依靠强大的国力，大力发展海军，建立起强大的特混舰队，使郑和能够率领远洋特混舰队七次下西洋，创建世界航海史上的丰功伟业。其三是，明王朝洪武、永乐年间，政局稳定，和平繁荣发展，可以派出京师精锐禁卫军官兵组建的庞大的远洋舰队，委派郑和统率庞大宝船队，"耀兵异域，示中国富强"，开辟和发展"海上丝绸之路"，大力发展和平、睦邻友好的海洋外交。除了三个基本条件，还有当时世界上最先进的科学技术，保证了郑和宝船大队七次远航西洋的胜利。

庞建君《郑和下西洋对我国陶瓷外销的推动》(《中国港口》2017 年第 S1 期)一文指出，郑和下西洋是我国明代社会政治、经济、科学发展到一定阶段的外交行为。它使明政府与非洲等航线沿海国家建立起广泛的友谊，并对双方的发展产生重大的历史影响，同时促成了海外贸易的迅速发展，而陶瓷的销售乃是外贸事业中的一个重要部分。近年来，在郑和下西洋所经过的国家和地区，大多发现了明代初、中期的瓷器，被一些学者称为"瓷器海岸"。郑和下西洋标志着明代海外陶瓷贸易进入了一个新阶段。

董昌明的《郑和下西洋中的海洋学》(科学出版社,2017 年)一书,从专业视角剖析郑和下西洋中的海洋学问题,详细解析郑和航海中所遇到的季风、海流与区域性海洋状况。从东海海段、南海海段、马六甲海峡、印度洋海域、非洲沿海地区 5 个方面分区划段分析郑和下西洋的历史故事与航海过程中涉及的海洋学问题。通过考察历史资料、历史古迹,以及处理海洋、大气和气候原始资料,原创性地再现了郑和下西洋的海上经历。该书结合历史,从严谨而科学的独特角度,重新审视、接触、了解郑和下西洋的全景全貌,希望借此增强我国海洋实力的多层次、多角度发展,为海上丝绸之路建设贡献力量。

综观 2017 年的研究状况,在各个领域皆有新成果出现。从中我们可以看到这一年研究的某种大致趋势:(1)"海丝"文化研究成果依然遥遥领先;(2)经济交往研究呈现逐年下降趋势;(3)海上丝绸之路上的港口和地方文化研究依然受重视;(4)著作大量增加。这说明中央和地方对文化研究的资助力度越来越大,下一年的成果估计会更丰硕。

(本章作者:贾庆军,宁波大学人文与传媒学院副教授)

第四章　海上丝绸之路与中西政治经济交往

中国不仅有广袤的陆地，也有漫长的海岸线，中华文明在海陆文明的滋养之下成长。汉唐以来，中国通过海陆丝绸之路与东亚、东南亚、中东和欧洲等地区进行频繁的政治、经济与文化交流。海上丝绸之路相较陆上丝绸之路开辟时间虽然较晚，但其交流范围更大，持续时间更久。海上丝绸之路上风帆高扬，货物满载，人员穿梭，把中国与东亚、印度洋沿岸国家及非洲、欧洲诸国连接起来，在建立起全球市场的同时，也初步进行政治沟通与文化交流。改革开放以来，中西交流日渐频繁，促进了中国海上丝绸之路学术研究的发展，研究领域不断扩大，新的研究机构相继成立，研究队伍也不断扩大，研究成果更是增长迅速，学术旨趣也与世界学术前沿接轨。2017 年度中国学术界频繁召开海上丝绸之路相关学术会议，发表了大量论著，相关研究取得了新的进展。

一、中西政治交往研究

古代中国因地理和文化因素，对外政治交往有限，但随着海上丝绸之路的发展，中国与西方国家的政治交往日渐增多。长期以来国内学术界比较关注古代海上丝绸之路上中西经济贸易往来及文化交流，对中西政治交往关注不多。随着中国改革开放及政治经济的发展，中西政治交往历史越来越受到中国学术界的重视。本年度学者们对中国海洋文明与海疆史研究、中国与西方大国之间的政治交往等进行了较为深入的分析，尤其关注中国与英、美、法、荷、葡等西方大国的政治交往,并对西方视野中中国形象的变化进行了较为深入的探析。

(一)海洋文明与海疆史研究

长期以来,陆地思维一直是学术界的主流意识,学术界对海洋历史文化关注不多。进入 21 世纪后,随着中国经济的发展与国力的提升,尤其是 21 世纪海上丝绸之路倡议提出之后,加强海洋文明研究与应用传播,唤醒国人海洋意识,成为时代需要,中国学术界关于海洋文明研究的热情随之高涨,本年度关于这方面的成果不少。

鱼宏亮《超越与重构:亚欧大陆和海洋秩序的变迁》[《南京大学学报(哲学·人文科学·社会科学)》2017 年第 2 期]一文认为,现代世界政治经济新秩序从 16 世纪起开始形成,直到两次世界大战后定型,总共经历了四百多年。在近代世界形成以前,古代亚、欧、非三大洲之间,存在着一个以丝绸之路为纽带的进行贸易交往、文化交流的世界,我们称其为古代大陆体系。西方近代以来的大航海和地理大发现,使得跨越大西洋、太平洋的远洋航线将新、老大陆连接为一个整体,伴随着科学技术的发展和工业革命,建立在海洋体系之上的现代世界政治经济秩序得以形成,并且促进了现代工业社会爆发式大发展。但是,随着两次世界大战的爆发及现代地区冲突的不断,以民族国家为主体的国际秩序遭遇严重的危机,全球发展失衡、生态问题和资源危机使得世界秩序面临新的变革。面对严峻的挑战,欧盟和中国都在积极推动变革。"一带一路"倡议的提出,将推动新的历史时期亚、欧、非大陆体系的重建,并因此而酝酿一个世界政治经济新秩序的诞生。

李庆新《略谈南海海洋文化遗产及其当下价值》(《南海学刊》2017 年第 3 期)一文认为,20 世纪以来,南海及其周边地区发掘了一批海洋文化遗迹、遗物和沉船,非物质文化遗产也受到关注。南海北岸珠江口湾区南越国及汉代番禺都会文化遗存、南海西南暹罗湾扶南国俄厄海港文化遗存、南海北部西沙群岛甘泉岛居住遗址都见证了南海早期海港城市、濒海国家发展和西沙群岛开发的历史。20 世纪 90 年代以来南海及周边海域发现了"黑石号"沉船、印坦沉船、"南海Ⅰ号"沉船、"华光礁Ⅰ号"沉船、金瓯沉船等重要

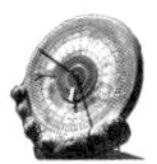

海洋考古遗址，出水大批极有价值的沉船遗物，对研究海上丝绸之路发展历史，了解涉海人群的社会生活具有重要意义。海南民众创造的兄弟公信仰是具有跨国色彩的海洋信仰，在中国乃至东南亚海洋信仰中占有一席地位，《更路簿》所蕴含的航海知识也是近世东亚海洋文明的重要组成部分。南海海洋文化遗产是中华海洋文明结晶与文化遗存，应善加保护与利用，使其为发展现代海洋生态文明，建设"一带一路"大局服务。李庆新的《建构中国海洋文明体系》(《中国社会科学报》2017 年 9 月 27 日)一文也呼吁要在新形势下建构中国海洋文明体系。

明代的海洋政策对中国海洋文明和海疆影响巨大。万明《明太祖"共享太平之福"的外交理念与实践》(《人民论坛》2017 年第 10 期)一文认为，明太祖对十五个"不征之国"的外交理念与实践，对于完整理解有明一代的外交具有重要意义。对"不征"理念的贯彻与践行，在洪武年间几乎没有更改，由此形成了明朝对外关系的基本国策。以此为基础，明朝形成了不同于历朝历代的国际秩序理念，以实践建构了一种和平外交模式，并深刻影响了有明一代近三百年的外交实践。李庆、戚印平《晚明崖山与西方诸国的贸易港口之争》(《浙江大学学报·人文社会科学版》2017 年第 3 期)一文认为，1279 年宋元军队最后的激战以及南宋王朝的覆亡，使得崖山成为极具象征意义的历史文化符号。但很少有人知道，在三百余年后的明代晚期，葡萄牙人、西班牙人和荷兰人相继抵达这里并展开激烈竞争。由于晚明朝廷的态度，败给澳门葡人的西班牙人和荷兰人才不得不转趋台湾地区。西方诸国在崖山的港口之争和晚明地方政府的相应举措，不仅反映出"大航海时代"国际形势的风云变幻，亦折射出晚明朝廷因循守旧的传统思维模式，并且预示了"老大帝国"此后的发展趋势。

李智君《无远弗届与生番地界——清代台湾外国漂流民的政府救助与外洋国土理念的转变》(《海交史研究》2017 年第 2 期)一文认为，作为东亚最大的国家，清政府在朝贡时代对海上遭风船舶和漂流民的救援，与其宗主国的地位非常相称。最彻底的救助对象，是肩负着政治使命的贡船和船员，以及护送中国遭风漂流民回国途中再次遭风漂流的外国船只，救助数量最多的是海上往来频繁的商船和船员。由亚洲大陆与西北太平洋第一岛链围成的海域，即黄海、东海和南海所在的区域，相当于亚洲的地中海。大国与小国，虽然从表面上看地位并不平等，但本质上并没有形成大国殖民小国的关系，因此，相距遥远的岛国吕宋，才会想方设法要加入这一朝贡体系。西方殖民者的出现，使得东亚传统的地缘政治关系和海上国际救助体系被彻底打破。尤其是英国入侵后，原本是大清国通过海上救助“宣示圣恩，俾该国之人咸知我皇上怀柔怙冒之至意”的区域，转眼间变成了各国相互厮杀的战场。原本被列为“化外之民”的台湾少数民族，因他们生存的“化外之地”，有别于清政府建章立制的“教化之区”，而成了西方列强急于趁机掠取的“无主空间”。清政府被迫改变现状，“开山抚番”，以保住外洋岛屿。然而，清政府的这一举措，固然顺应了国际地缘政治关系的转变，却没法改变自己日趋衰落的国势。最终台湾还是在大清国的手里被东亚新霸主日本侵占。台湾外国漂流民的政府救助制度的变化，如一面镜子，清楚地反映了有清一代东亚海域国际地缘政治的风云变化。

卫思韩、周鑫等的《论南海非地中海：从中外关系史的角度》(《海洋史研究》2017 年第 1 期)一文利用丰富的中外文档案资料，从比较的视野和长期的连续性两方面讨论中国的大陆性(continentality)，再回到海洋问题进行探析。作者认为，中国很早就形成幅员辽阔的大陆政权，活跃的海上交往却相对较晚，甚至比其引起统治者与精英们在公开讨论中的特别关注还要晚。秦汉之后中国历史便形成长期统一广袤疆域的特征，其文化特性决定古代中国更加重视“内”，而“外”在大多数精英士大夫的生活和思想中所占甚少。而当其疆域向外尤其是往南和西南扩张时，边地的精英自愿纳入中央的统治结构。这种巨大的“内”倾向结果造成在大多数中国精英的经验中，“外”非常“远”且不常想到。自公元 9 世纪起，越来越多的中国精英士大夫开始对抗佛教无孔不入的传播。印度与东南亚的海上交往越来越少地由佛教朝圣者、经书与遗物的交流所维持，越来越多地被中国活跃的消费经济——香料、苏木、珍珠的进口所主导。经历宋元两代后，明朝的统治搭好了帝国内稳定的架构。地方士绅身处其中可以努力恢复农村经济，而不用遭遇宋朝那样的地区不平衡与政府干预。随着产品的专门化，区域之间的贸易接踵而来。到 1500 年，中国再度在工艺品生产领域取得世界领先地位。大规模

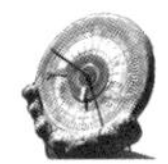

贸易又急需大笔白银，以致1600年前后数十年，中国成为日本与新世界银矿不断增加供应的白银的主要输入地。明初贸易的衰退和真假倭寇的肆虐导致明朝严禁所有中国帆船出海从事大规模贸易。只有与朝贡使团相关的外国人在中国港口才受到欢迎。这是防守的政治需要与本土主义、官僚主义的理想化相结合造成的一种均衡态势。其结果便是永乐帝在位期间，朝廷花费巨帑派人四处远航，招诱外国统治者遣使纳贡。明代严禁海外贸易的海禁政策应渊源有自。不过，这种贸易大体属私人贸易，产生的税收虽然乐意输往朝廷，可人们对到达港的知识却不愿广泛分享，海禁无疑使这一情形更加恶化。来自中国港口的贸易虽未停止，却都是不合法、不公开的。一些中国商人采取在爪哇、暹罗或马来半岛入乡随俗，管理当地统治者的朝贡贸易等方式继续经商，但当他们随着使节回到中国时就不得不隐瞒自己的身份与知识。因此，与地中海的人群不同，中国人既没有建立海外的华人殖民地，也很少撰写、出版有关这些遥远海岸的书籍。一系列“代表性团体的海上转型”塑造了1550—1800年的东亚海域，创造了“一个广阔的无政府空间，无国家的海上华人日益繁多”。闻风而至的是超国家的东印度公司和印度、英国、亚美尼亚及巴斯等地的私商。这些私商虽然亦是公然的无政府的，但终究从大英帝国的有效动员中获益良多。中国海洋与地中海二者季风规律的差异由此变得引人注目。文章视角独特，资料翔实，通过比较研究探析古代中外关系。

沿海地区的海洋文化也受到了学者的关注。吴春明《华南汉人海洋性的文化史成因》(《南方文物》2017年第2期)一文认为海洋性是华南汉人，尤其是东南沿海汉人群体最为显著的特征之一，是中华海洋文化的核心内涵，也是以大陆性农耕文化为中心的中华文化非主流但不可或缺的宝贵财富。华南汉人的海洋文化建基于史前、上古“岛夷”与百越的土著文化，在两千多年的海上丝绸之路发展史上，还不断吸收并融合了来自南海、印度洋航路上的“胡”“蕃”等“非我族类”的文化养分，海洋精神得以不断发展与强化。此外，方李莉的《“黄色”与“蓝色”的中国选择——来自“海上丝绸之路”的启示》(《群言》2017年第2期)也从不同侧面反映了中国的海洋政策与海疆变化。

(二)古代中国与西方国家政治交往研究

随着中国的开放与国力的强大,中西政治交往密切,历史上中西政治交往日益受到国内学术界的关注。本年度中国与西方国家的政治交往研究取得一定进展。

马啟亮《16世纪以前南海丝绸之路上的通使活动》(《世界海运》2017年第9期)一文认为,南海丝绸之路是汉代以来中国与东南亚及印度洋地区经济与文化交流的重要通道。在此航道上,使节及其所承载的通使活动,加强了古代中国与海外各国的联系,反映了各国间的和平交往,特别是礼物和贡品反映了物质文化的交流。海上丝绸之路以西南方向的对外交往最为频繁,此航路亦称"南海丝绸之路"或"南海道",其范围及内涵随时代及航海技术的发展而有所变化,但基本包括南中国海及北印度洋沿岸地区。在此航路上,中国王朝屡派使节到海外"宣扬国威",在和平及自愿的前提下建立外交关系;外国统治者也积极派遣使节来华外交,朝贡贸易体系逐步建立。由于通使活动是官方行为,因此相比频繁的、民间性质的海外商业贸易往来,通使记录在文献中记载较多。16世纪后,地理大发现及西方殖民活动促使中外关系发生深刻变化,传统以朝贡贸易为主的通使活动逐渐衰落。

王宏斌《从蕃坊到租界:试探中国近代外侨政策之历史渊源》(《史学月刊》2017年第5期)一文探讨了近代外侨政策的历史渊源。作者认为,事实上,从唐朝开始,历经宋、元、明、清一千余年,中国历代皇朝对待外国侨民的政策是一脉相承,或者设立蕃坊,或者设立商馆,总是设法预防华夷杂处,无不要求外国侨民聚居在一起,试图将华人与夷人隔离开来。并且对于聚居的外国侨民总是采取"因俗而治"的办法,赋予外国侨民相当大的自治权利。这种"以不治治之"的"华夷分治"观念根深蒂固,对近代外侨政策产生较大影响。

本年度对英国马戛尔尼使团的研究比较突出。徐亚娟《乾嘉之际英人的中国经验——以马戛尔尼使团成员的"中国著述"为中心》(《社会科学战线》2017年第8期)一文尝试从访华之后使团成员的十余部"中国著述"中遴选出斯当东、马戛尔尼、巴罗三人的代表作,从国家管理、风俗习惯、国民

品性、语言文化等方面对三人之间存在的分歧进行爬梳，试图探究分歧产生的原因。马戛尔尼使团访华是中英历史上第一次实质性的官方接触，使团成员留下大量日志、游记、报告和个人档案，详细记录了使团访华期间所闻所见，开阔了英人了解中国的渠道，弥补了以往英人凭借欧洲大陆传递的间接经验来了解中国的不足与缺憾。该文利用原始档案文献进行深入探析，拓展了研究视域。任汉伦《中国热的“余温”——1793 乾隆英使团威廉·亚历山大画作探析》(《美与时代·中》2017 年第 11 期)一文认为，作为 1793 年乾隆时期马戛尔尼英使团的制图员，威廉·亚历山大(William Alexander)为后人留下了数以千计的中国题材速写水彩画。这些画作不仅引领了当时欧洲的中国题材艺术创作风格，也深刻影响了社会文化领域的“中国热”。马戛尔尼使团访华促成了东西方两个世界的交汇，也成为西方世界对中国的态度从“热”到“辱”的转折点。以威廉·亚历山大为代表的 19 世纪末西方中国题材绘画创作中，蕴含着西方社会对华认知剧烈变化的历史变局。褚若千《英王乔治三世致乾隆皇帝的信函》(《历史档案》2017 年第 3 期)一文提及，乾隆五十七年(1792)，英王乔治三世派遣以乔治·马戛尔尼勋爵为首的使团来华为乾隆皇帝贺寿。同年八月十一日(9 月 26 日)，这个首次赴华的英国官方使团从朴次茅斯港启程，于次年五月十四日(1793 年 6 月 21 日)抵达中国。后中英双方就拜谒乾隆皇帝的礼仪进行反复商讨，八月初十日(9 月 14 日)，马戛尔尼与部分随员在避暑山庄觐见乾隆皇帝，并参加了万寿庆典等宴会。马戛尔尼此次访华，转交了乔治三世给乾隆皇帝的两封信函。其中一封提出希望中英两国友好，并欲遣使常驻中国以庇护侨民。另一封则是与清朝交涉两国通商事宜，提出了一些具体条款。乾隆皇帝以从无先例、不合体制等理由拒绝了乔治三世的要求，英国使团未能达成预定目标。此文是对现存档案的解读，只是陈述信中内容并作简单评价。刘玉《论清代有关乾隆朝英使觐见礼的记述变化》(《故宫博物院院刊》2017 年第 3 期)一文认为，关于乾隆五十七年马戛尔尼使团觐见礼一事，历来众说纷纭，不仅中英双方当事人记载不同，清代有关此事的记述前后也发生明显变化，乾隆时期的官方记述含义模糊。嘉庆时期则在官方记述中提出“恪恭成礼”说，构建英使团以三跪九叩之礼觐见的清晰表达，此说成为后世的主流观点。同光时期，马戛尔尼使团觐见时行西式礼仪的记述相继现于报纸奏折，并被广泛征引。其后，三种记述及其观点并行不悖，影响深远。作者认为，清人对乾隆年英使觐见礼仪的认识转变是与清代中西关系的发展息息相关的。侯平平等的《英马戛尔尼使团觐见乾隆皇帝的礼仪之争》(《档案记忆》2017 年第 2 期)、龙成鹏的《彼岸的凝视——读〈中国旅行记〉》(《今日民族》2017 年第 3 期)等文章，从不同角度探析了马戛尔尼使团来华状况。

本年度对中荷早期政治交往的研究也比较突出。林发钦《康熙二十五年荷兰使臣文森特·巴茨出使北京》(《暨南学报·哲学社会科学版》2017 年第 2 期)一文依据中荷文档案文献资料，对康熙二十五年荷兰使臣文森特·巴茨出使北京进行详细的介绍。作者认为，荷兰是清朝初年与中国交往最密切的欧洲国家，但在这一时期内荷兰的四次出使中国皆以失败告终。尤其是康熙二十五年，荷兰使臣文森特·巴茨出使北京失败后，他们认识到朝贡使团与海上贸易并无密切的关系，荷兰人失去了与清朝进行外交交往的兴趣。加之两国军事战略和商业利益下降，中荷双方的外交关系进一步冷却，最终导致荷兰东印度公司放弃中国贸易长达 40 年之久。陈思《从各方史料看颜思齐与李旦及荷兰殖民者之间的关系》(《台湾研究集刊》2017 年第 5 期)一文指出，颜思齐、李旦均是 17 世纪福建著名的海商、海盗领袖，他们以台湾为根据地，从事海上贸易与掠夺活动，彼此关系紧密。荷兰殖民者入侵台海地区后，颜思齐与之建立了广泛的往来交流，双方一度合作密切，但很快便趋于疏远，这一切在很大程度上与李旦有关。在这段微妙关系的背后，体现的是当时福建地方当局、民间海上势力与西方殖民者三方之间错综复杂的政治、经济、军事斗争。林发钦的另一篇文章《从“来宾”到海盗：明王朝对来华荷兰人的认识与态度》(《华南师范大学学报·社会科学版》2017 年第 1 期)认为，1601 年，荷兰人首次经海上航路来到中国澳门，寻求打开中国自由贸易之门。中国人虽称荷兰人为“红毛鬼”，但这只是对外国人无意识的丑化与白描，并未带有明显的恶意。最初，荷兰人在中国人眼中的形象是“来宾”，与葡萄牙人没有不同。但随着荷兰人与葡萄牙人在亚洲海域展开大规模的殖民竞争与武装冲突，葡萄牙人开始在中国人面前大肆攻击荷兰人，加上荷兰人相继侵扰澳门、澎湖、台湾和福建沿海等地，使其

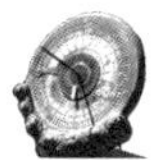

“海盗”形象逐渐确立。有明一代，荷兰人始终无法建立与中国的自由贸易关系。葛思康的《荷兰黄金时代对中国画与图书的收藏》(《书与画》2017 年第 7 期)等文章，也从一个侧面反映了中荷之间的交往。

海外学者的研究也拓宽了对中荷早期交往的研究。卫思韩与谢明光《有关耶稣会在华传教(1662—1687)的一些荷兰文资料》(《国际汉学》2017 年第 4 期)一文详细介绍并分析了荷兰海牙国家总档案馆所藏荷兰东印度公司档案中的三份文献(它们分别与 1664 年杨光先所发动的教案、中国的政制、1687 年耶稣会士在北京与中国皇帝以及官府交往等内容有关)的内容和历史背景，从“他者”的视角，展现了 17 世纪后期荷兰文文本中的中国社会，尤其是 17 世纪中叶耶稣会和中国之间的交往。在此之前，关于来华传教士的研究，更多依赖传教士所留下的西文文献和中文文献，也正因此，西方文献中的中国历史并不完整。众所周知，自新航路开辟以来，全球化的进程分别受到宗教改革和商业革命的双重影响。前者主要是指罗马天主教在世界各地的扩张；而后者，则首先主要是指欧洲的荷兰。1602 年，荷兰在阿姆斯特丹成立的荷兰东印度公司，是其对亚洲进行政治、经济统治和管理的主要机构。该公司所保留的有关中国的文献，是研究明清历史和对外交往不可或缺的文献，应该和西方传教士留下的各种有关中国的西文文献具有同等重要的地位。惜受其语言的限制，除少数文献外，大部分荷兰文文献未能为华文学术界所充分利用。这篇文章极大地充实了此方面的研究，促进了此方面研究的信心，将中国史的研究纳入一个更加广阔的全球研究视野之中。

除了对英国、荷兰较早来华的西方国家与中国的政治交往进行探析外，学者还对葡萄牙、西班牙、俄国等后来者与中国的交往非常关注。庞乃明《正嘉之际明朝对葡外交之确定——以丘道隆〈请却佛郎机贡献疏〉为中心》(《中国史研究》2017 年第 3 期)一文认为，正嘉之际是中葡两国实质交往的第一个重要阶段，这期间葡使来华，谋求建立与中国的通商贸易关系。面对素未闻知的全新外交对象，明朝亦开始了对葡外交的探索过程。在此过程中，奏呈《请却佛郎机贡献疏》的丘道隆是一位举足轻重的关键人物。丘道隆从道义原则和现实利害两个方面建议拒绝葡萄牙人的“封贡”请求，勒令葡归还业已侵占的马六甲疆土,从而为明朝处理早期中葡关系提供了可资参照的决策思路。此后出台的明朝对葡政策,大体依循了丘道隆的建议,是对丘道隆奏疏的最终落实。汤开建与周孝雷《澳门开埠之初(1564—1580)葡萄牙人对三次中国海盗活动的应对与处理》(《海交史研究》2017 年第 2 期)一文对澳门开埠以来葡萄牙人分别对嘉、隆、万三朝剿灭三股海盗势力(1564 年柘林叛兵、1568—1569 年曾一本、1580 年林道乾)的几次事件展开研究。作者指出,葡萄牙人居留澳门伊始,正值广东地区海盗匪情风起云涌之时。葡萄牙人出于诸多因素的考虑,往往主动协助明廷剿灭沿海剧盗。作者认为,通过葡萄牙人对以上三次中国海盗活动的应对与处理,可以看出葡萄牙人的剿匪行动除了保障自身安全之外,还遵循了葡人一以贯之的通过讨好明廷以获得长期居留权的政策导向。汤开建《明清时期澳门葡萄牙军事及警察制度考述》(《暨南学报・哲学社会科学版》2017 年第 2 期)一文从浩瀚的葡文、英文及中文史料中,重构了明清澳门葡萄牙军事及警察制度的产生、沿革和制度运作情形的史实。作者指出,1622 年,英荷联合舰队进犯澳门后,澳门首任总督马士加路也率士兵抵达澳门,并在澳门修建炮台、碉堡和城墙,招募士兵,组建了一支 200 人的步兵连,之后大致都保持一个连队的建制。17 世纪下半叶至 18 世纪,由于葡澳社会的衰落,历经几次军事改革仍难以改变其贫弱交加的局面。为了加强澳门的殖民管治,葡萄牙女王在 1783 年颁布《王室制诰》,加强了总督的权力,并设立了第一个营建制的军队。19 世纪,先后建立了摄政王炮兵营、澳门炮兵营、国民营、步兵营等建制,还成立了军人医院和军事监狱。澳门警察源自议事会下辖的一支城市卫队,这些警事力量都归治安官管理。随着澳门城市近代化的发展,警察才逐渐正式成为城市政府下设的一个部门,实现警察行政制度化及近代化。包乐史、李梦娴《在澳门的短暂交锋》(《海洋史研究》2017 年第 1 期)一文指出,从 1595 年起,为了贸易,来自荷兰与泽兰省的商人已经向东印度地区一些没有依附于葡萄牙的岛屿派出了几艘船。但是由于受到不可信任、生性粗暴的葡萄牙人及其党羽的捣乱,那些商船的船员和友好对待他们的本地人一样,在生活和财产上遭受了巨大损失。双方在澳门进行了短暂的交锋。吴宏岐、刘煜琼《清至民国时期葡萄牙人对澳门附近海域管辖权的

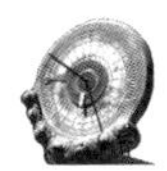

觊觎与争夺》(《安徽史学》2017 年第 5 期)一文认为,从清乾隆年间至民国初年,澳门葡萄牙人对澳门附近海域的管辖权一直存有觊觎之心,并伺机与中国地方政府进行争夺。乾隆、嘉庆时期,澳门葡萄牙人对澳门海域管辖权已有所觊觎;鸦片战争爆发后澳门葡萄牙人对澳门海域管辖权的觊觎又复增强,并实施了一系列扩张行动,对氹仔的侵占,大大增加了同治、光绪年间广东官府遏制澳门走私、控制澳门附近海域的难度;从光绪初年开始,澳门葡萄牙人对十字门海域的实际侵占,使中国政府对此海域的管辖权也随即丧失。

学者们对澳门的其他问题也进行了阐释。汤开建、晏雪莲《明清时期澳门葡萄牙人的婚姻》(《民族研究》2017 年第 3 期)一文指出,明清时期澳门葡萄牙人的婚姻主要遵循天主教的单偶制——一夫一妻且神圣不可分离,但也存在非婚生子等现象。他们广泛同外族通婚,血统混合的复杂性在世界范围内都很罕见。在特殊时期,男嫁女家、孤女的婚姻都是值得关注的特殊婚姻形态。其婚姻观念以婚姻自由为主,同时也为门第和财产所影响。婚礼形式主要是天主教的礼仪:婚礼在教堂由神父主持,也带有鲜明的东方文化烙印,如设席、“交印”、缠槟榔等。晏雪莲《明清时期澳门葡裔族群婚俗探析》(《国际汉学》2017 年第 2 期)一文结合西文史料进行辨析,对明清时期澳门葡裔族群的婚俗进行探析。作者认为,明清时期澳门葡裔族群遵循天主教原则:由神父主持、一夫一妻、婚恋自由;亦有伊比利亚半岛之风情,如女授戒指于男,男 14 岁始婚,不避同姓,婚礼后先回娘家等。这同当时华人风俗大相径庭。此外,他们的婚俗亦受到中国及东南亚国家风俗文化的熏陶,沾染了东方色彩。明清之际,还出现了男嫁女家的特殊风尚。赵淑红、姜允芳等《海洋贸易运作下明清两朝澳门城防变迁研究》(《建筑学报》2017 年第 S1 期)一文,结合文献梳理与实地踏勘,从海洋贸易与城市建设关联互动入手,对澳门城防做 400 年长时段考察,通过探索其形态调整与因海而生的关系网络间的互动,揭示海洋贸易运作下明清澳门城市形态变迁的复杂性。

本年度西班牙、俄国与中国的政治交往也有相关的成果发表。欧洋安、郑伟斌《殖民接触与族群互动:17 世纪早期的淡水与基隆》(《厦门大学学报·哲学社会科学版》2017年第1期)一文认为,17世纪西班牙在台湾北部地区殖民活动留下的文献资料显示,当时生活在该地区的南岛语族原住民不同族群具有不同的生活方式、社会及地方组织等族群特征。这些资料清楚地表明,当时北台湾少数民族的一个突出特点是,他们通过贸易活动与岛内其他地区的原住民建立了密切的联系。西班牙人殖民台湾的历史过程,同时也是这一时期台湾少数民族与新的移居者(西班牙人、中国大陆汉人、荷兰人)之间相互认知、冲突、领土控制、共生合作等互动的过程。陈维新《一个无法进入北京的俄国使节团——嘉庆时期中俄外交礼仪交涉始末》(《清史论丛》2017年第2期)一文利用中俄两国的原始档案,对嘉庆时期中俄外交礼仪交涉始末做了详细的阐述。作者指出,清朝嘉庆年间,俄国政府为取得在华利益,任命戈洛夫金为全权大臣,率团前往中国,欲与清政府商议双方贸易往来等相关事宜。在俄方看来,这就是两国之间的一次平等的外交往来,但是清政府则视俄国使团为朝贡使团。双方认识上的巨大差距,引起了外交礼仪之争。尽管俄国为了达到自己的目的,告诫戈洛夫金要尽量忍让,但是在俄国使团是否应在库伦行三跪九叩礼的问题上,双方发生了争执。最终清政府以戈洛夫金傲慢无礼为由,拒绝其进京,将其遣返回国。

此外,古代中国对域外世界的认知也受到了学者的关注。庞乃明《亦真亦幻大秦国:古代中国的罗马帝国形象》(《世界历史》2017年第5期)一文认为,大秦国形象在中国人心目中的正面呈现始于两汉,魏晋之际达于极致。但与真实的罗马帝国稍加比对,中国人依据辗转获得的罗马知识所塑造的大秦国西方大国形象、富丽多宝形象、清明安乐形象、有类中国的人类形象、近乎仙界的神异形象、众香荟萃的芬芳形象,除在某些方面与罗马帝国形像吻合外,大体是对以大秦国为地标的西方世界的整体幻象。从形象的生成机制看,古代中国的大秦国形象的生成演变不仅要受先秦以来对外观念的规范制约,还要受到罗马历史与现实、中西之间交流互动,以及居间传递罗马信息之丝路国家的多重影响。作为古代中国文化景观中的"他者"镜像,汉晋时代的大秦形象不仅展示一幅中国人描绘的罗马文明图景,也为一窥当时中国之对外观念与时代精神开启一扇特殊窗口。张绪山的《汉唐时代华夏族人对希腊罗马世界的认知——以西王母神话为中心的探讨》

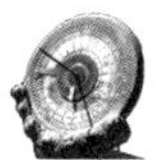

(《世界历史》2017 年第 5 期)则从西王母神话切入,反映了古代中国对域外的认知。古代西王母神话包含信仰与地理两种意义。与西王母信仰纠缠在一起的华夏族人的域外知识,本质上含有华夏世界的地理观念,西王母代表"天下四极"中的"西极"。西汉时代的华夏族人进行西域探险时,将耳闻的"条支国"与西王母传说相联系,盖因前者代表了当时华夏族人所了解的现实世界的"西极",而后者则是固有华夏世界观中的"西极";东汉时代的华夏族人获悉"大秦国"(罗马帝国)更在"条支"之西,遂将西王母与"大秦"及更远的地区联系起来。"西王母"被渐次移向远处。唐初入华景教教徒利用汉魏史册对西王母的描述附会他们的故土叙利亚,助力传教,反映的是汉魏时代的地理观念。西王母神话源于中原,其本质是华夏族人对神仙之境的向往,并非简单挪用外来的现成神话。学术界关于这方面的研究还比较少,有待进一步加强。

(三)西方视野中的中国形象研究

随着中西交往的增多,西方视野中的中国形象在不断地演绎变化着,错综复杂,本年度这方面的成果不少。

张红霞、马和民《四个世纪以来西方人的"中国问题"与"全球问题"》(《杭州师范大学学报·社会科学版》2017 年第 5 期)一文依据文献分析和历史事实,认为四个世纪以来西方人对中国问题、全球问题的思维逻辑及其认知方式具有惊人的相似性,即如何取得东方财富,如何实现教化中国。尽管不同时期的解决重点因西方世界遭遇自身问题时而有所不同,并且在这一进程中形成了所谓"丑化"和"美化"中国的两派,但是少部分"美化中国派",难以撼动四个世纪以来西方人整体上对中国问题和全球问题的解决方案:军事征服、商业贸易和文化入侵的三位一体。毛章清与郑学檬《8 至 14 世纪海上丝绸之路的跨文化传播考察》(《厦门大学学报·哲学社会科学版》2017 年第 4 期)一文认为,8 至 14 世纪的海上丝绸之路,既体现了东西方的物质生产和物质交往,又体现了精神生产和精神交往。经由海上丝绸之路所发生交往关系的人和物,都是传播媒介;借此传播媒介所传递的种种信息,因其模糊性和变幻性,引发双方的无限想象。此类"无限想象"本身又成为传播的信息。海上丝绸之路所引发的物质交往和精神交往，是西方人对传统中国认知观念变革的重要原动力。这种建构在浪漫想象基础上的“东方形象”是一个复合体，既有形而下的贸易和战争，又有形而上的哲学、宗教和艺术，互为交织，既是复杂的历史进程，也是复杂的传播活动。

邹雅艳《16 世纪末期西方视野中的中国形象——以门多萨〈中华大帝国史〉为例》（《南开学报・哲学社会科学版》2017 年第 1 期）一文认为，作为 16 世纪末期一部叙述中国最全面、最详尽的著作，门多萨的《中华大帝国史》对当时的欧洲文明圈关于“中国形象”知识的形成影响不小。它既给欧洲想象了一个伟大强盛、文明智慧的中国，又以自己的文化模式和程序重新塑造了这个“他者”，将之纳入基督教文明体系中，为这个迥异的文明找到接受的合法性与合理性。门多萨采取平等的视角审视和描述中国形象，与 16 世纪末欧洲的历史文化语境有密切的关系。通过对门多萨等构拟的中国知识的挖掘，后来的启蒙主义者亦获得了改造社会的知识镜鉴。崔婕《论 18 世纪法国启蒙运动的两种中国观》（《法国研究》2017 年第 4 期）一文对 18 世纪法国启蒙运动的两种中国观的历史背景、生平经历和相关文本进行了分析和对比，以探究它们对中国不同解读的源起，揭示中国研究与启蒙运动的内在联系。作者认为，18 世纪法国的“中国热”达到了高潮，东西方文明之间的交汇被启蒙思想家们记录下来。研究中国是启蒙思想家们的重要课题之一，但因为距离遥远，资料有限，其内部产生了以伏尔泰为代表的赞美派和以孟德斯鸠为代表的批判派，试图从东方找寻促进法兰西民族觉醒的精神良药。这种辩证的文化智慧对中国处理当下本土文化与外来文化的矛盾极具借鉴意义。侯铁军《中国的瓷器化——瓷器与 18 世纪英国的中国观》（《外国文学研究》2017 年第 2 期）一文以瓷器（china）与中国（China）之间同音同形的密切联系为线索，审视 18 世纪英国人通过瓷器了解和想象中国的相关书写，分析它们如何利用瓷器表里不一、脆弱易碎的物性和有别于透视绘法的文饰，把中国化约为华而不实、不堪一击和野蛮怪诞的想象共同体。18 世纪英国的中国观将中国“瓷器化”，以此反衬并自我生产了这一时期英国的强大与文明。李锡明《16 至 18 世纪欧洲的“中国无神论”》（《文化学刊》2017 年第 4 期）一文认为，16 至 18 世纪中国传统文化西传欧

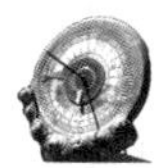

洲的历程也是西方认识中国的历程，中国传统文化被解读为没有宗教信仰、无神论的文化，形成了所谓的16至18世纪欧洲的“中国无神论”。探讨“中国无神论”的思想根源离不开当时欧洲社会历史的宗教属性，不同的认识产生于中西传统宗教文化关于宗教信仰认识上的差异，进一步表现为中西宗教文化传统对有神论与无神论认识上的差异，其根源为基督教一神论传统教义的绝对排他性。李栋《16世纪西方对中国法的最初发现与表达》（《社会科学家》2017年第12期）一文指出，西方自古希腊罗马时代就有关于中国的记述。然而，就法律而言，西方对于中国法的记录和关注主要是从16世纪开始的。16世纪随着“大航海时代”的来临，以葡萄牙和西班牙为代表的西方，开始集中地对中国法进行记载和描述。他们对中国法的记录不仅使西方第一次较为全面地了解了中国法，而且为之后西方启蒙时代对中国法及中国文化的推崇奠定了基础。李秀清《〈印中搜闻〉与19世纪早期西方人的中国法律观》（《法学研究》2017年第4期）一文指出，《印中搜闻》（1817年5月至1822年4月）是由新教传教士马礼逊和米怜创办于马六甲的一份英文季刊，内容较杂，中国的社会、历史和文化为其主要关注对象。对于中国法律，它集中于刑事法，体现出来的是抨击和否定，具体包括死刑多、执行方法残酷，非法拷问屡禁不绝，地方官失职渎职、司法腐败及奸杀案件不断、道德沦丧等方面。纵向地看，这种抨击和否定，正符合始自19世纪初，西方人评判中国法发生转向，否定中国法的观点渐居主流的趋势，且它在其中起着推波助澜的作用。基督教的优越感和创刊人来华后的处境不如意，是其偏好构建这种中国法形象的两个重要原因。借助于其本身的传播、创办人和主要撰稿人在西方教俗两界的影响及承袭其衣钵的《中国丛报》的流布，《印中搜闻》所体现的负面中国法律观的影响持久而深远。

李真《18世纪中叶欧洲人构筑的北京印记——〈北京志〉初探》（《国际汉学》2017年第3期）一文以1765年在巴黎出版的一部专论北京城的著作 *Description de la Ville de Peking*（中译名《北京志》）为研究对象，力图总结和梳理域外汉学视角下18世纪中叶具有独特印记的北京历史地理的人文特征与地域文化。作为明清帝都的北京在17、18世纪中西文化交流中占有重要地位。作者认为，来华传教士在华生活多年，对中国的风土人情、社会政治、历史文化等有着独特而深刻的体认，留下了丰富的中西文文献，包括不少在京生活的记录，成为当时西方世界了解北京的珍贵材料，也是研究明清北京与中西文化交流关系的重要历史文献。贾丽的《18 世纪中叶瑞典人眼中的广州人形象——以〈中国和东印度群岛旅行记〉记述为中心》（广东省社会科学院硕士论文，2017 年）主要是以瑞典人彼得·奥斯贝克的《中国和东印度群岛旅行记》为参照文本，以奥斯贝克在广州的所见所闻和亲身经历及感受为研究对象，讨论 18 世纪中叶瑞典人眼中的广州和广州人。作者认为，西方的中国形象自诞生之日起，至 18 世纪中叶一直处于被西方不断理想化的上升阶段，而自 18 世纪后半期开始，西方的中国形象开始出现大逆转，从美化转为丑化，从爱慕转为憎恶，从理想化转为妖魔化。明清两代，广州作为中国最重要的外贸港口，相当数量的西方人来此贸易、游历、传教，传教士、商人、官方使节等群体都对广州各方面的情况进行了多层面的观察和记录，内容涉及整个广东的地理、资源、物产交通、民情风俗等，而这些观察记录和感受体会就是研究西方的中国形象最重要的资料。该文通过分析瑞典人彼得·奥斯贝克国别和特殊身份发现其对广州和广州人的描写的独特之处。瑞典作为北欧的一个国家，与其他西方大国比如英、美等“叵测居心”不同，与中国的交往关系是从瑞典东印度公司成立才真正开始，而且仅局限于和平的商业贸易。在这种情况下，瑞典人对中国的了解程度以及如何看待中国自然与其他欧洲国家不同，通过这种对比可以发现瑞典的中国形象虽然受到其他西方国家的影响，但仍然对中国保持相对客观和中立的态度。同时观察者奥斯贝克的身份也有其特殊性，虽然他是以一名随船牧师的身份来广州，但其真正的身份是博物学家，主要的目的是来中国搜集动植物资料。他用一种文化和宗教宽容的眼光来观察广州，必定与传教士和商人的角度不同，这也是构成西方的中国形象的一部分，这类国家和这类人群塑造的中国形象同样值得关注。来华西方人将他们在中国的所见所闻或是对这个国家的认识和了解形诸笔墨，将这些描写进行整理、分类以及分析，可以发现，西方的中国形象并不都是对中国完全真实、完整、客观的反映，同时也是西方不同时期、特定的历史和文化语境中形成的，掺杂着知识与想象的中国的“再现”。作者透过西方人的视野，看到西方在其自身历史积淀中形成

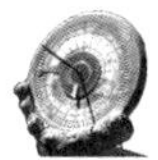

的作为“文化他者”的中国形象，也从多侧面的独特视角反观中国文化，展示出一个更为真实的广州。

此外，王洪斌《全球史视野下的中国艺术风格对18世纪英国艺术的影响》(《中国文化研究》2017年第1期)一文指出，18世纪英国消费社会兴起，中上阶层对异国风味商品的狂热以及资本、技术的发展导致全球远程贸易的繁荣，大量中国物品被输入英国，与此同时，中国文化艺术风靡英国。中国风构成一个独特和重要的文化艺术现象，在园林建筑、陶瓷、家具等方面对英国产生了重要影响，英国的艺术家在模仿、借鉴、吸收中国风格的基础上，不断创新，从而最终推动了英国艺术文化的发展。中国风在英国风行，给我们诸多启示。施晔《海上丝路的经典案例：东印度公司与18世纪欧洲的“中国风”》(《社会科学》2017年第1期)一文回顾了18世纪欧洲“中国风”的盛衰历程、呈现形态及艺术特质，并对其做文化、审美、消费等各层面的剖析。作者指出，17、18世纪称霸世界的东印度公司因充当欧洲列强殖民扩张、经济掠夺的急先锋而臭名昭著，但其跨国贸易的本职无意中促成了“中国风”在欧洲的流行。张龙平《明清时期来华西方人对岭南食狗习俗的认识与西方的中国观念》(《文化学刊》2017年第3期)一文指出，明清时代的岭南是西方观察中国的主要对象，岭南食狗习俗也由此走出岭南，传遍四海，成为西方中国观念的一部分。在“一口通商”之前，中华文明仍处于优势地位，狗肉是作为神奇国度的丰饶物产之一出现；“一口通商”时期，中西文明“大分流”，岭南食狗是作为半野蛮中国的见证；“五口通商”之后，中西文化交流深入，西方人对岭南食狗的多元认识形成。西方人对岭南食狗习俗的认识变化，并不在于食狗本身，而在于食狗背后所牵涉的文化、宗教、经济、社会等多个因素的差异。

此外，谢子卿的《天主教远东传教格局重组对中国礼仪之争的影响——从17世纪巴黎外方传教会的远东传教来看(1650—1700)》(《宗教与美国社会》2017年第2期)，冷东、阮宏等的《清代广州中西体育交流及其影响》(《海洋史研究》2017年第2期)，吴蕙仪的《17、18世纪之交欧洲在华传教士汉语知识的传承与流变——基于梵蒂冈图书馆一份手稿的个案探讨》(《国际汉学》2017年第4期)，李华川的《〈李安德日记〉：一部解读18世纪中国底层社会的密码书》(《中国史研究动态》2017 年第 6 期),孙琳的《18 世纪欧洲"中国风格"人物瓷塑的隐在特征》(《四川戏剧》2017 年第 6 期),朱敬的《"东画西渐":18 世纪到 20 世纪东方绘画对西方绘画的影响》(《淮海工学院学报·人文社会科学版》2017 年第 11 期),廖俊宁的《"海丝"视阙下明清时期中国戏曲在欧洲的传播》(《艺术评鉴》2017 年第 22 期),胡艺的《中国清代西洋肖像画研究》(华东师范大学博士论文,2017 年)等文章,也在不同侧面反映了中西交往带来的影响。

二、中西经济交往研究

随着新航路的开辟,中西经济交往不断增多,西方的白银、工业产品源源不断输入中国,中国的丝绸、瓷器、茶叶等产品流传至西方,促进了中西双方的经济发展与社会生活的变革。随着中西之间经贸往来的急剧增长,古代中西经济交往越来越受到国内学术界的关注,本年度国内学术界在以往研究的基础上,围绕中西贸易总体状况、古代对外贸易政策、航线与港口、中西货物贸易以及中西贸易相关人物等问题进行了比较深入的研究,在观点、视角与资料运用上都取得了新的进展。

(一)古代中西贸易总体状况研究

国内学者比较关注中西贸易总体状况的研究,本年度发表了一些重要论著,从不同视角探析了中西贸易总体状况。车效梅和郑敏《"丝绸之路"与13—14 世纪大不里士的兴起》(《世界历史》2017 年第 5 期)一文认为,13—14 世纪的大不里士是丝绸之路的沿线重镇,在当时的欧亚文明交往中举足轻重。伊尔汗国定都大不里士后,稳定的国内环境与通畅的丝绸之路交互作用,不仅使城市规模迅速扩张,而且形成以大不里士为中心的区域性贸易网络。伊尔汗国兼容并蓄的政治制度和文化制度不仅为大不里士城市的发展提供了历史机遇,也使其成为欧亚大陆文明交往的汇集之地,物质交往频繁,宗教、语言、绘画、科技等领域全方位地出现了融汇东西的历史风貌,从而构成欧亚文明交往历史中浓墨重彩的一笔。张国刚《"丝绸之路"上的政

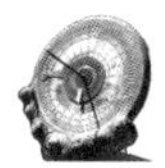

治经济学》(《海洋史研究》2017 年第 1 期)一文认为,西汉张骞奉汉武帝之派遣,出使“西域”(帕米尔高原东西部分),原本就是配合军事行动的一次政治外交使命。其后,到东汉时期的官方使节甘英出使大秦(古代罗马帝国),到唐太宗击败西突厥,以至明朝初年,郑和奉永乐皇帝之命,七下“西洋”,遍访马六甲、波斯湾、红海,乃至非洲东海岸。丝绸之路上的贸易的兴衰起伏,是中西政治秩序的晴雨表。周永卫《对早期华南海上丝路民间贸易的重新审视》(《地域文化研究》2017 年第 2 期)一文认为,丝绸之路至今已经存在 2000 多年,而以珍珠、香料、犀角、象牙等“宝货”为主的海上丝路民间贸易,同样历史悠久,影响深远。海上丝路早期的民间贸易在中外文化交流史上的重要地位因材料相对缺乏,常被忽视,应对其进行重新审视和定位。广义的海上丝路可以包含西南丝路或南方丝路。中西方两大文明直接对话始于海上丝路而不是陆上丝路,其原因发人深省,并与海路沿线民间贸易的繁荣不无关系。海上丝路和陆上丝路相伴而生,珠联璧合,相得益彰,共同构成了中国古代对外交往的两大重要通道。

葛芳《西洋风物——十八世纪以广州为中心的设计文化研究》(南京艺术学院博士论文,2017 年)一文将 18 世纪同时期相关的历史典籍、文献资料与现存的考古实物进行比较、互证,同时结合历史学、风格学、图像学的方法,对 18 世纪中西贸易交流中新产生的设计现象展开综合性的广泛探讨。作者认为,清中期,随着与西方国家贸易交往的日益加深与频繁,中西交流的层面逐渐扩大,西方绘画、生活用具、建筑家具等均以种种方式进入国人的视野,其影响所及以中西贸易交流的中心地带广州表现得最为突出,也最具代表性。由于清乾隆时期“一口通商”制的实行,此时中华帝国与西方列国的全部贸易都聚会于广州,伴随着经济的繁荣,广州的文化与艺术也呈现出一派蓬勃景象。尤其到了 18 世纪,为了满足对外贸易的需要,迎合西方的审美趣味,广州本地的传统艺术设计形式亦与西方传入的新技艺相交融,不断地移植与创新,工艺也渐趋成熟,逐渐呈现出地域鲜明的独特艺术特征。其中,以外销画、壁纸、外销瓷器、漆器、广式家具、藤编器具、广绣、外销扇、牙雕、锡器、玻璃画等为代表的广州外销物品,不仅成为中西贸易交流中深受西方人青睐的手工艺商品种类,部分以广式家具、自鸣钟、玻璃画、牙雕等为主的手工艺，更是渗透到皇宫内廷与达官显贵统治阶层的日常生活之中，在一定范围内引起“西洋风”的流行。

中西贸易的发展促进了中外白银的流通，本年度这方面的成果不少。万明《明代白银货币化的总体视野：一个研究论纲》（《学术研究》2017 年第 5 期）指出，16 世纪是全球化的开端。明代白银货币化作为一个典型个案，是全球史的一部分。中国白银时代自明代开端，白银作为中国主币行用直至 1935 年，长达约 500 年之久。以贵金属白银为征象，明代中国与两个重要历史拐点的开端相联系：一是与中国古代国家与社会向近代国家与社会的转型开端相联系，一是与世界一体化或称全球化的开端相联系。这使明代成为中国史上一个令人瞩目的重要时期。通过与全球的互动，明代中国白银货币化最终奠定，整个国家与社会加速走向货币经济化，处于转型之中，与全球走向近代的历史发展方向趋同，形成了晚明中国最为鲜明的时代特征。万明的另一篇文章《白银、性别与晚明社会变迁——以徐霞客家族为个案》（北京大学北京论坛办公室会议论文集，2017 年）一文指出，16 世纪是全球化的开端。明代白银货币化作为一个典型个案，是全球史的一部分。14 世纪末从市场萌发开始的白银货币化，经历了自下而上至自上而下的发展历程，在 16 世纪初奠定了白银在流通领域的主币地位，产生了巨大的社会需求。杜恂诚与李晋《白银进出口与明清货币制度演变》（《中国经济史研究》2017 年第 3 期）一文利用经济学理论与模型来研究白银进出口与明清货币制度演变。作者指出，在金融中介得到发展、中央银行和货币发行等制度完全不具备的前提下，货币的外生性是非常明显的，即货币并不由经济总量所决定。明朝的白银进口，是市场对以往货币制度的反思和变革，以银铜复本位取代以往无有效制度制约的纸币和铜钱平行本位。这一阶段以银计的物价不仅没有上涨，反而下落了。清代白银持续大量进口增强了市场的活力，但因为货币是外生的，白银的大量进口与中国经济实力并无内在的必然关联。鸦片战争前后开始的国际贸易（包括鸦片）逆差和白银外流，使纸币的需求重新提上议事日程，至清末，由市场主导的由金融机构发行的纸币和各种信用票据渐渐发展，并有寻求有效制度支撑的迹象；但政府（包括地方政府）滥发纸币的前景仍然是可能的历史选择。该文还利用计量模型对

以上观点进行了检验。

熊昌锟《近代宁波的洋银流入与货币结构》(《中国经济史研究》2017 年第 6 期)一文指出,明末清初,外国标准化的机制银元逐渐流入宁波等地,与称量使用的银锭相比,银元形制统一、检验方便,节省了一定的交易成本,因此行用日广,进而流通至浙江的其他城镇和农村地区。“五口通商”以后,国内埠际之间有大量的洋银流动,而自香港等地进口的洋银数量极少。清后期,浙江省厘金收支的四柱清单中,银元的使用已超过银锭与制钱,成为最重要的收支货币。结合清中期至民国初期的契约文书,可以发现丝茶产地以外的宁波及浙东地区农村市场的洋银使用份额远不及银锭、制钱,洋银在港口与农村两个不同市场层级的使用呈现出迥异的特点。

赵红军等《美洲白银输入是否抬升了江南的米价?——来自清代松江府的经验证据》(《中国经济史研究》2017 年第 4 期)一文从美洲白银流入存量、银铜比价两个维度,检验了美洲白银输入对松江府 175 年间米价的影响。研究发现,白银输入存量显著抬高了大米平均价格水平,却也抑制了大米价格的波动幅度,这证明了美洲白银输入与中国物价革命的经典假说;但银铜比价这种半市场化的内部汇率体制在一定程度上缓解了米价水平的上升,并助推了米价的波动幅度。这意味着,中国银铜双本位的内部汇率体制发挥了应对国外经济冲击的正面作用,但同时也对国内物价水平的波动产生了推波助澜的作用,因为它本身就是市场力量和非市场力量综合作用的结果。

此外,郑学檬的《唐宋元海上丝绸之路和岭南、江南社会经济研究》(《中国经济史研究》2017 年第 2 期)、冯国昌的《元初陆海“丝绸之路”及当代启示》(《江苏科技大学学报・社会科学版》2017 年第 3 期)、李骐芳的《从嫁妆说起——明代朝贡贸易中的文化交流》(《装饰》2017 年第 3 期)、李文浩的《揭秘历史上的海上丝绸之路》(《智慧中国》2017 年第 7 期)、巫新华的《天山与古代东西方贸易》(《大众考古》2017 年第 12 期)、蒋茜的《1700—1840 年中英贸易背景下的设计交流研究》(南京艺术学院博士论文,2017 年)等文章,也对古代丝绸之路上的中西贸易状况有比较详尽的阐述。

（二）古代中西贸易政策与管理机构研究

本年度学者们从不同层面研究了古代中国的对外贸易政策。杨晓波的《明朝海上外贸管理法制的变迁》（中国社会科学出版社，2017 年）一书，主要关注于海上朝贡贸易法律体系的建立，明朝的海上对外贸易被政府赋予了重要的政治使命，立法者精心设计了一套合法的朝贡贸易体系。当然，贯穿全书的还有一条主线，即明朝海上对外贸易管理执法机构的变迁。值得一提的是，当前我国正在推进“一带一路”建设。大量的内容涉及对外贸易管理及其法治建设，明朝的对外贸易管理法制是服务于那时丝绸之路的法制，形成了较为丰富的经验，可以为今天的“一带一路”建设所借鉴。鲍海勇的《清乾隆、道光两朝贸易禁运述论——以丝斤、大黄、茶叶为中心》[《新疆大学学报（哲学・人文社会科学版）》2017 年第 2 期]一文通过对清代乾隆、道光时期丝斤、大黄、茶叶贸易禁运的考察发现，清政府实施贸易禁运的主要举措包括：关闭互市，出台禁运立法，加强禁运司法；管制禁运商品的流通数量和路线，以官方凭证运销和军事监督贸易相结合；禁止外国商品入境等。贸易禁运对清前期互市布局的构建起到重要作用，如乾隆前期的丝斤禁运客观上迫使西方人适应广州“一口通商”体制；乾隆后期对俄罗斯大黄禁运的成功，从某种程度上验证了恰克图互市具有极好的震慑外商作用，乾隆帝因此试图在边疆其他地区推行这种集怀柔、羁縻功能于一体的“恰克图互市模式”。各互市地点之间的统筹协作是否娴熟是禁运成功与否的关键所在，这也是乾隆、道光时期贸易禁运效果不同的一个重要原因。迨至晚清，原有互市布局业已打破，贸易禁运也只能停留在设想层面。葛金芳的《南宋海外贸易方式论析》（《决策与信息》2017 年第 5 期）指出，南宋时期的海外贸易方式主要有民营外贸和贡赐贸易两种。民营外贸由于为官营外贸提供物资，处于主导地位。在海外流通阶段，以民间舶商为主体的贸易相当频繁活跃，中外物资交流因此而扩大；在国内流通阶段，官营禁榷贸易与舶商自行货卖两者并存。后者市场主要集中于东南地区水陆交通枢纽和区域中心城市，也是商人推销舶货之所在。

彭崇超《平南王与清初广东的对外交往》（广东省社会科学院硕士论文，

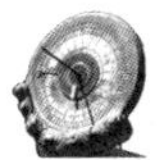

2017 年)一文指出,满清入关之初,南部中国叛服不定,反清势力活跃,清廷基于自身兵力的不足,继承并发展了自皇太极以来团结汉官的政策,在南部边疆实行“藩镇体制”,利用前明投降的汉人组成独立军团,稳固满洲贵族对南中国的统治。从顺治七年到康熙十九年,平南王尚氏主导着广东政治,是广东地方的头号当权派。清初继承了明代的“海禁”政策,并在明郑反清势力的压力下,不断强化升级。以“迁界”为标志,清代的海禁政策分为顺治朝与康熙朝两期,顺治朝实行“限制性下海”,康熙朝实行以迁界为手段的“无许片帆入海”。迁界令要求濒海居民在短时间内无条件全部内迁,且“片板不许下水、粒货不许越疆”,给沿海人民制造了巨大的民生灾难,广东省尤甚。尽管对升级强化的“海禁”政策不以为然,但面对清初国家对地方社会的强大执行力,作为满洲贵族统治的忠实拥趸,尚可喜还是尽力地履行了自身的职责。另一方面,尚氏也积极地发挥了地方能动性,在“澳门免迁”“康熙七年提请复界”“康熙十七年广东不迁”等事件中,着力发挥作用,影响国家决策。尚氏对海禁政策的否定态度,绝不仅是出于对粤省沿海百姓的民生考虑。尚藩源于明末辽东东江镇,自带明朝长城沿线卫所军人操纵走私贸易的传统,来到广东,顺其自然地把持了粤省的对外贸易,“片板不许下海”式的海禁会妨碍广东海上贸易的发展,这或许是尚氏反对海禁政策更重要的原因。自顺治十年起,深谙海外贸易之道且“性贪好利”的尚可喜,就通过其控制下的广东盐市系统和藩下“王商”,把持暹罗、荷兰的对华朝贡贸易及与东亚各国的海外贸易,而与荷兰的走私贸易也在虎门秘密进行。顺治十二年后,南明势力一蹶不振,清廷对广东的统治逐渐稳固,平南王在广东的地位亦水涨船高。顺治十七年后,靖藩移镇福建,广东更是成了尚氏家族的“独立王国”。尚可喜暮年骄恣,子女颇多,诸子皆不法,庞大的家族及其藩下家人,构成了对经济资源的巨大需求。康熙元年起,“海禁”升级,但尚藩控制下的海上贸易并未因此受挫,“好利益甚”的平南王,利令智昏,凭借自身在粤省的权势,冒禁下澳贸易,利用藩下“王商”违法出海往贩东亚各国,在澳门附近海域大肆走私,在这一特殊时期,尚家几乎垄断了粤省全部的对外贸易。广东自古以来是中外交往的要道,有着悠久的对外贸易传统,清初严厉的海禁,对广东的对外贸易与交往是个不小的打击,尚藩利用特权控制的走私贸易，尽管利入私家，但客观上却维系了过渡时期广东与外界的交流，这为后来清朝的开海设关，重建与东南亚各国的贸易往来，打下了基础。

除了研究古代中西贸易政策外，学术界也十分重视对贸易管理机构的研究，其中广州十三行作为古代中国重要的外贸管理机构，尤其受到学者的关注，本年度相关研究成果不少。张丽《广州十三行与英国东印度公司——基于对外贸易政策和官商关系的视角》(《世界近现代史研究》2017 年第 00 期)一文指出，英国东印度公司和广州十三行同是 16—18 世纪欧亚贸易大规模扩张的产物，并都带有那一时期的垄断特征。然而，二者虽同为贸易垄断组织，但在组织形式、运行方式和经营内容上非常不同。作者认为中英两国在对外贸易政策和官商关系上的巨大不同造就了广州十三行和英国东印度公司在组织形式、运行方式和经营内容上的巨大不同，也造就了二者不同的商业成就和命运归宿，以及中英两国不同的国家命运。英国东印度公司为英国获得海外霸权和国家崛起做出了巨大贡献，并在国家崛起后失去存在意义，最终被解散；广州十三行曾在一定时期帮助清政府缓解了海外贸易急剧扩大的巨大压力，也为朝廷提供了一定的财富，为自己积累了一定的财富，但行商们一直是在中外挤压下苟存，清朝廷对海外贸易扩大的权宜性应对政策和其对行商的限制压迫是行商最终破产失败的主要原因。谭元亨与吴良生《十三行:清代前期对外贸易的开放态势》(《深圳大学学报·人文社会科学版》2017 年第 2 期)一文指出，雍正年间，在南海开洋之后短短的几年间，杨文乾、祖秉圭的相继倒台，以谭康官为代表的十三行行商的争论与抗争，被外国学者认为“早期发生在行商谭康官和寿官之间的论战更为清楚地表述出来，正是这次论战产生了许多的贸易混乱”。于外商看来似乎是一种“混乱”，而事实上，是为确保开海，确保为开海建立正常的经济秩序，尤其是通过规则的制订，为开海举措保驾而发生的一系列相当严峻的、具有原则性及前瞻性的斗争。而取消加一征收则进一步证明朝廷区别“朝贡”与“通市”，为推动国际贸易而做出优惠利税的努力，使朝贡体制向市场贸易转换，以上均呈现了清代前期对外贸易积极的开放态势。张忠民《试析广东十三行的企业制度特征》(《海交史研究》2017 年第 2 期)一文从企业产权、企业

治理结构以及企业剩余分配方面，对广东十三行企业制度特征进行考察。作者认为，广东十三行并不是市场经济、自由贸易体制下，由民间资本、民间贸易自发产生的自主企业组织，而是在清前期特定的社会经济条件下，以实现清王朝管制中国与西方商人之间的对外贸易为目的，由清廷及其地方衙门主导、实施的一种特殊的企业制度。在此制度中，传统的家族势力虽然发挥极大的作用，但对于整个广州商界以及朝廷和官府来说，十三行不仅仅是意味着一个商人、一个商号，而是一个商业团体、一个商业家族。张超杰《西方视阈下的十三行行商与广州花船》(《邢台学院学报》2017 年第 1 期)一文指出，清代中期，广州是一口通商贸易的口岸，当时活跃在广州十三行的行商与外国商人来往密切，中西方在对外贸易、文化交流等各方面日益频繁。而广州花船作为交通工具和娱乐场所，在商业贸易与谈判中发挥了重要的媒介作用。西方人通过独特的眼光，留下了许多对花船的描写与记录，这些珍贵的文献资料折射出当时广州商都的民情风俗与社会百态。

程淑娟《清朝涉外法律与十三行制度的解体——基于商欠案的处理》(广东省社会科学院硕士论文，2017 年)一文从清朝的对外法律方面着手，基于对商欠案处理的分析来解释十三行制度的解体。作者认为，自清初开海贸易以来，尤其是乾隆宣布“一口通商”之后，广州十三行在对外贸易中扮演的角色越来越重要，历时一个多世纪，见证了清前期对外贸易的兴衰。在这期间行商从开始的垄断繁荣，到后期在清政府、外商的双重重压下纷纷破产，并受到清朝法律的严厉制裁，行商制度亦随之瓦解。从 1760 年广东行商成立“公行”直到 1843 年行商制度废止，84 年间共有 47 家洋行先后营业，其中 37 家在 1771 年与 1839 年间陆续停业，平均不到两年就有一家停止营业。学界以往的研究认为，行商的困境主要是政府与有关官员的勒索以及行商本身的奢侈性消费、维持营业设施、为家人及家族支付费用以致开支过大造成的。从行商的收支状况来看，入不敷出确实是十三行制度衰落的重要原因。除此之外，作者认为一项制度的实行在法律的规范与保障下才能够长久地维持，十三行制度是封建专制制度下的产物，它的产生与发展在当时的中国社会有其存在的合理性，但是随着中外环境的变化，清政府未做出有效的调整，尤其是在法律的制定与实施上存在诸多弊端，缺乏法律的规范、保障，导致行商不断陷入商欠的漩涡而无法自拔，最终走向灭亡。正是因为清朝对外法律逐渐不适应于中西贸易发展中产生的问题，商欠问题恶化，加重了十三行经营困难，加速了十三行制度走向末途。此外，罗章鑫的《广州十三行与鱼翅贸易》(《广州社会主义学院学报》2017 年第 2 期)、王睿和欧婷婷的《清代十三行图像史料内涵初探》(《海洋史研究》2017 年第 2 期)等文章，也从不同层面对广州十三行进行了研究。

除了研究十三行，学者也对西方国家对华贸易机构进行了探析。潘毅《清代前期英国东印度公司对华贸易管理机构探析》(《凯里学院学报》2017 年第 4 期)一文指出，在近代中西贸易中，英国东印度公司来华的大班是公司的商业代理人，组成了公司对华贸易的管理机构大班委员会。其组织形式经历了单船大班委员会、联合大班委员会、联合常驻大班委员会和特别选举委员会四个发展阶段，其中临时增加了“秘密及监督委员会”与“秘密委员会”两个特殊机构。英国东印度公司是近代史上英国殖民扩张的机器，它通过军事和商业贸易的方式从东方获取巨大的财富，为英国从商业资本主义向工业资本主义的发展提供了雄厚的资金，也为英国从民族国家走向世界殖民性帝国奠定了坚实的物质基础。其公司对华贸易管理机构的制度建设对公司的发展壮大起了巨大的推动作用。解江红《清代广州贸易中的法国商馆》(《清史研究》2017 年第 2 期)一文依据原始文献对这一时期来华法国船只的数量以及法国商馆的管理人员名单进行统计，力图清晰呈现这一特殊历史时期中法国与中国的贸易状况。作者指出，法国东印度公司在 18 世纪的海外贸易竞争中不甘落后，借助政府支持积极开展与中国的商业贸易，并在广州设置商行处理各种事务。法国商行的设立、发展及最后的关闭，与法国在国际上与英国争夺海外殖民地及国内革命形势和贸易政策密切相关，它经历了与法国东印度公司同样的命运，即起初在对华贸易中占据一席之地，在 18 世纪末期逐渐退出历史舞台。

(三)中西贸易航线及航海地图、港口研究

对于古代中西贸易航线、“大航海时代”地图、中西贸易港口的研究是海上丝绸之路研究领域的重要组成部分，本年度这方面的研究成果丰硕，在资

料、研究方法和观点等方面都取得了新的进展。

1. 中西贸易航线及航海地图研究

随着中西贸易的发展，海上丝绸之路上的航线也在不断拓展，成为沟通中国与世界的通道，本年度关于中西贸易航线的研究成果不少。傅梦孜《对古代丝绸之路源起、演变的再考察》(《太平洋学报》2017 年第 1 期)一文尝试以中国为主并以更广的视角对古代丝绸之路进行再考察，廓清与丝绸之路有关的学术概念及陆上、海上丝绸之路的地理路径范围，对古代丝绸之路路线进行补充研究，并探讨古代海上丝绸之路的特殊性、陆海丝路之源起、演变，以及在不同时期出现丝路时断时续或并存、交替的历史时空背景。陆韧、余华《南方陆上丝绸之路与海上丝绸之路互联互通的历史进程》(《云南大学学报・社会科学版》2017 年第 2 期)一文认为，南方陆上丝绸之路是历史时期云南各条对外交通道路的统称，也是中国对外交通的重要组成部分。汉晋时期开辟的“蜀身毒道”“进桑麋泠道”以陆上交通和陆水混合交通为主，形成云南西出缅(甸)、印(度)，南下越南的交通格局；唐宋时期，海上丝绸之路兴起，南方陆上丝绸之路开始了走向大海的转型，“安南通天竺道”使云南成为连接太平洋与印度洋的大陆桥，同时云南地方性政权南诏还积极探寻出南下东南亚各重要港口的三条出海通道；元明清时期，云南借助与东南亚之间的国际河流，形成通江达海的交通态势，南方陆上丝绸之路通过陆、水(跨国河流水路)、海联运的方式，实现了与海上丝绸之路的互联互通，使内陆的云南融入世界交通贸易体系中。姜波《海上丝绸之路：环境、人文传统与贸易网络》(《南方文物》2017 年第 2 期)一文指出，海上丝绸之路就是古代风帆贸易的海上交通线路，古代人们借助季风与洋流，用传统航海技术开展东西方交流的海上通道，也是不同文明板块之间经济、文化、科技、宗教和思想相互传输的纽带。探究海上丝绸之路港口、沉船和贸易品等文化遗产，展示了东西方文明的海洋对话。高克冰《罗马帝国时期丝绸之路西段贸易的发展》(《科学经济社会》2017 年第 3 期)一文认为，丝绸之路是古代东西方贸易的商道，通过丝绸之路，中国的丝绸等物品最远传播至罗马帝国境内，并对罗马帝国的社会、经济产生了重要影响。罗马帝国的东部叙利亚地区覆盖了丝绸之路的西段，是罗马帝国与丝绸之路直接关联的区域。丝绸之路西段的商路包括北道、主道、南道等不同的路线，为东西方贸易奠定了基础。丝绸贸易是罗马帝国与东方贸易的大宗，是东西方贸易的主体部分。由于丝路贸易，罗马帝国叙利亚地区的纺织等工业蓬勃发展。丝路贸易具有传导性，通过中国西域地区、中亚、伊朗地区、两河流域丝路的传递，进而通过丝路西段，东方丝绸等商品才得以到达罗马帝国的主要城市。

本年度对“大航海时代”地图的研究比较突出。吴松弟《16—19 世纪欧洲对东北亚海域地名的认识及其命名方式的东来：对欧洲和东北亚古地图的分析》（《历史地理》2017 年第 2 期）一文认为，因空间距离过远，欧洲地理学家对东北亚海洋地理空间的了解，经历了漫长的时间，19 世纪后期才有了较正确的认识。受此影响，当欧洲出版的世界地图开始出现日本海海域时，这一海域的岸线、岛屿、水域在地图上长期呈现错误和混乱状态，在今天日本海海域的命名上即有来自中国并为朝鲜人沿用的东海、朝鲜人的高丽海（朝鲜海），也有欧洲人提出的日本海，直到 1824 年世界地图在此海域标注“日本海”的做法才在欧洲获得多数人的认同。另一方面，17 世纪初意大利传教士利玛窦、庞迪我、艾儒略等人进入中国，开始将西方的地理知识传入中国。世界最早的将今日本海海域标注为“日本海”的地图，系 1602 年利玛窦绘制、中文出版的《坤舆万国全图》。1623 年艾儒略增补形成的《职方外纪》也在中国出版，除了介绍世界地理，也介绍西方以海旁的州名加“海”字的海域命名方法；为便于中国人理解，又将中国置于地球中心，采用中国传统的按方位命名海洋的做法。利玛窦是在欧洲地理学界对东北亚了解有限的情况下来到中国，其“日本海”地名采用欧洲人的“按州域命名”的做法，但将“日本海”标注在今日本海海域则是他来华以后的个人所为。在此后的两百年中，中国、朝鲜、日本都没有采用利氏提出的“日本海”一名，直到 19 世纪前后这一地名重新自欧洲传入日本。1855 年日本地理学家山路谐孝修订高桥景保《新订万国全图》，在自己编成的《重订万国全图》上将原图中的“朝鲜海”改为“日本海”，并移到海域之中，此后这种做法为日本各界所接受。随着西方列强在东方活动的加剧以及与明治维新后日本走上的扩张之路相结合，“日本海”这一海域地名逐渐压倒“高丽海”“东海”这两个海域

地名。

滨下武志《从海洋视角看〈混一疆理历代国都之图〉的历史特色——龙谷大学藏〈混一疆理历代国都之图〉的时代风貌》(《海洋史研究》2017 年第 1 期)一文尝试从世界观、空间描绘、历史环境和历史背景的角度,来解读龙谷大学所藏《混一疆理历代国都之图》的历史特色。作者认为,地图作为一种载体,所展现的不只是当时的自然地理空间,还是时人的空间概念与世界观。尤其是在没有测量的传统时代,地图较多采用道教、佛教、伊斯兰教、基督教等宗教的概念和世界观进行描绘。研究古地图就不只是辨明其标识的自然地理的正误,还应该深入窥视其中的空间观念与世界观。1402 年在朝鲜制作的《混一疆理历代国都之图》是现存最古老的世界地图之一。此后流传下来的版本颇多。该文重点研究的龙谷大学所藏《混一疆理历代国都之图》即是较为重要的版本之一。相关的研究成果也极为丰硕,但主要还是从自然地理或者地理学、测绘学的角度进行探讨。作者指出,龙谷大学"古典籍数位典藏"项目高度复原后,《混一疆理历代国都之图》实物的地图颜色、绢布织法、绢布上的色素及颜料等都一一再现,从而成为新的历史研究资料。这极大地推动《混一疆理历代国都之图》的研究焦点转向其所体现的时代风貌和文化动态。文章首先考察了龙谷大学所藏《混一疆理历代国都之图》的时代背景及制作年代等,并通过对该图姊妹图的分析,以及"郑和下西洋"和"琉球"之间的关联,观察同时代亚洲的海域面貌。作者认为,该图有别于传统的以欧洲为中心的世界观,是把从东方的世界视野制作而成的"历史图""年代记"作为重要史料,该图有力地证明了在 16 世纪葡萄牙、西班牙大航海这一世界性规模活动之前,东方已从世界视野描绘了从朝鲜出发的始自唐代、以蒙古帝国时代为中心的欧亚大陆和海域的商贸交流与人员往来的概貌。同时,该文与以往关注该图"陆地"的研究不同,注意到该图展现东方世界积极开展海洋活动的动机和时代特征。制作《混一疆理历代国都之图》的时代刚好与郑和下西洋的时间重叠,也与关注海洋贸易、海洋活动的明帝国由东往西形成的时间一致。随着海洋活动的展开,穆斯林商人网络和琉球商人网络逐渐成形,琉球的海上贸易越发兴盛。这些贸易网络是朝贡贸易得以成立的重要基础和背景。而经由朝贡贸易形成的海洋贸易网络反过来又进一步促进和巩固了朝贡秩序。

邹振环《蒋友仁的〈坤舆全图〉与〈地球图说〉》(《北京行政学院学报》2017年第1期)一文指出,法国传教士蒋友仁于乾隆年间绘制《坤舆全图》及编纂《地球图说》,为中国人带来了哥白尼的日心说,介绍了开普勒三定律以及欧洲天文学的一些最新进展,这些已为学界所熟知。但关于该图的绘制时间和图说的成书时间,看法不一,相关论著矛盾之处甚多。《耶稣会士中国书简集——中国回忆录》中的材料印证了鞠德源的观点,即蒋友仁于乾隆二十五年(1760)完成初绘,并在乾隆三十二年(1767)增补该图,实际上绘制过两次。该图是在南怀仁所绘《坤舆全图》的基础上,根据"新辟西域诸图"和"西来所携手辑疆域梗概"等资料进行内容增补,该图至今仅见手绘本,未见刻本。蒋友仁在绘制《坤舆全图》的同时,应该已经完成了一部类似《地球图说》的书稿,并按照乾隆的旨意补上了相关地图和天文图,且翰林院也遵旨对该书稿进行了润饰。因此,所谓"在深宫禁院中整整躺了三十年,才由中国学者钱大昕详加润饰地图的说明文字"一说,恐与事实不符。乾隆皇帝不仅在蒋友仁1760年初次进呈后就特别重视该地图,且专门派学者参与修改润饰,并因《坤舆全图》对世界知识产生了浓厚的兴趣。龚缨晏与梁杰龙《新发现的〈坤舆万国全图〉及其学术价值》(《海交史研究》2017年第1期)一文认为,2016年10月,在美国拍卖市场上,出现了两件利玛窦《坤舆万国全图》摹绘本的残图。我们可按这件拍卖品的编号,称其为"6084号残图"。由于残图上有"大明海",而"大明一统"则被改作"大清一统",因此,可以确定,它是明代摹绘的,清朝建立后还被人使用过。但"6084号残图"不可能直接摹自利玛窦原版《坤舆万国全图》,上面的图画也不是利玛窦绘上去的。这幅新发现的《坤舆万国全图》残图,为深入研究利玛窦世界地图及其影响提供了新的实物依据。

此外,周振鹤与林宏的《早期西方地图中澳门地名与标注方位的谜团》(《海洋史研究》2017年第1期)、陈佳荣的《再说〈顺风相送〉源自吴朴的〈渡海方程〉》(《海洋史研究》2017年第1期)、松浦章的《中国帆船研究回顾》(《海洋史研究》2017年第1期)、罗星的《罗明坚"Tamincvo"(大明国图)出处探析》(《岭南文史》2017年第2期)、刘恒武的《图像观识与海上丝绸之路

史》(《学术月刊》2017年第12期)等文章,也对与古地图相关的问题进行了探析。

2.中西贸易港口研究

中国是一个海洋大国,自古以来就通过海洋发展对外交往。从秦汉时期起,山东、江苏、浙江、福建和两广地区的沿海港口逐渐发展起来,它们既是中国对外贸易与人员外出的出口港,也是西方货物与人员的进口港,在中西贸易中发挥着重要作用。本年度关于中西贸易港口的研究主要集中在两广地区、福建、浙江地区,对原本研究不多的地区也有所加强。

广东是古代海上丝绸之路上的重要地区,其港口众多,学术界一直比较重视对古代广东地区贸易港口的研究,本年度这方面的成果不少,在资料和研究视角上都有新的进展。陈立新《古代港口史视野下的广州湾》(《岭南师范学院学报》2017年第4期)一文指出,广州湾的名称最早出现在明代嘉靖年间的方志和图经上,是以渡口形式展示给世人的,它的频频出现与海防密切相关。广州湾自唐初以来就是海上丝绸之路的重要节点,它的前身是"九州湾",陆名沿革于九州,"九州岛石"作为"广州通海夷道"的航海地标至今已有1300多年。广州湾坊在百年前由法国人设立了引导灯,新中国湛江商港建港时予以修复,至今仍在发挥重要的海上导航作用。吴丹微《广州与海上丝绸之路》(《文物天地》2017年第10期)一文指出,公元前2世纪至公元19世纪中后期,古代人们借助季风与洋流等自然条件,利用传统航海技术,与亚洲、非洲、欧洲的沿海国家在政治、经济、贸易、文化、宗教等方面进行跨区域交流,形成了海上丝绸之路,对世界文明发展进程产生了深远的影响。广州是海上丝绸之路沿线极为罕见的、伴随其两千年演进历程始终、持续繁荣的跨板块节点,在以海上丝绸之路为依托的国际商贸活动和文化交流中扮演着不可替代的角色。王一娜和周鑫《通向海洋之路:清代香山岐澳古道考》(《海洋史研究》2017年第2期)一文认为,明清时期,香山地区(包括今中山、珠海和澳门)是珠三角经济文化发达的地区。明中叶澳门开埠后,与广州形成广东贸易的"二元中心"结构,时称"广中事例",香山县管辖下的澳门是广州的外港,是全球海上贸易航线上的重要商港。随着世界海洋贸易体系与早期全球化的推动与发展，香山、澳门成为广东甚至中国通向海洋、走向世界的重要节点，连接粤澳的香山“岐澳古道”是海陆连通的“黄金路段”。

广东其他港口城市在古代海上丝绸之路上的地位与作用也受到学者的关注。陈穗芳《“物证”汕头：“海丝”重要门户》(《潮商》2017年第4期)一文指出，汕头沿海地区保存了丰富的海上商贸文化遗存，而南澳岛一带，在明朝时更享有“海上互市之地”的美誉。明代古沉船“南澳Ⅰ号”在汕头市南澳县“三点金”海域被发现。截至2012年打捞工作结束，发掘出的船载货物中，瓷器最多，各类文物共27282件。“南澳Ⅰ号”古沉船是迄今为止发现的明代沉船里舱位最多、在我国出水器物数量最多的古代沉船，还是迄今为止，中国发现的唯一一艘明代晚期的商贸船，是第一艘满载“汕头器”的海上商船，充分反映了当时海禁时期广东港口的依旧繁荣、制瓷技术的不断发展和海上丝路的延续，进一步佐证了汕头南澳海域在明代已是中外舶商进行贸易的重要场所，也是当时海上丝绸之路(或叫陶瓷之路)的重要通道之一，是国际贸易货物的转运、集散中继站与必经之路。古商船“南澳Ⅰ号”，使汕头作为海上丝绸之路主要出海口之一的历史地位再度得到确认。作为海上丝绸之路的重要节点，汕头一直是中国古代海上对外经济、文化交流的最前沿。田丰的《海上丝绸之路精神与广东近代思潮》(《岭南文史》2017年第1期)、陈朝萌的《深圳海上丝绸之路文化：历史与现实》(《华南理工大学学报·社会科学版》2017年第2期)等文章，也涉及广东地区在海上丝绸之路上的地位和作用。

除了古代广东的贸易港口得到学术界的重视外，福建作为古代海上丝绸之路的重要区域、重要枢纽和节点，自古海洋文化底蕴丰厚，本年度这方面的研究成果也不少。李冀平主编的《梯航百货万国商——海上丝绸之路货币与贸易(泉州)》(社会科学文献出版社，2017年)一书指出，海上丝绸之路是中国与外国贸易往来和文化交流的海上大通道。该线路始于秦汉，繁荣于唐宋，转变于明清，包括东海航线和南海航线，是迄今所知最为古老的海上航线之一。历史证明，它是一条自由商贸之路、和平发展之路，也是一条东西文明对话、互学互鉴之路。它推进了人类文明进步，促进了沿线各国

繁荣发展，是东西方交流合作的象征，也是世界各国共有的历史文化遗产。泉州是海上丝绸之路的重要起点之一，从唐到宋元时期，泉州的海外通商贸易繁盛长达400年，在12至14世纪，更被誉为“东方靠前大港”。文化的相互尊重和包容已沉淀为泉州这座城市永远的精神特质。今天的泉州，“海丝”遗迹随处可见，其中就包含了大量与“海丝”贸易相关的中外货币，它们的存在表明：由古及今，海上丝绸之路既是一条贸易之路，也是一条货币之路。货币，不只用来交易通货，也承载着技术与文化，它们传播了不同地区间的文明，见证了当时贸易与交往的盛景，蕴含着极为丰富而重要的历史文化信息。该书让我们重识这些“海丝”货币以及相关文化遗存的历史，追忆当年沿线各国在海上丝路贸易中和平共荣的盛景。吴培植《泉州：海上丝绸之路起点城市》(《文物鉴定与鉴赏》2017年第9期)一文指出，泉州因刺桐港而享誉全世界，是海上丝绸之路的重要起点，有一千多年的古港历史。自古享有“东方第一大港”“四海人文第一邦”等盛名，是知名的“世界宗教博物馆”，闽南文化的主要发源地和保存地，闽南文化的核心区和富集区，同时也是海上丝绸之路最为重要的起点城市。刘英英《试述泉港东岳庙与“海上丝绸之路”的关系》(《福建文博》2017年第3期)一文介绍已被列为省级文物保护单位的泉港东岳庙及其与海上丝绸之路的关系。此外，林华东的《利益驱动，文明交汇——海上丝路的文化阐释》(《泉州师范学院学报》2017年第1期)、郑婷婷的《试析泉州海上丝绸之路上的文物史迹》(《文物鉴定与鉴赏》2017年第4期)等文章，也对泉州在古代海上丝绸之路上的地位和作用进行了探析。

漳州、福州及其他城市也是古代福建重要的对外贸易港口。陈博翼《从月港到安海——泛海寇秩序与西荷冲突背景下的港口转移》(《全球史评论》2017年第1期)一文考察在区域史研究视角下的港口转移，即明末清初东南海域社会经济结构制约下港口变化的机制。作者利用西班牙与荷兰的档案文献，参照其他同期非系统性史料，认为在明末到清初的百余年间，福建沿海的主要对外贸易港口从月港(海澄)转移到了安海。这种转移是在东南陆海间泛海寇主导的日常秩序与西荷冲突的背景下、基于不同人事背景和更广泛的区域联结产生的。理解这一点，即能从看似零散的档案记载中，理解从月港到安海的机制，领会在特定时空下存在的日常秩序及其对历史变迁的影响。该文揭示港口转移史事，以此例显示明清交替及南明史、中西交通、社会经济史三大研究范式和框架的结合点，并以此结合点反映重视结构研究的必要性和可能性。郑传锋的《樟林古港与中国"海上丝绸之路"关系探索》(《南方职业教育学刊》2017 年第 1 期)、谢重光的《唐宋元时期的漳州海上丝绸之路史迹》(《大众考古》2017 年第 3 期)等文章，也反映了漳州在古代海上丝绸之路上的地位和作用。

福州地理位置优越，唐代时已成为与广州、扬州齐名的三大国际贸易港之一。宋元以后，随着泉州港的兴起，福建的对外贸易重心转移至泉州，但福州的海外贸易仍然保持一定的规模。吴碧英《传承与发展"海上丝绸之路"文化——以福州市为例》(《济宁学院学报》2017 年第 6 期)一文认为，福州是海上丝绸之路的一个重要节点，拥有多种类型的海上丝绸之路文化史迹。推进海上丝绸之路文化系统研究、营造良好的传承氛围、形成多方合作机制、打造海上丝绸之路文化品牌等，是传承与发展海上丝绸之路文化的有效路径。陈容凤《"万里茶道"福建段史迹调查及初步研究》(《福建文博》2017 年第 1 期)一文对"万里茶道"(福建段)文物资源普查成果择要进行介绍，并对福建茶道路线以及茶商贸易历史进行初步探讨。涂明谦《关于福建海上丝绸之路文化交流与传播的思考》(《福建论坛·人文社会科学版》2017 年第 10 期)一文提出，加强国内外合作，促进福建"海丝"历史研究，保护、利用物质遗存，开发"海丝"文化旅游，面向华人华侨，重视"海丝"文化的传承教育与宣传。

广西毗邻广东，多良港，其在海上丝绸之路的地位和作用近年引起了学术界的关注。高崇文《试论广西地区先秦至汉代考古学文化变迁——兼论汉代合浦的历史地位》(《四川文物》2017 年第 1 期)一文指出，先秦时期，广西地区主要是"西瓯""骆越"的聚居地域。西瓯、骆越有着独特的文化传统，商周时期受到岭北青铜文化的影响，开启了广西青铜文化的缓慢发展。至战国时期，由于岭北楚、越系青铜文化大量进入，促使广西西瓯、骆越青铜文化得以快速发展。秦汉时期，广西考古学文化面貌又发生较大变化。从广西先秦至汉代考古学文化变迁看，本地文化是受到楚文化、秦文化、汉文化

的影响而发生重大变化的。发生变化的历史背景，与岭北越人的南迁、秦征岭南、汉武帝平定南越有直接关系。汉武帝统一岭南后，加大了对岭南的开发，北部湾地区成为当时面向海外的战略要地，开通了汉王朝对外交流与贸易的国门，而合浦、徐闻、日南则成为汉代海上丝绸之路始发的重要港口。此外，田心的《广西钦州“海上丝绸之路”历史文化遗址考证及评析》(《钦州学院学报》2017 年第 2 期)、吴伟峰的《广西合浦汉代出土文物与海上丝绸之路》(《当代广西》2017 年第 10 期)、麦婉华的《广西：海上丝绸之路的重要节点》(《小康》2017 年第 26 期)等文章，也涉及广西在海上丝绸之路上的其他港口的研究。

本年度关于浙江舟山、宁波等港口的研究成果也不少。陈璇《近代英文文献中舟山地名英译研究》(《延安职业技术学院学报》2017 年第 5 期)一文对近代英文文献中较常出现的舟山地名进行了总结，分析出了当时西方人所采用的翻译方法多为音译法、意译法、直接命名法、拼音拼写法以及其他方法。该文深入分析了这些舟山地名的翻译方法不统一，甚至很随意的原因，主要有个人差异、认知有限、习惯不同等。此外，龚缨晏的《远洋航线上的渔山列岛》(《海洋史研究》2017 年第 1 期)，崔小明的《海上丝绸之路史迹保护有法可依》(《宁波日报》2017 年 1 月 6 日)，叶岗与陈民镇的《越文化与海上丝绸之路的发生与发展——兼及对“一带一路”战略的启示》(《绍兴文理学院学报·哲学社会科学》2017 年第 2 期)，冯毅的《“海上丝绸之路”上的宁波往事》(《宁波通讯》2017 年第 14 期)，汤丹文、徐学敏等的《从新安沉船，破解庆元港的历史密码》(《宁波日报》2017 年 12 月 15 日)，象山县文物管理委员会办公室课题组的《“海丝之路”与象山历史文化》(《宁波通讯》2017 年第 7 期)等文章，尽管很多只是泛泛而论，但也在文中论及这些港口与海上丝绸之路的关系。

(四)中国与欧美国家贸易研究

本年度古代中国与欧美国家贸易往来的研究成果不多，但研究视角与材料运用有所拓宽。蒋茜《1700—1840 年中英贸易背景下的设计交流研究》(南京艺术学院博士论文，2017 年)一文重点探究中英两国通过商贸交流产生的设计形态的转移，即从贸易的角度出发，来探讨经济造成的设计交流以及产生这种影响的诸多原因。作者认为，从1700—1840年这百余年间来看，这一时期正是近代以来中英贸易密切交流的开端，其间贸易活动形式多元，两国间的设计交流和影响在此时期集中展现，并分别表现出不同的设计形式、反映及影响。就设计领域来说，中国在英国刮起的设计风更加剧烈一些，但最终并未能在文化层面产生深远影响，而英国对中国方面的影响是潜移默化的，或者说是中国社会巨大动荡来临的前奏。该文通过中英贸易流通中的各种手工艺品，来梳理并展示在两国贸易过程中发生碰撞与融合而呈现的设计形式与风格，以及在设计交流中由误解和文化差异产生的中西合璧的特殊文化现象。作者指出，中英设计之间的交流和影响，一方面保留了自身的特点；另一方面又不断刺激、启发和丰富各自的设计。各种设计的不断借鉴、吸收和利用，也在不断地改变中英两国这一历史时期的设计面貌。

段旭颖《19—20世纪美国来华传教士的鸦片贸易观》(《江苏社会科学》2017年第5期)一文梳理了传教士对鸦片贸易态度的转变过程并厘清了态度转变背后的原因和影响等问题。作者认为，19世纪初美国新教传教士受差会派遣来华传播基督教，当目睹英、美等国向华大肆走私鸦片时，传教士强烈谴责此行为。此后在传教需求的驱使下，部分传教士对鸦片贸易的态度由反对转为支持。在确立鸦片贸易合法化以及宗教实现全面开禁后，传教活动依旧阻碍重重，由此传教士再次反对鸦片贸易。美国传教士自入华之后，基于中国的社会环境以及联合英法需求等因素，几经转变对鸦片贸易的态度，其目的都是向中国人传教，而对鸦片贸易的态度则一定程度上成为其传教手段。

江晟《近代法国对华特许权贸易盛衰》(《中国社会科学报》2017年4月10日)一文探析了近代法国对华特许贸易的盛衰状况。作者指出，贸易特许权是17世纪后许多欧洲国家授予特定公司或个人的对外贸易权利。这种贸易模式反映出欧洲列强企图垄断亚洲贸易资源，排斥他国竞争，甚至使用武力干涉亚洲贸易秩序的野心，在协助其本国政府进行殖民争夺、攫取地区霸权乃至世界霸权方面发挥了重要作用。

王冠宇《早期来华葡人与中葡贸易——由一组1552年铭青花玉壶春瓶谈起》(《南方文物》2017年第2期)一文以一组葡商于1552年订制的青花玉壶春瓶为研究个案,探讨早期在华葡萄牙人的活动细节及其对中葡贸易发展的巨大作用。作者指出,15世纪以来,欧洲进入"大航海时代",葡萄牙成为首个开始探索东方的欧洲国家。1514年,一路东进的葡萄牙人终于到达中国沿海,但直到1553年葡萄牙人入居澳门,次年中葡协议广州对葡开放,中葡贸易才终趋稳定。广州对葡开放及澳门开埠之后,中葡贸易得以迅速发展并非偶然,而是早期葡萄牙人在中国沿海积极经营的结果。然而,由于早期中葡外交关系的波折起伏,很难在中葡文献中捕捉到他们活动的细节,近年来作为此时期实物见证的贸易瓷器(片)被不断发现和披露,提供了许多重要线索,更成为聚合此时期琐碎历史信息的关键。

徐冠勉《奇怪的垄断——华商如何在香料群岛成为荷兰东印度公司最早的"合作伙伴"(1560—1620年代)》(《全球史评论》2017年第1期)一文认为,华商与荷兰东印度公司的"合作伙伴"关系通常被认为是中国帆船贸易能够在17、18世纪的东南亚取得巨大成功的基础。但是就这一合作关系如何形成的问题,学界尚存在讨论。作者认为这一合作关系的渊源并不在传统理解中的巴达维亚地区,而是在印度尼西亚东部的马鲁古群岛,就是所谓的香料群岛。在这片群岛,荷兰东印度公司建立了其最早的殖民地,而华商也在那个时候同时和占据此地的荷兰人、西班牙人及当地人存在贸易关系。荷兰人原计划是要驱赶这些华商,以便实现对这片海域的彻底垄断。但最终的发展却是,华商成为唯一被荷兰允许在当地从事贸易的外国商人。

本年度《国家航海》第一期推出了《海上三百年的延续——〈丹麦—挪威与中国海上交往史研究专辑〉》,集中发表了几篇海外学者撰写的关于丹麦与中国的贸易状况的文章,填补了以往关于这一领域研究的空白。Erik GΦbel《丹麦亚洲公司与中国贸易(1732—1838)》(英文)(《国家航海》2017年第1期)一文认为,丹麦与中国之间的第一次航行始于1730年。首航成功后,丹麦亚洲公司成立。该公司依靠皇家特许权垄断了丹麦在亚洲的航运与贸易。直至1806年,共有116艘船被派往中国。丹麦主要出口银,而进口货品包括茶叶,以及少量的瓷器、药品、丝绸和漆器。由于这些进口货品有巨大的拍卖价值，此贸易带来巨额利润。1814 年以后，丹麦亚洲公司面临衰落，最后一批派往中国的船队于 1834 年返回丹麦。1844 年丹麦亚洲公司解散，此后所有丹麦人都能与中国进行自由贸易。JΦrgen Mikkelsen《在哥本哈根与广州之间——从海洋角度分析 18 世纪丹麦与中国的贸易关系》(英文)(《国家航海》2017 年第 1 期) 一文以丹麦亚洲公司的护航舰 Fredensborg Slot 六次航程(1765—1777)的船舶分类账簿(官方日记)为原始资料，从几个角度探讨 18 世纪该公司与中国的贸易。文章关注船舶结构、船员构成、航行路线、疾病与死亡、船员的遗产以及公司航程中执行的法律。航程中途死亡的船员遗物拍卖列表特别重要，因为它们能揭示当时船员的物质条件与生活水准。其中很多物品来自中国，特别是回丹麦的航程中，船员经常携带大量的南京棉布和丝绸织品以及杯子和其他瓷器物品。在一些船员的储物箱中，还发现了中式鞋子、玳瑁罐、漆器和其他东西。范岱克《丹麦亚洲公司与十三行商人(1734—1833)》(英文)(《国家航海》2017 年第 1 期) 一文指出，虽然学界对 1700 年至 1842 年间广州和澳门的洋行商人已经展开好几项详尽的研究，但要从外国的档案中辨认出这些商人仍然是极具挑战性的任务。欧洲的东印度公司保存着完好的记录，但由于各公司对名字的拼法各不相同，因此很难识别这些记载中所提及的中国人。作者辨认了哥本哈根的丹麦亚洲公司记录中提及的洋行商人。这些记录显示了丹麦人通常每年只依赖几个洋行商家来进行大多数贸易，而这种合作关系通常能维持数十年。由于准时派船发货能避免昂贵的滞留费用，丹麦人也是为了自己的利益与他们所信任的中国商人维持密切的关系；而中国商人为了获取丹麦亚洲公司的大宗贸易而报出具有竞争力的价格。如果能为丹麦顾客提供良好的服务，从长远看，他们就能获得白银以改善自己的生活。这种互利的合作关系有助于解释为什么每年的丹麦贸易总是只由几家中国商行负责处理。Mikkel Leth Jespersen《石勒苏益格航运与中国(1850—1880)》(英文)(《国家航海》2017 年第 1 期)一文指出，早在 18 世纪，丹麦的石勒苏益格地区就形成了帆船长途航运的传统。帆船主要在欧洲水域航行，但也有一些前往加勒比地区的丹麦殖民地。此传统因丹麦参与 1807 年的拿破仑战争而中断。1814 年恢复和平后，石勒苏益格的船主和船

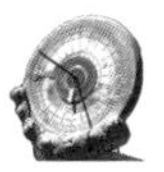

长开始寻找新的贸易市场。至1850年左右，他们的航迹遍及世界各地。第一次鸦片战争以后，英国打开了中国港口以进行对外贸易。来自石勒苏益格的船只迅速利用这个机会，并主导了丹麦在中国海岸的航运贸易。船长们与中国商人建立了牢固和互相尊重的关系。当船长的妻子随她们的丈夫远航时，她们在日记中详细地记录下海上生活，描述了充满异国风情的远东港口，以及访问这些港口时与来自家乡的水手交往的情形。1880年左右，石勒苏益格的长途帆船航运传统逐渐被蒸汽船所取代。

（五）海上丝绸之路上中西货物往来的研究

海上丝绸之路上最重要的是中西货物的交易，其中瓷器、茶叶是海上丝绸之路中的大宗交易品，向来是国内学术界关注的重点，研究成果相对较多，本年度研究更为细化。此外，外销画、漆器等其他小宗商品的贸易状况也日益受到重视，本年度有相关的成果发表，对中西贸易研究是很大的补充，为我们呈现了更加完整的海上丝路贸易场景。在研究方法上，学者们也更加重视对原始文献的挖掘与整理，并进行多学科交叉研究。

1. 中西瓷器贸易研究

中国是世界上最早发明瓷器的国家，16世纪起瓷器成为海上丝绸之路上的大宗货物，17至18世纪，中国的瓷器出口贸易达到了高潮。中国瓷器通过海上丝绸之路远销海外，因其精美的制作工艺享有盛誉，受到欧洲皇室、贵族的追捧，被视为财富和地位的象征，更是促进了中西瓷器贸易的发展。在古代海上丝绸之路上，中国的瓷器是数量最多、影响最大、覆盖面最广的商品，在世界陶瓷史上占有不可替代的地位。中西瓷器贸易的发展，推动了中国文化向全世界的传播。本年度学术界对中西瓷器贸易的研究进一步发展，发表了不少研究成果。

随着中西文化交流的深入发展，学者们非常重视外销瓷的研究，本年有相关的成果发表。施茜《成为"南京样式"：16至19世纪中国外销瓷的符号化》（《民族艺术》2017年第6期）一文指出，"南京样式"作为18世纪欧洲的"中国风"的主要纹饰，大量出现在17至18世纪外销欧洲的室内装饰品如漆器、刺绣、陶瓷上，成为风靡欧洲的经典装饰纹饰，甚至成为后来英国的国粹“柳树纹”的视觉原型，对英国文化艺术产生了重要影响。对“南京样式”的溯源，可以重现明清时期南京城在世界历史上的重要地位，从中国“潇湘八景”到欧洲的“南京样式”以至英国的“柳树纹”的逐渐演变过程，证明了明清时期南京城与欧洲的频繁交流，同时也重现了明清时期中国文化艺术对世界的重要影响。游莎《〈北美的中国外销瓷〉（节选）英译汉实践报告》（南昌大学硕士论文，2017 年）一文指出，《北美的中国外销瓷》（*Chinese Export Porcelain in North America*）一书不仅列举了大量精美的中国外销瓷，还详细地介绍了 16 世纪末至 20 世纪初中国瓷器销往北美的历史背景、经过和社会影响，讲述了有关贸易、航海、探索、沉船、考古等的精彩故事。对国外学术成果的翻译是中国学术研究重要而有益的补充，不仅引入了国外最新的研究成果，也有利于推动国内对中国外销瓷的进一步研究。此外，李子涵的《中国外销瓷文化与传入欧洲的历史》（《中国文艺家》2017 年第 2 期）、徐中锋的《从清中期外销瓷图像看中西文化交流——以中国航海博物馆藏外销瓷为例》（《中国艺术》2017 年第 3 期）、曾玲玲的《梧桐山水：外销瓷中的中国诗意》（《中国艺术》2017 年第 8 期）等文章，也反映了中国外销瓷的贸易状况及其文化影响。

中国青花瓷是景德镇四大名瓷之一，是元明清时期我国对外输出的重要陶瓷产品，其外销数量之大、行销地区之广，在海上丝绸之路中西贸易中首屈一指。青花瓷因其优秀而独特的艺术品质，受到西方的喜爱与追捧，成为“东风西渐”的重要代表。夏明来《青花瓷的海上丝绸之路》（《检察风云》2017 年第 12 期）一文认为，在元代通过海上丝绸之路，中国的陶瓷，尤其是青花瓷大量输往国外，对世界产生了极大的影响，不仅改变了人们的生活方式和审美习惯，更是促使了世界陶瓷的发展，带动世界陶瓷业的发展走向多元化的方向。常雷《异域青花别样蓝——管窥 17 世纪荷兰绘画中的青花瓷》（《中国美术》2017 年第 4 期）一文指出，在 17 世纪的荷兰绘画中有很多青花瓷形象，17 至 18 世纪西方刮起一股“中国风”，青花瓷在“东风西渐”中发挥了举足轻重的作用。此外，刘寒与周德威的《青花瓷点燃了欧洲的“中国梦”——景德镇青花瓷中外艺术交流研究》（《影剧新作》2017 年第 2 期）、朱裕平的《明清外销青花瓷在欧洲——玄松阁藏瓷判读》（《上海工艺美术》

2017年第2期)、张楚凡的《青花青——探究青花瓷纹饰、色彩与文化交流的关系》(《艺术品鉴》2017年第2期)、孟华的《法国18世纪“景德镇神话”何以形成——一个感觉史意义上的中法文化交流的个案》(《国际汉学》2017年第4期)、陈殿的《明清之际西洋画法对景德镇青花画法的影响》(《考古与文物》2017年第4期)、徐胤娜与侯铁军的《从他者之物到自我之物——论18世纪英国对中国瓷器的挪用》(《景德镇陶瓷》2017年第6期)、方李莉的《“一带一路”上的中国瓷器贸易》(《中华文化画报》2017年第7期)、王璟亚的《宋代耀州窑外销青瓷与刻花印花工艺》(《中国港口》2017年第S1期)等文章,也从一个侧面反映了中西瓷器交易状况。

德化白瓷也是重要的外销瓷器产品,备受欧洲国家的赞誉,并对欧洲制瓷业的发展产生了重大影响。叶扬秋《17、18世纪欧洲艺术史中的德化白瓷图式考析》(《美术大观》2017年第6期)一文将德化白瓷图式分成图式模仿、加工、互鉴、转换四个模块,具体研究德化白瓷。作者认为,自17、18世纪外销欧洲以来,白瓷的图式语言对欧洲瓷器不同发展阶段产生作用和影响。此外,佘佘的《白瓷时代的“一带一路”——读〈白瓷之路:穿越东西方的朝圣之旅〉》(《四川政协报》2017年11月30日)、雨葭的《白瓷时代的“东风西渐”》(《解放日报》2017年11月11日)等文章,也在一定层面上反映了德化白瓷的贸易状况。

克拉克瓷主要依托于景德镇悠久的制瓷史,随着海外陶瓷贸易的交往得以发展,学者们也比较重视这方面的研究,每年都有相关的论文发表。胡甦生和胡璇《浅析景德镇外销陶瓷发展及其功能——以克拉克瓷盘为例》(《才智》2017年第4期)一文认为,虽然景德镇烧制的克拉克瓷盘主要销售到国外,但是具有窑病的外销克拉克瓷盘常见用于国内的陪葬,而销售到国外的克拉克瓷盘主要功能是摆设品或餐具。刘越的两篇文章《探寻海底古代珍瓷与“克拉克瓷”的传奇(一)》(《收藏》2017年第4期)及《探寻海底古代珍瓷与“克拉克瓷”的传奇(二)》(《收藏》2017年第5期),对克拉克瓷的发展和外销都有涉及。

沉船上的瓷器,也从一个侧面证实了中西瓷器贸易的繁荣,本年度这方面的研究有所发展。首先是关于华光礁沉船瓷器的研究。华光礁原称觅出礁，位于西沙群岛中部靠南，是一个尚未完全封闭的大环礁，是海上丝绸之路必经之路，随着海底考古的发展，有大量的沉船古物出水，其中包括大量的外销瓷器。刘爱虹《“华光礁Ⅰ号”沉船出水陶瓷器概览》（《文物天地》2017年第6期）一文认为，西沙群岛位于中国南海的西北部，地处海南岛东南100余海里，古代这里被称为“千里长沙”，是南海航线的必经之路，自古就是海上丝绸之路航线上的重要组成部分，是联系中国与世界各地的交通要地。20世纪70年代以来，西沙群岛海域陆续发现了大量古代文物遗存，该文对出水的陶瓷器有比较粗略的阐述。

“黑石号”沉船出水器物研究，是学术界又一个关注点。陈曦《“黑石号”出水唐代瓷器外来因素研究》（华东师范大学硕士论文，2017年）一文对印尼发现的一艘唐代沉船“黑石号”中出水唐代瓷器外来因素进行研究。文章在广泛搜集“黑石号”瓷器相关图像和现状材料的基础上，经过实地考察，通过对“黑石号”出土数万件瓷器的归类、分析、梳理，从器型、纹样、模印贴花三个角度，将“黑石号”出土瓷器与来自拜占庭、萨珊波斯、阿拉伯、粟特、印度等国的陶瓷器、金银器及其纹饰等进行充分对比，分析了“黑石号”瓷器中包含的外来因素，探究其文化渊源，并论证唐代中国陶瓷文化对外来文化的吸收和影响。文章认为，首先，“黑石号”出水瓷器中的器型中，胡瓶、高足杯、带把杯、多曲长杯与花口器、扁壶等多系仿自具有西亚与中亚因素的金银器制品。其次，“黑石号”出水瓷器中的绘画纹样，受到佛教文化与伊斯兰文化的双重影响，如佛教文化中的莲花纹、摩羯鱼纹等，伊斯兰化的人物纹、动物纹、植物纹、设计几何纹样与阿拉伯语均出现在长沙窑瓷器彩绘中。最后，“黑石号”出水瓷器中的模印贴花中大量出现椰枣树、胡人与狮子的形象，均来自西方和海外，具有明显的外来因素。因此，“黑石号”出水唐代瓷器忠实反映了晚唐时期海上丝绸之路的繁荣，代表了唐代中国与“一带一路”国家之间陶瓷的艺术交流已经达到了一定的水平。齐东方《“黑石号”沉船出水器物杂考》（《故宫博物院院刊》2017年第3期）一文认为，“黑石号”沉船中出水了大量珍贵的9世纪早中期器物，为相关研究提供了新的视角，使人们对东南亚海上贸易的认识大大改变。“黑石号”沉船中发现的部分铜镜、瓷器和金银器形制独特，通过对其制造、使用和流通情况的讨论，可进一

步了解这一时期海上对外贸易模式。同时，结合扬州的考古发现，可知其作为重要的对外贸易口岸，见证了 9 世纪海上丝绸之路的兴起。谭仲池的《“黑石号”见证千古璀璨》(《新湘评论》2017 年第 23 期)、李怡然的《“黑石号”货物装载地点探究》(《文物鉴定与鉴赏》2017 年第 9 期)、陆芸的《从“黑石号”等沉船出土的物品看古代中国与阿拉伯国家的贸易往来》(《学术评论》2017 年第 3 期)等文章，都涉及沉船瓷器的研究，从一个侧面反映了古代瓷器贸易的繁荣。

相比“黑石号”，“哥德堡号”走得更远，对中西瓷器贸易影响深远。王蔚与郭雅玲的《“哥德堡”号古茶再现及其意义》(《安徽农业科学》2017 年第 10 期)介绍了中国茶的远航和友谊之船的由来，回顾了“哥德堡号”远洋商船的沉船打捞与古茶展示，认为“哥德堡号”不仅具有经济价值，更具有政治价值和文化价值。瑞典重建“哥德堡号”并重游海上丝绸之路，对瑞典和中国来说都意义非凡。袁农基的《瑞典“哥德堡号”商船的前世今生》(《中国集邮报》2017 年 7 月 14 日)、容子的《哥德堡号中国之旅——中瑞“海上丝绸之路”史话》(《档案春秋》2017 年第 4 期)等文章，也从一定层面反映了中西瓷器贸易的盛况。

本年度关于瓷器贸易的研究尽管成果不少，但大多只是泛泛而论，缺乏有学术深度的研究。

2. 中西茶叶贸易研究

茶叶最早起源于中国，经过几千年的发展，形成了独具特色的中国茶文化。秦汉之际，随着海陆丝绸之路的开辟，中国茶叶走出国门。唐宋时期茶叶传入日本和朝鲜半岛，促进了日本茶道的形成和发展。16 世纪起，中西贸易日趋活跃，茶叶作为海上丝绸之路上的主要贸易商品，向欧美国家传播，对西方国家的经济和社会产生了深远的影响。学术界一向重视中西茶叶贸易的研究，本年度取得新的进展，发表了一些有学术深度的成果。

刘勇《清代一口通商时期西方贸易公司在华茶叶采购探析——以荷兰东印度公司为例》(《中国经济史研究》2017 年第 1 期)一文利用大量外文文献资料，以荷兰东印度公司为例，探析了清代“一口通商”时期西方贸易公司在华茶叶采购问题。作者认为，清代“一口通商”时期，西方各国贸易公司在华最大宗的进口货物是茶叶，茶叶主要为产自福建、江西两省交界的武夷山区与福建安溪县之红茶以及安徽东南部之绿茶。以荷兰东印度公司为例，其在广州的茶叶供应商为行商，分为公司保商与非保商，其中公司保商为首要供应商。荷印公司向茶叶供应商采购茶叶的途径有三种：与供应商订立合同采购新茶，向供应商散购陈茶，以及从自由市场补购新茶。该文以“一口通商”时期荷印公司在华茶叶采购情况为例，进行深入探讨，得出以下三个方面的结论：其一，此时期荷印公司所购茶叶整体而言以红茶为主、绿茶为辅，其中绝大部分年份里所购红、绿茶又以品质差价格低的茶类为多、品质好价格高的茶类为少。这一现象基本上反映了荷兰国内的茶叶销售消费状况：低价次等茶得到购买力低下、人口众多的普通民众的青睐，而高价上等茶则受到生活富裕、人数较少的上流社会的偏爱。其二，此时期荷印公司的茶叶供应商最主要是由担任该公司保商的行商构成，雄厚的商业资本、稳定的货源供应或可靠的商业信誉成为其被选作荷印公司茶叶供应商的必要条件，这也保证了荷印公司能够顺利完成每一年的基本订购量。而供茶行商组合中非保商的加入，使得荷印公司既在购茶价格上有了更多的选择，同时也弥补了一些年份中出现的货源不足。其三，三种茶叶采购途径中，通过与公司长期稳定合作的贸易伙伴签订合同采购最为主要。通过签订合同采购可以保证茶叶的货源、质量和价格的稳定，而这些贸易伙伴同时也是公司产品的主要进口商。然而，向茶叶供应商散购陈茶以及从自由市场补购新茶也是对合同采购的必要补充。多种购买方式的有效配合运用，是荷印公司大班每年在广州成功购得各类所需茶叶的重要保证。

熊昌锟《近代福州的茶叶出口与外国银元的流入》(《中国社会经济史研究》2017 年第 4 期)一文认为，福州为近代中国三大茶叶出口港之一，对外贸易发达。明末清初，外国标准化的机制银元逐渐流入福州等地，洋银因形制统一、价值稳定、检验方便，节省了一定的交易成本，深受商民欢迎，很快成为最重要的茶叶结算货币，同时流通至福建的其他地区及农村市场。在开埠以后福州的银项进出统计中，外国银元的进出占据绝大多数份额，远超同一时期银条进出的数量。随着茶叶贸易的衰退，洋银进口的数量亦随之

下降，呈现出十分明显的相关性。而在产茶的农村地区，银元的使用亦超过银锭和制钱。随着外国银元的盛行，其逐渐取代银锭、制钱，获得官方认可，成为缴纳赋税的法定货币。早在康熙年间，福建部分地区就已开始使用洋银缴纳赋税。1769 年至 1772 年间，福建省用外国银元而非银锭缴纳赋税。洋银的大量进出，对福州对外贸易的发展亦具有重要促进作用，福州的茶叶、糖等大宗货物不断走向世界各地，原有的贸易格局逐渐扩大。而国内埠际之间的洋银流动，同样刺激了双方货物的互通有无及商品经济的发展。此外，晚清各省纷纷以洋银为模板进行的自铸银元，更加扩大了这一通货的流通，而以银元为基础发行的银元票，逐渐实现了从金属货币向信用货币的过渡。该文利用大量中外原始文献资料，数据翔实，是一篇有学术深度的研究成果。

赵国栋《中国茶叶向西方传播中遭遇的信任危机》(《农业考古》2017 年第 2 期)一文探析了茶叶西传问题。作者认为，中国茶叶广泛传播于世界各地，受到人们的喜爱，广受赞誉。但在特定的历史中，茶叶也受到了诸多质疑，这尤其体现在向西方的传播过程中。信任危机主要来源于对茶叶功效的怀疑以及对茶叶染色、掺假现象的关注两大方面，也包括对来自中国的茶叶质量的怀疑等方面。信任危机导致的对中国茶叶的批判之声在 18 世纪中期达到了一个高峰，英国尤甚。从医学角度分析茶叶与人体健康的关系在这场危机中扮演了重要角色，选取女性与茶叶之间的关系对茶叶进行批判是危机中非常重要的一个视角。同时，绿茶既是质疑之声的重要导火索，也是受质疑最严重的对象之一。但在争论声中，这些质疑之声很快暗淡了下去，取而代之的是广泛的赞誉。实际上，在质疑声中，也同时存在着让人欢欣鼓舞的称道。作者利用大量外文原始文献进行研究，在研究方法上也有创新。

陈琰璟《17 世纪的荷兰饮茶风》(《茶世界》2017 年第 2 期)一文认为，17 世纪初，荷兰人依托东印度公司的海外扩张，垄断了当时主要的海上贸易，成就了“海上马车夫”之名。在亚洲，荷兰人占领印度尼西亚，将其作为东西方贸易重要的中转站，从这里将转运来的茶叶源源不断地运回了欧洲。在其后相当长的时间内，荷兰人独占了中国茶叶的进口贸易，除了运回本国供国内消费之外，还将茶叶出口到隔海相望的英国，成就了日后闻名于世的“英式下午茶”。可以说，这一时期的荷兰人在品茶、评茶以及传茶方面做出了不懈的努力，为日后欧洲掀起“饮茶热”奠定了舆论和市场需求基础。

吴羚靖《18—19世纪英国移种中国茶与发展印度茶之问题探析》(《学术研究》2017年第12期)一文认为，18—19世纪间，英国突破生态限制，利用帝国政治、科学知识和自然生态，主导了中国茶的空间转移与印度茶的兴起。这项与茶相关的帝国实践，既是英帝国政治、经济强势地位的表现，更是殖民时代英帝国生态控制、科学应用及知识权威的集中体现，它展示了自然之物如何在英帝国海外扩张中被逐渐融入社会建构、帝国生态的进程，也体现了人类的历史活动如何受自然影响与限制的情形。刘馨秋与王思明《清代华茶外销对欧洲茶产业的影响》(《四川旅游学院学报》2017年第4期)一文认为，以英国东印度公司为主的众多欧洲东印度公司与中国建立起直接的茶叶贸易关系之后，华茶大量涌入欧洲市场，极大促进了欧洲茶产业、茶文化的形成和发展。具体体现在：(1)促进贸易国殖民地茶叶种植与加工业的发展；(2)促进欧洲茶具、瓷器制造业的发展；(3)促进欧洲饮茶习俗的形成。梁丽娜《通往世界的海上茶叶之路——基于te(茶)读音分布的语言地理学证据》(《重庆三峡学院学报》2017年第3期)一文全面考察海上茶叶之路上te的读音在各种语言中的分布，认为在由此绘制出的同言线中可以看出，存在着以te读音为特征的海上茶路。该海上茶路部分与传统的海上丝绸之路重叠，主要分为三条：一条从中国东南沿海出发，横跨印度洋，绕过好望角直抵欧洲；一条从中国东南沿海出发，通过苏伊士运河抵达欧洲；最后一条从北美东岸出发，绕过合恩角抵达中国东南沿海。其研究视角颇为独特。盛敏、刘仲华和林海燕《近代中国茶文化向西欧的传播与中西文化交流》(《农业考古》2017年第5期)一文认为，近代中国茶文化向西欧的传播构成了中西文化交流的重要方面。16世纪末开始，伴随着海上丝绸之路和“万里茶道”，中国茶源源不断地输送到欧美各国，中国的饮茶风尚风靡了整个欧洲大陆，开启了欧洲人饮茶的历史，同时也影响到欧洲人的日常生活风尚。17、18世纪欧洲大陆掀起的“中国热”，从思想领域延伸为对中国的器物和品饮文化的追求，茶在其中扮演了一个重要的角色。茶可以说成

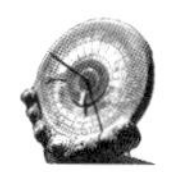

为近代中西文化交流的重要桥梁，一片茶叶所承载的不仅仅是东方品饮与西方的交融和贸易往来，同时，茶运关乎国运，近代中西文化交流中“东学西渐”与“西学东渐”的思潮以及中华民族的兴衰史在这片茶叶上也“一览无余”。刘章才《茶向西方的传播简述》(《农业考古》2017 年第 2 期)一文认为，茶是中国先民的重要发现，不仅影响了东亚国家与地区，而且随着世界一体化进程的不断发展，传播到西方，尤其在英国得以真正植根。茶的传播不仅引发了文化碰撞与融合，改变了英国的饮食习惯与社会文化，而且饮茶还与茶叶贸易的发展、北美独立战争与鸦片战争等政治事件、世界体系的构建以及世界物种分布的变化密切关联。从全球史的角度而言，历史研究需着重探讨跨地域交流互动及其影响，茶实为折射世界历史进程的棱镜。

本年度也有几篇文章涉及中俄之间的茶叶贸易状况。李现云《概述清代中俄四个贸易阶段的演变——以万里茶道河北段为例》(《农业考古》2017 年第 5 期)一文以万里茶道河北段为例，从清朝十帝不同的统治时期里梳理中俄四个贸易阶段的演变情况。作者认为，清朝十二帝，入关后经历了十帝。随着皇帝的更迭，中俄贸易也经历了地方边境贸易、官方商队贸易、口岸贸易和陆路贸易四个阶段。吴贺《18—20 世纪中俄茶路兴衰的再思考》(《南开学报・哲学社会科学版》2017 年第 2 期)一文认为，在西方工业革命相继爆发、海上商业文明进一步扩张的 18—20 世纪，体现中国传统陆路贸易模式的中俄茶路走向衰落似乎已经是必然的结局。然而，拥有工业和科技优势的英国最终通过战争、鸦片、盗取茶种和技术等手段从积贫积弱的中国夺取了茶叶贸易的主导权。历史充分说明，公平的竞争环境只能靠国家的实力来维护。重构中国茶与茶路的历史文化价值，复兴中国茶文化的话语权是我们当今必须肩负起的历史责任。罗椿咏《清末俄商在新疆的茶叶贸易活动》(《农业考古》2017 年第 2 期)一文认为，19 世纪初，俄国商队开始进入中国新疆地区从事茶叶贸易活动，由于新疆是官茶引地，因此俄商在新疆贩卖茶叶均属非法。但直至 20 世纪初，俄商在新疆从事茶叶走私活动屡禁不止，给新疆茶务和地方经济带来了极大的危害。其间，由于新疆的政治、经济和社会格局发生过多次重大变化，因而俄商在新疆的茶叶贸易和走私活动，在不同时期又有着不同的形式和特点。同时，由于清政府在新疆坚定不移地推行茶叶专卖制度并贯彻始终，坚决打击俄商在新疆地区私贩茶叶的活动，因此有效地抵制了俄国利用茶叶向新疆地区的渗透，维护了国家的主权。

此外，蒋茜的《浅析18世纪茶叶贸易影响下的中英茶具设计交流》[《艺术与设计(理论)》2017年第4期]、陶德臣的《汉至元明时期丝绸之路茶叶贸易的发展》(《中国茶叶》2017年第4期)、蔡定益的《海上丝绸之路视角下的浮梁近代红茶历史》(《蚕桑茶叶通讯》2017年第4期)、刘章才的《英国诗人拜伦与茶文化》(《农业考古》2017年第5期)、冯卫英和朱慧颖的《论近代博览会对我国茶业之影响》(《农业考古》2017年第5期)、刘章才的《茶文化西传与海上丝绸之路》(《茶世界》2017年第6期)、滕晓铂的《17—18世纪中国外销紫砂茶具对欧洲的影响》(《装饰》2017年第8期)、毛艳飞的《中国茶文化对西方国家社会生活的影响》(《福建茶叶》2017年第11期)、曹月霞的《从茶与咖啡的普及历程看中西方文化及传播差异》(《福建茶叶》2017年第12期)等文章，也从不同侧面反映了中西茶叶贸易状况。

3. 中西其他货物贸易状况研究

"大航海时代"除了瓷器和茶叶贸易的发展外，中国的丝棉织品、漆器、图画等其他商品也深受西方市场的欢迎，中西方文化因素融合的产物屡见不鲜，近年来这方面的研究越来越受到重视，本年度相关研究也不少。

蔡琴《历史悠久的中外丝绸贸易》(《东方博物》2017年第4期)一文指出，中国是世界上最早出产丝绸的国家，早在公元前5世纪前后，中国丝绸就通过游牧民族在北方草原开辟的最早的中西贸易通道销售到西方。中国丝绸是古代中西贸易中运销最远、规模最大、价值最高的商品。外销绸把远隔重洋的中国人民和东南亚、南亚、西亚、非洲和欧洲各国人民，紧紧地联系在一起，并一度在西方掀起了"中国风"的社会时尚。相遇与对话带来了新的审美形式，形成了新的文化趣味，创造了新的时代风尚。邱捷《清代广东丝绸出口与"海上丝绸之路"》(《学术研究》2017年第5期)一文认为，丝绸的出口对广东的社会经济产生了很大影响，在晚清是促进广东早期现代化的重要因素，蚕丝业成为晚清民国初年广东商业的命脉。一般认为，海上丝

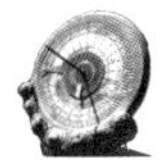

绸之路始于秦汉，繁荣于唐宋，到明清则既繁盛而又发生了重大转变。鸦片战争后，海上丝绸之路就不复存在了。事实上，晚清丝绸出口对中国社会、经济的影响，也是空前绝后的。如果把视野扩大，那么晚清中外各方面的交流、冲突、融汇，更是远远超过鸦片战争前。从这个角度看，认为鸦片战争导致海上丝绸之路的结束并不符合客观事实。

本年度关于“南京布”的研究比较突出。郭卫东《丝绸之路续篇：“南京布”的外销》（《浙江大学学报・人文社会科学版》2017 年第 3 期）一文认为，绵延千年古丝绸之路的停歇是中外交通史上的重大事件，南京布这一中国传统手工织布顶级产品的国际流通是传统丝路中断后国人对人类服饰材料的新贡献，反映出棉花替代丝绸的适体功用后世界人们的新选择。在人类穿用史出现重大进步时，中国的传统纺织技术仍然能超前适应，南京布的外销堪称丝路续篇。从为上等人提供华贵锦缎到为一般人提供日常棉料，转折是历史性的。只要是手工制作，心灵手巧的中国人就能够始终居于世界民族之林的前列。但到工业时代来临，国人的手工终于不敌西人的机器，中外两维局面改观。范金民《清代中外贸易中的“南京布”》[《南京大学学报（哲学・人文科学・社会科学）》2017 年第 2 期]一文也对“南京布”进行了深入探析。作者认为，明后期起蜚声西方各国的“南京布”，最初是指一种由紫色棉花织成的布匹，后来衍展为江南较为常见的代表性布匹即小号布匹。曾广泛织造于苏松地区，称之为“苏松棉布”或“江南棉布”或更为恰切。南京布的得名当因其产自明代南直隶所属苏州、松江二府。南京布销往欧洲的时代，始于 16 世纪中后叶葡萄牙人和西班牙人东来，1786—1832 年间，每年外销 100 余万匹，价值在白银 40 万～50 万两，足证当时的商品流向与鸦片战争后迥然不同。为数可观的江南棉布，绝大部分由美、英两国商船尤其美籍商船输出，但其他各国商船的输出量，也不容忽视。南京布输入俄国的历史，远早于欧美，交易数量亦曾二三倍于后者，但其衰也早。西方世界输入南京布的盛衰过程，正与江南棉布销路由盛转衰的过程相一致，充分反映了江南棉布在中西贸易中前后地位的变化。这方面的研究还有待于进一步深入。

本年度关于海上丝绸之路上的漆器贸易研究也比较突出。潘天波的

《漆向大海——古代海上丝绸之路漆艺文化研究》(福建美术出版社,2017年)是本年度关于古代海上丝绸之路漆艺文化研究的力作。该书以海上丝绸之路上被输出的漆器为研究对象,旨在考察古代中国漆器海外输出的缘起、契机与途径,阐明古代漆器文化海外输出史境、传播历程与相互影响,并由此确证海上丝路漆器文化交流的特征、内涵及偏向,进而揭示古代海上丝路漆器文化的溢出效应、耦合机制与环流现象。作者认为,漆器输出、传播与互动蕴含着中西文化交流与对话的标本意义和一般内涵。古代海上丝路不仅是漆器贸易之路,还是一条漆器文化输出与传播之路、文化互动与发展之路。何振纪《海上丝路与杭州宋代漆器的对外传播》(《中国生漆》2017年第3期)一文认为,杭州是中国漆艺史上一个产生过无数漆器瑰宝的地方,从跨湖桥原始时代遗址出土的漆弓到两宋时代逐渐转向精致素雅、重视材质肌理的审美情趣嬗变,为元明时代形成至今最为经典的中国漆艺特色奠定基础。从北宋至南宋时期,其政治与经济及文化中心南移至江浙地区,位于浙江的东北部的杭州作为中国漆文化的发源所在,两宋期间所出产精美的漆器珍品达到中国漆艺美学上的顶峰,更通过开放的对外交流被远播于域外。在偏安一隅的南宋时代,尤以杭州之地为漆器文化重地,形成了中国漆器文化史上一股独特的审美趣味,并得借优良的地理条件,经过海上丝路,代表中国在东亚各地的漆器文化中产生了强烈的影响。寇焱、罗文娟等《明清时期江西漆器外销路线研究》(《美与时代·城市版》2017年第12期)一文通过对文献资料的分析,认为江西地区在明清时期手工业产品丰富,商业贸易繁荣,并依托发达的水运网络体系,形成了若干条重要的商路,以商路为依托的漆器等各手工业产品对外贸易路线成为可能。聂菲《百鸟向西飞:中国款彩漆屏风的西传——从德国穆恩斯特漆艺博物馆展品清康熙黑漆款彩"百鸟朝凤"图十二牒屏风谈起》(《广州文博》2017年第1期)一文以清康熙黑漆款彩"百鸟朝凤"图十二牒屏为例,对中国款彩工艺与17世纪以来款彩屏风西传的路线与经过进行阐述,同时,该文还对款彩花鸟画屏风的题材与用途、粉本与产地等相关问题进行梳理与分析,追溯屏风花鸟画的源与流,进而以款彩花鸟画屏风在德国的发展与变化、"中国风"兴起为中心展开讨论。作者认为,17世纪以来,中国款彩漆屏风之西传,曾对西方社会

产生过深刻的影响，在中西文化交流史上起着重要的桥梁作用。此外潘天波的《中日漆器文化交流的历史进程：从溢出到透入》(《艺术学界》2017 年第 2 期)、李冰与陈秋荣的《风从东方来——17—18 世纪欧洲“中国风”中的漆器与瓷器》(《文物天地》2017 年第 9 期)等文章，也对相关问题进行了探讨。

图画作为海上丝绸之路上的特殊商品，也日渐引起学术界的关注。吴少佳《居巢、居廉与外销画关系初探》(《美术大观》2017 年第 9 期)一文从绘画题材、风格和居巢、居廉的弟子及人际关系方面，分析居巢、居廉与外销画的关系。作者认为，“二居”在世时有否涉猎外销画，从现有的史料画作来看，不得而知。但不管如何，“二居”在当时外销画如此盛行的年代，他们的绘画风格在一定程度上受到外销画的影响，是有可能的。朱敬的《“东画西渐”：18 世纪到 20 世纪东方绘画对西方绘画的影响》(《淮海工学院学报・人文社会科学版》2017 年 11 期)也从一个侧面反映了中外图画销售状况。

此外，白芳的《清代广作外销檀香扇》(《紫禁城》2017 年第 7 期)、孙晓燕的《西风东渐——唐代外来文化对巩义窑的影响》(《艺术教育》2017 年第 Z6 期)、李秋晨的《从波斯釉陶看中西汇流》(《文物天地》2017 年第 10 期)、潘奕宇的《紫砂陶的传奇之旅——悦读〈宜兴紫砂陶对欧洲的影响〉》(《江苏陶瓷》2017 年第 6 期)、黄艳的《非遗视野下的海贸遗珍》(《岭南文史》2017 年第 2 期)、郭阿梅的《元代艺术市场——元代的工艺品贸易》(《美与时代・中》2017 年第 8 期)、沈骞的《玉帛之路——和田玉在丝绸之路上的物质文化传播》(《文物天地》2017 年第 11 期)、周静的《丝绸之路上的玻璃贸易及玻璃制造技术的东传》(《苏州工艺美术职业技术学院学报》2017 年第 4 期)等文章，也从不同层面探析了中西海上丝绸之路上的货物贸易状况。尽管近年来关于海上丝绸之路上除瓷器、茶叶外的其他物品的贸易状况的研究有所发展，但缺乏有深度的研究成果。

(六)中西海上丝绸之路相关人物研究

尽管国内外学术界更多聚焦于传教士的研究(本年鉴有相关章节进行

专门研究),但随着对中西政治经济交往研究的深入,中西海上丝绸之路上的人物也越来越受到学者的关注。本年度对海上丝绸之路上的人物研究取得较大进展,其中关于海商、海盗(海寇)、海外移民、华人华侨等问题发表了不少有新意、有影响的研究成果。

海商是海上丝绸之路上的重要群体,本年度这方面的研究取得了新的进展。陈思《17 世纪 30 年代荷兰殖民者与福建海商的关系——以"Bendiocq 事件"为例》(《闽台文化研究》2017 年第 1 期)一文指出,1636 年,福建海商 Bendiocq 因其名下一艘商船遭荷兰东印度公司劫掠,愤而上告明朝当局,要求荷方赔偿损失,这便是"Bendiocq 事件"。这一事件的发生,与 17 世纪 30 年代荷兰东印度公司处理与福建海商关系的方针策略有着密不可分的联系,即荷方打算在维持双方贸易关系的同时,坚持采用劫掠等手段对福建海商的其他海外贸易活动进行阻挠,以树立荷方在亚洲的商业霸权。而"Bendiocq 事件"最终在东印度公司与其他福建海商的联合公关下顺利平息,也证明了这一看似矛盾的方针在当时特殊的时代环境下,依然有其成功实施的基础。高乔子《海上丝绸之路上的广东海商》(《广州航海学院学报》2017 年第 4 期)一文认为,在悠久的海上丝绸之路上,随着广东贸易的频繁、市场的扩展,逐渐形成了具有冒险精神、坚韧意志、灵活头脑,求变求新,善于捕捉商机的海商群体。广东海商群体在海洋商业活动的探索和创造中,留下了大量海商文化的物质遗存和精神成果,广东海商文化中敢为天下先的开放意识,兼容并包的多元意识,勇立潮头的创新意识,已成为广东发展的不竭动力。何东红《从广彩瓷器看海丝路上的粤商》(《文物天地》2017 年第 10 期)一文透过清代广彩瓷器的形成、发展及盛行过程中粤商所起的作用和影响,指出粤商作为一个特殊的群体,在明清外贸经商活动中崛起,不但成就了私业,同时也促进了各类手工业的发展,繁荣了地方、国家和民族经济,推动了中外贸易的发展。

郑氏海商集团在海外贸易中极有影响,中国学术界一直非常重视,本年度有相关研究成果发表。刘强《协议、禁令与招揽:郑氏集团的对外贸易策略研究》(《财经问题研究》2017 年第 4 期)一文将郑氏集团放在早期经济全球化的背景下,分析了其面对众多的竞争对手和复杂的贸易环境时如何灵

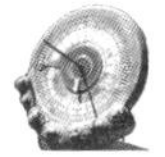

活地运用协议、禁令和招揽等对外贸易策略保护和争取商业利益，并最终掌握东亚和东南亚的贸易主导权。这些贸易策略与明清以来中央政府所采取的打击私人贸易或者至少是不支持海商、漠视海商利益的政策颇为不同，反而与早期经济全球化中的强权国家葡萄牙、西班牙、荷兰和英国等国家的对外贸易策略颇为相似。李冬君《郑成功的海权梦不该被遗忘》(《社会科学报》2017年4月20日)一文认为，明中叶以降，欧罗巴诸国便扬帆东来，葡萄牙人、西班牙人、荷兰人相继东来。1633年，郑氏集团与荷兰东印度公司两个"海商—军事复合体"在台湾海峡金门料罗湾开战，打出了中国民间海权。从此，荷兰人放弃了垄断中国海上贸易的企图，转而承认郑氏集团海权。此后荷属东印度公司与郑氏达成协议，开始向郑氏纳贡，所有海船在澳门、马尼拉、厦门、台湾各港口间行驶，都须持有郑氏令旗，否则一律禁止。郑氏时代中国民间海权的基础，不光在东南沿海，更分布在南洋一带，所有进入该海域的列强，都进入了郑氏的海权范围。郑成功海权梦想是欲以此民间海权，先占台湾，再取吕宋，继而夺取噶逻巴(今爪哇)，控制台湾海峡和马六甲海峡，然后联合日本，光复中华。只可惜其海权梦随郑成功身死而消逝。李细珠《郑成功的历史贡献及其时代意义——纪念郑成功收复台湾355周年》(《统一论坛》2017年第5期)一文则认为郑成功是中华民族历史上一位伟大的民族英雄。在其短暂的38年生命历程中，郑成功最为后人所称道的事业，是打败荷兰殖民者，收复中国固有领土台湾，维护了中国领土主权的完整，建立了彪炳千秋的历史功勋。

在中西文明交流中，马可·波罗的影响至关重要，学术界关于其人其事的研究成果甚多，本年度亦有相关成果发表。周鸿承《马可波罗与东方饮食文化的传播及影响》(《地域文化研究》2017年第3期)一文认为，由于陆上丝绸之路和海上丝绸之路在13世纪的深度贯通，中西文化交流进入了新阶段。该阶段中以马可·波罗等入华西方人最为集中、最为深远地传播了中国的饮食文化。以马可·波罗为代表的西方人不仅记录了当时中国境内鞑靼人的日常饮食生活、宗教饮食习俗，也对中国南方汉人的饭稻羹鱼生活进行了准确记载，在西方社会构建了一个接近真实且准确的中国饮食形象。韩晗《从古代中国与世界关系看马可·波罗来华——张隆溪教授访谈录》

(《书屋》2017年第6期)一文中,著名学者张隆溪认为,马可·波罗肯定是从威尼斯出发的,并且到达了中国,从当时的交通、地理环境来看,马可·波罗来华显然是一件很了不起的大工程,这也反映了古代中国与世界的复杂联系与沟通方式。在文艺复兴时代,《马可·波罗游记》成为欧洲人文主义学者注意最多的著作之一,而且对后来欧洲思想和历史的发展造成巨大影响。自马可·波罗之后,寻找去东方和中国之路,可以说影响了欧洲的向外发展,直到后来有启蒙思想家如伏尔泰等对中国的理想化认识。林正秋《马可·波罗与杭州》(《杭州日报》2017年5月19日)一文探讨了马可·波罗与杭州的关系。周东华的《最早向世界记录和传播"杭州"的三位欧洲人》(《中国社会科学报》2017年9月12日)也在文中提到马可·波罗与杭州的关系。

在海上丝绸之路上,海外移民也是一个重要的群体,华人华侨是沟通中国与海外各国经贸往来的桥梁,同时也是维系这一经贸关系发展的纽带,对海上丝绸之路的发展做出了杰出的贡献。本年度关于海外移民、华侨华人的研究取得了一定的进展。张赛群《华侨华人与"海上丝绸之路":基于历史和现实的思考》(《东南亚纵横》2017年第3期)一文认为,早期华侨经由海上丝绸之路出国,主要定居在海上丝绸之路沿线国家,并依赖海上丝绸之路贸易生存发展,因此历史上海上丝绸之路成就了华侨,而华侨也为历史上的海上丝绸之路的繁荣做出了自己的贡献。有利于和平、共赢发展的21世纪海上丝绸之路的建设同样需要华侨华人的建言献策、牵线搭桥和直接参与,同时也为华侨华人提供了发展机遇,因此,华侨华人与21世纪海上丝绸之路建设合作共赢。苏尔梦《荷兰东印度公司控制下巴达维亚(1619—1799)的华人墓地(英文)》(《海洋史研究》2017年第1期)一文指出,17、18世纪,荷兰治理巴达维亚(今雅加达)期间对华人墓地的观点与处理方式值得关注。荷兰东印度公司的代理人将华人义冢视为浪费土地的行为,试图限制其发展,并采取了一系列措施,这些措施引起了当地华人强大的文化性抵制,从而让墓地转化为战略的权力关系领域。直到印度尼西亚独立,人口压力成为一个严重问题后,华人才开始重新思考他们的丧葬文化。刘永华《18世纪以来荷属东印度华人的纪年、认同与多元时间——来自华文铭刻和公

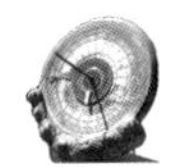

案簿的例证》(《全球史评论》2017 年第 1 期)一文认为，自 18 世纪以来，荷属东印度华人采取了不同的纪年方式，包括干支纪年、清朝年号纪年、孔子纪年、黄帝纪年、公元纪年、民国纪年、佛历纪年等。这些纪年方式的交叉使用，并不单纯是为了标注年代，而且涉及颇为复杂的政治、文化、宗教认同。在政治交替时期，纪年方式曲折反映了纪年使用者的政治认同。比如晚清民国时期孔子纪年的出现和流行，与民族主义在荷属东印度华人中间的影响和孔教的兴起有关；而辛亥革命后清朝年号纪年的迅速消失和民国纪年的流行，折射出这一时期华人对清朝政治认同的相对淡薄和对民国政权的迅速接受。在荷属东印度地区，还盛行多种纪年并存的纪年方式。这种复合纪年是华人跨国生存处境的体现，一方面与其社会经济生活息息相关，另一方面则是其多元的、混杂的文化认同的一种折射。从日益全球化的今天来看，这种纪年制度本身就是值得注意的一种时间制度的实验。彭蕙《葡属帝汶华人社会的形成》(《暨南学报·哲学社会科学版》2017 年第 4 期)一文认为，中国人最晚于 13 世纪到过帝汶，当时主要从事贸易活动。明清以后，或贸易，或做劳工，大量华人移居帝汶，与当地土著不断通婚，在这里繁衍生息，从而形成了帝汶早期的华人社会。华人凭借自身的优势，在帝汶从事着各行各业，为当地的经济发展和社会进步做出了巨大贡献。

本年度海上丝绸之路上的其他相关人员也引起了学者的关注，研究领域有所拓宽。龚缨晏和胡刚的《16 世纪发生在西班牙的一场“印第安斯人”诉讼案——近代早期漂泊到伊比利亚半岛的中国人》(《世界历史》2017 年第 5 期)利用外文文献资料，对 16 世纪发生在西班牙的一场“印第安斯人”诉讼案进行追根溯源，并进行深入分析。文章指出，1572 年，一个西班牙名字为“迭戈”的中国人向西班牙法庭申诉说，自己是一名来自西班牙海外领地的“印第安斯人”，自西向东经过美洲来到西班牙后，被一个叫莫拉雷斯的人卖为奴隶，因此请求法庭根据相关法律恢复其自由人身份。而奴隶主莫拉雷斯则声称，迭戈来自葡萄牙人的海外殖民地，是自东向西经过非洲而进入西班牙的，因此没有资格获得自由。这场官司前后持续了三年，最后法庭判决迭戈胜诉。不过，根据其他史料，迭戈从中国来到西班牙的真相可能并非如此简单。该案反映了近代早期中国人向西欧漂泊的痛苦经历。同时也表明，中国人自从踏上西欧的第一天开始，就表现出正当谋生、勤劳节俭、爱国爱乡的特征。正是这些特征，构成了世界各地华侨的共同基因，虽然历经劫难，但生机勃勃，活力四射。吴石坚《广州番禺学宫与明清海上丝绸之路》(《岭南文史》2017年第4期)一文指出，明清时期，广州府管辖13～14个县，范围包括珠江三角洲的大部分地区。其中，广州城有两县，即番禺县和南海县。因此，在广州城内有广府、番禺和南海三座学宫，即孔庙，其中番禺学宫保存至今。番禺学宫是岭南文脉之所在，还是广州海上丝绸之路的重要文化史迹，番禺学宫生员与南明番禺学宫是岭南儒学文化的重要阵地。司徒尚纪和许桂灵《黄道婆对棉纺织业的贡献与我国海上丝绸之路》(《新东方》2017年第3期)一文认为，宋末元初棉纺织革新家黄道婆，流落海南黎区学习先进棉纺织技术，后回到故乡松江乌泥泾，传播并创新发展了棉纺织技术，使长三角崛起为我国最大的棉纺织业基地。黄道婆以自己的棉纺技术成就和贡献，以棉纺织品形式，通过商业贸易，参与当时的海上丝绸之路，并对后世产生深刻影响。其在海南时，以黎族棉织品输入大陆，假道闽广商人参与海上丝路；其在上海，则通过大规模纺织品的商品性生产和贸易，远销国内外，对海上丝路发展做出积极贡献。海南和上海的海上丝路，都离不开黄道婆棉纺织技术的作用和贡献。李明山的《东南沿海疍民与海上丝绸之路(上)》(《广东职业技术教育与研究》2017年第5期)与《东南沿海疍民与海上丝绸之路(下)》(《广东职业技术教育与研究》2017年第6期)对崛起于东南沿海的疍民族群与海上丝绸之路的关系进行探析，认为这一群体历史悠久，特色鲜明，与中国航海、造船有不解之缘。疍民参与郑和下西洋，经略南海，对海洋文化建设多有建树，为后来的海上丝绸之路形成与发展提供了重要元素，贡献很大。范岱克、徐素琴等《广州贸易中的模糊面孔：摩尔人、希腊人、亚美尼亚人、巴斯人、犹太人和东南亚人》(《海洋史研究》2017年第1期)一文对19世纪初来广州进行贸易的外国人群体进行探析。黄超《乾隆年间粤海关监督唐英研究——以新发现的中西史料为中心》(《海洋史研究》2017年第2期)一文利用新发现的中西史料对广东粤海关专设监督唐英进行了深入探析。这些研究，进一步推动了对海上丝绸之路上来往人员的研究。

三、中外物种流通及其他研究

中西之间的物种流通是海上丝绸之路的重要领域之一。原产美洲的玉米、番薯、马铃薯等农作物以及烟草、蔬果等经济作物，被陆续传入中国，对中国的经济与社会生活产生了巨大的影响。与此同时，中国的农作物也随着海上丝绸之路流传到世界各地。外来植物传入中国是农业史研究中的一个重要课题，每年都有相关的研究成果发表。本年度中国学者对世界农业交流、粮食作物的流通进行了较为深入的研究，也越来越重视中外经济作物的传播与影响，取得了丰硕的成果。

本年度学者们就农业交流对世界农业文明的发展进行了深入探析。王思明的《丝绸之路农业交流对世界农业文明发展的影响》(《内蒙古社会科学·汉文版》2017 年第 3 期)对丝绸之路农业交流对世界的影响进行了较为全面的论述。作者认为，传统文明的本质乃农业文明。中国是世界农业重要起源地，有着上万年农耕文化的历史。农耕文明不仅是中国古代文明的根基，对世界农业文明的发展也产生了十分深远的影响。历史时期，中国农业对外的传播大多经由陆上和海上丝绸之路，这些传播不仅包括中国“农业四大发明”，即以稻、豆、丝、茶为代表的农业种植资源，也包括农业生产工具、古代农书和农业生产技术体系。它们不仅极大地丰富了世界作物生产的内容，供养了世界众多的人口，其重农思想及生态农业的理念与实践对近代西欧农业革命和今天世界农业的可持续发展也产生了不容忽视的影响。中国传统农耕文化的传播是世界农业文明体系形成和发展的重要组成部分。王思明与李昕升的《农业文明：丝绸之路上“行走”的种子》(《中国社会科学报》2017 年 3 月 2 日)也对中国农业文明对世界的影响作了类似的论述。作者认为，中国是世界农业发祥地和起源中心之一，农作物是中国向域外国家输出的主要内容。可以毫不夸张地说，农业交流作为古代中外交流最重要的一环，肩负着演绎世界农业文明的重任。而这些交流又都是通过陆海丝绸之路展开的，从这个意义上来说，丝绸之路是中外交流的桥梁。此外，李昕升、王思明《中国原产粮食作物在世界的传播及影响》(《农林经济管理学报》2017 年第 4 期）一文指出，以稻、粟、大豆为中心的中国原产粮食作物，不单奠定了中华文明的基础，围绕谷物生产诞生的物质、精神文化，也通过不同的扩散方式进而影响旧大陆的其他国家乃至新大陆，陆海丝绸之路是所有扩散方式的渠道。它们走向世界的早晚各有差异，在本土化改造之后最终融入域外的地方社会，然而无一例外地保存了中华农耕文化的影子，共同交织建构中国本土谷物的全球化。

原产美洲的玉米也是重要的粮食作物，随着海上丝绸之路的发展流传到旧大陆。由于历史资料的缺乏、数据统计的混乱，对于清至民国时期美洲作物实际生产情况，学术界众说纷纭，莫衷一是，直接影响到对此时期美洲作物在农业生产和社会经济中地位与作用的判断，学术界一直致力于对此问题进行深入探析，本年度有一些新的成果。李昕升与王思明《清至民国美洲作物生产指标估计》（《清史研究》2017 年第 3 期）一文在对大量第一手历史数据进行辨伪、比勘、修正的基础上，利用传统约简式统计方法，对玉米、番薯两种主要粮食作物的播种面积、总产、单产做了细致的估算，分析了这些作物生产对农业生产的深远影响，厘清了学术界对清至民国时期美洲作物在农业生产中地位和影响的争议和一些模糊认识。此文的资料翔实，分析细致，比较有说服力。王政军、王宝卿的《清末至民国时期玉米、番薯在青岛地区的传播及对居民主食结构的影响》（《青岛农业大学学报·社会科学版》2017 年第 1 期）也对玉米、番薯这两种来自美洲的作物在青岛及周边地区的传播进行了探析。此外，李昕升《玉米在云南的引种和推广》（《中国农史》2017 年第 3 期）一文探析了玉米在云南的引种和推广。作者认为，云南是全国最早引种玉米的地区之一，引种后逐渐推广到内陆其他地区。玉米在云南一省的推广过程也是渐进的，先是自西向东沿滇缅大道分布，然后在山地广泛传播，成为山区的食粮，最终在 19 世纪中期基本推广完成。晚清、民国时期是玉米的大规模种植阶段，奠定了玉米作为云南全省主要粮食作物的地位。玉米在云南的推广虽然减轻了移民人口的压力、促进了山区的开发，但是加剧了水土流失、破坏了生态环境。凌永胜的《美洲作物马铃薯的传入及在福建省的引种栽培》（《农业科技通讯》2017 年第 2 期）则从中外食事交流史的视域展开，通过文献考订讨论了马铃薯传入中国的时间、途径

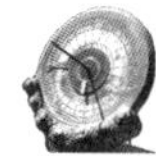

及在福建省的引种栽培等问题。

国内对美洲作物的引进和传播研究较多，大多侧重粮食作物，对蔬菜、水果缺乏研究，但近年来对外来经济作物的研究有所加强，研究领域大为拓宽，本年度这方面的研究取得了比较大的进展。李昕升的《中国南瓜史》（中国农业科技出版社，2017 年）一书是近年来关于南瓜史研究的最新成果，系统探讨了南瓜的起源、传播、名实、品种、在中国的本土化进程与本土化对中国的影响。全书共分八章，分别是“南瓜的起源与传播”“南瓜的名实与品种资源”“南瓜在中国的引种和推广”“南瓜生产技术本土化的发展”“南瓜加工、利用技术本土化的发展”“南瓜引种和本土化的动因分析”“南瓜引种和本土化对经济社会的影响”以及“南瓜引种和本土化对科技文化的影响”。作者在第一章中综合考古发掘资料、品种资源分布与前人研究成果的基础上，廓清了美洲是南瓜的起源中心，否定了南瓜原产于亚洲南部（包括中国）的说法。作者在书中介绍了航海科技的发展、哥伦布发现新大陆与“地理大发现”的时代背景下，南瓜等美洲作物开始在欧亚大陆传播的情况。作者经过深入分析后认为，虽仍难确认南瓜传入中国的具体时间，但以方志史料为论证依据，南瓜在中国引种的可能性路径可分为两条路线，即东南海路与西南陆路，以东南海路路线为主。其余几章则涉及南瓜在中国的引种、推广及对中国的影响。该书研究范围较广，既有对南瓜起源的论证分析，又对明代以降南瓜在中国的引种、推广、本土化、动因以及影响进行了深入的分析。作者引用了大量的珍贵文献资料，运用训诂、考据、民俗等多学科交叉的研究方法，采撷多方史料，史论结合，在研究方法上有很大的创新。如该书在论述南瓜在中国的引种、推广历史进程时采用了历史地理信息科学（H-GIS）的方法，将历史数据通过地理信息系统软件（Mapinfo）实现数据的可视化、信息地图化，直观、形象地展现了南瓜在中国不同历史时期、不同地区的演变情况，做到了图文并茂，这在国内作物史研究中尚属首次运用。该书资料翔实，大量引用古籍（农书、医书、本草类、小说、文人笔记、类书、丛书等）、地方志、档案、期刊、报纸、专著以及调查与访谈等资料，这是其又一亮点。该书的出版，对中国农史研究是一大促进。

此外，本年度关于南瓜研究的成果还有不少。李昕升与吴昊的《明代以降南瓜引种的生态适应与协调》(《安徽农业大学学报·社会科学版》2017年第4期)指出,美洲作物南瓜是“哥伦布大交换”中的急先锋,最早进入中国且推广速度最快,作为救荒作物影响日广。个中要义在于南瓜是典型的环境亲和型作物,高产速收、抗逆性强、耐贮耐运、无碍农忙、不与争地、适口性佳、营养丰富等。在环境史视野下观之,南瓜衍生了丰富的生态智慧,在“三才”理论体系下,南瓜展现了人与自然的和谐统一。从整体史观的角度考察南瓜的生命史,贯穿了地宜、物宜的生态思想,南瓜就是自然与社会二重属性的统一。李昕升与王思明的《中国的南瓜文化遗产》(《长江文化论丛》2017年第00期)认为美洲作物南瓜在明代中期传入中国之后诞生了丰富的南瓜文化,与其他作物文化一道,是中国农耕文化的重要组成部分。中国南瓜文化大体上包括南瓜精神、南瓜民俗、南瓜观赏文化、南瓜名称文化、南瓜与民间文学、南瓜饮食文化六大部分,每一部分都包含了深刻的内涵,它们共同作用,最终形成了南瓜文化的中国本土化和丰富多彩的南瓜文化遗产。李昕升和卢勇《南瓜传入中国对传统医学的影响》(《山西农业大学学报·社会科学版》2017年第1期)一文探析了南瓜传入中国之后对传统医学的影响。作者认为,南瓜在中国的引种和本土化进程对传统医学的影响深远,作为中药材价值颇高。历史上医书对南瓜的记载不单涉及其基本性状和相食相忌,南瓜在中医上的具体应用更是值得大书特书,在历史时期留下了浓墨重彩的一笔。南瓜肉、南瓜藤、南瓜蒂、南瓜花等均有妙用。李昕升等撰写的《南瓜属作物与南瓜品种资源》(《中国野生植物资源》2017年第5期)认为,美洲作物南瓜在500余年漫长的岁月经过不断的自然选择与人工培育,留下来很多南瓜品种,有的甚至一直流传到今天,这是南瓜基因多样性的表现和称谓混乱的原因之一。随着现代育种技术的发展,这些原有农家品种往往优势不再,即使是优质品种也面临淘汰。归纳总结南瓜多样的品种资源,传承古代南瓜的遗传基因,能够为今后的南瓜育种工作提供借鉴。对比南瓜与南瓜属的笋瓜、西葫芦的历史,也有助于析清南瓜在中国引种和本土化历程。此外,李昕升、王思明《明清时期南瓜栽培技术》(《科学技术哲学研究》2017年第1期)一文对明清时期南瓜的栽培技术进行探析。作者认为,美洲作物南瓜在明中期传入我国后,作为菜粮兼用的作物在全国

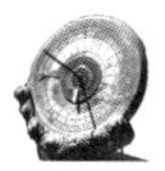

迅速推广，因其救荒价值十分突出，清代已经遍布全国。明清文献对其栽培技术记载颇多，内容涉及播种育苗、定植、田间管理、病虫害防治和采收，南瓜栽培技术发展很快，得益于我国早已成熟的传统瓜类栽培技术和明清劳动人民对南瓜栽培经验的认真总结。

西瓜也是重要的外来作物。石慧和王思明《西瓜在中国的引种推广及动因探析》(《山西农业大学学报·社会科学版》2017 年第 1 期)一文在综合前人研究的基础上，对西瓜传入中国的时间和路径进行了梳理与辨析。文章将西瓜在中国的传播分为初步传入期、推广种植期及之后的全国广泛种植期。从西瓜的自然属性、西瓜的经济效用、西瓜的种植技术和西瓜的文化意蕴四个方面，对西瓜得以在中国广泛种植推广的动因进行分析。刘启振与王思明《略论西瓜在古代中国的传播与发展》(《中国野生植物资源》2017 年第 2 期)一文认为，西瓜起源于非洲大陆，至迟在唐朝末年经由古代丝绸之路传入西域地区。五代时期，契丹征伐回鹘得到西瓜种子，并带回辽国种植，当时北宋境内还未发现西瓜。金灭辽和北宋之后，西瓜得以传入中原。南宋初年，洪皓出使金国，归来后将西瓜种带入江南地区，再加上民间的频繁交往，西瓜传播遂得以加速。南宋中晚期及元朝以后，西瓜的种植与食用已经非常普遍。经过千余年的栽培，西瓜已形成各具特色的瓜区和地方品种。优异的自然品质、显著的经济效益以及丰富的栽培技术经验是西瓜在古代中国得以迅速传播和发展的重要因素。程杰的《西瓜传入我国的时间、来源和途径考》(《南京师范大学学报·社会科学版》2017 年第 4 期)也对西瓜的传播进行了考察。作者认为，我国早期鲜食之瓜是薄皮甜瓜，中古所说寒瓜是冬瓜，唐以前没有任何西瓜种植和食用的迹象，西瓜应是外来物种，因来自西域而得名。西瓜传入我国始于五代，史载天赞三年(924)辽太祖“破回纥得此种”。辽太祖西征不可能远达北疆浮图城，“破回纥”指其进入蒙古鄂尔浑河上游漠北回纥故都。我国新疆乃至整个西北地区干旱缺水，人居稀少，一直未见有盛产西瓜的记载。漠北回纥鼎盛时奉摩尼为国教，摩尼教崇尚瓜类食物，西瓜应由摩尼传教士从中亚直接带到这里。契丹人由此引入西瓜，在辽上京一带传种，后为南宋与金人引种南下江南、河南、淮南等地，渐成蔓延之势。湖北恩施南宋西瓜碑称雍熙四年“北游”带来回回瓜，有可能是宋人出使蒙古所为，也应得自回纥故都一带。

本年度对其他物种的传入也有一些研究成果发表，研究领域相比之前有很大的拓宽。刘玉霞《番茄在中国的传播及其影响研究》（南京农业大学硕士论文，2017 年）一文利用丰富的外文资料及中国古籍文献资料，对番茄在中国的传播与影响进行较为深入的研究。作者认为，明清时期，中外交流频繁，美洲作物不断传入我国。美洲作物的引进、栽培和发展是中国社会经济发展过程中具有重大意义的活动。这些作物的引进大大丰富了中国作物的种类，对中国农业及饮食结构产生重要影响。该文以番茄在中国的传播为研究对象，时间上选自明清至当代，以大量史料为依据，综合运用文献学、历史学、社会学、统计学等学科的理论和方法，探讨了番茄传入中国的时间和路径，阐述了百年来番茄的引种、推广历程。通过横向比较和历史纵向比较，归纳和分析出番茄传播的动因，指出了番茄传入后对中国的影响。该文第一章在简述番茄起源中心及在世界范围内的传播后，重点考证了番茄传入中国的时间和路径。研究表明，番茄传入的时间为明末，约在万历年间。作者在汲取前人研究成果的基础上，提出了番茄传入中国的三条途径，认为通过陆上丝绸之路传入的可能性不大。最初从海路分两条路线传入南方沿海地区，广东应该是番茄传入后的最早落地点之一；明末清初从荷兰传入台湾是其传播途径之二；民国初期从俄罗斯传入则是途径之三。此后，番茄又被多次、多途径地从国外引种。该文第二章全方位展现了番茄在中国的引种与推广历程。明末，番茄传入中国，山西、贵州、云南均有记载。清初，番茄传到福建、台湾及华北地区的山西、山东、河北及陕西等。清中后期，扩展到云南、湖南、江苏、浙江等地。民国时期，番茄的传播范围不断扩大，但番茄栽培不多，主要集中在大城市郊区。新中国成立后，番茄发展成为全国性的蔬菜。目前，中国成为世界上主要的番茄生产国之一。在前几章史料梳理的基础上，第三章对番茄引种推广的原因做了系统的分析，包括自然生态因素、经济因素、科技因素、饮食文化因素及其他社会因素。第四章分析了番茄传入后对中国的经济、农业种植结构、饮食结构及科学研究等的影响。作者认为，番茄的传播是人类活动的结果，它的传播速度、传播范围受到自然和人类双重因素的制约，同时也对人类产生反作用。随着番茄的进一步

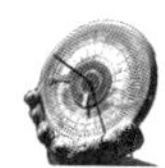

传播，番茄产业发展迅速，它将对中国的经济和社会生活产生更为重要而深远的影响。

刘启振、张小玉等的《“一带一路”视域下栽培大豆的起源和传播》（《中国野生植物资源》2017 年第 3 期）通过对野生大豆的地理分布、大豆考古发掘遗存以及早期历史文献资料的记载等三个方面的考证，阐明栽培大豆起源于中国境内。大豆在中国的传播和发展历程大致经过了四个阶段：萌芽、成型、成熟和稳定。清朝之前，大豆基本实现了在亚洲的传播。近代以降，欧洲、美洲、非洲等地陆续经由不同渠道引进大豆。二战之后，美洲逐渐成为世界最大的大豆生产基地。在“一带一路”框架之下探讨大豆在全球各地，尤其是主产国的本土化历程将成为今后大豆栽培史研究重点关注的问题。刘启振、张小玉等的《汉唐西域葡萄栽培与葡萄酒文化》（《中国野生植物资源》2017 年第 4 期）一文综合利用传世文献、出土资料和文物遗迹等材料，对汉唐西域地区的葡萄栽培和葡萄酒文化作一个相对全面系统的考察。作者认为，葡萄及葡萄酒从汉代起通过丝绸之路逐渐传入中国，西域是汉唐时期东西方物质、文化交流的缓冲区和中转站。葡萄栽培及葡萄酒文化是西域在该时期的显著特色之一。由汉至唐，西域葡萄种植业持续而稳定地向前发展，葡萄酒酿造及其文化也繁荣昌盛，并且都对中原内地产生了深远影响。

域外油料作物引种中国是丝绸之路中外农业交流史的一个重要组成部分。刘启振、张小玉等《丝绸之路引种中国的油料作物及其传播动因》（《中国野生植物资源》2017 年第 1 期）一文认为，芝麻、亚麻、红花、棉花、蓖麻、花生、向日葵等油料作物分别在不同的历史时期通过陆上、海上丝绸之路进入中国本土，并成功得到推广扩种，很快成为中国众多油料作物中的普通成员，有的甚至在现今的油料作物构成中拥有举足轻重的地位和影响。究其原因，外来油料作物良好的生态适应性和环境接纳性，与传统种植制度的协调一致，利用途径丰富、经济效益明显，以及中国传统社会文化的普遍接受认可等是起到关键作用的几个方面。

此外，陈杰的《法国梧桐名实及其传入中国时间考》（《农业考古》2017 年第 3 期）考察了法国梧桐传入中国的时间。作者认为，悬铃木是广泛分布于世界各地的行道树，在其引入中国的初期，常被称作洋梧桐、法国梧桐与筱悬木。洋梧桐和法国梧桐是其俗称，筱悬木是其日译科属名，后经我国植物学家钟观光考证改为悬铃木。陕西省西安市鄠邑区罗什寺内的净土树系悬铃木，但其传入是孤立事件，传入的时间应在12至15世纪初期，不可能是传说的4世纪。传入新疆墨玉县境内的悬铃木同样也未见引种记录，其树龄应在400年左右。悬铃木曾于19世纪80年代前后单株或零星引入南京、旅顺等地。1887年上海法租界开始成批量从法国引入悬铃木树苗，试种成功后悬铃木成为上海法租界最主要的行道树。后从上海引种推广至全国，迄今已成为我国栽植数量较多的行道树之一。

本年度关于药用植物的研究继续发展。历史上外来药物在中医药理论的指导下用于实践中，为中医药卫生事业的发展和繁荣壮大发挥了积极而不可磨灭的作用。张箭《金鸡纳的发展传播研究——兼论疟疾的防治史(下)》(《贵州社会科学》2017年第1期)一文研究了金鸡纳的发展传播。文章认为，疟疾是一种很常见、危害性很大的传染性寄生虫病，但美洲却独有能抗疟退烧祛病的金鸡纳树(皮)。印第安人率先发现了这一秘密，到17世纪20年代，在美洲的欧洲人也知晓了这个秘密。他们于17世纪30年代把金鸡纳树皮作为药材传入欧洲。在罗马教皇、天主教会和耶稣会士的支持和倡导下，服用有特效的金鸡纳树皮治疟渐渐瓦解了习惯守旧势力的抵制和各种偏见，传播开来。欧洲各国开始向南美洲派遣科考队(组)去寻找、认识、考察、调查金鸡纳树林。随着金鸡纳树皮的需求量大增，野生金鸡纳树资源开始萎缩。欧洲人遂开始大规模引种移植。其栽培地是南亚和东南亚的热带亚热带地区的林场和种植园。历经各种磨难和挫折，欧洲人的移植引种行动一步步取得成功。19世纪10年代，葡萄牙医学家从金鸡纳树皮中分离出金鸡宁，几年后法国化学家又从树皮中分离出奎宁。这些现代抗疟西药的出现大大方便了疟疾的临床治疗。到19世纪末，亚洲种植园的树皮产量已占绝对优势。19世纪末20世纪初，医学家们发现和揪出了疟疾致病的罪魁疟原虫，弄清了疟疾通过按蚊叮咬而传播的路径，为大规模防疟开辟了道路。20世纪中叶以来，药学家们相继研制成功阿的平、氯喹、青蒿素等抗疟新药。金鸡纳—奎宁在抗疟战线独尊的地位才降为与它们平分秋

色。17世纪末，金鸡纳树皮传入中国，旋即被接纳为传统中药材。其西药成药金鸡纳霜(奎宁)发明后不久也传入中国，但新中国成立前国内一直无奎宁生产。金鸡纳树皮和奎宁撑住了中西抗疟大局几百年，至今仍是抗疟主力药物之一。

此外，本年度还有一些文章对其他外来物种进行了研究，但研究尚不深入。如张兰星《大麦在美洲的传播及大麦业的发展》(《农业考古》2017年第4期)一文认为大麦是起源于旧大陆的一种古老作物，哥伦布发现新大陆后，将其带到美洲。大麦可以用来喂牲畜、酿酒和为土地增肥，遂在美洲得到推广。大麦在北美传播得较快、较广泛，并被当作经济作物来推广。美国独立后，大麦业逐步兴起并兴盛。王佩弦的《从茉莉花的传播看丝绸之路上的文化回流现象》(《攀登》2017年第1期)以茉莉花为例，探讨中外交流过程中的文化回流现象。文章认为，茉莉花本是西方的舶来品，传入中国后逐渐成为歌咏的对象，由于文人墨客和普通老百姓的喜爱逐渐演绎出民歌《茉莉花》，后传到海外，成为东方文化的符号。茉莉花的传入和传出，是文化回流现象的典型例证，对于进一步探究东西方文明的深入交流，具有非常重要的借鉴意义。刘煜泽的《关于黄花烟传入中国的问题研究》(《古今农业》2017年第1期)则指出，事实上烟草自种层面上可分为黄花烟与红花烟，前人的研究更多集中于红花烟传入问题，大大忽视了对黄花烟传入问题的研究。明末传入中国的烟草为红花烟，而黄花烟则不同，其应于乾隆年间自俄国传入我国。

从2017年的相关成果来看，关于海上丝绸之路上中西政治交往的研究成果不多，但关于中西贸易的研究成果比较突出，既有对海洋文明与海疆史、中西贸易制度的研究，也有对诸如茶叶、瓷器贸易等具体物品贸易状况的探析，并且继续对中西航线、贸易港口以及中西贸易中的相关人员进行了比较深入的研究，研究领域进一步拓宽，研究方法越来越多元化，对资料的运用上也有突破。随着中国“海丝”研究的发展，有越来越多的外国学者参与到这个研究领域，研究成果日趋增多，成为中国海上丝绸之路研究的重要补充，也为国内研究提供了新的研究视角和资料。本年度频繁召开相关国际会议，进行学术交流，在学术旨趣与研究方法上与国际接轨。本年度对中西物种流通的研究依然薄弱，研究人员数量少且集中，研究领域比较狭窄，还有许多领域尚是研究空白，期待学术界在以后的研究中能予以更多的关注。近年来全球化与反全球化的斗争日趋激烈，中国作为崛起中的政治经济大国，需要以更开放的心态、更积极的姿态引领时代发展潮流，更需要在历史经验教训中汲取营养，促进全球化的推进，进一步加强中西政治、经济与文化交流，为中国的和平崛起创造良好的国际环境。对中国学术界来说，加强对历史上中西政治、经济与文化交流的研究，具有学术价值和现实关怀的双重意义。

（本章作者：周莉萍，宁波大学人文与传媒学院副教授）

第五章　海上丝绸之路与东西方文化交流

1498年，葡萄牙人达·伽马开辟了西方通往东方的新航路；1517年，"葡萄牙国王"号载着的西方使团前往中国，"这是中西方以国家形式正式交往的开始，从此海洋将中国和西方连接在一起"，此后的几个世纪里，西方的探险家、商人、使节、传教士们沿着海上丝绸之路，纷纷来到中国，开启了中西文化交流的新篇章。海上丝绸之路与中西文化交流一直是学界关注的重要问题，随着我国"一带一路"倡议的提出与实施，这一研究出现了新高潮。2017年，学术界对海上丝绸之路与中西文化交流的研究主要集中在中西语言、文字交流、"西学东渐"与"东学西传"、汉学研究等方面。

一、中西语言、文字交流

汉语是中国文化在海外传播的载体和媒介，海外对中国社会和中国文化的研究，首先是从接触、了解、学习、研究汉语开始的。公元1500年左右，欧洲人完成的世界地理大发现拉启了欧洲近代史的序幕，自此以后，欧洲人走向海外，开始了殖民统治浪潮。欧洲人正是在世界殖民统治浪潮和去异教之地传教这两大世界性事件的历史背景下开始了与汉语的初步接触。

传教士的汉语学习经验一直受到关注。欧洲传教士的到来，使欧洲首次系统性地获得了关于中国的第一手知识，不少是极为独特和珍贵的见证。传教士对汉语的记录即属此例。他们采用拉丁字母记录汉语口语音，为当代学者还原清初汉语口语提供了有力的佐证，也为汉语考订了最早的成文语法。关于传教士的汉语语言学成就,国内外学者已有大量深入研究,有汉语语法传世的传教士生平行迹、传教士语法的基本范式结构及其演变、著作的成书过程、传教士的个人创见都已经得到了细致的梳理,但与后世职业汉学家不同,传教士编纂语法并非为学术而学术,而是出于自身在华生活、学习汉语的实际需要。这些语法书是学术著作,但首先是教科书。于培文《汉语在近代欧洲的传播》(《河北大学学报·哲学社会科学版》2017 年第 3 期)一文首先概述了欧洲汉学的发展轨迹,继而论述了近代欧洲汉语学者群体、汉语教学方法以及汉语传播场所,爬梳了近代欧洲汉语学习者所使用的汉语教材情况,综述了近代欧洲汉语教材编写发展情况以及汉语字、词典的编纂情况。文章最后指出,汉语对近代欧洲的传播在不同时代、场所有所不同,汉语在欧洲的传播范围和传播规模越来越大,欧洲汉学的研究与发展为汉语西传注入了持久的生命力,反过来,汉语教学的蓬勃发展又推动着欧洲汉学的进一步发展,二者在未来的发展道路上关系会愈加密切。汉语西传的阵地在不同时代场所不同,从早期的传教士时代的作品中的零星传播,到欧洲高校和欧洲正规的汉学研究机构,再到亚洲地区的教会中文学校以及中国的中文学校,到现在的欧洲大学、中文培训学校以及孔子学院,汉语传播的范围和规模越来越大。

汉语注音罗马化系统的历史可以追溯到 16 世纪,西方人在汉语学习的过程中,创制了多个罗马化系统,以辅助其汉语学习。西方人学习汉语遇到的首要问题之一就是如何认读汉字。汉字,作为表意文字,不同于语音文字可以直接拼读出其语音,而中国传统的反切法并不适于零起点的西方人学习汉语。因此,西方人只能结合自身的情况和语言背景,用自己熟悉的语言标记汉语语音,西方人把自己创制的使用罗马字母拼写汉语语音的系统称为罗马化系统(Romanizad System)。近期学界在梵蒂冈图书馆及西方几个图书馆藏中发现了一本中文编写的传教士对话文献,标题为“会客问答”或者“拜客问答”。现梵蒂冈图书馆所藏有两份《会客问答》,一份的编号为 Borg. cin. 316 号,文献共有 93 面,每面 2 页,除去空白页,文献标注页码 178 页,每页 5 行,每行 10 字,字体为楷书,毛笔书写。另一份编号为 Borg. cin. 503 号,这份文献共有 57 面,除第一面和最后一面是一页外,其余均为一面

2 页，每页 4 行，每行 21 个字左右。每个字有罗马注音，每行中文旁有外文翻译。这份文献可以判定为来华传教士成熟期的汉语教材读本。关于文献的作者，美国学者夏伯嘉认为作者是一位耶稣会士，很可能是利玛窦(Matteo Ricci，1552—1610)[①]本人，但夏伯嘉并未做出具体的论证和分析证明其为何是利玛窦。[②] 郑海娟对文献的作者身份做了进一步的研究。她认为作者是利玛窦的理由是：法文版中有“尊称这位西士为‘老先生’，并说‘老先生到了这边(中国)二十年’”。按照时间推断，当时在北京参与修自鸣钟的传教士主要有利玛窦和西班牙传教士庞迪我(Diego de，Pantoja，1571—1618)，而庞迪我当时来华才十余年，这样只有利玛窦是二十余年。全文没有一个汉字，全部采取罗马注音形式表现汉字。这说明当时刚进入中国的罗明坚和利玛窦的汉语能力还较差。[③] 张西平《来华耶稣会士稀见汉语学习文献研究》(《贵州社会科学》2017 年第 4 期)一文关注这份文献的内容及学术价值，认为它应是来华传教士后期汉语学习的重要文献，具有极高的学术价值，无论是从语言学上、历史学上还是从当时对西方文化的介绍上来说都是十分珍贵的。它作为传教士汉语学习的口语教材，全文读起来朗朗上口，给我们提供了一份难得的晚明西方人汉语学习的口语文化教材范本。

傅圣泽(Jean-François Foucquet，1665—1741)是来华传教士中颇具争议的人物。傅圣泽于 1699 年入华，属于一个所谓 Figurists 的小团体(通译为“索隐派”)，1720 年离开，在罗马传信部度过余生，他携回欧洲的私人档案也因而得以完整保存在梵蒂冈图书馆。这在同时代法国耶稣会传教士中是仅有的一例。这批档案数量巨大，内容丰富，除傅圣泽为其索隐派立场正名、为其与同僚纠葛的辩白之外，还包括不少罕见的关于传教藏书以及日常

---

① 利玛窦是欧洲著名的学者，意大利耶稣会传教士。1552 年 10 月 6 日出生于意大利的马尔凯州，1571 年加入耶稣会，之后在教会学校学习神学、哲学和数学。他的语言天赋极强，会使用拉丁语、希腊语、葡萄牙语和西班牙语。利玛窦于 1577 年被派至东方，然而直到 1583 年，他才与罗明坚教士一起进入中国肇庆传教。利玛窦在华 27 年，先后在中国的广东、浙江、江西、北京等地活动，广交达官显贵、社会名流。利玛窦先后将《天学实义》《几何原本》《同文指算》《测量法义》《圜容较义》《浑盖通宪图说》等西方自然科学著作翻译成汉语。

② [美]夏伯嘉.利玛窦：紫禁城里的耶稣会士.向红艳，李春园，译.上海：上海古籍出版社，2012：223.

③ 郑海娟.明末耶稣会稀见文献《拜客问答》初探.北京社会科学，2015(8).

生活的文献。吴蕙仪《17、18世纪之交欧洲在华传教士汉语知识的传承与流变——基于梵蒂冈图书馆一份手稿的个案探讨》(《国际汉学》2017年第4期)一文旨在通过梵蒂冈图书馆所藏傅圣泽入华之初居留福建期间的一卷私人笔记(编号为Borgia Latino 523),探讨传教士入华初期学习汉语的经历。Borgia Latino 523卷保存状况很好,全卷196页(正反两面作一页),笔记的内容包括传教士名录、日记、书摘、通信、数学草稿以及各种有关在华生活杂务的笔记,看似为散页装订而成,并无一定规律,纸张大小不齐,兼有中国竹纸和欧洲麻纸,双面书写,交替使用中国墨汁和欧洲墨水,标注了日期的文本(包括书信、日记)多在1699—1701年间。卷中与汉语学习有关的材料主要有两部分:第24—42页,第69—140页。第24页开始的第一部分题为"至为简明的官话学习法,托钵修会中国副教省长、尊敬的万济国神父撰,1684年译"。全篇套用欧洲语法概念解析汉语,按语法知识点为纲划分章节:名词(主格、属格)、形容词(比较级、最高级)、动词(主动态、被动态)、介词、连词、否定句、疑问句等。最末附有一些社会语言学知识,如敬语和谦辞的用法。该文通过对傅圣泽手抄的语法书、词汇表、会话教材和汉文书单的微观分析,对比同一文本不同版本的源流,并结合其本人及同时代传教士的相关史料,试图还原傅圣泽个人汉语学习的动态过程,并由此探讨传教士汉语知识的传承和流变机制,同时对比早期传教士,分析这一时期传教士基本汉学知识结构的特点与局限。明末清初的传教士汉语知识结构,反映的就不单纯是知识的客观积累,更是传教士与中国社会的互动方式。传教士汉语教材在汉语官话与方言、口语与文字、白话与文言之间的选择,对中国社会职业、地方特产、自然物种的罗列,对生活实用语言知识的传授,都更加丰富了我们对西方传教士入华这一进程的理解。传教士群体本身也是一个参差百态的社会,他们编纂的汉语教材被来自不同国家、不同母语的传教士编纂、增删、翻译、抄写、刊刻、使用、流传、湮灭,他们对中国本土书籍的选择和利用,本身也构成了一部书籍社会史,折射出传教士群体组织运作、知识传承机制的变迁和调试,以及传教士与中国社会在知识层面上的互动。

在晚明来华传教士中,最早向西方世界介绍中国古代汉语修辞学知识的是清初来华的法国耶稣会士马若瑟(Joseph Henri-Marie de Prémare,

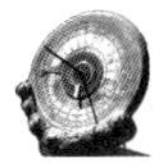

1666—1736)。作为西方汉语语法研究的开创者，他所翻译的法文版《赵氏孤儿》是第一部被介绍到欧洲的中国戏曲，深受伏尔泰、歌德等大文豪的青睐，拥有多国语言的改编本，成为中欧文学交流史上一个值得纪念的里程碑。1728年，马若瑟来华已近三十年，进入学术生涯的巅峰期。他以多年研究中国文化为积淀，含英咀华，撰写了代表作《汉语札记》。这是在西方汉学史、西洋汉语语法研究史以及世界汉语教育史上具有奠基意义的一部作品。该书以拉丁文写成，例句用中文表述，带有罗马字母注音，手稿后寄回法国。1831年，马六甲英华书院出版拉丁文版；1847年，《中国丛报》社在广州出版英译本；1893年，巴黎外方传教会在香港重印拉丁文版。这是世界上第一部区分汉语白话与文言并分别加以论述的著作，引用例句达一万三千余个，印刷超过五万个汉字。除语法知识，还兼论文字、音韵、修辞、俗谚、礼仪、文学等各种内容，堪称当时西方人撰写的有关中国语言及文学的一部巨著。该书从学习者的角度来观察和分析汉语，有意识地突破当时拉丁文法的描写范式，尽可能从汉语语法事实出发，为我们提供了一个从他者的视角了解明末清初汉语官话语法形态的机会。李真《18世纪来华传教士对中国古代修辞学的传播——以马若瑟〈汉语札记〉为例》(《北京行政学院学报》2017年第5期)一文认为，《汉语札记》是世界上首部同时论述汉语文言和白话的语法书，在西方汉语研究历史上影响深远；不仅如此，该书还第一次较为系统地梳理了古汉语的文体和修辞知识，在中国古代修辞学理论的西方传播史上具有不可忽视的开创性意义。《汉语札记》不受缚于西方古典修辞法，借鉴中国古代语文学研究成果，受南宋学者陈骙的影响，写作中也参考了陈骙的修辞学专著《文则》，对古汉语文体风格及修辞特点进行了论述、归纳和总结。

1540年到1773年的两个多世纪，欧洲经历了巨大的转变，由培根、笛卡尔提倡科学方法论始，在自然科学方面的进步和成就一日千里。地理大发现、殖民扩张、宗教传播以及文艺复兴，为欧洲广泛地认识不同于中世纪唯一的“语法语言”——拉丁语之外的其他各种语言类型提供了必要的条件。人们发现了很多新语言，需要对这些丰富的语言材料进行概括、归纳和验证。当时欧洲的语文学家和哲学家已有一定条件入手研究语言问题，对语法、语音、词汇等现象加以调查分析，对大量的语言材料分类整理，试图解决语言起源和发展的问题，并着手编写“普遍”“唯理”的语法及各民族语言的规范语法和词典。李真《跨越汉语的长城——从明清来华传教士的汉语学习谈起》(《对外传播》2017 年第 4 期)一文认为，从欧洲语言学的角度来看，正是在古典拉丁语法传统和普遍唯理语法的共同背景下，以耶稣会士为代表的传教士远渡重洋，来到东亚，从而开启了西方人正式学习和研究汉语的历史。为学习便利，传教士尝试用本国语言的字母为汉字注音、拼读和撰写；同时借用拉丁语法的概念、范畴、框架来描写、归纳汉语的语法规则，草拟出框架性的语法体系，从而在客观上推动了欧洲语言与中国语言的正面相遇，相互产生了渗透和影响，开启了中国语言文字西传的重要阶段。

1807 年 9 月，英国伦敦会传教士马礼逊(Robert Morrison，1782—1834)抵达广州，他是西方来华的第一位基督新教传教士。新教传教士继续沿用以拉丁文为汉字注音的做法，马礼逊编纂的《华英字典》(*A Dictionary of the Chinese Language*，1815，1822，1823，澳门)、《广东省土话字汇》(*Vocabulary of the Canton dialect*，1828，澳门)，麦都思编纂的《汉语福建方言辞典》(*A Dictionary of the Hok-Keen Dialects of the Chinese Language*，*According to the Reading and Colloquial Idioms*，1832，澳门)、《汉语、朝鲜语和日语比较词汇表(英译)》(*Translation of a Comparative Vocabulary of the Chinese*，*Corean*，*and Japanese Languages*，1835，巴达维亚)、《华英语汇》(*Chinese and English Dictionary*，1842—1843，巴达维亚)、《英汉字典》(*English and Chinese Dictionary*，1847—1848，上海)，撒母耳·戴耳编纂的《福建方言字汇》(*Vocabulary of the Hok-keen Dialect*，1838，新加坡)，裨治文编辑的《广东方言撮要》(*Chinese Chrestomathy in the Canton Dialect*，1828，澳门)，卫三畏编著的《拾级大成》(*Easy Lessons in Chinese*，1842，澳门)、《英华韵府历阶》(*An English and Chinese Vocabulary*，*in the Court Dialect*，1844，澳门)等总结了在华外国人发明的中国方言之罗马化拼音方案，成为之后威妥玛式汉语注音法(Wade-Giles Romanization)和邮政式汉语注音方案的基础。威妥玛式汉语注音法是英国驻华使馆中文秘书威妥玛(Thomas F.

Wade)发明的，他于 1867 年出版京音官话课本《语言自迩集》，详细说明其汉语注音方案，遂成为外国使馆人员学习汉语的注音工具。威妥玛式汉语注音法成为音译中国地名、人名和事物名称的标准，中国对外出版物的汉语译音也使用该注音法。岳岚《晚清时期汉语注音罗马化系统的演进——从"北京大学"音译谈起》(《贵州社会科学》2017 年第 4 期)一文研究汉语语音的罗马化系统发展历史，它经历了从非英语拼写到英语拼写，从方言到官话，从南方官话到北方官话又到全国标准音的拼写尝试，各个系统之间互相吸收、借鉴，不断发展演变，为《汉语拼音方案》的推出提供了参考和历史依据。王海、王海潮、钟淇《19 世纪上半叶在华外国人汉语拼音化活动与影响——基于〈中国丛报〉记述的考察》(《安阳工学院学报》2017 年第 5 期)一文，回顾了 19 世纪上半叶在华传教士开展的罗马字汉语注音法为汉语拼音化和汉语在海外的传播奠定的基础并发挥的传承作用。

为了方便后续的传教事业，让更多的西方人了解、掌握汉语，马礼逊大致在 1808 年开始以英语语法体系为参照编写《通用汉言之法》，到 1811 年完成。但出于种种原因，这本书被束之高阁长达四年之久，直到 1815 年才在赛兰坡(Serampore)正式印刷出版发行。《通用汉言之法》是马礼逊唯一一部关于汉语语法的语言类著作。全书共 280 页，是以为学习汉语的人提供方便为目的而撰写的，共分为四个部分，即 Or-thography(正字法)、Etymology(形态论或词类)、Syntax(句法或结构)和 Prosody(韵律)。具体内容涉及了汉语语言总体特征，汉字发音和拼写，汉字的部首与标点，名词、数词、形容词、代词、副词、介词、连词、感叹词具体用法，方言与句法以及诗歌韵律。目前，国内对该著作的介绍比较缺乏。大多数研究分散在汉学研究的著作中，如莫东寅的《汉学发达史》、张西平的《传教士汉学研究》《欧美汉学研究的历史与现状》、何寅和许光华主编的《国外汉学史》、刘正的《图说汉学史》以及熊文华的《英国汉学史》等。潘瑞芳《〈通用汉言之法〉对世界汉语教育的贡献》(《海外华文教育》2017 年第 8 期)一文评析了《通用汉言之法》这部著作，认为它是第一部英文版汉语官话口语语法著作，采用"实用语法"作为汉语教学体系，通过将"翻译法"作为基本的教学与学习手段，给准备入华的传教士们提供实际、有效的帮助。同时，该书非常重视交际文化和文化交互的价值，既介绍了基督教新教的一些观念，也介绍了中国的文化理念和文化价值，其对汉语语体、句法规则等的认识，对现今的汉语教学和世界汉语教育研究都有重要的意义。北京外国语大学国际中国文化研究院杨慧玲副教授撰写的《19 世纪汉英词典传统——马礼逊、卫三畏、翟理斯汉英词典的谱系研究》（商务印书馆，2012 年）以明清时期在华欧美人士编纂的双语词典为研究对象，在调查 16 至 19 世纪汉外双语词典的基本信息的基础上，梳理了 300 年间从手稿汉外词典到出版的汉英双语词典史的主要发展脉络，并且重点对 19 世纪早、中、晚期最重要的三部综合性汉英词典进行比较研究，探寻它们之间的继承与创新关系以及对当代汉英词典编纂的启示。戴文颖《双语词典研究中的考古方法——读〈19 世纪汉英词典传统——马礼逊、卫三畏、翟理斯汉英词典的谱系研究〉》（《国际汉学》2017 年第 1 期）一文认为，该书最大的创新处就是将“词典考古”的方法运用到了汉外双语词典的研究中。“词典考古”（Lexicographic Archaeology）概念最早是在 1986 年由罗伯特·伊尔森（Robert Ilson）提出，主要指同一部词典不同版本之间进行比较，以及同源于一部词典的不同词典之间的比较，甚至是出自同一个出版者的不同词典之间的比较。杨慧玲副教授提出了“词典考古”的三个研究层面，坚持从历史原点出发，结合多学科的研究成果，从多维视角对汉英词典的编纂特点、谱系承继关系进行比较分析，客观解释和评价词典文本的内容和价值。

汉语方言可分为北方方言、吴方言、湘方言、赣方言、客家方言、闽方言和粤方言七种，其中闽方言是最复杂、内部分歧最大的一个方言，主要通行于福建、广东沿海平原、台湾和海南以及浙江南部和江西、广西、江苏的个别地区。传教士编撰的闽方言字典辞书较多，出现于福州、福安、建瓯、莆仙、厦门、漳州、潮汕、台湾等地。这些均为罗马字注音，英文、西班牙语或荷兰语释义的闽方言词汇著作。厦门是最早的通商口岸之一，也是西洋传教士最早来华传教的地区。传教士创制了记录方言的罗马白话字并在闽南地区推广，也留下了方言词典、方言学习手册等方言书面语材料。徐睿渊《传教士材料中的福建厦门方言常用单音否定词》（《方言》2017 年第 3 期）一文利用三本传教士材料，即《厦英大辞典》《翻译英华厦腔语汇》《英华口才集》，描

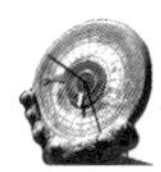

述了一百多年前厦门方言否定词的语法功能与意义，并与现代厦门方言进行比较。关于厦门方言和闽南方言的否定词和否定式，已有的相关研究或进行共时平面的详细描写，并与普通话否定式、闽南话肯定式进行比较研究，或利用明清闽南戏文对闽南话否定词的历史发展演变进行分析等方面的研究，归纳出 19 世纪厦门方言表示否定的词（或语素）。马睿颖、马重奇《西方传教士论十九世纪闽台闽南方言声调》（《古汉语研究》2017 年第 3 期）一文收集并研究、比较了 19 世纪西方传教士编撰的漳州、厦门、泉州、台湾和潮汕等地方言文献的声调系统。全文首先简介了该文所采用的西文方言文献，其次阐述了传教士论述闽南五地方言的单字调和二字组连读变调的复杂情况，再次着重对闽南五地声调系统做了共时比较与历时比较，最后阐述了西方传教士对闽南五地声调系统的论述，具有重要价值，也填补了 19 世纪闽南方言声调研究的空白。

在整个 19 世纪中，新教来华传教士的语文策略，大体上经历了依附于本土历史与文化现状的适应策略，以及朝向未来及理想的共同语文或国语文策略这两个阶段。前者基本上是与本土现有语文（包括精英阶层的语文以及底层普通民众的地域方言）达成“妥协”，后者则是由传教士所主导并设计实践的一种更具有开创性与前瞻性的语文策略。段怀清《晚清新教来华传教士的语文策略考评》（《山东社会科学》2017 年第 2 期）一文认为，晚清新教来华传教士的语文策略，是其基督教化中国的一部分，或者为其实现上述使命之先导工具。晚清以来的语文改良运动，一直存在着外来与本土这两大力量来源。作为外来力量中最为重要的一种话语存在，传教士们在晚清西教、西学以及西方社会思想的引进输入方面的努力，贯穿了整个 19 世纪且影响深远。它不仅在本土主流语文体系内部产生了汉语中文与外来语文之间互动共存的大量文本事实，而且也产生了足以与汉语中文所记录承载的本土历史与文化相抗衡的外来知识、思想与文化。

二、“西学东渐”与“东学西传”

16 世纪中叶以后的这一时期，人类群星璀璨、走向现代，中国社会悖动、面临巨变。利玛窦在此背景下，受耶稣会的派遣，经葡萄牙属地印度果阿进入中国。学界一般认为，以利玛窦为代表的传教士系统介绍了西方现代观念，影响及于中国知识界。

他们秉承“学术传教”的宗旨，翻译了大量西方的书籍，徐宗泽的《明清间耶稣会士译著提要》中对明清时期耶稣会士的译著做了一个统计，主要分为圣书类、真教辩护类、神哲学类、教史类、历算类、科学类、格言类。译著书籍的主体是宗教类文献，其次是自然科学技术类文献。翻译并不仅仅是语言的转换那么简单，其背后还包含着不同文化之间的交流。西方哲学的译介对国人思维模式的冲击和影响很大，不容忽视。郭亚文、张政《明末清初和清末民初的西哲中译》(《上海翻译》2017 年第 5 期)一文以译介西方哲学的来华传教士和开明的中国知识分子为线索，梳理了明末清初和清末民初两个时期西方哲学在中国的译介和传播概况，分析了这两个时期西方哲学译介的背景差异。论文指出这两个时期西方哲学在中国的译介活动具有译者主体多元化、译者客体多样化、译本内容滞后化、翻译目的宗教化和政治化、翻译受众局限化、翻译内容创新化、翻译技巧灵活化和翻译原本多重化八大特点。明末清初和清末民初的西方哲学译介也具有非常重要的意义：第一，西方哲学在中国的译介极大地冲击了国人固有的思维模式；第二，西方哲学的译介有助于培养中国人的科学探索精神。

利玛窦的中文著译作品涵盖了宗教、数学、天文、地理、物理、音乐、语言等多个方面，其中一些为其与中国士大夫合作译成，现统称为利玛窦中文著译作品。利玛窦的主要翻译策略为音译和意译，这一点在业界已达成了共识。王佳娣《利玛窦中文译著作品中的音译策略》(《湖南第一师范学院学报》2017 年第 1 期)一文认为，利玛窦在中文著译作品中使用的音译策略主要体现在天主教词汇的音译和专有名词的音译，散布在他十余部中文著译作品中。他在使用音译策略时，尽可能遵从汉语的表达习惯，使中国人易于接受。尽管受到方言发音、汉语生僻字、音译名不一致等因素的限制，但由其首先使用并流传至今的音译词已成为汉语词汇的一部分，丰富了汉语表达，促进了中西文化的交流。

17 世纪入华的意大利籍耶稣会士利类思(Ludovico Buglio，1606—

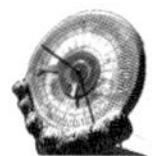

1682)身体力行地推动“西学东渐”，他的《狮子说》《进呈鹰论》将西洋动物学书籍首次译入中文语境。利类思倾数十载之力，将托马斯·阿奎那的《神学大全》首次译介为中文，题为“超性学要”。它是西方神哲学概念的系统性译介，也是西方神哲学经典“本地化”的一次重要尝试。胡文婷《清初西学东渐的代表性著作：〈超性学要〉——清宫传教士利类思的翻译浅谈》(《北京行政学院学报》2017 年第 3 期)一文认为，《超性学要》对诸多西方哲学术语如何精准地译为中文进行了有益摸索，甚至成为中国近现代诸多哲学概念的源头所在。但可惜的是，国内外学术界对该书关注不多，亦没有从译介学角度对其进行过分析。事实上，从译介学的角度勾勒《超性学要》的基本概况，探究利类思的翻译策略，可以看出明清之际西方内核文化的东传尝试。

传教士在翻译西学的时候，也带来了许多科技译著、科学方法论、科学理念及科学仪器。托比·E. 胡夫(Toby E. Huff)在《早期现代科学的兴起：伊斯兰、中国和西方》[①]这一著作中表达的一个主要论点是：希腊自然哲学、罗马民法、理性主义基督教神学在 12 世纪文艺复兴期间的偶然结合创造了一个有利于 17 世纪欧洲科学革命兴起的思想氛围。在中国也有类似的情况。自 1954 年起，李约瑟(Joseph Needham)强调了欧洲现代科学兴起的独特性，但他同时承认传统中国科学与技术在 1600 年以前的成就。“古代中国为什么没有发展出现代科学?”自李约瑟回答了这一尖锐问题之后的数十年里，我们逐渐认识到，关注中国传统科学在发展现代科学方面的“失败”虽然有趣并且具有启发性，但在史学层面上却受到了误导。美国学者艾尔曼《全球科技史研究中的比较视域：明清时期在华耶稣会士的西学》(《浙江学刊》2017 年第 6 期)一文着重探讨中国人为何直到鸦片战争(1840—1842)后才了解到欧洲的“牛顿世纪”及其分析式的数学推理方式。一些学者仍然以 1793 年马戛尔尼使团为例，认为清廷由于太过保守而未能了解正在兴起的早期现代世界。此种观点似乎无可置辩，然而诸多相对于中国来说的外部因素，可以帮助解释为何牛顿革命在亚洲姗姗来迟，并且没有在

① Toby Huff. The Rise of Early Mordern Science：Islam，China，and the West. 2nd ed. Cambridge UK：Cambridge University Press，1993/2003.

18世纪发生。

西方科学处理经验所用的归纳方法也由来华传教士介绍到中国，归纳方法也分为两个层面传入，其一是归纳逻辑规则的直接传入，其二是归纳思想与归纳方法随科学译介的传入。尚智丛、王慧斌《传教士对科学方法的译介》(《中国社会科学报》2017年3月28日)一文梳理了明末清初和清末民初的两次“西学东渐”过程中，来华传教士带来的西方科学知识之外，向中国介绍的科学研究方法。作者认为，在此之后，严复、王国维等中国译者继续有关归纳方法的翻译工作，产生的影响也远大于传教士。但如果跳出辉格史观，再考察传教士对科学方法的译介，尤其是中西学术方法的会通，不仅可以丰富对整个“西学东渐”历程的理解，同时将有助于更好地认识中西学术研究方法乃至思维方式的异同，其中也包括了西方逻辑学的内容。张栋豪、张胜前《从明末译介的西方逻辑学刊中西文化的交汇》(《湖北大学学报・哲学社会科学版》2017年第1期)一文认为，西学传入之所以能够为部分国人所接受，很大一部分原因在于“阳明心学”和实学为西学的传播提供了生存和发展的空间。为了迎合中国的知识分子，传教士在逻辑学著作中把基督教教义思想和中国传统的儒学思想相融合，用西方的知识体系解读儒家的哲学思想和基本观念，或者用儒家经典的一些术语来解释西方哲学的术语。传教士及其中国的合译者对中西文化的交流做了有益的尝试，而且西方的某些知识内容迎合了中国一些知识分子提倡实证、经世致用的需求。同时，作者也认为，这次中西文化碰撞的影响还有一定的局限性，中西学术术语的互相解释是否恰当、对等也值得商榷。

屠凯《与中国相遇的现代早期西方法哲学规范性、权威和国际秩序》(《中外法学》2017年第5期)一文通过分析16世纪中叶至17世纪来华传教士的中文著译，围绕着规范性、权威、国际秩序等关键词，研究了与中国初次相遇的现代早期西方法哲学之内容。和美洲的实践不同，传教士在中国坚持否定“理”而暂不攻击制礼作乐的具体圣贤。当时西方法哲学常谈及保位、爱民，甚至抗命、弑君等话题。来华传教士作品对前一部分有所介绍，中方不以为忤;但传教士对后一部分完全缄默不语。这一时期的欧洲人已经把非西方世界概视为野蛮，好在来华传教士作品内中西彼此仍以等量“文

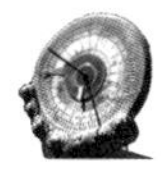

明"相待。来华传教士并不讳言西方流行的自然法观念，但基本忽略了作为现代国际法起源的万民法。对自由贸易和正义战争等新鲜理论，来华传教士时有宣传，却未得到中方系统回应。

近年来，翻译史学研究中也有越来越多的学者关注第二次"西学东渐"时期的科技翻译活动，然而研究的侧重点多放在天文学、数学、地学等起步较早的科学领域，且研究多从翻译理论的视角出发。作为 17 世纪在西方得以全面发展的天文学当然在其列。而同一时期的中国，天文学研究发展较为迟缓，历法失修；此时传教士来华所带入的天文学译著及其他西方天文学成果为当时的天文学研究带来了全新的研究方法及视角。马浩原《浅谈明末来华传教士天文学译著及其科技传播意义》(《兰州教育学院学报》2017 年第 1 期)一文梳理了来华传教士通过译介西方天文学著作的方式，将当时西方较为先进的天文学技术知识及方法论等带入中国的情况。作者认为利玛窦等传教士的天文学译著及经由其东来带入的天文学仪器，为明末的天文历法研究提供了先进的天文学理论、天文学思想及更为科学的研究方法，直接推动了明末天文学的发展，也间接带动了数学等基础学科的进步。

日心说提出后在西方反响巨大，但传入中国的历程却缓慢而曲折。1543 年，哥白尼出版《天体运行论》提出的日心地动说深刻地揭示出托勒密体系缺乏内在的和谐性，颠覆了中世纪构建的上帝创世的地心图景。它是西方科学革命的重要标志，使得自然科学逐步摆脱神学枷锁，西方人的价值观念发生巨变。然而它在中国的传播情况却迥然不同，该学说从最初传入中国到最终得到认可，整个过程长达近两个世纪。最初耶稣会士编译《崇祯历书》大量引用《天体运行论》中的材料却隐瞒哥白尼的日心地动说，直到 1760 年法国传教士蒋友仁向乾隆皇帝进献世界地图《坤舆全图》才承认了哥白尼学说的正确性，最后，在李善兰、王韬等人的努力下，哥白尼日心说得到传播。柳紫陌《传播者的作用：来华传教士对日心说的态度》(《科学文化评论》2017 年第 2 期)一文以利玛窦、阳马诺、邓玉函、汤若望等相关传教士为例，针对传播者这一重要的传播环节来探讨为什么日心说没有在中国顺利传播。作者认为总体来看，每个传教士在面对传播日心说这个问题时都表现出了自身的一些特殊性，这些特殊性正是由其自身背景、教会压力以及来华后的现实情况这些因素杂糅在一起决定的。最终，传教士的复杂态度造成了日心说传播的“不完整”。

中国古代数学有别于古希腊数学，表现出了强烈的“算法”精神，即注重“算法”的概括，不讲究命题的逻辑推导。中国古代数学走的是一条实用主义的道路，直至16世纪80年代，欧洲数学作为“异质”文化传入中国，开启了中西方数学文化交流的先河，并影响了中国近现代数学的发展。公元1607年利玛窦与徐光启(1562—1633)合作翻译了《几何原本》(前六卷)，堪称中国数学史上的一件大事，也是中西文化交流史上的光辉典范。作为一种新知识、新学科，甚或一种新思想，对明清以降的中国传统数学乃传统文化都产生了深远的影响，并波及日本、朝鲜。2017年适逢汉译《几何原本》出版410周年，使它成为这一年的研究热点。

利玛窦和徐光启为汉译《几何原本》各自写下一篇序言，即利玛窦的《译几何原本引》和徐光启的《刻几何原本序》。徐光启的《刻几何原本序》简短意赅，而利玛窦的《译几何原本引》则用了相当大的篇幅阐明《几何原本》的意义、价值与用途。关于利玛窦、徐光启合译《几何原本》在中国数学史乃至文化史上的意义，已有众多论著。纪志刚《利玛窦〈译几何原本引〉的文化阐释》(《自然辩证法研究》2017年第6期)一文着重于利玛窦《译几何原本引》的文化解读，阐释利玛窦翻译《几何原本》的历史背景，探寻译者的心路历程。

利玛窦在《译几何原本引》的开篇便晓之以“几何之理”，进而论述“几何之用”，甚至“动之以情”，如利玛窦在《译几何原本引》中讲述的阿基米德、欧几里得、丁先生等，“隽伟志士，前作后述，不绝于世”的感人故事，从而引发徐光启那句豪言壮语“吾避难，难自长大；吾迎难，难自消微；必成之”。文章认为利徐二人共同完成《几何原本》的翻译，用切近而自然的古汉语重构了西方古典数学的逻辑推理和公理化体系，熔铸成中西文化交流史的丰功伟业。一般认为，现代汉语和拉丁语在语法结构、文体形式、词语语义等方面有着巨大差异。因此，作为第一部汉译西方数学名著的《几何原本》，如何跨越语言屏障得以翻译？又如何在异质文化中得以传播？要回答这些问题，首要之事需要探考利玛窦、徐光启怎样把克拉维乌斯拉丁语版的《欧几

里得原本十五卷》(*Euclidis Elementorum Libri XV*)翻译成古汉语的《几何原本》。纪志刚《从拉丁语到古汉语——汉译〈几何原本〉卷一"界说"的翻译分析》(《自然辩证法通讯》2017 年第 2 期)一文以汉译《几何原本》第一卷"界说"(定义)为例,从术语勘定、拉汉比照、语句解构、定义分析等方面,对 36 条"界说"进行全面释读。研究表明,在利玛窦和徐光启的努力下,汉译《几何原本》基本上做到了无论是语义还是文体方面,都用切近而自然的古代汉语再现了拉丁语原文的基本信息,用古汉语重构了古典西方数学的逻辑推理和公理化体系。

曾峥、孙宇锋所著的《利玛窦:中西数学文化交流的使者》(暨南大学出版社,2015 年)从数学文化的角度叙述了中国近现代数学的领航者——意大利传教士利玛窦在中国的传奇经历,以及中国近现代数学和科学文化因他而引发的巨大变化。王培光的《中国近现代数学的领航者——评〈利玛窦:中西数学文化交流的使者〉》(《韶关学院学报》2017 年第 1 期)评价该著有三个特点,即研究材料丰富,论述有据,史料价值较高;研究方法独特,思路清晰、立论严谨,保持了学术研究的中立性;对历史人物的评价比较客观、公正。利马窦介绍的西方数学对于明朝末期的中国传统数学来说是全新的概念和理论体系,对于中国近现代数学教育具有重要的研究价值和借鉴价值。从此以后,中国传统数学开始了近现代数学的发展历程。

明清之际的中国知识分子由西方思想得到启发,试图以此建构中国的理性体系,明代的徐光启(1562—1633)和清代的焦循就是其中突出的代表人物。《几何原本》是西方数学公理化体系的肇端,在西方数学乃至天文学领域受到广泛重视,传入中国后,在徐光启等人的极力倡导下,这个演绎推理体系在中国产生了深远影响。徐光启对《几何原本》的观点反映了中国当时学者对以《几何原本》为代表的度数之学的认知程度。他在《刻几何原本序》中说:"《几何原本》者,度数之宗。"徐光启后来又完成《几何原本杂议》,其中他说:"凡人学问,有解得一半者,有解得十九或十一者。独几何之学通即全通,蔽即全蔽,更无高下分数可论。"徐光启于崇祯二年(1629)七月二十六日上《条议历法修正岁差疏》中历数“度数旁通十事”[①]，把《几何原本》的数学思想和理论方法推广到实践应用中，特别是历法改革方面。他主持编撰的《崇祯历书》包括法原、法数、法算、法器，强调了基础理论在历法修订中的重要性。邓可卉、王加昊《明末度数之学及其在历法改革中的应用》(《自然辩证法研究》2017 年第 10 期)一文以《几何原本》提出的“度数之学”为出发点，试图阐明其在明清之际历法改革中的重要影响。作者通过分析天文测量、比例规及几何模型知识的内化过程中度数之学的作用，认为明末实学兴起对度数之学引入起了关键作用。由于传统文化和社会因素的影响，度数之学在中国的传播多从实用性考虑，是不彻底的。徐光启曾以极其明确的思想努力要求把一切数据都纳入一个数学结构，他认为只有这样才是科学知识的归宿；但可惜他没有能像他同时代的伽利略那样进行朝着数学定向的力学实验，他的一系列农学实验还远远谈不到数学化。但无论如何，他无可置疑地是中国第一个自觉地努力要把自然哲学归结为一套数学原理的人。王宏超《翻译本〈几何原本〉与中西数理思想之会通》(《华文文学》2017 年第 3 期)一文通过简要回顾中西数理思想产生期的不同文化、哲学背景，指出以古希腊为代表的西方数学思想以演绎性和抽象性为基本特征，而中国古代数学，由于受到儒学的影响，形成了实用性和具象性的特征。利玛窦、徐光启翻译《几何原本》，对中国人传统的世界观和思维方式产生了巨大冲击。以徐光启为代表的中国士人试图以西方数理思想来改造传统儒学，尽管出于种种历史原因，中西之间的文化交流隔绝，但西方数理思想对中国传统思维的冲击和中国士人会通中西的努力对明清以降的思想界影响深远。

《几何原本》首次将欧几里得平面几何学内容介绍到中国，带来了一批全新的数学概念。其中，由于中国古代角的概念并不发达，书中所载平面角界说引入的意义尤为重大。欧几里得《原本》原文将平面角定义为两线之间的倾斜或者偏离关系，并不涉及角度，自然也没有给出角的度量，汉译《几何

① [明]徐光启. 徐光启集(下). 王重民，辑校. 上海：上海古籍出版社，1963：330-331. 转引自：邓可卉，王加昊. 明末度数之学及其在历法改革中的应用. 自然辩证法研究，2017(10).

原本》的底本——克拉维乌斯 1574 年本中也未见有关于角度度量的注释。角与角度在《原本》语境中的内涵与今日相比似有差别，未可一概而论。王宏晨、纪志刚《〈几何原本〉中佩尔捷与克拉维乌斯切边角之争的重构》（《自然辩证法通讯》2017 年第 2 期）一文通过分析克拉维乌斯 1574 年本 *Euclidis Elementorum Libri XV* 注释中所记载的佩尔捷—克拉维乌斯的切边角之争，以及利玛窦、徐光启所译《几何原本》中的对应内容，揭示了后者乃是对于前者的重构，而非翻译。具体表现为：(1)佩、克遵循古希腊数学传统，把角概念的辨析作为争论的核心，切边角无限细分与否并非双方争论的焦点；(2)利、徐则受到中国古算不重视一般角定义以及先秦名家"尺棰之义"的影响，淡化角概念的讨论，把重点放在论证切边角的无限可分性上。两家对于切边角之争的不同侧重反映出《几何原本》的翻译顺应了中国本土数学乃至哲学传统。

徐光启在和利玛窦共同翻译完成《几何原本》后，回乡为父丁忧，其间整理出《测量法义》一书。此时正值明代中后叶，政府水利机构用人不当，管理不善，围绕河道的天灾人祸不断，士大夫们积极寻求治河之法，而彼时传统勾股测望术式微。《测量法义》介绍了以矩度测望为主要内容的西方测望法，并认为西方测望之法"与《周髀》《九章》无异"，而"贵其义"，此"义"即《几何原本》中的几何命题。《几何原本》既已翻译完成，西方测望之法便可得其"义"而广泛传播。此为西方测望术传入中国之肇始，从此对中国古代测望之学的发展产生了重要影响，引发了广泛讨论。利玛窦将该书内容作为几何的"七大正属"之一，徐光启则希望该书能在建闸、治河等实际生活中得到应用。该书共有 7 个版本流传并被 3 份书目收录，其内容与李之藻翻译的《勾股测望图说》同出一源，但是是两位作者的独立译作，矩度测望是其中最重要的部分。姚妙峰、纪志刚《〈测量法义〉在中国：翻译、传播与发展》（《咸阳师范学院学报》2017 年第 2 期）一文认为中西方测望术的差异源于对直影和倒影互变原理的应用，从而催化了矩度这一测望工具的诞生，并影响到测望知识的传播与发展。这也反映了技术发展对于知识传播和创造的促进作用。该书于 1607 年由徐光启整理完成并付梓刊刻。在相当长的一段时间里，它作为一种异质文明的知识体系受到中国算家的广泛关注和讨论，并在中西融合以及测量实践中得到改造和发展。其中徐光启、李之藻、陈荩谟等明末学者对其改造较大,创见较多,毛宗旦、陈訏、黄百家、屠文漪等清代算家则更多的是传承和改良了矩度相关知识。到了清代中后期,由于三角学知识的引入等,中国算家们对该书内容的热情逐渐降低,该知识也仅仅作为数学启蒙知识的一部分被保留和传承。尽管如此,矩度携带方便、计算简捷的特点使其得以广泛应用于军事领域以及日用测量实践中。

近代版本目录学名作《增订四库简明目录标注》收录了这样一部书:"《开成纪要》一卷,明末西洋人撰,载各项奇巧诸法。有钞本。"后来的一些著作均未说明该抄本是否存世。至今为止,更无学者讨论过《开成纪要》。宁波大学历史系教授龚缨晏长期致力于中西文化交流史研究,成果卓越。他在调查天一阁散失文献时,在浙江图书馆意外发现一部《开成纪要》抄本。抄写者是近代上海藏书家韩应陛,抄本最后有上海现代文人姚鹓雏的跋文。龚缨晏的《徐光启未刊笔记〈开成纪要〉初考》(《复旦学报·社会科学版》2017 年第 4 期)一文围绕着《开成纪要》进行深入探讨。《开成纪要》的内容非常庞杂,以机械制作、金属加工、矿山开采为主,同时涉及农、牧、渔、造纸、化工、瓷器烧制、望远镜制作等。各种证据表明,这部抄本实际上是徐光启的一部未刊笔记,其内容大体上可以分为两大部分。第一部分是关于中国传统的一些民间工艺,第二部分则是来自欧洲的科技新知识,包括由欧洲文字直接音译而来的专业词汇。在这些来自欧洲的科技新知识中,有的是由利玛窦输入的,有的则来自其他传教士。《开成纪要》的主要价值在于,它不仅有助于进一步探讨徐光启的科技成就,而且还为深入研究中国古代科技史,特别是明末西方科技知识在中国的传播问题提供了宝贵的资料。此外,借助于《开成纪要》,可以纠正现行《徐光启全集》中的一些文字错误。

知识传播是极其复杂的过程,其中知识传播者的作用非常关键。徐光启、马相伯(1840—1939)分别生活在"天崩地解"的明代后期和"灾难深重"的近代中国。虽然他们所处时代不同,但都对中西文化教育会通做出了十分突出的贡献。黄书光《徐光启与马相伯的中西文化教育会通之比较》(《学术界》2017 年第 6 期)一文系统考察和比较他们对西方文化教育精神的认知与理解,对中国传统文化教育的评判与摄取,感受其学术文脉相续及其微

妙差异，探讨其中西会通的不同着力点。作者认为徐光启与马相伯堪称是“西学东渐”及近代第二次“西学东渐”的弄潮儿，在国势羸弱的不同时代致力于中西文化教育会通的艰难探索。虽然他们对西方文化教育精神的认知与把握，对中国传统文化教育的评判与摄取，对中西文化教育会通的不同着力点，都不可避免地带上各自时代的烙印，并进而表现出某些微妙的思想差异，但同样作为天主教教徒的爱国教育家和思想家，他们都流淌着中华民族血脉，有着“和而不同”的学术追求，其独特的分析视角和深邃的学术见解，都为全球化背景下的当代中外文化教育交流留下了十分宝贵的精神财富。

明末传教士邓玉函以毕的斯克斯 1612 年版《三角法》为底本，并采用斯蒂文的著作《数学记录》中的部分内容，编译出中国第一部三角学著作《大测》，将欧洲当时最新、最重要的三角学成果介绍到中国，对中国三角学影响极大。其造表所用的六宗三要二简法，为 17—18 世纪中国三角函数造表法的模式。对《大测》诸版本进行梳理可知，《崇祯历书》本成书最早，《西洋新法历书》本影响最大，《新法算书》文津阁本讹误最少。浙江图书馆藏文澜阁《四库全书》中的《大测》实为丁丙补抄而成。除《新法历书》本和丁氏补抄本外，其他历次重修都对《大测》内容有所订正，体现出编纂人员工作认真，同时也具备一定的数学素养。董杰、陈建平《中国第一部三角学译著〈大测〉的底本与版本研究》（《中国科技史杂志》2017 年第 2 期）一文通过对《大测》底本与版本的研究，展现出该书更真实的动态演变过程，借此窥得《崇祯历书》在清代的沿革。研究也将对《大测》乃至《崇祯历书》的校勘工作有所助益。

传教士来华，给中国带来了先进的天文地图知识，这些知识对其时中国人的世界观确实产生了不小的精神震撼，并深刻影响到此后中国的学术、文化、教育、外交等。在 16 世纪之前，欧洲几乎没有完整的中国地图。罗明坚是西方首个研究中国舆地学的汉学家。罗明坚绘制了《中国地图集》，其中包括 27 幅中国地图和描绘中国各地地理情况的叙述，详细说明了中国各省的农业、矿产、河流、风土人情、宗教等情况，并首次解释了中国省、府、州、县的行政建构。罗明坚的《中国地图集》第一次将东方地图介绍给了欧洲，推动了当时欧洲舆地学的发展。而《坤舆万国全图》是历史上第一份最详细、比较精确的世界地图。该图一向被认为是利玛窦以奥特里乌斯的 1570 年世界地图为蓝本绘制的。全图1114个地名，全部中文标注，比奥特里乌斯的世界地图增加了几百个。该图有一半的中文地名在当时的欧洲绘地图上没有出现，包括美洲地理，是欧洲人200年以后才勘探的，而中国区域的地理地名是永乐宣德时代的，原因至今无法解释。李兆良《〈坤舆万国全图〉与〈利玛窦中国札记〉中外译本考疑》(《测绘科学》2017年第5期)一文考察了《利玛窦中国札记》一书关于利玛窦对《坤舆万国全图》成图的记录，发现根据英译本翻译的中译本删掉了一些重要部分，一些段落反映了利玛窦参与该图制作工作有限，与一贯说法不符，所以肯定是他所写的。作者认为金尼阁编译的《利玛窦中国札记》多种欧洲文字版本之间存在翻译差异，而300年后出版的英译本和中译本与原文存在严重错漏。600页的札记，利玛窦只用不到两页的篇幅叙述测绘《坤舆万国全图》一事，连实际比例尺的描述也不清楚。利玛窦承认没有见过其他的版本，“六幅版”地图出现在南京或北京，个别欧洲文字翻译版本不一，《坤舆万国全图》究竟是在南京还是北京完成的也有疑问。《利玛窦中国札记》用的是中国传统的测绘术语，指出地图的错误是针对西方地图而不是中国地图。《坤舆万国全图》中一半的中文地名，当时欧洲地图没有对应。1593年，利玛窦尚未制作《坤舆万国全图》，“六幅版”中文世界地图已出现在南京。因此，《坤舆万国全图》原本早已存在，应是郑和时代(1405—1433)大航海的成果，中国的地图学，不是“西学东渐”，甚至有可能是中国的世界地理与地图学流传到西方。世界地图史应该还原中国对地理大发现与地图学的贡献。

李兆良的另外一篇文章《公元1430年前中国测绘美洲——〈坤舆万国全图探秘〉》(《测绘科学》2017年第7期)定性与定量分析《坤舆万国全图》和同时期的欧洲绘世界地图——墨卡托(1569)、奥特里乌斯(1570)、墨卡托(1595)北极圈地图和普兰修斯(1594)地图，揭示《坤舆万国全图》内容并非采自欧洲地图。《坤舆万国全图》显示文艺复兴前的欧洲，而美洲一半的地名在同时期的欧洲绘地图上没有出现，部分是利玛窦去世至少200年后欧洲人才知道的地理。《坤舆万国全图》准确标示今日的加利福尼亚、雷尼尔山(雪山)、阿拉斯加的冰川峡湾(美湾)、安克拉治附近的水潮与北美最高峰迪纳利(水潮峰)，纬度与地理特征完全符合，南美智利与秘鲁的经度比较正

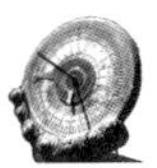

确。普兰修斯与墨卡托的地图严重错误和不确定。《坤舆万国全图》的中国地名不是利玛窦年代的，是公元1430年以前的，比哥伦布到达美洲早60年以上。传教士卫匡国1655年出版的《中国新地图集》不可能是他测绘，只能是翻译中国原数据，说明明代中国有能力测绘大面积有准确经纬度和球形投影的地图。这两种地图证实中国的世界地理知识和地图学并非来自西方。《坤舆万国全图》证明中国明代大航海是世界地理大发现与地图学的先行者。

前述龚缨晏、梁杰龙《新发现的〈坤舆万国全图〉及其学术价值》一文认为，虽然“6084号残图”只剩下两条屏幅，它不可能直接摹自利玛窦原版《坤舆万国全图》，上面的图画也不是利玛窦绘上去的，但它依然具有重要的学术价值，主要表现在以下两个方面：(1)这是一幅前所未知的彩绘本《坤舆万国全图》；(2)这是一幅新发现的《坤舆万国全图》清代改绘本。因此，“6084号残图”为探讨彩绘本《坤舆万国全图》的演变过程提供了独特的“缺环”，为复原利玛窦世界地图在东亚的传播过程提供了不可取代的实物依据。这幅新发现的残图还表明，《坤舆万国全图》在中国的传播比我们所想象的要更加广泛，利玛窦世界地图对中国的影响值得我们更加深入地进行研究。王佳娣、刘祥清《利玛窦世界地图译介中的文化适应策略研究》(《中国翻译》2017年第1期)一文则以明末清初来华传教士利玛窦绘制的中文世界地图为主要研究对象，探究文化适应策略在其译介中的运用。中国人对天文地理的传统认知、地名的翻译适应了中国人对地名的习惯称谓；地名中文译字的选择适应了中国人对文字的审美观念。

如果说利玛窦的世界地图为中国人打开了学习西方科学知识的窗户，冲击了中国人的世界观，改变了大明国民对西方文明的傲慢，那么这些世界地图为什么会在晚明读书人中掀起一股西方知识的热潮？这些陌生的西方地理学知识又是如何被中国人所接受，并进入中国知识体系的呢？明初有周致中所撰《蠃虫录》问世(后名《异域志》)，胡惟庸为之作序；后又有广信知府金铣刊印《异域图志》。两书内容相似，既描述了占城、大食、三佛齐等职贡方国，又收录了聂耳、穿胸、小人等《山海经》传说。只是随着明代出版印刷业的发展，《蠃虫录》与《异域图志》这样的作品不但对“远国异人”的奇闻加以增补，还附上了《职贡图》式的生动图画，使其成为书籍中的畅销品。刘捷《利玛窦世界地图中的“海外羸虫”——兼论市民文化与晚明世界观的塑造》（《民俗研究》2017 年第 1 期）一文认为，虽然《坤舆万国全图》所描绘的经纬、大陆，与《羸虫录》中的人物图像截然不同，但就其呈现在读者面前的整体内容而言，既将朝鲜、日本、占城、爪哇等国人熟悉的亚洲邻国精确标记，又将长人国、女人国、矮人国、鬼国等想象传说与罗马、弗朗几、死海等大明子民前所未知的地理知识一同描绘于四方海外，可说是与《羸虫录》将现实邻人与海外怪物相混杂的呈现方式有着异曲同工之妙。而这样一种中国与海外、熟悉与陌生、正常与奇怪的构成，正与市民文化所主导的晚明世界观相对应。在晚明社会之中，各种平民化的儒学理论、科学化的日常经验被商品经济所主导的城市生活裹挟在一起，浩浩荡荡、不可阻挡。书籍的作者、出版者、销售者和消费者在这之中形成一个相辅相成的循环，无论是学者文人，还是市井平民，都既是文化的生产者，又是文化的接受者。正是在这样的历史条件下，利玛窦的世界地图成了市民文化与精英文化、中国文化与西方文化之间互相渗透的时代典型。而在《坤舆万国全图》等作品中之所以会掺杂着女人国、长人国等“海外羸虫”，正是因为描绘了大量海外异人的《羸虫录》借助日用类书等通俗出版物的影响，不断扩大其受众范围，最终塑造了以“海外羸虫”为特征的大明世界观，进而影响到了西方知识在中国的译介与传播。所以凭借对利玛窦世界地图的研究，正可以揭示市民文化的时代作用，还原晚明时期市民与精英、中国与西方的文化互动。

明末清初西学地理知识引入中国，其时西学地理图籍一译再译，在宫廷及士大夫中广为流布，也改变了中学地理的发展轨迹及走向。清季以来，旧学凋零，新学日盛，关于明末清初中国输入西学地理的研究愈益得到学界的注意，对利玛窦、艾儒略等名家名作，以及康熙年间测绘西式地图等问题的讨论已较为深入。谢皆刚《西学东渐与中学地理的嬗变》（《学术评论》2017 年第 6 期）一文在考察明末清初耶稣会士引西学地理入华及其引发的中学地理之嬗变的基础上，厘清耶稣会士传播西学地理的意图与国人取珠还椟接引西学地理的影响与后果，深入思考了其与宗教、政治等多重因素的交织与互动。

科技译著是传教士西方科技传播过程中的较为重要的一种传播形式。国内外学者对于明清来华传教士之于我国生物学发展的贡献给予了充分肯定；已开展的研究中研究内容多较为宏观。叶农、陈益歆《意大利耶稣会士熊三拔及其中文著作考述》(《世界宗教研究》2017年第6期)一文考察意大利耶稣会士熊三拔(Sabbatino de Ursis)在中国传教约15年活动，并详细介绍了《泰西水法》《简平仪说》《表度说》《象数论》等中文著作。熊三拔于1606年来华，其姓名中之Sabbatino，中文音译为"三拔蒂尼"，"三拔"即为此译音；Ursis即"乌席斯"，意大利文为"熊"，此为其中文名"熊三拔"之来历。熊三拔在华传教多年，积极学习中国语言文字，结识诸多中国士大夫，对中国的传统文化有着深刻的了解。在明末清初中西文化交流中，熊三拔是科学传教的先驱者之一。该文还指出熊三拔作为西方水利科学技术的专家，所撰中文著作介绍了西方天文、历法、水利等技术，对中国的水利科学技术、天文历法发展产生深远影响，促进了中西文化交流，因而他成为天主教来华史上的一位重要人物。

明清之际传入中国的西学中，解剖生理学是比较特殊的一门。早期来华传教士在生物学方面的译著并不多，所传播的主要以人体解剖学方面的知识为主，明末有意大利籍传教士利玛窦的《西国记法》、熊三拔的《泰西水法》、艾儒略的《性学粗述》、邓玉函的《泰西人身说概》及罗雅谷的《人身图说》等。目前，已有的研究成果集中在具体传入了哪些知识上，而对于这些知识的实质以及背后的原因鲜有探讨。罗雅谷(Jacques Rho)的《人身图说》常常与《泰西人身说概》一起，被认为是最早传入中国的西方解剖生理学著作之一，因此备受关注。关于《人身图说》的底本问题，钟鸣旦教授进行过较为详细的考证，认为这本书是昂布鲁瓦兹·帕雷(Ambroise Paré)的人体解剖学著作和帕雷的《著作集》的翻译本，对《人身图说》中所载的解剖生理学内容提出了新的看法。袁媛、严世芸《罗雅谷的〈人身图说〉再议》(《科学技术哲学研究》2017年第6期)一文主要分析对比了罗雅谷的《人身图说》(包括《人身图说五脏躯壳图形》)和昂布鲁瓦兹·帕雷的《著作集》，发现《人身图说》与西方的这本解剖学著作无论是从结构上还是内容上，都有很大的差别。不仅如此，《人身图说》还借用了当时的中国医学中的部分知识。这说明，《人身图说》不能被认为是直接翻译，甚或是节译自某本西方解剖学著作，而是作者的重新编写。为了让中国人更容易接受，作者有意对传播内容采用了更“中国化”的方式。但是事与愿违，《人身图说》中所载的西方解剖生理学知识对这一时期的中国医学几乎没有产生任何影响。这应该与书中所采取的这种“中国化”的方式有一定的关系。

而到了清初，来华传教士在生物学方面的译介依然有限，这主要是由于西方生物学的全面发展始于18世纪，其自身的发展状况制约了西方生物学知识的东传；同时，出于宗教传播的需要，清初的来华传教士把更多的精力放在了与清代上层士大夫的交往上，因此总体而言，其科技译著数量较少，而生物学方面的译著数量则更为有限。1840年鸦片战争后，西方传教士在华的活动再次活跃，第二次“西学东渐”活动达到高潮。孙雁冰、马浩原《论清代来华传教士生物学译著对晚清生物学发展的贡献》（《韩山师范学院学报》2017年第3期）一文选取清代来华传教士生物学译著作为研究对象，首先对其译著内容及特点进行概述，进而深入研究其所传播的生物学理念及其中所引介的生物学术语的创译及其科学文化意义等内容，从而肯定来华传教士生物学译著对晚清生物学发展的贡献和价值。孙雁冰、马浩原的另一篇《生物学术语创译视角下的清代来华传教士生物学译著及其科学价值》（《江苏科技大学学报·社会科学版》2017年第2期）认为，清代来华传教士生物学译著中引介了大量开创先河的生物学术语，这些术语由西方来华传教士与我国学者共同创译而得，且有许多术语沿用至今。这些术语的创译既规范了晚清生物学的术语表达方式，也使晚清生物学研究逐步进入近代意义的发展阶段。此外，清代来华传教士生物学译著也论及了近代西方生物学研究中的科研方法及研究成果等内容，极大地推动了晚清生物学的发展。

油画是随着明清时期来华欧洲人的传教行为进入中国的。据记载，明朝万历七年(1579)，意大利传教士罗明坚首次将西方油画携入中国内地。利玛窦又将天主像一幅、天主母像两幅上贡给万历皇帝。将西方油画引入清朝宫廷的传教士，是供职于钦天监的传教士利类思这个“丹青妙手”。除了给皇帝画画外，还教导中国人学习西方油画，同样供职于钦天监的焦秉贞

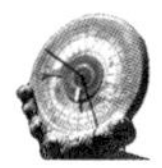

可能就是受其影响。康熙一朝，来北京宫廷充任画师的西洋人，有意大利世俗画家吉拉尔吉尼(Gherardini)和遣使会意大利籍传教士马国贤等人。马国贤还为康熙帝引荐了年仅 27 岁的意大利籍画家郎世宁，他生于康熙二十七年(1688)，1707 年入耶稣会，由葡萄牙传道部派遣，于 1715 年 8 月 17 日(康熙五十四年七月十九日)抵达澳门，同年 12 月 22 日(康熙五十四年十一月二十七日)进京，与马国贤一起进谒康熙后，被留在内廷作画。郎世宁在华 50 余年，开创了新画体(亦称海西画法)，即在绘画创作过程中，采纳中国绘画的技巧，同时又保持西方艺术的基本特点，而形成的一种独特的新画风。与中国传统画相比，新体画注重写实，强调立体感，而在光线的运用上，充分考虑了中国人的欣赏趣味，对光线只做了微妙的调整，这与西洋绘画和中国传统绘画都有着很大的不同。汤斌、王宏昊《以耶稣会士新体画为例，试论清代热河(乾隆朝)的中西艺术交流》(《河北旅游职业学院学报》2017 年第 3 期)一文研究了 18 世纪在华耶稣会士画家的一个特殊群体，他们供职于清朝政治权力的中心，是清代中前期历史发展的见证者和参与者，耶稣会士的生动具体的画卷，不仅反映了长达一个世纪的中西文化交流，也见证了清代热河成为清政府处理民族、外交政务的重要场所。在清代热河发生的许多重大历史事件和活动通过耶稣会士的画笔被记录下来，成为清代历史的纪实。

早期接触油画的中国人的确感到一种舶来品的味道，由于这一时期西洋文化自身的独特性，无论是其图画方式、视觉品格还是材料，也确实有一个类似“奇观化接受”的缓慢转化与适应过程。事实上，为了方便传教事宜，早期的传教士范礼安、利玛窦等人曾主动采取过“入境问俗”的文化策略，以适应东方人的审美趣味。与此同时，中国文人也在以中国固有的绘画观念尝试消化西洋油画的异域色彩。他们除了最早对其“明镜涵影”般的绘画造型呈现表示过赞叹外，亦在接下来的学习和模仿尝试中，无时无刻不在企图寻找一条中国式油画的绘制之路。杜少虎《西洋油画的“东方化”衍变——从“入境问俗”到“曲意宫廷”再到贸易画兴盛》(《文艺研究》2017 年第 10 期)一文认为，油画是来自西方的绘画品种，有着鲜明的异域文化色彩，自明清时期传入中国后，由于受地域文化等诸因素的影响，逐渐呈现出不同的调适策略,并开始具有东方化的特征。对中国人而言,早期的西画东渐并非“内发”性质,油画实际上并没有被当时的统治者和文人阶层所接受。中国人在刚接触西方油画时,除了对其“明镜涵影”般的视像表示惊叹之外,更多的是对其产生某种观念层面的排斥。社会语言学研究表明,当外来文化脱离自身文化语境在遭遇异质文化的抵抗或者在新的人文土壤中成长时,必然会发生位置变异。而这种变异,往往表现为外来文化对本土语言的主动适应,以及本土文化对外来文化的主动消化、吸收与改造。

中西方文化在17、18世纪相遇,也推动了早期中国文化的西传。西方传教士在中国从事译介中国经典等文化活动,对明清时期中国文化在欧洲的传播做出了巨大的贡献。在实施“中国文化走出去”的国家战略的今天,回顾这段历史有着重要的时代意义。

《易经》作为中国儒学之首,海外的易学研究始于利玛窦和金尼阁(Nicolas Trigault,1577—1629)。利玛窦在1594年刻印《四书》的拉丁文译本,该译本除中文原文、拉丁文译文外,还有必要注释。在利玛窦所译《四书》的基础上,金尼阁翻译了“五经”,于1626年在杭州出版了拉丁文《中国五经》(*Pentabiblion Sinense*)。此书包含《易经》《书经》《诗经》《礼经》与《春秋经》,除拉丁文译文外,还附有注解。这部译作对后来耶稣会会士翻译《易经》产生了一定影响,后来的传教士尤其是“索隐派”因为要在《易经》中寻找“上帝”的痕迹,不断研究和翻译《易经》。从这一意义而言,金尼阁可以说是揭开了西方易学传播和研究的开端。声名卓著的汉学家曾德昭(Alva-rus de Semedo,1585—1658)在《大中国志》中提出,《易经》是一部政治哲学或是治国方略之书。李伟荣、宗亚丽《〈易经〉欧洲早期传播史述》(《湖南工业大学学报·社会科学版》2017年第3期)一文认为,传教士翻译《易经》等中国典籍,是希望从中国典籍中找到能使中国人迅速信基督教的原因,正如利玛窦从中国典籍尤其是《易经》等中证明出“天主与上帝特异以名”而已,这便为利玛窦所代表的耶稣会传教士的“适应政策”和白晋所代表的“索隐派”提供了理论基础;而莱布尼茨研究《易经》则主要因为他为中国文化所吸引,进而呼吁中西方的文化交流,呼吁欧洲必须向中国学习,提倡中西方的优势互补。我们今天回顾这一段历史,必须依据历史逻辑,还原事实真相,客观地

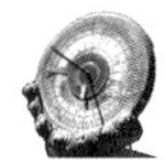

认识《易经》等中国传统文化传入西方而促成的影响，既不能夸大而自诩为文化强国，也不能妄自菲薄而低估我国优秀的传统文化。平心而论，《易经》在西方的早期传播，客观上影响和改变了西方人对东方的看法，以《易经》为代表的儒家思想也开始在欧洲生根发芽。

《尚书》是中华民族最古老的核心原典，《史通》称之为"七经之冠冕"，《汉书·艺文志》亦云"君举必书"，"事为《春秋》，言为《尚书》"，这部政史典籍记载了中国原始社会末期到封建社会初期的重要历史人物、传说和事件，内容广泛，涉及天文、地理、政治、军事、刑法、礼仪、官制等领域。《尚书》在中国的经学著作中向来具有极为重要的价值和地位，也因此率先吸引了西方探究中国的目光，也是最早被译介到西方的典籍之一。自 17 世纪起，即有拉丁语、法语等多语种《尚书》译本在西方传播，不同时期诸多译者对《尚书》进行了风格各异的翻译。17—18 世纪，早期来华的耶稣会士试图以基督教义调和儒家经典以利于其传教而译经，译文以拉丁语和法语为主；19 世纪，除了延续第一代传教士的传教策略，英、法新教传教士们也对《尚书》的历史、科学及思想文化内涵等进行学术研究，翻译更为专业化，以英文译本为主，出现了理雅各的"标准译本"，促进了西方汉学的发展；20 世纪以来，译者们更为注重对《尚书》蕴藏深厚的中国历史、政治、伦理、哲学思想等进行多元文化解读，译者身份也不再几乎全是西方的传教士，而是既有中西方的世俗学者、汉学家与翻译家，也有占星家、作家等。诸多的翻译都有各自的价值，译无定译，《尚书》的翻译与研究仍有待拓展。沈思芹《〈尚书〉中西翻译述论》(《海外华文教育》2017 年第 9 期)一文认为《尚书》在西方的翻译和传播历史久远。自 17 世纪至今，由于翻译背景、不同译者的经历、学识才能以及翻译理念和方法各不相同，因而《尚书》的翻译也各具特色，其译本各自具有不同的价值和影响。"正是不断的翻译，具体的翻译活动的历史局限被不断克服，其传播空间才得以不断拓展。"

就中国儒释道典籍翻译而言，西方传教士翻译中国经典不仅有时空维度的差异 ，而且有民族心理的裂痕，因此如何正确看待传教士翻译中国典籍是一个重要课题。李新德的《明清时期西方传教士中国儒道释典籍之翻译与诠释》(商务印书馆，2015 年)系其十多年来在比较文学研究、明清传教士研究、翻译研究、汉语本土的儒道释经典研究与西方汉学研究等方面的成果。张淑琳的《中国经典西传：百家争译——评〈明清时期西方传教士中国儒道释典籍之翻译与诠释〉》（《焦作大学学报》2017 年第 4 期）认为该书从宗教传播和文化交流出发，运用西方翻译理论和比较文学形象学理论系统梳理、探讨了西方传教士如何翻译中国经典，为中国经典走出去提供了新的视角。

西方人对干支纪年的转译是其翻译中国时间体系的一个组成部分，干支纪年的转译，经历了从耶稣会士到马儒翰（John Robert Morrison，马礼逊之子）的漫长过程。最早对于干支纪年的翻译，可见于耶稣会士关于中国历史的著作，如卫匡国（Martino Martini）的《中国上古史》、柏应理（Philippe Couplet）的《中华帝国年表》、杜赫德（Jean Baptiste du Halde）的《中华帝国全志》等。在 1817 年出版的《中国一瞥》（*A View of China for the Philosophical Purpose*）中，马礼逊也采取了类似的方式来翻译干支纪年。在《中国一瞥》中，马礼逊系统地介绍了中国的时间体系，包括干支纪年、二十八宿、二十四节气、十二时辰以及中国的节日和历史编年等。1831 年，马儒翰发行了第一部《英华历书》（*The Anglo-Chinese Calendar and Register*），这也是目前已知最早的连续性出版的中西合历。《英华历书》以年历形式连续出版至 1856 年。马儒翰的重要性除了在于创造了线性干支纪年外，还在于他将干支序数的转译模式应用到《英华历书》中。借助历书这种特殊文本，马儒翰最终确立了干支纪年的转译模式，即以干支纪年的发明时间（BC 2637）为历元，并赋予其实用性。肖文远《西方人对干支纪年的转译——以〈英华历书〉为核心的探讨》（《中山大学研究生学刊·人文社会科学版》2017 年第 2 期）一文以《英华历书》为中心，探讨干支纪年翻译模式的确立、其年代学依据以及干支纪年文化内涵的转变。正因为马儒翰面临的任务不同于前人（他的目标是对中国时间体系做出系统的翻译，进一步实现中西时间体系的沟通），故而实用性和权威性是其考虑的主要因素。在这个翻译过程中，翻译者们一方面消除了干支纪年背后的异质文化因素，如阴阳五行属性、年神宜忌等，而仅保留了其与西方文化共通的周期性；另一方面又以欧洲周期纪年的表述方式来转译干支纪年，从而使得干支纪年获得

了明显的线性特征。在此基础上，马儒翰又以基督纪年为原型，进一步抛弃干支纪年的周期性，将其改造成彻底的线性纪年。如此，翻译者们建构了一套能够为西方人所理解的中国历史时间框架。从其转译过程中，我们可以发现翻译主体明显的文化投射，从某种程度上讲，干支纪年的两种转译形式，只是西方人依据自身的时间体系创造出的一个镜像。它的存在，使得中西时间体系的对接不再那么困难。总之，《英华历书》对中国时间体系的翻译为西方人提供了对中国时间体系的直观认识，为中西时间上的沟通提供了切实的便利。不仅如此，它奠定的翻译模式还直接影响了后来的其他历书，如《香港年鉴》（*Hong Kong Almanac*）、《上海年鉴》（*Shanghae Almanac*）等。

作为第一本被翻译到欧洲的中国古典长篇小说，《好逑传》在欧洲影响巨大。《好逑传》大致成书于明末清初年间，撰者不详，署名“名教中人”。主要内容为恶霸过其祖欲强娶才女水冰心，水为侠士铁中玉所救，过怀恨在心，给铁下毒。水为报答铁，不顾闲言碎语，将铁接到家中悉心照料，并在此过程中与铁互生情愫，但二人严守礼教，不曾做逾矩之事。后又遭过诽谤，经皇后验明水处子之身，二人最终获得皇帝指婚。约在 1750 年间，英国人詹姆斯·威尔金森在广东发现了一部手抄本英译《好逑传》。不久，这部译文集经英国著名汉学家托马斯·帕西加以编辑整理，在英国正式出版，成为第一本英译中国古代长篇小说，并在欧洲引发了翻译出版《好逑传》的热潮，《好逑传》迅速地被转译为法语、德语、荷兰语等多种语言。可是对于这本书，国人却知之甚少，薛不凡《十八十九世纪欧洲汉学热原因初探》(《汉字文化》2017 年第 7 期)一文从《好逑传》入手，探寻欧洲汉学热的原因，作者认为典籍外译的成功，离不开对中西方文化契合点的捕捉，对历史机遇的把握，对典籍背后所包含文化背景的渗透。帕西在整理编辑《好逑传》时，针对中国古代风俗习惯、历史典故，做了大量注释，使《好逑传》在一定程度上成为反映中国古代社会方方面面的微型百科全书。

关于中西文化交流与《红楼梦》的创作的关系，方豪先生曾在黄伯禄辑《正教奉褒》中发现一则有关李煦与西洋人直接交往的史料，正如方豪所自诩：这“是《红楼梦》研究史上一大发现”，它“绝无疑义”地证实了李煦与西洋人发生过直接交往，是曹雪芹先人与西洋人存在直接关系的明证。李煦(1655—1729)，字旭东，又字莱嵩，号竹村、竹村居士，以父荫(乃父李士桢官至广东巡抚)历任内阁中书、韶州知府、宁波知府、畅春园郎中(总管)、苏州织造。在任苏州织造的30年中，曾管理浒墅关税务，与江宁织造曹寅轮番兼任两淮巡盐御史共11年。康熙五十六年(1717)，加户部右侍郎。雍正元年(1723)正月，以亏空库帑被革职抄家。五年，又因曾为雍正帝政敌胤禩买苏州女子一事事发，被流放打牲乌拉(今吉林市北松花江东乌拉街)，七年三月，卒于流放地。出于李煦是曹寅的内兄、曹雪芹的舅祖，也是《红楼梦》中的人物原型之一，因而，厘清李煦的家世、生平、交游及其思想观念，对于研究曹雪芹的家世兴衰、《红楼梦》的创作背景、素材取资以及思想意蕴等，都具有不可或缺的价值、意义。向彪《李煦与西洋传教士接触及其对曹雪芹创作〈红楼梦〉的影响》(《中国文学研究》2017年第3期)一文研究了有关李煦与西洋人接触史料，仅教会文献所载，就至少还有以下三端：一是李煦于宁波知府任上接待过洪若翰、白晋、李明、刘应、张诚等五名法国耶稣会士；二是李煦于畅春园郎中任上接待过众多赴园西洋传教士；三是李煦任职江南后，出于接驾等原因，仍与西教士存在接触。作者认为，李煦在与西教士频繁接触过程中形成的人生经验，对西洋人、西洋物和西洋学术文化的认知以及对待异质西洋文化的态度，对曹雪芹创作《红楼梦》存在间接影响。

《三国演义》的首次英译是这部经典之作西传的逻辑起点，起点的确切定位与深入分析，对于探讨《三国演义》的西行之旅至关重要。1982年，王丽娜女士在《〈三国演义〉在国外》一文中指出："汤姆斯(P. P. Thoms)译《著名丞相董卓之死》(*The Death of the Celebrated Minister Tung-cho*)，载1820年版《亚洲杂志》第一辑卷10及1821年版《亚洲杂志》第一辑卷11，内容是《三国演义》第一至第九回的节译。"这段文字提供的译者、刊物、题名、卷次都是准确的，只是汤姆斯所译内容并非第一至九回，而是第八回与第九回中有关"连环计"的部分内容。1988年，这段文字被载入她的专著《中国古典小说戏曲名著在国外》。此后国内学者涉及《三国演义》的早期英译，大多采用此说。王燕《汤姆斯与〈三国演义〉的首次英译》(《文化遗产》2017年第3期)一文在介绍汤姆斯其人其作的基础上，结合《三国》原著，深入分析

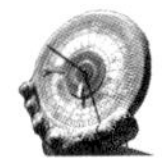

汤译《三国》的翻译策略和文化影响。这不仅有利于发掘汤译的学术价值，对于探索《三国演义》的早期英译、拓展《三国演义》的研究格局，也都有一定意义。

被推许为“第八才子书”的《花笺记》自然也值得关注，这或许是汤姆斯四年后翻译该作的重要原因。由此可见，汤姆斯不仅在19世纪20年代就在英语世界播撒了“才子书”的种子，还翻译了其中的两部，两种译作在早期中国文学英译史上全都创造了辉煌业绩：《三国演义》的不少片段和语句被广泛用作汉语学习语料，相关的翻译、评论、改编之作多达数十篇，这部历史演义几乎成了三国时代的象征；而《花笺记》这部罕为人知的木鱼书，在汤译本后又出现了五种语言的五个译本。这些中国文学英译史上的神话，不能不从汤姆斯说起。

对蒲松龄及其作品《聊斋志异》的研究一直是中国古典文学研究的重要组成部分，而且至今热度不减。尽管研究者的视角不一，观点各异，但都共同推动着蒲松龄及其作品向宽广纵深处拓展。《〈聊斋志异〉的创作发生及其在英语世界的传播》（学林出版社，2017年）是一部从发生学的意义上对蒲松龄的创作动机及其作品样态之缘由进行深层揭秘的力作。该著对《聊斋志异》创作的心理机制、隐性题材以及美学范式进行了心理学与美学层面的解读，同时对《聊斋志异》与外国文学的比较研究及其在英语世界的传播作了提纲挈领、高屋建瓴式的把握，表现出作者朱振武宽广的学术视野与深厚的中西方文化修养。袁俊卿《推本溯源 东学西传——评朱振武新著〈聊斋志异〉的创作发生及其在英语世界的传播》（《蒲松龄研究》2017年第4期）一文从叩源推委、详解其故，铄古切今、高瞻远瞩，独具慧眼、自出机杼等方面概括了这部专著的特色。

既有《诗经》的西译，自然也有西方诗歌及其他文学作品的中译。而“西诗”毕竟不是一般意义的“西学”，与传教相伴的西诗译介未必满足于文学的快感，却不得不接受“诗”的检验；西诗的融入又正值中国现代文学萌生之际，无论其何存何废，终究会留下某种语言学意义的印痕。因此这一论题所及的文学、宗教、时代和传统之纠葛，构成了独特的问题场域。杨慧林《“何以译诗”与“诗何以译”——以来华传教士的西诗译介为例》（《人文杂志》

2017 年第 1 期）一文认为以传教为使命的西方译者，在教化冲动、差会监管以及种种“赞助者”的助推之下，用中文选译西方的诗歌。如果说“何以译诗”的问题（Why）不得不面对传教士用中文译介西诗的种种悖论，那么“诗何以译”的实例（How）恰恰使其中的复杂动因得以彰显。前者将我们引向文学之“用”的古老传统，后者则描摹着不同文化在交往中相互生成的痕迹。翻译研究之所以必然触及诠释学的关键，或可从来华传教士的西诗译介中得以解说。

海上丝绸之路也是明清时期中国戏剧对外传播的重要途径。汤显祖，明代戏剧家。万历十九年（1591），时年四十二岁。闰三月，他在南京礼部祠祭司主事任上，因《论辅臣科臣疏》获罪，被降为徐闻县典史。同年九月，辞家赴任；次年（1592）春，归居临川。利玛窦于 1582 年 8 月抵达澳门。1583 年 9 月，入肇庆传教。1589 年 8 月，被逐至韶州（韶关）。1595 年，易僧服着儒冠长衫，确立“合儒易佛”的路线，渐次打开了传教的局面。后来，拓展至南昌、南京，建基督宗教住院。1601 年 1 月，得到明神宗的召见，并允准其在北京传教。1610 年 5 月，病故，葬于北京阜成门外二里沟。在万历十九年秋至二十年春，即 1591 年秋到 1592 年春天，利玛窦和汤显祖两位巨擘，同在岭南。他们是否相遇过、攀谈过，没有确切的文献记载。1981 年，徐朔方先生在《文史》第十二辑刊出文章《汤显祖和利玛窦》，根据玉茗堂《端州逢西域两生破佛立义偶成》诗两首，“画屏天主绛纱笼，碧眼愁胡译字通。正似瑞龙看甲错，香膏原在木心中。二子西来迹已奇，黄金作使更何疑。自言天竺原无佛，说与莲花教主知”，认为汤显祖与利玛窦在肇庆会晤过。那么汤显祖是否与利玛窦相遇交谈过呢？此为一段公案。弄清楚这个问题，可以了解到中国戏剧西传之初的一些情况。李惠《关于中西戏剧文化最初的碰撞——从汤显祖与利玛窦会晤问题谈起》（《文化遗产》2017 年第 2 期）一文认为，七绝《端州逢西域两生破佛立义偶成》两首，表明汤显祖在岭南肇庆会晤过两位基督宗教传教士。徐朔方先生考证，汤显祖遇见过两位传教士。从目前看到的材料，无法支持汤显祖和利玛窦曾经相遇过这一命题。但是，遇与不遇，皆无可回避。汤显祖在当时，确实会晤过两位西方传教士，进行了认真的交谈，并真切地感受到了异质文化所带来的冲击。中国戏剧

家与西方传教士有记载以来的首次会晤，几百年后引起无数回响。初次交流直抵宏旨，多涉宗教，是否进行了中西戏剧探讨就不得而知了。

虽然早在13世纪初的元代《马可·波罗游记》就对中国音乐有几句轻描淡写，但中国戏曲与欧洲音乐文化第一次真正意义上的碰撞与交流是在明清时期。明末传教士笔下的中国戏曲见证了中乐西传初曙的到来，清代前中期欧洲盛行的“中国戏”是中乐西传的繁荣局面的重要表现。明至清中国戏曲在欧洲传播至葡萄牙、西班牙、英国、德国、意大利、法国、荷兰等多个欧洲国家，传播范围十分广泛，并且欧洲对中国音乐文化的接受者不只是包括身居显贵的统治阶层如法国国王路易十四，还有音乐家、文学家、旅行家、宗教人士等涉及各个领域的人士。这种多领域的不同视角，丰富了中国戏曲传播的层面，也说明了这一时期中国音乐在欧洲的传播并不是个别偶然的现象，而是受到了欧洲大众的普遍关注。廖俊宁《“海丝”视阙下明清时期中国戏曲在欧洲的传播》（《艺术评鉴》2017年第22期）一文通过海上的传播路径、传播方式以及传播媒介这三个角度来归纳明清这一时期中国戏曲在欧洲传播的主要特征，以及整个中国戏曲西传的历史进程中所产生的历史意义。

但西方传教士在传播中国文化时，造成欧洲国家对中国文化存在一定的误解。张豫红《明清时期传教士与中国文化在欧洲的传播》（《中州学刊》2017年第6期）一文从社会语言学视角分析来华传教士对中国文化的解读及其在西方国家的传播，研究这次文化传播过程中出现的西方人对中国文化的误读。由于文化背景的差异，语言转换的目的和动机的影响，东西方两种文明和思想在交流过程中势必引起碰撞和冲突，这造成了明清时期传教士对中国语言和文化存在一定的误读，其混淆基督教教义和儒家文化内核的问题也较为突出，尽管如此，传教士的文化活动仍然为中西文化交流的健康发展提供了坚实的基础。钱灵杰、操萍《马礼逊的多歧文化态度与中国典籍英译实践》（《山西大同大学学报·社会科学版》2017年第1期）一文认为作为早期在华新教传教士的代表，马礼逊对中国的宗教文化持否定态度，他选择译介中国民间通俗作品，凸显社会落后与宗教信仰偏差之关联，但作为多元文化论者，马礼逊对中国儒家伦理却持肯定态度，因此他选择译介儒家经典，试图以“孔子加耶稣”的思路传教。在多歧文化态度的作用下，马礼逊翻译典籍文本时采用异化策略，但在副文本解读中运用了归化策略。可见，马礼逊的文化态度对其典籍英译选材与策略有着重要的影响。

《察世俗每月统记传》尽管在中国境外马六甲创办，却是近代来华新教传教士创办的第一份以中国人为对象的报刊，也是世界上第一份近代中文报刊，它揭开了近代中国新闻事业发展的序幕。邓绍根《〈察世俗每月统记传〉出版时间考》(《中国社会科学报》2017 年 5 月 4 日)一文认为，《察世俗每月统记传》出版于 1815 年 8 月 5 日，已是学界共识。其创刊号封面横刻着“嘉庆乙亥年七月”字样，“嘉庆乙亥年”是公历 1815 年，农历七月，日期则比较难确定。但是，据 1820 年米怜出版的《新教在华传教前十年回顾》明确记载：“第一期已于 1815 年 8 月 5 日印刷出版，也就是学校开始上课的同一天。”公历 1815 年 8 月 5 日换为农历则为 1815 年农历七月初一。因此，《察世俗每月统记传》创刊号出版时间为 1815 年 8 月 5 日。然而，《察世俗每月统记传》停刊时间在学界却还没有共识。从晚清以来长期沿袭着《察世俗每月统记传》停刊于 1821 年的论断。美国哈佛大学燕京学社图书馆馆藏现存最后一期“道光壬午年二月”《察世俗每月统记传》表明：该刊于农历 1822 年二月还在继续出版；同时 1839 年《马礼逊回忆录》表明《察世俗每月统记传》至迟于 1822 年 6 月已经停刊。因此，《察世俗每月统记传》创刊于 1815 年 8 月 5 日(七月初一)，终刊于 1822 年 2—6 月。许莹《〈察世俗每月统记传〉“近代化”特征探究》(《新闻春秋》2017 年第 4 期)一文认为，尽管《察世俗每月统记传》的现代报纸特征并不突出，但作者在将其与中国古代报纸与近代报纸的前后对照中，认为中国近代报刊走向大众、传播新知、推动变革的发展道路，已蕴藏在《察世俗每月统记传》开创的报刊新特色之中。尽管与现代报纸相比，“察世俗”因单一地服务于传教而有着过于浓重的宗教宣传气息，但其后逐渐丰富的近代报刊内容与传播作用也正是在其基础上慢慢转化而来。从这个意义上说，《察世俗每月统记传》可以被更充分地认为是中国近代新闻事业的开端。姚子健《〈察世俗每月统记传〉与〈万国公报〉比较研究》(《河南科技大学学报·社会科学版》2017 年第 5 期)一文将第一份中文刊物《察世俗每月统记传》与清末影响最大、发行最广、时间最长的《万国

公报》这一首一高两份刊物进行对比，可以看出 19 世纪传教士报刊从纯宗教性刊物向现代报刊发展的世俗化趋势：传播者由洋人主办主笔到华人主编主笔；传播对象由底层逐步上移到中上阶层的士人、官僚；传播渠道由海外逐步发展到沿海和内地；传播内容由传教义到报新闻的世俗化转变，由介绍科学到引入社会学以传播思想；传播效果从默默无闻到朝野关注。近代传教士报刊既是“西学东渐”影响中国的重要媒介，其自身也为中国的传播环境所改变，进行了必要的调整。

《东西洋考每月统记传》(*Eastern Western Monthly Magazine*)是西方传教士在中国境内出版的第一份中文月刊，由德国教士郭士立(Karl Friedrich August Gützlaff)于道光十三年六月九日(1833 年 7 月 25 日)创刊于广州，在近现代天文与世界地理知识传播方面做出了重要贡献。姚远、亢小玉、张冰《〈东西洋考每月统记传〉之天文地理知识传播》(《西北大学学报·自然科学版》2017 年第 6 期)一文就《东西洋考每月统记传》的世界地理知识传播和对国人世界观的影响进行研究，特别是其从全球视角对《大清一统天下全图》《俄罗斯通天下全图》的解释，以及从宇宙视角对日心说、天体运动、恒星图的解释，为魏源等先贤睁眼看世界提供了最早的期刊文献。《东西洋考每月统记传》登载了大量的论说文。它们以“说明白外国事情”为总纲，给中国人带来了大量的新知识，提出了一系列具有时代感的重大论题，创造了一种不同于文集之文的言说方式。自道光十三年八月号首栏刊出“论”，今可见“论”文十二篇，此外还有一些以“序”“叙语”“书”“叙谈”“煞语”等名称出现和直接出现文题而不标明文体的论说文，三者的总数超过了四十篇。陈恩维《传统论说文的现代性起点——以〈东西洋考每月统记传〉所载论说文为中心的考察》(《文学遗产》2017 年第 6 期)一文认为，这些论说文“和合”了中国传统论说文、西方论说文、《圣经》、早期传教士汉文著作以及 18—19 世纪西方散文、小说的体式，使传统论说文在一个世界性的文化语境中获得了新的文体发展资源。它们在见证思维、神学思维的影响下，提升了论说文与外部世界对话交流的现代性。它们在内容、文风和思维方面的现代性转变，逐渐为近代文人所接受，进而延伸到了五四新文化运动之中，实际上成了中国传统论说文现代转型的起点。方晓恬《探究西方传教士在华传播活动的文化侵略本质——基于郭士立及〈东西洋考每月统记传〉的个案研究》(《浙江传媒学院学报》2017 年第 5 期)一文则以郭士立及其在华创办中文报刊《东西洋考每月统记传》为个案,对郭士立在华传播活动及创刊内容进行分析,置于历史背景中考量传教士传播新知背后的动机,重申传教士报刊的文化侵略本质。张田《论明清来华传教士开创的近代印刷媒体的文字播道》(《经济研究导刊》2017 年第 2 期)一文则回顾了早期传教士在华所进行的文字传教活动历程,并认为传教士在中国的报纸、期刊和图书出版活动,客观上推动了中国印刷媒体的新生,对开阔人们的眼界、沟通中西文化交流产生了积极的影响。

三、汉学研究

所谓汉学研究,是对中国古代文献和文化经典的研究,侧重哲学、宗教、历史、文学、语言、政治、经济、社会等领域的研究,是中国文化在海外的传播过程中与世界其他文化碰撞交流之后产生并发展起来的一门学科,也是一个不断地从文化高度推进和深化对中华民族认识与理解的动态过程。郝葵等的《欧美汉学发展简论》(《大众文艺》2017 年第 15 期)一文考察了欧美汉学发展历史。在古代,东西方之间的交流往往是以一种野蛮的方式——战争来实现的,例如成吉思汗的西征和十字军东征。然而,中国人的祖先却以独特的智慧开辟了链接东西方世界的丝绸之路,并以其灿烂的古代文化和特有的魅力吸引着全世界的目光。

从 13 世纪中叶开始,基督教传教士、旅行家陆续来到中国,对中西文化交流做出了不可磨灭的贡献。如马可·波罗所著的《马可·波罗游记》,以四卷鸿篇全面介绍中国民俗等内容。传教士成为汉学家的先驱。罗明坚,生于意大利那波利。他在加入耶稣会成为传教士之前已经获得法学博士学位,并在政府中担任重要职位。1579 年,他奉命来华传教,遵循之前在澳门逗留的范礼安教士修习中文之训示开始学习汉语,罗明坚对西方汉学的创立做出了巨大的贡献。1598 年他与利玛窦合作编写了中国首部汉语外语词典《葡汉词典》。在来华传教士中,罗明坚也是最早将中国古代经典进行

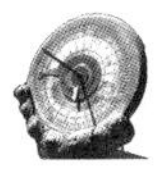

外译之人，他将儒家经典《四书》中的《大学》翻译成拉丁文。赵静、许先玲《以罗明坚、利马窦为代表的晚明传教士与海外汉学兴起》(《佳木斯大学社会科学学报》2017 年第 5 期)一文考察了晚明时期耶稣会传教士罗明坚、利玛窦等的汉学研究活动及其影响。晚明传教士通过学习中国语言文字，继而精研、翻译中国古代文化经典。他们绘制传播中国地图，广交中国知识精英，钻研中国政治、宗教、社会等，将中国文化精髓传播到西方国家，形成了海外汉学，开创了西方“传教士汉学”时代，通过海外汉学的传播促进了中西方文化的交流与融通。

利玛窦在汉学研究方面贡献巨大。他是第一个高度评价孔子的欧洲人，称其是中国最伟大的哲学先贤、学问渊博的伟人。1593 年他在欧洲出版了《四书》(《孟子》《论语》《中庸》《大学》)的拉丁译本。在此之前，欧洲的东方研究多是以报道旅行见闻为主导的活动，与正式的学术研究还有一定差距。利玛窦对儒家经典进行了刻苦的研读，他特别注意到了古代儒学的非宗教性特征，提出了在中西文化和思想的冲突中采取以耶合儒的策略。他的《中国札记》详尽地介绍了明末时期的中国社会。罗明坚、利玛窦等人长期居住在中国，在中国博大精深的传统文化浸润下，改变了欧洲人一贯拥有的种族和文化优越感，反而对中国文化和制度心生仰慕。当然，传教士们对西方新奇科学、人文知识的介绍，以及对基督教所体现的人文思想的阐释，也深深吸引了中国士大夫们的目光。在学者们的互相交流与接触中，两种异质文化以各自的优势相互吸纳、借鉴，为海外汉学的兴起和发展开辟了崭新的道路。杨蕾、周洋《〈利玛窦中国札记〉政策人类学视角下参与他者的研究》(《惠州学院学报·社会科学版》2017 年第 1 期)一文以政策人类学的研究视角，从问题导向性、参与观察性、互为他者性、利益公共性和政策科学性五个方面重新分析《利玛窦中国札记》。作者认为，利玛窦的研究符合政策人类学的要求，对他者即中国开展参与观察，并充分尊重中国本土文化，以实现和平传教的目的，具有很强的参与观察性和互为他者性。其研究成果对于中西方均有很大的借鉴意义，体现政策人类学的政策科学性，是一次成功的田野研究。上海古籍出版社出版的汤开建的《利玛窦明清中文文献资料汇释》(2017 年)则是德礼贤的《利玛窦资料》之后的一座新的里程碑。

汤教授花费 4 年多的时间，专心收录从明末至清末的有关利玛窦的资料，遍寻全球各大图书馆、各种数据库及各地私人藏书而成此著作。全书分为《碑传》《序跋》《公牍》《述论》《诗柬》《杂纂》六卷，书末附有《征引文献版本》，全面展示了利玛窦的生平事迹、著述思想以及在中国的深远影响。2017 年 12 月 29 日宋黎明在《文汇报》撰文《利玛窦研究资料汇释梳理》，回顾了利玛窦研究资料的汇释历史，认为汤开建《利玛窦明清中文文献资料汇释》的问世，标志着利玛窦研究达到了一个新高度。

西班牙圣奥斯丁会修士儒安·贡查列斯·德·门多萨虽未能出使中国，但在大量汉学著作的基础上，1585 年，他的《中华大帝国史》首次在罗马出版，并随即成为当时欧洲的畅销书，16 世纪最后的十几年中，先后出现了三十种语言的版本，直至 17 世纪中期仍不断有新译本出现。不夸张地说，在当时的欧洲，大多数受过良好教育的人都读过这本书，其中不乏弗朗西斯·培根、瓦特·雷利爵士和蒙田这样的大家，孟德斯鸠也曾将它列入自己的藏书目录，可以说，他们都是从这本书获得关于中国的最初知识的。该书也被认为是《利玛窦中国札记》发表之前关于中国的，从自然环境、政治、经济到文化、历史、宗教等诸多方面情况的最全面、最详尽也是最有影响力的一部著作。邹雅艳《16 世纪末期西方视野中的中国形象——以门多萨〈中华大帝国史〉为例》(《南开学报·哲学社会科学版》2017 年第 1 期)一文从比较文学形象学角度对书中作者所塑造的中国形象进行考察，并运用形象学研究的理论和方法，探究 16 世纪末欧洲建构这一形象的历史文化语境背景及意义。作者认为，作为 16 世纪末期一部叙述中国最全面、最详尽的著作，门多萨的《中华大帝国史》对当时的欧洲文明圈关于"中国形象"知识的形成影响不小。它既给欧洲想象了一个伟大强盛、文明智慧的中国，又以自己的文化模式和程序重新塑造了这个"他者"，将之纳入基督教文明体系中，为这个迥异的文明找到接受的合法性与合理性。门多萨采取平等的视角审视和描述中国形象，与 16 世纪末欧洲的历史文化语境有密切的关系。通过对门多萨等构拟的中国知识的挖掘，后来的启蒙主义者亦获得了改造社会的知识镜鉴。如果说中世纪晚期马可·波罗时代的作者们为欧洲人塑造了一个物质层面的中国神话，那么，在以门多萨为代表的地理大发现时期的作

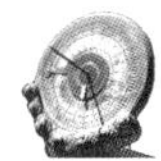

者们则将其提升到了精神层面，在延续前者关于王权与财富的中国形象基础上植入了历史和文化的因素，为欧洲人建构了一个文明智慧与道德秩序清晰且近乎完美的中国幻象，使之成为西方中国形象演变历史上一个里程碑式的新的起点，为其后在欧洲持续了近一个世纪的“中国热”提供了全面的、权威的认知参照体系。

18 世纪末，法国传教士在汉学研究中起了主导作用，欧洲出现了汉学“三大名著”——《通信集》《中华帝国全志》《中国丛刊》。伏尔泰等欧洲思想家，深受中国文化影响，促使欧洲形成一股“中国热”。杜赫德(Du Halde，1674—1743)于 1735 年发表的《中华帝国全志》率先全景式地向欧洲人推介有关中国的最新知识。蓝莉(Isabelle Landry-Deron)[①]的研究专著《请中国作证：杜赫德的〈中华帝国全志〉》(2002 年)一书，已被中国学者许明龙翻译成中文，2015 年 1 月由商务印书馆出版。蓝莉女士以史家的角度解读中国经典西传的过程，进一步考察当时欧洲人眼中的中国形象，并从历史学的“长时段”重新审视当时传教士在中西方文化交流上所扮演的角色。阮洁卿对法国汉学家蓝莉的采访稿《17—18 世纪来华传教士汉学研究——法国著名汉学家蓝莉研究员专访》(《国际汉学》2017 年第 3 期)，回顾了《请中国作证：杜赫德的〈中华帝国全志〉》的写作历程和主要思想。蓝莉女士谈到，她是在中国受到中国学者研究热潮的影响，开始关注起西方在华传教士的历史，她跟随贾永吉(Michel Cartier)教授学习，其博士论文经过补正后出版，即《请中国作证：杜赫德的〈中华帝国全志〉》。她认为《中华帝国全志》在某种意义上是一部带有论战性质的著作。当时正值欧洲“礼仪之争”等待罗马教廷裁决的重要时刻，杜赫德和他的供稿人试图捍卫耶稣会士在“礼仪之争”中的观点，这点非常明确。蓝莉女士认为中国在明末清初的对外交往上，比大众想象的更为开放这个事实被低估了。西方传教士，尤其是以杜赫德等为代表的耶稣会士认为，要了解中国最佳的方法就是阅读中文文献，他们翻译了许多中国的文献典籍，加之他们的评论与文献的出版，由此成为西

---

① 蓝莉女士是法国著名汉学家，法国社会科学高等研究学院近代现代中国研究中心负责人，主要研究领域是 17—18 世纪西方在华传教士文学。代表作有《请中国作证：杜赫德的〈中华帝国全志〉》(2002 年)、《巴黎乘差会所藏汉喃书籍目录》(2004 年)、《明朝与利玛窦笔下的中国》等。

方最早介绍有关中国内容的书籍。重新审视传教士的著作，了解他们如何在中国扎根，研究他们当时的传教生活、他们所受中华文明的教育，研究他们与中国文人的交往，追溯他们的阅读书目、解读作品的方法，研究他们的著作是在怎样的情境下向西方寄送传递的、目的为何等问题，是世俗史家的责任。

格鲁贤(Abbé Grosier，1743—1823)是继杜赫德之后，第二位对法国汉学产生重大影响的汉学家，他于 1785 年发表的《中国通典》(*Description générale de la Chine*)既传承了杜赫德作品的内容，使之于 50 年后得以内容更新，又有其个人创新。《中国通典》1785 年首版获得极大成功，同一年再版，并被译成英文和意大利文，随后多次单独发行，分别于 1785 年、1787 年和 1818—1820 年间，有过三个独立法文本；1788 年和 1789 年分别在伦敦和莱比锡推出英译本和德译本，英译本又于 1895 年再版。由此，杜赫德的《中华帝国全志》和格鲁贤的《中国通典》可称作法国 18 世纪向欧洲推介中国的姊妹篇，在西方汉学领域产生了日月同辉的影响。在法国，它们不仅为法国汉学的发生与发展提供了丰富的素材、广泛的题材、无限的思考和多彩的远景，而且在伏尔泰称之为“难以满足企求了解中国的渴望”的 18 世纪，也可以说它们在催生启蒙精神形成和促使旧制度崩溃过程中发挥了不可取代的作用。《中国通典》全书分上、下篇。上篇讲述构成中华帝国的十五省、鞑靼地区、岛屿、从属国的地理地貌、主要城市、人口、民族、水陆交通、地方物产、自然历史、动植物、中医药草药材等；下篇讲述最近到达欧洲的有关中国的新知识，内容涉及中国政府、统治权力、文武官员、武装力量、军队纪律、法律、城市治安、宗教、习俗、语言、文学、经济生活、科学技术等。《中国通典》较之《中华帝国全志》突出体现了作者的独立思想和观点，他依据中国人的材料和经过考证的文献资料，反对与驳斥某些偏激作家恣意鄙夷中国和“中国人的谎言”与不实之词，批驳了当时甚嚣尘上的中国人起源于埃及人说，称中国医学始于国家建立之时，赞扬中国有数不胜数的医学用书，“当前没有任何一个国家能自诩有他们如此古老的医学传统”，“即便中国医学家不是解剖家，也不是哲学家，但他们的脉搏学和草药学足以让欧洲行家吃惊”。张放《耶稣会士笔下描绘的清代康乾时期中国社会人口状况——

〈中国通典〉选译》(《国际汉学》2017 年第 1 期)一文,选译自《中国通典》上篇卷四第二章(原文 1785 年版,第 268—290 页;1787 年版,第 397—428 页)。作者在驳斥西方对中国人口的最大质疑时语言朴实无华,常常不乏生动和幽默,更令人惊叹的是,在华的学者型耶稣会传教士眼光锐利,考察细致入微,方法灵活周到,从宏观和微观方面,不仅描绘了清代康乾时期中国人口的组成状况,也提供了中国社会、城市、家庭、文武官员制度、纳税制度、男人女人、军人平民、衙门和外委等诸方面丰富有趣的信息,对认知中国社会的历史状况和特点很有帮助。

进入 19 世纪,西方的汉学研究逐渐走向学科化的发展之路,19 世纪法国汉学最大的贡献是使汉学发展成为一门独立学科。尽管对"Sinology"词源学上出现的时间有不同的看法,但对它的内涵认识大体是一致的。Sinology 指的是西方学术界对中国语言、文献、历史的研究。尽管在西方早期汉学形成的过程中,中国学者也参与其中,早期来华耶稣会士的中文汉学著作,有相当多的部分是中国士大夫们帮其润色,乃至与其合作而成的,但在欧洲汉学作为一个学科诞生后,Sinology 指的是非中国人参与的西方人自己的一种关于中国语言、文献、历史的学问。不同于传统汉学研究的"中国学"的产生有以下几个要点:第一,西方现代中国学诞生于美国;第二,美国现代中国学起始于太平洋学会的成立,完成于 1941 年远东学会(the Far Eastern Association);第三,美国现代中国学产生于太平洋战争,应美国的国家需要而生,正像当年西方传统汉学是为了基督教的传播与葡萄牙、西班牙、法国等国家在远东地区的扩张而诞生一样,美国的现代中国学也"是由于帝国主义的需要而产生的研究"。张西平《简论中国学研究和汉学研究的统一性和区别性》(《汉学研究》2017 年第 3 期)一文指出从传统汉学研究转变为当代中国学研究是从以费正清为代表的美国中国研究开始的。实际上在费正清那里历史的中国和现实的中国仍是一个统一的研究整体,只是研究的目的和重点开始向现代倾斜。

最早设立关于汉学研究的教席是在法国的法兰西学院。1814 年 12 月 11 日那里正式设立了一个"汉满鞑靼语言文学讲席"。这标志着"汉学在法国有了独立的学科地位",也被视作西方经院式汉学的开始。该讲座由雷慕沙(Abel Rémusat,1788—1832)出任第一任汉学教授。雷慕沙生于巴黎,原本学习医学,因对中医产生兴趣,欲读《本草纲目》,于是自学汉语和满语。在当时的欧洲,这些东方语言鲜为人知。雷慕沙未到过中国,又得不到他人帮助,于是通过自学掌握了汉语和满语,并能够在汉学研究中熟练运用。1811年,年仅23岁的雷慕沙发表了《中国语言文学论》(*Essai surla langueetla littérature Chinoises*),这是他的第一篇关于中国语言文学的论文,该论文让雷慕沙崭露头角。1813年雷慕沙完成了关于中医舌诊的论文而获得医学博士学位,开启了法国的中医研究。雷慕沙也成为法国第一位经院汉学家和"首先使汉学成为专门学科的学者"。雷慕沙的汉学研究涉及中国语言、文学、宗教、哲学等多个方面,颇得后世称赞。雷慕沙著、刘婷译的《雷慕沙论利玛窦与汤若望》(《国际汉学》2017年第2期)一文所选两篇文章《赴中国传教士——利玛窦》《赴中国传教士——汤若望》均选自雷慕沙的论文集《新亚洲杂纂》第二卷。这两篇文章细致地介绍了两位杰出传教士汉学家的生平、著作以及两人对中西交流的贡献,资料翔实,内容丰富。在论利玛窦的文章中,还谈到了基督教进入中国初期的情况,以及"利玛窦规矩"的确立。

雷慕沙在欧洲首译道教劝善书《太上感应篇》,率先选译《道德经》,在19世纪的欧洲开启了道经译介和道教研究的序幕。他的道教研究基本沿袭了明清之际来华传教士对道教的贬斥态度,体现了19世纪欧洲人面对异质宗教时的"基督教至上"和"欧洲中心论"的时代偏见。将老子的思想与古希腊哲学和基督教进行了牵强的比附,体现了浓厚的"欧洲中心论"和"基督教至上"的时代局限,其不少观点在今天看来都是不客观、不正确的。但须知,雷慕沙生活的时代距今200余年,在中西缺乏交流的时代背景下,某些误读和偏见不可避免,或者换言之,文化交流往往始于误读和偏见。雷慕沙的道教研究虽有局限,但这恰恰激发了欧洲人对于道教的热烈讨论,反而有助于欧洲人科学地认识道教。张粲《法国经院汉学鼻祖雷慕沙的道教研究》(《宗教学研究》2017年第1期)一文尝试通过梳理雷慕沙对《太上感应篇》及《道德经》的译介与诠释,及其对法、英、德等国的道教研究所产生的深远影响,揭示雷慕沙在道家和道教思想于欧洲的传播过程中所扮演的中介角

色，再现19世纪前后欧洲对道教的认识及研究特色。无论从什么方面而言，作为法国经院汉学鼻祖的雷慕沙都是19世纪欧洲道经译介和道教研究的先驱，以及中西交流早期道教形象在欧洲的塑造者、道教文化的阐释者和道教典籍的译介者，也是法国道教研究从明清来华传教士时代过渡到20世纪的科学研究时代、对道教由知之甚少到知之甚多、由偏见到客观、由批判贬斥到科学认识这个过程中的承上启下的重要人物。

《中国历史概述》(*Résumé de l'histoire de la Chine*)是法国浪漫主义运动先驱艾蒂安·皮维尔·瑟南古(Etienne Pivert de Senancour，1770—1846)的重要作品，该著作发表于1825年，为19世纪欧洲的中国形象史提供了欧洲认知的考察依据。此时欧洲汉学正处于盛世尾声的过渡时期，这部中国历史著作上承中法关系盛世，下接近代历史战争年代，对欧洲汉学研究具有不可替代的文献价值与历史影响力。陈沁、钱林森《瑟南古的东方视野——〈中国历史概述〉中的华夏文明镜像》(《华文文学》2017年第4期)一文以《中国历史概述》为考察对象，结合译文与相关史料，就作者的书写内容与意图、成书宗旨与论证方式、对中欧文化差异的关键词解读与“西学东渐”的传教策略做一探讨，力图解读中国形象“乌托邦化”与“去乌托邦化”历史博弈的语境下所呈现的“文化他者”形象。瑟南古的《中国历史概述》诞生于启蒙运动之后，承接了中法关系盛世与近代历史战争年代之间的过渡时期，具有不可替代的价值与历史影响力。作为欧洲汉学盛世尾声的延续，瑟南古以求“真”存“异”的客观立场为中国历史背书，证明着这个古老的东方国度在彼时的欧罗巴依旧散发着无与伦比的魅力，诚如瑟南古在书中对中国做出的注解：“中国是古代文化主要的活化石。至少在本书中，年轻的欧洲应该充满热情地学习中国的个性，或许这种个性有所衰弱，但仍值得尊敬：与其说知识渊博，不如说富有教养，与其说天赋异禀，不如说富有智慧；祥和、充满人情味、谨小慎微，至少习惯如此；极度隐忍克己，却又极易激发强烈的感触；受所处的环境所限可以抛弃率真和价值准则，然而也能为证明自己的忠心投入最大的热情；像所有东方人一样，敏感而富有诗意，行事巧妙；渴望和谐，却又不懂得我们的契约精神；手足无措，却又巧言善辩，这与其他任何民族都有很大的不同。”

此外，德、英和俄等国也极大地推动了欧洲汉学的确立和演变。在德国汉学研究中，儒学研究占有十分重要的地位。随着德国汉学的发展，德国儒学研究也经历了自身的范式转换。德国学者对中国传统儒家思想的解读，如探讨花之安、莱布尼茨、卫礼贤、罗哲海等学者对中国儒家思想的解读，或者探讨中国儒学思想对德国学者和德国学术甚至生活等方面的影响等，如探讨朱熹理学对德国哲学的影响，而且在研究方式上更多的是在研究德国汉学发展的过程中来探究这一问题，而没有将其作为一个独立问题来进行专门的研究，也没有看到，随着汉学学科的发展和中德两国的政治、经济、文化的发展，以及两国在国际地位上的变化，德国的儒学研究不管在具体的研究内容还是在研究方法、视角上也在不断地发生变化，尤其是在研究范式上与最初相比已经发生了很大的转变。董前程、王雪《从基督文明中心到中国文明中心：德国儒学研究的范式转换》(《社会科学论坛》2017 年第 6 期)一文认为，在前汉学时期，从一开始以传播基督教为目的的研究到以西方哲学体系为核心开展研究，试图在批判中国儒学的过程中建立自身的哲学体系。随着德国汉学的形成与发展，在花之安和卫礼贤等新的传教士的推动下，德国儒学研究试图实现耶儒互融，通过援儒入耶来传播自己的基督文明或者说西方哲学体系。20 世纪 80 年代以来，随着中国改革开放的发展以及东欧剧变，中国的经济得到迅速发展，在国际上的地位也越来越重要，德国汉学研究再次将目光锁定在了中国儒学思想上，这次他们更加价值中立，站在中国文明的视角来研究中国传统儒家思想，试图从中解读出中国发展的密码。

在世界汉学界，俄罗斯汉学源远流长，有着丰富的学术积累。俄国文化的东方朝圣是进入现代化进程以来俄国思想文化极其重要的特征。一直以来，东方和西方问题一直是俄国文化历史地理学和政治文化的特征之一。与东方的直接交往历来决定着俄国文化和精神世界的特质。弗·谢·索洛维约夫(B. C. Соловьев，1853—1900)仅仅只是俄罗斯汉学在世纪交点上的一个代表人物而已。19 世纪末 20 世纪初的俄国白银时代是一个英才辈出、群星璀璨、文化全面繁荣鼎盛的时代，史称俄罗斯的“文艺复兴”。索洛维约夫就是对白银时代俄罗斯思想文化产生巨大深远影响的 19 世纪最后

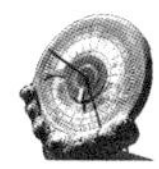

一位宗教哲学家和思想家，同时也是开启20世纪俄罗斯思想的“白银时代”的第一人。作为俄国“白银时代”人文思想界承前启后的代表人物，弗·谢·索洛维约夫也写过汉学方面的文章，却很少受到学术界的关注。从其文章看，索洛维约夫对我国先秦诸子中的孔老学说也有一定的深度认识。但在俄罗斯汉学界，索洛维约夫却又是“黄祸”这一说法的始作俑者，尽管他所说的“黄祸”，实际上是指一种不利于农业生产的自然灾害，与后来人所谓的“黄祸”意思截然不同。毫无疑问，索洛维约夫的汉学思想是当今汉学者不可轻易忽略的一个重要环节。张冰《索洛维约夫与俄罗斯汉学》(《国际汉学》2017年第1期)一文围绕着索洛维约夫思想如何转向“东方”的问题，即作为一个受过西式系统哲学思维训练的哲学家，索洛维约夫思想是如何转向“东方”，从而分析了俄罗斯思想文化的东方特征。索洛维约夫从“道”“无为”“愚民”三个角度对老子的哲学做了相对正确的解读，得出老子哲学的核心要旨是“法先王”，“继往圣”，是一种向后看的文化保守主义立场，是提倡复归“结绳记事”时代的远古文化。这与他对中国文化的总体理解相一致。索洛维约夫正是借助对老子思想的分析而阐释了中国文化中“保守主义”与“传统主义”的哲学渊源。但是，索洛维约夫受环境和时代的限制，未能看出老子哲学对于治疗诸如浮躁等现代病的一面。

与欧洲汉学相比，美国汉学开始较晚。张涛《耶稣会会士之著译：孔子进入美国的最初媒介》(《社会科学辑刊》2017年第3期)一文研究了孔子及其思想在美国的传播历史。《中国哲学家孔子》是耶稣会来华传教士集体努力的结果，其拉丁文版于1687年在巴黎面世。以其为蓝本的法文节选本《中国哲学家孔子的道德》出版于1691年，节选版的英译本在伦敦付梓。这是近代西方第一本系统介绍孔子和儒家著作的书籍，也是英属北美殖民地最早接触到的与孔子有关的著作，奠定了美国人认知中国圣人的基础。在转载和吸收的过程中，美国人较为完整地呈现了孔子的“上帝信仰”及其高尚的人格和完美的道德思想，表明美国早期对孔子的全面肯定态度。18世纪初以后，针对中国的祖先崇拜和孔子崇拜，传教士内部也有纷争，导致所谓的“礼仪之争”。很多传教士成员抨击殷铎泽、李明等人正面评价孔子的努力。但否定孔子的观点并未在北美殖民地引起多大反响。之所以如此，既因为反对调和策略的传教士没能写出如《孔子的道德》那样影响极为深远、能引起大西洋两岸密切关注的著作，也因为18世纪前半期的欧洲出现了启蒙运动。启蒙思想家急于寻找能够替代欧洲陈旧思想的新颖模式，早期传教士著作中道德高尚的孔子及其思想恰巧符合这一需求，而北美的社会和思想精英——如富兰克林等——又是欧洲启蒙运动的崇拜者和效仿者。两种因素共同作用，让贬低孔子的观点难以在早期美国立足和传播。

孙杨杨《西方汉学定位问题：以〈孝经〉翻译为例》（《解放军外国语学院学报》2017年第6期）一文以《孝经》为个案，综合比较18、19世纪西方传教士名下的4个译本，借此个案研究观察同一部典籍在不同时代与社会中所形成的多元的译文样貌，以及在译本间传承和衍变的翻译进程，进而分析论述通过翻译所建构的中国知识传承和变迁，并在此基础之上反思作为文化及学科的近代西方汉学存在的方法问题。从西方对中国典籍的翻译来看，明清天主教耶稣会士与清末英美新教传教士存在如同“脐带关系”的延续性与传承性。明清之际的交流与认知，作为一种前驱模式，对后来的中西交流与认知也产生了深刻影响，尤其是在西方势力重新进入中国之后的发展，实际上是延续着前者再向前进。与中西互动发展相似，中国典籍的翻译在中欧双方文化传播过程中所扮演的角色、译本与翻译行动在时空背景中的交互作用以及双方相遇后的效应与历史回响，都值得学界重视并加以研究。作者对《孝经》两个世纪的翻译史的讨论，可以看出新教传教士继承了明清之际对中国的研究成果。中国典籍翻译成为一种对中国的诠释与再诠释方法，汉学变成知识交流的路径。在此基础之上所建构的中国知识，伴随着知识主体与客体的协商关系，向彼此呈现与揭露自身。不同知识主体所建构的知识体系，也在时间之流的演进中，渐层累积。如同光照亮物体的同时，也揭露了光源之所在。欧美学者对中国研究的第一序研究，中国学者对西方汉学的第二序研究，也是一种向彼此揭露自身的对话。西方汉学应该被视为“西学”的一部分，还是“汉学”的一部分呢？但无论如何，当作为文化际学科的西方汉学成为学术的一环时，无论是在第一序或第二序研究里，人为操纵的中西之分，都已没有存在的空间。

在明清时期，基督教逐渐传入，并且在传教士的笔下，一个鲜明的中国

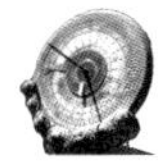

形象被构建出来。中国形象的鲜明化也在不断地演变中得以发展。最初，许多传教士描述的只是一个模糊的轮廓，后来逐渐有了清晰的整体，从18世纪末开始，中国形象一落千丈，一些传教士甚至对中国形象进行刻意地丑化。变化的根本原因是社会的变革。传教士对中国形象的最初的美化，与清朝末期的形象丑化相同，二者具有一定的片面性和不现实性。究其原因，是不同国家的社会制度与文化现实的冲突所导致的。这也是利益变化的体现。彭炫棋《明清时期的基督教来华传教士笔下的中国形象》(《赤峰学院学报·汉文哲学社会科学版》2017年第5期)一文以文化发展的视角作为切入点，对明清时期的基督教来华传教士笔下的中国形象进行研究。文章介绍了由“幻象”到“转变”的过程：在明清发展初期，传道士笔下的中国是物产丰富、国土资源富饶、人民安居乐业的；在清朝末期，中国是经济制度落后的。不管是何种形象，都体现了一定的误读性。但我们可以从别人的眼光来更加全面地看待自己，为文化改进奠定良好基础。明朝末年中国的思想界出现了重大的变化，各种思想观念纷纷涌现，但“打破权威与门户之见进而融合一切正确观念”这一思想特色被明末清初的士大夫广泛接受，这为基督教进入中国提供了机会，但也对在士大夫眼中作为一个“门户”的基督教的进一步传播形成了阻碍。周章坤《明末清初传教士对中国士风的认识与评价》(《大庆师范学院学报》2017年第2期)一文对这一问题进行了考察，当时传教士们对中国士大夫坚持的风格有褒有贬，对中国推崇的整体风气，以及耶稣会决疑论的特点，他们倾向于推崇中国士人的表现。

《利玛窦中国札记》第一卷第七章“关于中国的某些习俗”、第八章“关于服装和其他习惯以及奇风异俗”涉及男女各个阶层的首服、主服、足服等各个品类，并且详细记载了相关的日常、成人、丧葬、缠足礼俗，展现了儒家礼仪对中国服饰文化的影响。该书从一个西方传教士的角度记载了明朝中晚期民间服饰的主要面貌，为读者勾勒出一幅生动的服饰画卷。牛犁、崔荣荣《从〈利玛窦中国札记〉看明代中晚期民间服饰习俗》(《学术交流》2017年第11期)一文认为，《札记》中关于服饰的描写也使我们看到16世纪中西方不同的服饰文化观念，以及在长期的生活与交往中利玛窦对中国服饰习俗由不认同到改穿儒服的巨大转变。从中可以看出，在这个长期生活于中国的外国人眼里,中国人日常服饰已不仅是一个古老民族特有的服饰之形,更是中华礼仪文化的一个载体。《札记》一书也是"大航海时代"以来中西服饰文化交流的重要载体和文本证据,奠定了其在中西服饰文化交流历史上的开拓地位。

作为明清帝都的北京在17、18世纪中西文化交流中占有重要地位。来华传教士在华生活多年,对中国的风土人情、社会政治、历史文化等有着独特而深刻的体认,留下了丰富的中西文文献,包括不少在京生活的记录,成为当时西方世界了解北京的珍贵材料,也是研究明清北京与中西文化交流关系的重要历史文献。目前学界更多关注来华传教士的中西文献材料,忽略了同期欧洲学者编撰的专题论著。《北京志》(*Description de la Ville de Peking*)是一部以法文撰写的专论北京的著作,由时任法国科学院院士约瑟夫-尼古拉·德·利尔(Joseph-Nicolas De L'Isle, 1688—1768)和天文地理学家潘格瑞(Alexandre Guy Pingré, 1711—1796)编撰成书,1765年在巴黎由吉迪出版社付梓出版。德·利尔在《北京志》的前言中明确提到撰写该书的缘由:他与很多在华的耶稣会士保持了三十多年的书信往来,从中收集整理了大量关于天文学与地理学方面的一手数据,为写作相关主题的论著积累了丰富的资料。李真《18世纪中叶欧洲人构筑的北京印记——〈北京志〉初探》(《国际汉学》2017年第3期)一文以《北京志》为研究对象,力图总结和梳理域外汉学视角下18世纪中叶具有独特印记的北京历史地理的人文特征与地域文化。作者认为,这部论著利用了传教士中国报道的原始材料,加以专门学科的论证和分析,在某些专题研究上具有较高的史料价值。通过对《北京志》这部作品中有关北京城的记录所做的初步研究,可以发现该书主体内容简明扼要,重点突出,描写翔实,资料丰富;文中通过和前人及同辈类似作品的比较论证,同时借助传教士实地调查的材料和天文观测的科学数据,对某些定论进行了纠错,得出了比较令人信服的结论,增强了作品的研究性和学术性。这些朴实无华但又涵盖丰富信息的文字,试图复原出当时泱泱天朝的帝都京城,将一个直观、具体的北京城展示给欧洲,影响到了当时欧洲人的北京印象的形成。书中提供的相当完整和精确的北京城图,采用了当时比较科学和先进的绘图技术,留存了18世纪中期北京的自然

地理、经济地理、政治地理和人文地理方面的记载，承载了大量自然、社会和人文信息，对研究北京的历史、地理、文化、民俗等具有十分重要的参考作用，也是研究 200 多年前北京城市建筑布局与城市发展的珍贵西文资料。

北京北堂是北京内城四大教堂之一，是首批来华法国耶稣会士于 1693 年建立的天主教堂。道光禁教之际，北堂于 1827 年关闭，1838 年（道光十八年）拆毁，1866 年重建。1888 年（光绪十四年）因慈禧扩建中海，北堂迁址于今西城区西什库大街，现亦称西什库大教堂。从明末利玛窦起，天主教神职人员大规模从西方采买征集欧洲典籍，运往东土，其中包括金尼阁征集来的所谓 7000 册西书。西书输华数百年间未尝中断。中国北方的（亦有少部分南方的）教会藏书，历经沧桑聚散，最终汇集于北京北堂。1958 年，全部藏书转入北京图书馆，即今国家图书馆。天主教北堂藏书拥有大量西文善本书籍，蒋硕《北堂藏 16—18 世纪西文游记初探》（《国际汉学》2017 年第 3 期）一文中，作者从中整理出数十种游记作品，并将这些游记辨析、分类，加以说明。文章认为这批游记作品具有很高的历史和学术价值，并以中国天主教传教史为背景，讨论了游记入华的原因。最后，作者还对怎样进行下一步的跟进研究做出了初步的设想。第一，这些游记是西方全球扩张背景下的产物，也是对当时西方扩张与殖民的某种生动描述，如果把这些游记对照西方国家在世界范围内的扩张史来看，很能反映西方主要大国在早期现代时期各自势力此消彼长的变迁。这批游记无疑为世界史和全球史研究提供了珍贵的材料。第二，明末清初来华传教士用中文翻译、著述了大量作品，其中有一些是地理、地图书籍，如艾儒略的《职方外纪》等，传教士译述的这些地理书籍对当时的中国知识界产生了一定的影响，有些还曾经过皇帝的阅览，收入了《四库全书》。传教士的这些地理译述当年所依据的底本可能就有北堂所藏的这批游记作品。如能找到、确定西文原本，将中西文文献对照研究，则一定会提高现有的研究水平。第三，北堂藏游记中有很多中国游记和东方游记，可以说是西方早期汉学以及东方学的重要成果。对这些中国游记的深入研究不仅有益于西方汉学、形象学和文化、文学关系的研究，甚至对西方主流思想家的理解也不无裨益。第四，目前中国的游记研究还不很发达，北堂所藏善本游记基本是 19 世纪之前的非英语游记作品。这将为学术界加强、深化对游记的研究提供不可多得的珍贵文献。

16 世纪到 18 世纪也是欧洲中国观形成的重要历史时期。对于那些语言不通也无法切身感受中国社会的欧洲人而言,精通汉语的传教士或者商人的游记、译著等二手资料是其了解和认知中国法文化的基础。诸多有关中国典章制度的作品在欧洲各国引起了巨大轰动,这些记述主要有:1515 年前后葡萄牙人托梅·皮雷斯(Tomépires)的《东方概要(手稿)》;1516 年葡萄牙人杜亚尔特·巴尔博扎(Duarte Barbosa)的《东方纪事(手稿)》;葡萄牙人克里斯托旺·维埃拉(Cristóv o Vieira)于 1524 年完成的《广州来信(手稿)》;1549 年葡萄牙人 D. 热罗尼莫·奥索里奥(D. Jerónimo Osório)在科英布拉出版的《光荣之歌(手稿)》;1553 年葡萄牙人费尔南·洛佩斯·德·卡斯塔内达(Ferno Lopes de Castanheda)在科英布拉出版的《葡萄牙人发现和征服印度史》;葡萄牙王室贵族加里奥特·佩雷拉(Galiote Pereira)约写于 1553 年至 1563 年的《我所了解的中国》;1563 年若昂·德·巴罗斯(João de Barros)在里斯本出版的《亚洲十年(第三卷)》;1570 年葡萄牙传教士加斯帕尔·达·克鲁斯(Gaspar da Cruz)在埃武拉出版的《中国概说》;等等。李栋《16 世纪西方对中国法的最初发现与表达》(《社会科学家》2017 年第 12 期)一文认为,16 世纪随着“大航海时代”的来临,以葡萄牙和西班牙为代表的西方,开始集中地对中国法进行记载和描述。在这些记载中,葡萄牙人不约而同地对中国法进行了描述,并给予较高的评价。作者认为,这些对于中国法的记录不仅使西方第一次较为全面地了解了中国法,而且为之后西方启蒙时代对中国法及中国文化的推崇奠定了基础。西班牙人艾斯加兰蒂(Bernardino de Escalante)于 1577 年在塞维利亚出版的《记葡萄牙人在东方诸国和省份的航行,以及他们获得有关中国大事的消息》在参考上述葡萄牙人记述的基础上,开了一种以“章节体”介绍中国的著述方式。门多萨的《大中华帝国志》褒扬了古老中国尤其是明朝的军队制度、内阁制度、户籍制度、监察制度、科举制度和复杂的礼仪制度,而其中值得我们关注的是他对古老中国司法官员及其司法制度的评述,当时的中国法在门多萨眼中是优良的,是值得西方人学习的,甚至这些优良的法律构成了中国强大的原因。16 世纪西班牙、葡萄牙所主导、发现的中国,对于西方而言,其意义在于:一方

面，中国形象的意义从器物层面开始转移到制度层面；另一方面，这一时期的中国形象为此后两个世纪西方开始的“中国风”，提供了一个知识与想象、评价与批判的起点。这其中中国的法律及其中国法律文化成为他们论述的重点。

纵观欧洲大陆，对中国法文化最为关切的莫过于法国启蒙学者。在他们的著述中，有关中国法文化吉光片羽的描写虽然不是精准无误的，却具有一定的文化启迪作用。李其瑞和刘熊擎天《论法国启蒙学者视域中的中国法文化》(《浙江工业大学学报·社会科学版》2017 年第 3 期)一文认为，17 至 18 世纪，法国启蒙学者基于旅行者、史学家以及传教士的记录和著述，在自己的作品中表达出对中国法文化的看法。而这些观点展现出从一味颂扬到逐渐客观理性的分歧与流变。检讨这种分歧和流变的成因，是反思如何看待法国启蒙学者中国研究的基础。

作为来华传教士最早创办的英文季刊，《印中搜闻》内容较杂，中国的社会、历史和文化为其主要关注对象，是 19 世纪前期中西交流屈指可数的媒介之一，是西方人了解中国的重要载体，成为他们认识中国、勾勒中国形象的主要资料来源。《印中搜闻》关注中国法律，主要集中于刑事法，具体包括死刑多、执行方法残酷，非法拷问屡禁不绝，地方官失职渎职、司法腐败及奸杀案件不断、道德沦丧等四个方面，体现出来的是抨击和否定。李秀清《〈印中搜闻〉与 19 世纪早期西方的中国法律观》(《法学研究》2017 年第 4 期)一文认为，《印中搜闻》对中国法律的这种抨击和否定，正符合始自 19 世纪初，西方人评判中国法发生转向，否定中国法的观点渐居主流的趋势。工业革命之后，欧美各国在社会关系、组织方式和文化观念等方面均发生了变化，并呈现出各自的特点，它们在不断向外扩张的浪潮中，彼此之间充满了竞争和冲突。不过，当面对被迫卷入他们所主导的世界体系之中的中国，在夺取权益时，这些国家的态度则高度一致。对于中国而言，它们就是一个整体，是自此之后躲也躲不掉的“西方”。中英关系吃紧，与日趋鼎盛的大英帝国相比，清王朝的颓势明显，在此大背景下，基督教的优越感和创刊人来华后处境的不如意是其偏好构建负面中国法形象的两个重要原因。借助于其本身的传播、创办人和主要撰稿人在西方教俗两界的影响，《印中搜闻》勾勒的中国法之负面形象，不仅在英国、美国，还在其他欧洲国家广泛传播。可以说，其所反映出来的19世纪早期西方人的这种中国法律观的影响持久而且深远。

《中国丛报》是美国传教士裨治文于1832年在广州口岸创办的首家英文报刊。1832年5月至9月，《中国丛报》连续推出《郭实立中国沿海日志》系列作品，详细报道有关中国风俗人情等社会风貌。在中国新闻史上，这组作品成为在国外首次推出的中国系列报道，无论报道议题，还是报道形式方面都具有开创性，为以后西方在华媒体的中国报道提供了示范。谢庆立《“西洋镜”里的末世图景——1832年〈中国丛报〉的中国报道研究》（《新闻在线》2017年第21期）一文从报道视点与文本建构、报道姿态与传播策略、报道动机与立场等层面，对这组现场系列报道予以考察分析。报道呈现的是一幅晚清帝国的末世图景，这使他们更加确信，西方是文明的、进步的，进而确立西方的文化优越感，这样，中国就被他们重新定位：陶醉于昔日辉煌的中华帝国是一个停滞的、半开化的国家。西方在华媒体所报道的中国毕竟是一面“西洋镜”，其背后对应着他们的现实需要，隐藏着西方对中国的欲望与期待。他们对“中国形象”的建构是一种主观建构，受到历史传统、文化视野、现实环境等因素的制约，对中国的报道不可能做到“真实客观”，甚至出现认识上的盲点和误区。但有一点可以断定，在文本建构和传播过程中，报道者和报纸编辑都把中国当成了确认“西方”价值的“他者”。

（谷雪梅，宁波大学人文与传媒学院副教授）

论著索引

说明：

1. 本索引主要收录以下三个方面的研究成果：①关于1840年之前古代海上丝绸之路的论著；②关于1840年之后中外海上交通的部分论著；③关于21世纪海上丝绸之路的主要论著，以及关于丝绸之路经济带的部分论著。

2. 本索引以中国大陆的出版物为主，兼收香港、澳门、台湾地区的部分论著，同时也收录一些重要的外文论著。

3. 本索引所收录的著作，包括2017年首次出版的中文著作和外文译著，以及在2017年再次出版、修订出版的著作。

4. 本索引按作者姓名汉语拼音顺序排列。

一、著　　作

陈建军. 合浦：汉代海上丝绸之路始发港. 南宁：广西人民出版社，2017.

陈庆庆，李戬. 海上丝绸之路. 成都：四川少年儿童出版社，2017.

董昌明. 郑和下西洋中的海洋学. 北京：科学出版社，2017.

杜亚雄. 海上丝绸之路的音乐文化. 苏州：苏州大学出版社，2017.

广东省交通运输厅. 蔚蓝船说：广东商船船型变迁. 广州：广东旅游出版社，2017.

广东省交通运输厅. 蔚蓝轨迹：广东航运经济文化史. 广州：广东旅游出版社，2017.

广东省人民政府参事室,广东省人民政府文史研究馆.广东海上丝绸之路史料汇编.广州:广东经济出版社,2017.

郭杰忠.海上丝绸之路:陶瓷之路//景德镇陶瓷与“一带一路”战略国际学术研讨会会议论文集.北京:中国社会科学出版社,2017.

国家海洋局办公室.妈祖文化与海洋精神.北京:海洋出版社,2017.

海上丝绸之路研究中心.中国海上丝绸之路研究年鉴2015.杭州:浙江大学出版社,2017.

韩维龙,易西兵.海上丝绸之路广州史迹.广州:广州出版社,2017.

华惠.名垂青史:郑和.沈阳:辽宁人民出版社,2017.

黄挺.中国与重洋:潮汕简史.北京:生活·读书·新知三联书店,2017.

吉峰.闽台妈祖文化传播研究.厦门:厦门大学出版社,2017.

江勤政.中国和斯里兰卡的故事.北京:五洲传播出版社,2017.

赖永海.丝路文化研究(第1辑).北京:商务印书馆,2017.

李伯重.火枪与账簿:早期经济全球化时代的中国与东亚世界.北京:生活·读书·新知三联书店,2017.

李冀平.梯航百货万国商:海上丝绸之路货币与贸易(泉州).北京:社会科学文献出版社,2017.

李庆新,胡波.东亚海域交流与南中国海洋开发.北京:科学出版社,2017.

李伟才.海丝晋江.福州:海峡文艺出版社,2017.

李昕升.中国南瓜史.北京:中国农业科技出版社,2017.

廖国一.广西北部湾地区出土汉代文物与海上丝绸之路研究.北京:科学出版社,2017.

刘士林.中国海上丝绸之路城市廊道叙事.上海:东方出版中心,2017.

刘伟.“一带一路”故事:古丝路发现与交融.北京:外文出版社,2017.

刘迎胜.从西太平洋到北印度洋:古代中国与亚非海域.南京:南京大学出版社,2017.

刘迎胜.话说丝绸之路.合肥:安徽人民出版社,2017.

闽都文化研究会.海外福州人与海上丝绸之路.福州:海峡文艺出版

社,2017.

潘茹红.海洋图书变迁与海上丝绸之路.厦门:厦门大学出版社,2017.

潘天波.漆向大海——古代海上丝绸之路漆艺文化研究.福州:福建美术出版社,2017.

上海博物馆.考古·古港:上海青龙镇的发掘与发现.上海:上海古籍出版社,2017.

[日]松浦章.清代华南帆船航运与经济交流.杨蕾,等,译.厦门:厦门大学出版社,2017.

宋平.海上丝路之建港贸易.广州:广东科技出版社,2017.

汤开建.利玛窦明清中文文献资料汇释.上海:上海古籍出版社,2017.

陶红亮.海洋传奇 海上丝绸之路.北京:海洋出版社,2017.

王建富.海上丝绸之路浙江段地名考释.杭州:浙江古籍出版社,2017.

王明星,陈守明.寻味羊城:海上丝绸之路今昔.广州:广东旅游出版社,2017.

吴桂就.丝路邮记:方寸世界中的海上丝绸之路.南宁:广西教育出版社,2017.

吴智刚.21 世纪海上丝绸之路与妈祖文化.广州:广东旅游出版社,2017.

西汉南越王博物馆.南越王墓与海上丝绸之路.广州:广东人民出版社,2017.

熊显华.海权简史:海权与大国兴衰.北京:台海出版社,2017.

修斌.中国海洋符号:海上丝路.青岛:中国海洋大学出版社,2017.

徐苹芳.丝绸之路考古论集.上海:上海古籍出版社,2017.

徐晓望.中国福建海上丝绸之路发展史.北京:九州出版社,2017.

杨晓波.明朝海上外贸管理法制的变迁.北京:中国社会科学出版社,2017.

耀智.莲开一路:海上丝绸之路佛教文化之行.北京:宗教文化出版社,2017.

于强.丝路碧海情.北京:中国文联出版社,2017.

张世民. 杨良瑶与海上丝绸之路——《唐故杨府君神道之碑》解读. 西安:西安地图出版社,2017.

中国海外交通史研究会,等. 海上丝绸之路综论. 北京:海洋出版社,2017.

朱丽霞. 海上丝绸之路与16至17世纪中国文坛:以胡宗宪浙江幕府为中心. 北京:中国社会科学出版社,2017.

庄维民. 山东海上丝绸之路历史研究. 济南:齐鲁书社,2017.

二、论　　文

《国家航海》编辑部. 海上三百年的延续——《丹麦—挪威与中国海上交往史研究专辑》前序. 国家航海,2017(1).

Erik GΦbel. 丹麦亚洲公司与中国贸易(1732—1838)(英文). 国家航海,2017(1).

JΦrgen Mikkelsen. 在哥本哈根与广州之间——从海洋角度分析18世纪丹麦与中国的贸易关系(英文). 国家航海,2017(1).

Karsten Hermansen, Benedicte Busk-Jepsen. 飘海中国六年录——来自丹麦SorΦ水手的回忆(1862—1868)(英文). 国家航海,2017(1).

Mikkel Leth Jespersen. 石勒苏益格航运与中国(1850—1880)(英文). 国家航海,2017(1).

Ueta Satsuki(上田五月). 日本羽衣仙女传说研究——兼与中国羽衣仙女传说的比较. 南昌:江西师范大学,2017.

阿夫拉阿米,柳若梅. 历史上北京的俄国东正教使团. 国际汉学,2017(2).

艾尔曼. 全球科技史研究中的比较视域:明清时期在华耶稣会士的西学. 浙江学刊,2017(6).

安东尼·瑞德,周鑫,张丽玲,等. 18世纪后期至19世纪初期华人贸易与东南亚经济扩张之概观. 海洋史研究,2017(1).

安海淑. 高丽文人郑梦周的东亚使行诗考. 延边大学学报(社会科学版),2017(6).

以林产品为例.北京林业大学学报(社会科学版),2017(1).

蔡香玉.海洋、宗教与女性研究——以近代潮汕地区的信教妇女为例.海洋史研究,2017(2).

蔡旭,李文静,张萍萍.海上丝绸之路海洋环境法律保护研究.湖北科技学院学报,2017(3).

曹建南.冲绳茶文化的历史与发展.农业考古,2017(2).

曹月霞.从茶与咖啡的普及历程看中西方文化及传播差异.福建茶叶,2017(12).

曹云华,李均锁.21世纪海上丝绸之路:东南亚的角色扮演.兰州学刊,2017(5).

曾建生.中国古代海上丝绸之路诗歌与廉洁文化建设.广州航海学院学报,2017(2).

曾军伟.丝绸之路文化元素在包装设计中的应用研究.美与时代,2017(6).

曾俊峰.书写新世纪海上丝绸之路新篇章.广西日报,2017-06-15.

曾玲玲.梧桐山水:外销瓷中的中国诗意.中国艺术,2017(8).

常雷.异域青花别样蓝——管窥17世纪荷兰绘画中的青花瓷.中国美术,2017(4).

车国彩."一带一路"战略下广州港港口物流发展分析.中国商论,2017(11).

车效梅,郑敏."丝绸之路"与13—14世纪大不里士的兴起.世界历史,2017(5).

陈白雪.木庵禅师和日本——以其诗偈为线索.上海:华东师范大学,2017.

陈博翼.从月港到安海——泛海寇秩序与西荷冲突背景下的港口转移.全球史评论,2017(1).

陈才,刘晓晴.以中国—东盟信息化合作推动21世纪海上丝绸之路发展.世界电信,2017(2).

陈朝萌.深圳海上丝绸之路文化:历史与现实.华南理工大学学报(社会科学版),2017(2).

陈沁，钱林森．瑟南古的东方视野——《中国历史概述》中的华夏文明镜像．华文文学，2017(4)．

陈容凤．“万里茶道”福建段史迹调查及初步研究．福建文博，2017(1)．

陈容凤．赤石茶市史迹考察．福建文博，2017(4)．

陈尚胜．东亚海域前期倭寇与朝贡体系的防控功能．中国边疆史地研究，2017(1)．

陈尚胜．论丁酉战争爆发后的明军战略与南原之战．安徽史学，2017(6)．

陈少丰．宋朝的发舶港与发舶权．史志学刊，2017(4)．

陈思．17 世纪 30 年代荷兰殖民者与福建海商的关系——以“Bendiocq事件”为例．闽台文化研究，2017(1)．

陈思．从各方史料看颜思齐与李旦及荷兰殖民者之间的关系．台湾研究集刊，2017(5)．

陈穗芳．“物证”汕头：“海丝”重要门户．潮商，2017(4)．

陈维新．一个无法进入北京的俄国使节团——嘉庆时期中俄外交礼仪交涉始末．清史论丛，2017(2)．

陈玮．陈法子墓志所见入唐百济遗民史事研究．北方文物，2017(1)．

陈曦．“黑石号”出水唐代瓷器外来因素研究．上海：华东师范大学，2017．

陈箫箫．明代杭州湾北岸海防体系及演变述论．金华：浙江师范大学，2017．

陈小法．《使琉球录》中的钓鱼岛史料性质之研究．日本研究，2017(2)．

陈小法．大慧宗杲及其相关著述在日本的流播与影响．文献，2017(6)．

陈昕．福州“海上丝绸之路”文化城市品牌建设探究．东南传播，2017(8)．

陈璇．近代英文文献中舟山地名英译研究．延安职业技术学院学报，2017(5)．

陈雅婷．海洋法视域下的南海海盗治理问题——以建设 21 世纪海上丝绸之路为背景．法制与社会，2017(20)．

陈琰璟. 17 世纪的荷兰饮茶风. 文汇报,2017-02-10.

陈义兴,暨佩娟. "一带一路"国家战略下香港地区经济发展重新定位之探析. 海南金融,2017(2).

陈意新,马超平,等. 广东自贸区对接"海上丝绸之路"的跨境金融创新研究. 金融教育研究,2017(2).

陈颖贤. "万历号"瓷器,一艘沉船的青花传奇. 收藏·拍卖,2017(5).

陈颖贤. 浅议广东省博物馆藏唐代水车窑瓷器. 客家文博,2017(2).

陈颖艳. 日本《唐船图》里的中国古代帆船. 东方收藏,2017(12).

陈友骏. 上海在"一带一路"建设中的地位构建. 科学发展,2017(7).

陈宥成. 广阔美洲最早人类文化的技术构成及其与旧大陆的关系. 南方文物,2017(1).

陈韫韬. 亚洲国家反恐培训国际合作的未来发展——以中国、印尼、文莱等国为例. 云南警官学院学报,2017(1).

陈展,周广仁. 税收服务"海上丝绸之路""走出去"企业研究. 税务研究,2017(2).

程杰. 西瓜传入我国的时间、来源和途径考. 南京师范大学学报(社会科学版),2017(4).

程利田. 朱子学在朝鲜(韩国)的传播、发展与全盛. 海峡教育研究,2017(4).

程淑娟. 清朝涉外法律与十三行制度的解体——基于商欠案的处理. 广州:广东省社会科学院,2017.

程雅娟. 高丽王朝时期青铜行炉溯源考——兼论丝路艺术东传演变特征. 装饰,2017(5).

程永林. 海丝谋划、风险评估与监控监管. 社会科学研究,2017(5).

程玉鸿,朱颖. 创新合作:"一带一路"下香港的功能定位与转型学术研讨会会议综述. 港澳研究,2017(3).

楚鲁鹏. 蓬莱"东方海上丝绸之路"上的贸易与文化研究. 才智,2017(5).

氽氽. 白瓷时代的"一带一路". 四川政协报,2017-11-30.

崔波. 南京举办"海上丝绸之路—沉船与贸易瓷器国际馆长论坛". 中

国文物报,2017-12-01.

崔婕.论18世纪法国启蒙运动的两种中国观.法国研究,2017(4).

崔荣荣.从《利玛窦中国札记》看明代中晚期民间服饰习俗.学术交流,2017(11).

崔思朋.宗藩体系:古代东亚地区国际秩序运行及特征.南都学坛,2017(2).

崔向东.东北亚走廊与丝绸之路研究论纲.广西民族大学学报(哲学社会科学版),2017(5).

崔小明.海上丝绸之路史迹保护有法可依.宁波日报,2017-01-06.

崔勇."南澳Ⅰ号"沉船与明代海上丝绸之路.中国文物报,2017-06-16.

笪志刚,任晓菲,李扬.日本对"一带一路"倡议的解读与应对分析.当代韩国,2017(2).

代国庆.《天主实义》的今注与新评——读《天主实义今注》.国际汉学,2017(3).

戴秦,欧丽萍.海上丝绸之路对上海自贸区建设的影响.当代经济,2017(33).

戴文颖.双语词典研究中的考古方法——读《19世纪汉英词典传统——马礼逊、卫三畏、翟理斯汉英词典的谱系研究》.国际汉学,2017(1).

邓坚."一带一路"背景下我国边境城市加工贸易发展策略探究——以邻近东盟边境城市广西崇左市为例.学术论坛,2017(5).

邓可卉,王加昊.明末度数之学及其在历法改革中的应用.自然辩证法研究,2017(10).

邓李娜,王兴茂.佛教文化对丝绸之路体育的影响.东方收藏,2017(12).

邓绍根,伍中梅.近代中国英文报业的开端——《广州纪录报》初探.新闻与传播研究,2017(8).

邓绍根.《察世俗每月统记传》出版时间考.中国社会科学报,2017-05-04.

邓颖颖,蓝仕皇.南海文化遗产保护及其旅游开发利用研究——基于

21世纪“海上丝绸之路”建设背景.贵州省党校学报,2017(1).

刁书仁.朝鲜使臣所见晚明辽东社会的民生与情势.社会科学战线,2017(11).

刁书仁.壬辰战争中日本“假道入明”与朝鲜的应对.外国问题研究,2017(4).

丁见祥.沉船考古与海上丝绸之路.中国文物报,2017-07-14.

丁丽红,朱智洺.中国对“21世纪海上丝绸之路”沿岸国家的农产品出口研究——基于贸易便利化视角.山东农业科学,2017(1).

丁六申,马丽卿.关于舟山群岛新区创建自由贸易区的战略研究.农村经济与科技,2017(23).

丁鹏,崔玉中.中国与南太平洋岛国合作述评.山东理工大学学报(社会科学版),2017(6).

丁清华.海上丝绸之路的历史见证.海峡教育研究,2017(2).

丁秋瑾.朝鲜王朝的“请援”与明朝出兵援朝.济南:山东大学,2017.

丁生花.朱彝尊对朝鲜文献的发掘与运用考.延边大学学报(社会科学版),2017(1).

董灏智.五至九世纪日本构建区域秩序的尝试.世界历史,2017(1).

董杰,陈建平.中国第一部三角学译著《大测》的底本与版本研究.中国科技史杂志,2017(2).

董龙梅,成积春.从郑和下西洋看历史中“和”“礼”文化对国家形象的塑造.唐山师范学院学报,2017(4).

董萍.十三行博物馆:再现东方奢侈品中心.收藏·拍卖,2017(12).

董前程,王雪.从基督文明中心到中国文明中心:德国儒学研究的范式转换.社会科学论坛,2017(6).

董琴.“一带一路”战略下构建大连对外开放新格局路径研究.辽宁行政学院学报,2017(6).

杜江玮.从“一带一路”战略看国际海上货物运输法律统一化.中国水运(下半月),2017(2).

杜军,赵聪,鄢波.21世纪海上丝绸之路建设背景下基于引力模型的中国与新加坡双边贸易潜力研究. 东南亚纵横,2017(6).

杜少虎. 西洋油画的“东方化”衍变——从“入境问俗”到“曲意宫廷”再到贸易画兴盛. 文艺研究,2017(10).

杜恂诚,李晋. 白银进出口与明清货币制度演变. 中国经济史研究,2017(3).

杜彦松. 郑蕴汉诗研究. 延边:延边大学,2017.

端木义梦. 中日漆文化交流研究. 南京:南京艺术学院,2017.

段怀清. 晚清新教来华传教士的语文策略考评. 山东社会科学,2017(2).

段晓慧. 唐代小品文研究——兼论其在高丽朝的传播与影响. 延边:延边大学,2017.

段旭颖. 19—20 世纪美国来华传教士的鸦片贸易观. 江苏社会科学,2017(5).

樊德良,徐培祎. “一带一路”语境下的中国全球城市发展路径思考——以深圳为例. 城市建筑,2017(12).

樊晓菲,邓慧杰,杨璐瑶. 基于层次分析法的海上丝绸之路发展战略对中国工业经济影响力的评估. 中国市场,2017(31).

范岱克,徐素琴,熊飞. 广州贸易中的模糊面孔:摩尔人、希腊人、亚美尼亚人、巴斯人、犹太人和东南亚人. 海洋史研究,2017(1).

范岱克. 丹麦亚洲公司与十三行商人(1734—1833)(英文). 国家航海,2017(1).

范丹,朱妮娜,王博. 海上丝绸之路战略下中国东盟经贸形势分析. 探求,2017(1).

范恩实. 入居唐朝内地高句丽遗民的迁徙与安置. 社会科学战线,2017(5).

范敬如,郑惠先. 明清鼎革——朝鲜与日本的反应. 长春:东北师范大学,2017.

范莎莎,徐荣华. 宁波舟山港一体化的进展、问题与对策. 宁波经济(三江论坛),2017(10).

范勇.科技创新与物流发展——基于“海上丝绸之路”重点省市数据分析.生产力研究,2017(7).

范祚军,凌铃.北海在“21世纪海上丝绸之路”建设背景下加强对东盟开放合作的路径探讨.中国—东盟研究,2017(3).

方李莉.“黄色”与“蓝色”的中国选择——来自“海上丝绸之路”的启示.群言,2017(2).

方李莉.“一带一路”上的中国瓷器贸易.中华文化画报,2017(7).

方晓恬.探究西方传教士在华传播活动的文化侵略本质——基于郭士立及《东西洋考每月统记传》的个案研究.浙江传媒学院学报,2017(5).

肥田路美,卢超.西域瑞像流传到日本——日本13世纪画稿中的于阗瑞像.丝绸之路研究集刊,2017(00).

封学军,张铖.“海上丝绸之路”集装箱航运网络路由策略研究.复杂系统与复杂性科学,2017(4).

冯国昌.元初陆海“丝绸之路”及当代启示.江苏科技大学学报(社会科学版),2017(3).

冯氏惠.“一带一路”倡议背景下的中国与东盟合作.大陆桥视野,2017(7).

冯卫英,朱慧颖.论近代博览会对我国茶业之影响.农业考古,2017(5).

冯欣欣,高梦鸽,金涛,等.宁波“小白礁Ⅰ号”清代沉船部分构件木材树种的补充鉴定.文物保护与考古科学,2017(1).

冯学钢,唐睿.“21世纪海上丝绸之路”沿线省市入境旅游市场效率研究.南京审计大学学报,2017(4).

冯毅.“海上丝绸之路”上的宁波往事.宁波通讯,2017(14).

冯驭.开发性金融支持“一带一路”建设的实践与思考——以福建省为例.福建金融,2017(11).

福建社会科学院课题组.“一带一路”倡议与福建对外开放新优势研究.亚太经济,2017(4).

福建社会科学院中国与海上丝绸之路研究中心课题组.海南在21世纪海上丝绸之路的角色定位与责任担当.学术评论,2017(1).

福建社会科学院中国与海上丝绸之路研究中心课题组.进一步提升福

建海丝文化品牌影响力研究.学术评论,2017(2).

福建省人民政府发展研究中心课题组.以21世纪海丝核心区建设为主线 加快福建各市开放型经济错位发展、协调发展.发展研究,2017(4).

傅梦孜.对古代丝绸之路源起、演变的再考察.太平洋学报,2017(1).

高崇文.试论广西地区先秦至汉代考古学文化变迁——兼论汉代合浦的历史地位.四川文物,2017(1).

高福升,权太东.古代韩国中华文化体系构建历程.延边大学学报(社会科学版),2017(2).

高红梅,林夏丽."一带一路"倡议下天津港口物流发展问题研究.大陆桥视野,2017(9).

高静娟."一带一路"战略下提升广州城市品牌的思考.探求,2017(2).

高克冰.罗马帝国时期丝绸之路西段贸易的发展.科学经济社会,2017(3).

高乔子.21世纪海上丝绸之路建设中科学发挥广州优势.广州航海学院学报,2017(1).

高乔子.海上丝绸之路上的广东海商.广州航海学院学报,2017(4).

高同同.宋朝与高丽聘问研究.广州:暨南大学,2017.

高薇.清朝商人与江户时期中日文化交流.广东外语外贸大学学报,2017(2).

高玉麟.越南—中国:经济合作现状及"一带一路"带来的新机遇.李碧华,译.东南亚纵横,2017(6).

葛芳.西洋风物——十八世纪以广州为中心的设计文化研究.南京:南京艺术学院,2017.

葛金芳.南宋海外贸易方式论析.决策与信息,2017(5).

葛思康.荷兰黄金时代对中国画与图书的收藏.书与画,2017(7).

葛莹.圆仁往台州求法失败原因考.河北北方学院学报(社会科学版),2017(5).

公婷婷.中国水稻起源、驯化及传播研究.北京:中央民族大学,2017.

宫晓婷,吕靖.海上丝绸之路关键节点动态安全效率评价.系统工程学报,2017(3).

龚宁. 试析 1571—1940 年中菲贸易之兴衰. 海洋史研究, 2017(2).

龚缨晏, 胡刚. 16 世纪发生在西班牙的一场"印第安斯人"诉讼案——近代早期漂泊到伊比利亚半岛的中国人. 世界历史, 2017(5).

龚缨晏, 梁杰龙. 新发现的《坤舆万国全图》及其学术价值. 海交史研究, 2017(1).

龚缨晏. 徐光启未刊笔记《开成纪要》初考. 复旦学报(社会科学版), 2017(4).

龚缨晏. 远洋航线上的渔山列岛. 海洋史研究, 2017(1).

古小松. 早期海上丝绸之路与中南半岛国家的建立. 云南社会科学, 2017(3).

谷小溪. 东来冠盖向燕都——《老稼斋燕行日记》中的 18 世纪中国映像. 名作欣赏, 2017(11).

谷小溪. 千载明妃玉塞行——论顺治七年朝鲜王朝护行使申翊全的燕行诗. 辽宁教育行政学院学报, 2017(5).

谷晓冰. 基于海上丝绸之路背景下的湛江海岛旅游开发及对策研究. 四川旅游学院学报, 2017(5).

顾姗姗. 奈良・平安前期日本与新罗使、渤海使之间的汉诗交流——从分韵诗到次韵诗. 延边大学学报(社会科学版), 2017(2).

官品. "一带一路"视阈下中国与斯里兰卡的教育交流策略研究. 重庆师范大学学报(哲学社会科学版), 2017(3).

郭阿梅. 元代艺术市场——元代的工艺品贸易. 美与时代(中), 2017(8).

郭建勋. 明代妈祖文化传播及其合法地位的确立. 云南社会主义学院学报, 2017(2).

郭闿异. 16—17 世纪日本白银对外贸易研究. 金华: 浙江师范大学, 2017.

郭涛. 清鲜交涉中的郑命寿(1633—1653). 长春: 东北师范大学, 2017.

郭旭. 21 世纪海上丝绸之路航海保障服务体系研究. 广州航海学院学报, 2017(3).

郭亚文,张政.明末清初和清末民初的西哲中译.上海翻译,2017(5).

郭宇婷.清初东北地区中朝烟草贸易问题研究(1628—1644).长春:东北师范大学,2017.

郭志英.胡萝卜啥时候来到中国的.文史博览,2017(3).

郭志云.发挥福建统一战线优势 服务"一带一路"战略.山东省社会主义学院学报,2017(3).

国家统计局扬州调查队课题组."一带一路"倡议背景下的扬州临港经济发展研究.大陆桥视野,2017(9).

韩风春.福建陆海丝路核心交集区建设的GMT分析.中国林业经济,2017(1).

韩璐.丝绸之路经济带在中亚的推进:成就与前景.国际问题研究,2017(3).

韩露,林梦,经蕊,等.中国—斯里兰卡经贸合作:现状与前景.国际经济合作,2017 (3) .

韩炜师.从海上丝绸之路的遗产价值探讨文化遗产保护的理念.文物世界,2017(1).

韩云云.1592—1637年建州女真与朝鲜关系探析.西安:陕西师范大学,2017.

郝葵.欧美汉学发展简论.大众文艺,2017(15).

郝名,马诗华.宁波与日本"海上丝绸之路"遗迹调查.智富时代,2017(6).

何东红.从广彩瓷器看海丝路上的粤商.文物天地,2017(10).

何帆,朱鹤,张骞.21世纪海上丝绸之路建设:现状、机遇、问题与应对.国际经济评论,2017(5).

何介强.宁波创建"一带一路"建设综合试验区的对策建议.宁波经济,2017(11).

何菁菁.土豆:来自新大陆的礼物.人与自然,2017(6).

何军明,李桢,马健囡."一带一路"背景下厦门市服务贸易发展研究.大陆桥视野,2017(4).

何玲玲.明朝初期(洪武年间)中国与朝鲜的贸易往来.哈尔滨师范大学社会科学学报,2017(2).

何筆,王勇森."一带一路"上的青岛印记——板桥镇、塔埠头港等见证青岛海上丝绸之路发展历程.走向世界,2017(33).

何晓毅.《登徒子好色赋》在日本的流传及影响.长江大学学报(社科版),2017(2).

何宇,苍丽颖.明清之际中日贸易时代背景初探.大连大学学报,2017(2).

何振纪.传入日本的宋代剔彩漆器及其名谓考析.南京艺术学院学报(美术与设计),2017(4).

何振纪.海上丝路与杭州宋代漆器的对外传播.中国生漆,2017(3).

贺大州."一带一路"倡议下中国广西与东盟农产品贸易的对策研究.世界农业,2017(11).

贺乔治.一带一路让智利不再遥远.王晓波,译.东南亚纵横,2017(6).

侯平平,久岚颖,谢峰.英马戛尔尼使团觐见乾隆皇帝的礼仪之争.档案记忆,2017(2).

侯水平.从唐诗看蜀与海上丝绸之路.中华文化论坛,2017(7).

侯铁军.中国的瓷器化——瓷器与18世纪英国的中国观.外国文学研究,2017(2).

侯铁军.追寻白色"圣杯"——16至18世纪欧洲传教士笔下中国瓷器的宗教维度研究.艺术教育,2017(13).

后雪峰,屈清.潮汕商贸港口的空间演变特征.嘉应学院学报,2017(11).

胡彬.战略导向、内生转型与城市功能拓展——以上海参与"一带一路"战略为例.城市观察,2017(2).

胡春燕.青岛打造"一带一路"文化交流中心的路径探讨.中共青岛市委党校青岛行政学院学报,2017(5).

胡建华,张辉."一带一路"背景下广西提升国际软实力的理性思考与对策研究.广西师范学院学报,2017(5).

胡佩佩.洪翼汉《花浦先生朝天航海录》的史料价值.河北科技师范学院学报(社会科学版),2017(1).

胡文婷.《神学大全》入华初探.国际汉学,2017(1).

胡文婷.清初西学东渐的代表性著作:《超性学要》——清宫传教士利类思的翻译浅谈.北京行政学院学报,2017(3).

胡艺,闫吉丽,全毅.中国与"21世纪海上丝绸之路"沿线国家贸易互补性测度及其影响因素的实证研究.世界经济研究,2017(8).

胡艺.中国清代西洋肖像画研究.上海:华东师范大学,2017.

扈琼琳.21世纪海上丝绸之路面临的非传统安全问题研究.江汉大学学报(社会科学版),2017(3).

黄超.乾隆年间粤海关监督唐英研究——以新发现的中西史料为中心.海洋史研究,2017(2).

黄纯艳.北宋东亚多国体系下的外交博弈——以外交谈判为中心.中国边疆史地研究,2017(1).

黄纯艳.变革与衍生:宋代海上丝路的新格局.南国学术,2017(1).

黄纯艳.宋元海洋意识的新变与海洋贸易时代的确立.思想战线,2017(6).

黄迪,胡麦秀.中国对"21世纪海上丝绸之路"沿线国家的投资潜力分析——基于投资非效率因素的研究.海洋经济,2017(6).

黄国灿.泉州港融入"一带一路"建设海丝先行区.中国港口,2017(6).

黄国灿.厦门旅游业融合"21世纪海上丝绸之路"建设的对外开放发展研究.厦门特区党校学报,2017(4).

黄河,邹为.中国建筑企业在"一带一路"沿线基础设施投资的政治风险及其管控.云南大学学报(社会科学版),2017(4).

黄佳敏.面向21世纪"海上丝绸之路"的德化陶瓷工艺美术品文化走向.美术大观,2017(10).

黄家泉.马来西亚相遇中国"一带一路"倡议——背景与机遇的探讨.文化软实力,2017(2).

黄婕.妈祖文化与海上丝绸之路的民间交流及其途径研究.闽台文化研

究,2017(4).

黄静茹,白福臣,张苇锟.广东—东盟科技合作模式及平台建设——基于“21世纪海上丝绸之路”的背景.资源开发与市场,2017(10).

黄玫瑰.泉州梨园戏与日本歌舞伎的对比研究.日本研究,2017(2).

黄霓,陈茜.粤港澳自贸区协同引领“一带一路”建设研究.城市观察,2017(6).

黄庆波,林晗龙,刘思琦.21世纪海上丝绸之路港口建设投资风险研究.大连海事大学学报(社会科学版),2017(6).

黄书光.徐光启与马相伯的中西文化教育会通之比较.学术界,2017(6).

黄挺.宋代潮州陶瓷之路——以笔架山窑瓷器生产与外销为中心.海洋史研究,2017(2).

黄玮,毛汉霖.钦州市与东盟共建21世纪海上丝绸之路战略分析.钦州学院学报,2017(8).

黄新炎.“一带一路”题材纪录片的“当代中国”形象诠释——以上海纪实频道《海上丝绸之路》为例.中国电视,2017(7).

黄兴华,杨宏云.东南亚华人企业在建设21世纪海上丝绸之路核心区中的助推作用研究.福建理论学习,2017(4).

黄雅诗.朝贡与恩赐:从康熙朝燕行录看朝贡制度的真相.中国典籍与文化,2017(3).

黄艳.非遗视野下的海贸遗珍.岭南文史,2017(2).

黄艳葵.跨境基础设施PPP项目的法律保障问题分析——基于对15个海上丝绸之路沿线国家的分析.经济研究参考,2017(29).

黄映晞.印度洋上的“珍珠”.中国农业金融,2017(14).

黄永弟.“21世纪海上丝绸之路”与印尼“全球海洋支点”战略对接的思考.宏观经济管理,2017(3).

回嘉莹,潘娜,郭思嘉,等.六朝隋唐时期中日医学交流——读小曾户洋《汉方的历史》.医学与哲学(A),2017(11).

惠男.17世纪清朝和朝鲜关系的演进:女真国·金国·大清国.济南:

山东大学,2017.

纪琳,梁育民.广东参与建设“南丝绸之路”的意义和建议.广东经济,2017(12).

纪志刚.从拉丁语到古汉语——汉译《几何原本》卷一“界说”的翻译分析.自然辩证法通讯,2017(2).

纪志刚.利玛窦《译几何原本引》的文化阐释.自然辩证法研究,2017(6).

贾大山.海上丝绸之路战略与港口网络化发展.中国远洋海运,2017(3).

贾敏如.我国使用进口传统药物(药材)的历史(春秋至明清)和品种概况.中国中药杂志,2017(9).

江希.福州参与“一带一路”建设的地位作用及相关建议.科技视界,2017(33).

姜波.海港遗址与海上丝绸之路.中国文物报,2017-07-21.

姜波.海上丝绸之路:环境、人文传统与贸易网络.南方文物,2017(2).

姜波.考古学视野下的海上丝绸之路.中国文化报,2017-05-16.

姜成山.唐代“丝绸之路”北航线考——以韩朝彩出使中国东北与朝鲜半岛路程为中心.东疆学刊,2017(2).

姜晓云.在海上丝路探寻中国海洋文化.中国建设信息化,2017(6).

姜勇,魏星.山东半岛海上丝绸之路支点城市建设研究.海洋开发与管理,2017(1).

蒋茜.1700—1840年中英贸易背景下的设计交流研究.南京:南京艺术学院,2017.

蒋硕.北堂藏16—18世纪西文游记初探.国际汉学,2017(3).

蒋天颖,王帅.加快推进义甬舟开放大通道建设.浙江经济,2017(6).

蒋蔚芳.中国出口贸易中的本地市场效应估计——以“21世纪海上丝绸之路”国家为例.市场周刊,2017(9).

蒋燕,刘慧.走活广西发展这盘棋——广西如何融入“一带一路”建设.当代广西,2017(10).

解江红.清代广州贸易中的法国商馆.清史研究,2017(2).

寇焱，罗文娟，周莹莹. 明清时期江西漆器外销路线研究. 美与时代（城市版），2017(12).

赖鸿. 历代类书中琉球史料的整理和研究. 福州：福建师范大学，2017.

赖正维，李郭俊浩. 回顾与展望：中琉关系史研究 30 年. 中国边疆史地研究，2017(1).

兰惠英. 从现存古塔窥见印度佛教建筑艺术对福建的影响. 福建文博，2017(2).

兰兰. 从大和绘到水墨汉画——兼论中国禅宗思想对日本绘画的影响. 文艺争鸣，2017(6).

稂与健，孙善根. 明代舟山海防被忽略之原因及其影响. 中国港口，2017(S1).

雷慕沙. 雷慕沙论利玛窦与汤若望. 刘婷，译. 国际汉学，2017(2).

冷东，罗章鑫. 粤海关研究评述. 海关与经贸研究，2017(5).

冷东，阮宏，罗章鑫. 清代广州中西体育交流及其影响. 海洋史研究，2017(2).

李炳炎. 潮瓷下南洋：19 世纪以来潮瓷与东南亚潮人陶瓷业. 海洋史研究，2017(2).

李彩霞. 从航海更路簿向渔业更路簿的演变——兼论南海更路簿的分类与分期. 海南热带海洋学院学报，2017(1).

李春杰，苗威. 渤海派遣学生赴唐学习情况探析. 东疆学刊，2017(2).

李大光. 经略东海与融入 21 世纪海上丝绸之路. 中国经贸导刊，2017(28).

李大海，孙杨，韩立民. 21 世纪海上丝绸之路：物流分析、支点选择与空间布局. 太平洋学报，2017(1).

李大伟. 唐代海上丝绸之路. 学习时报，2017-12-08.

李冬君. 郑成功的海权梦不该被遗忘. 社会科学报，2017-04-20.

李栋. 16 世纪西方对中国法的最初发现与表达. 社会科学家，2017(12).

李光全. 青岛在山东融入“一带一路”中的龙头作用研究. 中共青岛市委

党校青岛行政学院学报,2017(3).

李光宗,高冰.唐代淄青镇与渤海国的良马贸易.山东工商学院学报,2017(4).

李广杰,刘晓宁."一带一路"背景下中国对东盟直接投资的布局优化研究.东岳论丛,2017(9).

李广志."海上丝绸之路"上的日本僧人足迹.书屋,2017(5).

李广志.古代日本能剧中的宁波人.海交史研究,2017(1).

李海燕,兰永红.海上丝绸之路沿线国家税务风险防控的国际借鉴研究.国际税收,2017(4).

李宏."一带一路"战略下港口转型升级的思考——以日照为例.山东广播电视大学学报,2017(3).

李鸿阶,林心淦.平潭在"一带一路"建设中的地位与作用研究.学术评论,2017(1).

李鸿阶,林在明.海南在21世纪海上丝绸之路的角色定位与责任担当.学术评论,2017(1).

李华川.《李安德日记》:一部解读18世纪中国底层社会的密码书.中国史研究动态,2017(6).

李华平."一带一路"战略下厦门港转型升级思路.港口经济,2017(6).

李华瑞,张倩.中唐以后至宋朝海路交通的转型.中国史研究,2017(3).

李惠.关于中西戏剧文化最初的碰撞——从汤显祖与利玛窦会晤问题谈起.文化遗产,2017(2).

李惠芬."一带一路"战略下南京城市文化传播路径研究.江苏丝绸,2017(4).

李惠玲,陈奕奕.相逢笔墨便相亲——越南使臣李文馥在闽地的交游与唱和.百色学院学报,2017(2).

李佳晶,张银玲.海上丝绸之路历史文化旅游资源的挖掘与提升——以广西玉林市为例.太原城市职业技术学院学报,2017(2).

李嘉曾.两艘古船的启示——海上丝绸之路与开放型世界经济.群言,2017(4).

李剑，兰潇文，姜宝.“海上丝绸之路”战略下的我国港口功能布局研究——基于临港产业空间集聚视角.海洋开发与管理，2017(2).

李健.“联动”与“调控”：洪武七年李浩往琉球“市马”考述.外国问题研究，2017(4).

李军.“一带一路”建设背景下广西面向东盟发展研究.广西社会科学，2017(6).

李均锁.21世纪海上丝绸之路：东南亚的角色扮演.兰州学刊，2017(5).

李磊.考古学视野下福州港之变迁研究.福州：福建师范大学，2017.

李明山.东南沿海疍民与海上丝绸之路(上).广东职业技术教育与研究，2017(5).

李明泽.东亚视野下明代朝鲜与琉球的交往.三明学院学报，2017(1).

李铭.影响21世纪海上丝绸之路建设的东盟因素分析.中国商论，2017(20).

李铭佳.高僧隐元东瀛开宗的现代启示——刍议黄檗宗东传日本的条件.法音，2017(10).

李娜，田原，刘桂荣.明末清初中西医汇通思想的萌芽.医学与哲学(A)，2017(7).

李鹏飞.元末东南沿海地区海寇研究.金华：浙江师范大学，2017.

李其瑞，刘熊擎天.论法国启蒙学者视域中的中国法文化.浙江工业大学学报(社会科学版)，2017(3).

李骐芳.从嫁妆说起——明代朝贡贸易中的文化交流.装饰，2017(3).

李庆，戚印平.晚明崖山与西方诸国的贸易港口之争.浙江大学学报(人文社会科学版)，2017(3).

李庆新.海南兄弟公信仰及其在东南亚的传播.海洋史研究，2017(1).

李庆新.建构中国海洋文明体系.中国社会科学报，2017-09-27.

李庆新.略谈南海海洋文化遗产及其当下价值.南海学刊，2017(3).

李庆新.演绎早期全球史大戏的佳作——读李伯重先生《火枪与账簿：早期经济全球化时代的中国与东亚世界》.海洋史研究，2017(2).

李秋晨.从波斯釉陶看中西汇流.文物天地,2017(10).

李人达.建立新时期海上丝绸之路法律制度和发展规划的思考.中国党政干部论坛,2017(6).

李松杰.瓷茶互动与江西区域文化海外传播的路径.农业考古,2017(5).

李素.明清时期福州地方政府机构与琉球进贡.三明学院学报,2017(5).

李塔娜,王俊杰.越南、雷州半岛和海南岛的时疫、贸易与地方崇拜.海洋史研究,2017(1).

李伟荣,宗亚丽.《易经》欧洲早期传播史述.湖南工业大学学报(社会科学版),2017(3).

李文浩.揭秘历史上的海上丝绸之路.智慧中国,2017(7).

李文霞,杨逢珉.中国对"海上丝绸之路"沿线国家农产品出口的影响因素及潜力研究.现代经济探讨,2017(11).

李雯."海洋亚洲"的废婢运动——以近代中国广州、中国香港、新加坡为个案.海洋史研究,2017(2).

李锡明.16 至 18 世纪欧洲的"中国无神论".文化学刊,2017(4).

李曦辉.从地缘政治视角看"一带一路"倡议.经济导刊,2017(2).

李细珠.郑成功的历史贡献及其时代意义——纪念郑成功收复台湾355 周年.统一论坛,2017(5).

李贤祥."一带一路"与浙江外向型经济.中共浙江省委党校学报,2017(3).

李现云.概述清代中俄四个贸易阶段的演变——以万里茶道河北段为例.农业考古,2017(5).

李晓光.港口经济圈圈层结构研究——以宁波舟山港口经济圈为例.宏观经济管理,2017(1).

李晓莉."21 世纪海上丝绸之路沿线国家投资环境分析.学术探索,2017(4).

李晓玉."一带一路"战略中的中国香港与阿拉伯国家合作策略.经济研

究参考,2017(4).

李昕升,卢勇.南瓜传入中国对传统医学的影响.山西农业大学学报(社会科学版),2017(1).

李昕升,王思明.明清时期南瓜栽培技术.科学技术哲学研究,2017(1).

李昕升,王思明.清至民国美洲作物生产指标估计.清史研究,2017(3).

李昕升,王思明.中国原产粮食作物在世界的传播及影响.农林经济管理学报,2017(4).

李昕升,吴昊,刘宜生.南瓜属作物与南瓜品种资源.中国野生植物资源,2017(5).

李昕升.玉米在云南的引种和推广.中国农史,2017(3).

李新贵.明万里海防图初刻系研究.社会科学战线,2017(1).

李秀清.《印中搜闻》与19世纪早期西方的中国法律观.法学研究,2017(4).

李艳芳."21世纪海上丝绸之路"框架下中斯经济关系的重塑研究.南亚研究,2017(2).

李滟茹."21世纪海上丝绸之路"下的海南发展.北方文学,2017(15).

李一鸣,李洁宇,黄海蓉.古代海上丝绸之路与海南妈祖信仰关系初探.新东方,2017(3).

李怡然."黑石号"货物装载地点探究.文物鉴定与鉴赏,2017(9).

李艺.朝鲜对清贸易中的违禁物品.长春:吉林大学,2017.

李艺.海上文化线路视域下中药外传线路考——以宋代为例.西部学刊,2017(7).

李勇."21世纪海上丝绸之路经济带"区域货币一体化研究.西安交通大学学报(社会科学版),2017(2).

李勇.天津主动融入"一带一路"建设的实践与思考.求知,2017(11).

李玉璧,王兰."一带一路"建设中的法律风险识别及应对策略.国家行政学院学报,2017(2).

李载贞,黄新.明刻本宋体字传入朝鲜半岛后.文汇报,2017-09-01.

李兆良.《坤舆万国全图》与《利玛窦中国札记》中外译本考疑.测绘科

学,2017(5).

李真.18世纪来华传教士对中国古典修辞学的传播——以马若瑟《汉语札记》为例.北京行政学院学报,2017(5).

李真.18世纪中叶欧洲人构筑的北京印记——《北京志》初探.国际汉学,2017(3).

李真.跨越汉语的长城——从明清来华传教士的汉语学习谈起.对外传播,2017(4).

李政."南海Ⅰ号"考古工作见证中国水下考古30年的历程——"南海Ⅰ号"发现与研究国际学术研讨会在阳江召开.中国文物报,2017-11-28.

李芝兰,梁雨晴."一带一路"建设中香港的新角色——基于软实力视角.开放导报,2017(4).

李志勇."海上丝绸之路"背景下中国—东盟旅游合作内容、途径及政策建议.广东海洋大学学报,2017(5).

李智君.无远弗届与生番地界——清代台湾外国漂流民的政府救助与外洋国土理念的转变.海交史研究,2017(2).

李忠辉.汉至清代朝鲜语译员的设置及活动研究.东疆学刊,2017(2).

连晨曦.琉球归属问题的历史缘起与演变.福州:福建师范大学,2017.

连晨曦.琉球闽人与Gores关系考.东南学术,2017(3).

连云港市哲学社会科学界联合会.连云港市参与"一带一路"建设发展战略.大陆桥视野,2017(12).

连云港市政府研究室.连云港"一带一路"交汇点核心区先导区建设研究.大陆桥视野,2017(12).

梁桂熟,杨乔君.论道教在日本的传播与影响——以日本道教遗迹为线索.江南大学学报(人文社会科学版),2017(4).

梁景宝.再论天花传入中国之时间.湖北第二师范学院学报,2017(6).

梁丽娜.通往世界的海上茶叶之路——基于te(茶)读音分布的语言地理学证据.重庆三峡学院学报,2017(3).

梁山.孔雀与六到十二世纪的东亚外交世界——以中日两国为中心.古代文明,2017(3).

梁轶奎. 海上丝绸之路与南海区域宗教传播. 戏剧之家,2017(22).

梁轶奎. 汪大渊游记对21世纪海上丝绸之路建设的启示意义. 戏剧之家,2017(21).

梁颖,卢潇潇. 加快"21世纪海上丝绸之路"重要节点建设的建议. 亚太经济,2017(4).

廖大珂. 利用东南亚侨务资源,推动海丝文化建设. 泉州师范学院学报,2017(1).

廖莉茹. 郑和与哥伦布航海差异的文化归因探究. 兰州教育学院学报,2017(11).

廖中武. "21世纪海上丝绸之路"战略中妈祖文化的传播研究. 中共福建省委党校学报,2017(2).

林发钦. 康熙二十五年荷兰使臣文森特·巴茨出使北京. 暨南学报(哲学社会科学版),2017(2).

林观潮. 隐元大师与黄檗文化刍议. 佛学研究,2017(1).

林国平. 海神信仰与古代海上丝绸之路——以妈祖信仰为中心. 福州大学学报(哲学社会科学版),2017(2).

林瀚. 传统航海测深用具"铅锤"考. 福建文博,2017(1).

林红. "一带一路"视角下两岸经济合作关系与"新南向"政策. 台海研究,2017(2).

林华东. 利益驱动,文明交汇——海上丝路的文化阐释. 泉州师范学院学报,2017(1).

林进忠,林旻,黄邵. 论21世纪海上丝绸之路建设背景下我国与东盟的金融合作——基于SWOT分析. 福建金融,2017(9).

林昆勇. "一带一路"建设背景下广西文化产业走进东盟问题研究. 桂海论丛,2017(4).

林民旺. "一带一路"建设在南亚:定位、进展及前景. 当代世界与社会主义,2017(4).

林荃. 郑和下西洋的基本条件与科技保障. 回族研究,2017(3).

林姝伶. 中日文化交流史上的龙泉窑青瓷研究. 杭州:浙江工商大

学,2017.

林仪."海上丝绸之路历史上的移民与贸易"学术研讨会综述.海交史研究,2017(1).

刘爱虹."华光礁Ⅰ号"沉船出水陶瓷器概览.文物天地,2017(6).

刘保奎,张健.21世纪海上丝绸之路对中国沿海城市的影响.景观设计学,2017(4).

刘婵娟,胡志华.海上丝绸之路海运网络层次体系划分.经济地理,2017(7).

刘超,王静."21世纪海上丝绸之路"能源投资准入之法律风险与应对.中国矿业大学学报(社会科学版),2017(5).

刘超,吴晓斌.21世纪海上丝绸之路视阈下我国能源货物贸易制度之疏失与更新.法治社会,2017(3).

刘大海,王艺潼,刘芳明,等."21世纪海上丝绸之路"海上战略支点港的主要建设模式及其政策风险.改革与战略,2017(3).

刘大中."21世纪海上丝绸之路"战略下的海南"全域旅游"发展研究.旅游纵览,2017(6).

刘东涛,张新宇.以"一带一路"建设为契机推进津冀港口协同发展.天津商业大学学报,2017(1).

刘斐.清代诗文中琉球史料探析——以《琉球文献史料汇编》(清代卷)为例.福州:福建师范大学,2017.

刘国良,李钊瑾,曾超莲.《更路簿》的历史价值研究.海南大学学报(人文社会科学版),2017(6).

刘海霞.唐高宗对朝鲜半岛的封授与彼时战事.衡阳师范学院学报,2017(4).

刘寒,周德威.青花瓷点燃了欧洲的"中国梦"——景德镇青花瓷中外艺术交流研究.影剧新作,2017(2).

刘恒武.图像观识与海上丝绸之路史.学术月刊,2017(12).

刘继森,张聪颖.21世纪海上丝绸之路与广东对外开放新格局.经贸实践,2017(1).

刘佳,周文贵.透视“一带一路”背景下的中泰合作.经济论坛,2017(9).

刘家兴.漂流人与中外关系研究(5—14 世纪).广州:暨南大学,2017.

刘捷.利玛窦世界地图中的“海外赢虫”——兼论市民文化与晚明世界观的塑造.民俗研究,2017(1).

刘京华,全毅.“一带一路”倡议背景下福建与非洲经贸合作的对策研究.福建论坛(人文社会科学版),2017(11).

刘军,马晴.美国主流智库对“一带一路”倡议的认知探析——基于布鲁金斯学会、卡内基基金会及美国进步中心的研究.国外社会科学,2017(3).

刘磊,贺鉴.“一带一路”倡议下的中非海上安全合作.国际安全研究,2017(1).

刘立壹,刘振前.《圣经》“南京官话译本”考论.宗教学研究,2017(2).

刘明.南亚国家共建 21 世纪海上丝绸之路的参与活性——基于陆海属性的视角.理论月刊,2017(8).

刘明翰,陈月清.郑和七下西洋对海上丝绸之路的贡献——郑和下西洋的伟绩同西欧早期殖民扩张的对比.大连大学学报,2017(5).

刘明杉.扇从日本来 风非日本风——中日交流史中的摺叠纸扇.南方文物,2017(4).

刘乃全.上海参与“一带一路”建设拓展发展空间问题研究.科学发展,2017(9).

刘楠楠.论隋唐(前期)对高句丽、渤海政策的展开与突厥因素.延边:延边大学,2017.

刘鹏,胡潇文.国际机制视角下的“21 世纪海上丝绸之路”建设.印度洋经济体研究,2017(3).

刘鹏,马红宏.从历史影响的角度看郑和下西洋与地理大发现.学理论,2017(5).

刘启振,王思明.略论西瓜在古代中国的传播与发展.中国野生植物资源,2017(2).

刘启振,张小玉,王思明.“一带一路”视域下栽培大豆的起源和传播.中国野生植物资源,2017(3).

刘启振，张小玉，王思明. 丝绸之路引种中国的油料作物及其传播动因. 中国野生植物资源，2017(1).

刘强. 协议、禁令与招揽：郑氏集团的对外贸易策略研究. 财经问题研究，2017(4).

刘钦，陈景彦. 江户时代早期日本海外贸易体系的构建. 社会科学，2017(4).

刘荃，曾慧岚. "21 世纪海上丝绸之路"的传播现状与建议——以印度尼西亚为例. 中国出版，2017(17).

刘舒羽. 从南海贸易圈到 21 世纪海上丝绸之路战略的发展. 西安财经学院学报，2017(1).

刘帅. 天妃信仰在日本的传播和演变. 天津：天津外国语大学，2017.

刘婷玉. 明代海上丝绸之路与妈祖信仰的海外传播. 中国高校社会科学，2017(6).

刘锡涛. 试述泉州海洋文化的历史特色. 福建省社会主义学院学报，2017(3).

刘喜涛. 明代朝鲜使臣赴京路线的沿革与变迁. 北华大学学报(社会科学版)，2017(6).

刘现合，刘耘华.《天路历程》宾为霖中译本与《圣经》汉译的互文性研究——以"God"圣名翻译的演变为例. 上海师范大学学报(哲学社会科学版)，2017(2).

刘向明，郑三粮. 从考古发现看东江与海上丝绸之路的关系——以出土唐代梅县水车窑为中心的考察. 惠州学院学报，2017(2).

刘晓敏，滕兰花. 清代越南使臣与广西士人交游探析. 玉溪师范学院学报，2017(1).

刘亚国. 18 世纪英国家具设计中的中国元素分析. 陕西教育(高教)，2017(5).

刘英英. 试述泉港东岳庙与"海上丝绸之路"的关系. 福建文博，2017(3).

刘耀辉，唐春生. 古代斯里兰卡与中国的交流与互动. 重庆师范大学学报(哲学社会科学版),2017(4).

刘益梅.华人经济在海上丝绸之路建设中的助推作用探讨.丽水学院学报,2017(1).

刘迎胜.从明航海侯张赫与靖海侯吴祯的琉球大洋之战看明清和琉球王国的海上分界——我国东海专属经济区东界的历史依据.海洋史研究,2017(1).

刘永连,刘家兴.明清鼎革后东亚文化共同体内各国的中国观——以安南使人对“薙发易服”的态度为视角.世界历史,2017(2).

刘勇.清代一口通商时期西方贸易公司在华茶叶采购探析——以荷兰东印度公司为例.中国经济史研究,2017(1).

刘玉.论清代有关乾隆朝英使觐见礼的记述变化.故宫博物院院刊,2017(3).

刘玉珺.从清代粤越地方文献看中越书籍交流.中国文化研究,2017(1).

刘玉霞.番茄在中国的传播及其影响研究.南京:南京农业大学,2017.

刘煜泽.关于黄花烟传入中国的问题研究.古今农业,2017(1).

刘运昌,王绍仁,潘文军.科技创新与物流发展——基于“海上丝绸之路”重点省市数据分析.科技与经济,2017(1).

刘章才.茶文化西传与海上丝绸之路.茶世界,2017(6).

刘章才.茶向西方的传播简述.农业考古,2017(2).

刘章才.英国诗人拜伦与茶文化.农业考古,2017(5).

刘长俭,孙瀚冰.“一带一路”背景下上海港的国际化战略(上)——上海港“走出去”的八大注意事项.港口经济,2017(6).

刘长俭,孙瀚冰.“一带一路”背景下上海港的国际化战略(下)——上海港“走出去”的方向、重点区域及策略.港口经济,2017(7).

刘镇,邱志萍,刘伟明.自贸协定对“21世纪海上丝绸之路”出口贸易的影响.经济经纬,2017(5).

柳紫陌.传播者的作用:来华传教士对日新说的态度.科学文化评论,2017(2).

龙成鹏.彼岸的凝视——读《中国旅行记》.今日民族,2017(3).

楼正豪.新见高句丽移民李隐之墓志铭考释.延边大学学报(社会科学版),2017(2).

卢文彬.深圳参与粤港澳大湾区规划建设的定位与着力点.特区实践与理论,2017(5).

鲁玉洁.唐代祭海相关问题研究.西安:陕西师范大学,2017.

陆韧,余华.南方陆上丝绸之路与海上丝绸之路互联互通的历史进程.云南大学学报(社会科学版),2017(2).

陆芸.从"黑石号"等沉船出土的物品看古代中国与阿拉伯国家的贸易往来.学术评论,2017(3).

陆臻杰.明清时期浙江与琉球的历史关系研究.宁波:宁波大学,2017.

罗伯特·丹尼尔卢克(Robert Danieluk).卜弥格、卢安德和穆尼阁:三位17世纪来华耶稣会士罗马耶稣会档案馆文献精选.王银泉,崔祥芬,译.国际汉学,2017(4).

罗椿咏.清末俄商在新疆的茶叶贸易活动.农业考古,2017(2).

罗树杰."一带一路"背景下广西开放合作探析.广西社会科学,2017(7).

罗星.罗明坚"Tamincvo"(大明国图)出处探析.岭南文史,2017(2).

罗伊.区域安全与南亚合作.金莉苹,译.印度洋经济体研究,2017(3).

罗伊.中印关系:改进之处与利益汇合点.金莉苹,译.印度洋经济体研究,2017(3).

罗章鑫.广州十三行与鱼翅贸易.广州社会主义学院学报,2017(2).

骆国昌.奚琴在中国和朝鲜半岛的传承与发展探微.上海:上海音乐学院,2017.

骆耀军.明代《朝鲜赋》自注里的"中国"——以《朝天录》《李朝实录》为旁证.延边大学学报(社会科学版),2017(6).

吕文利.赵匡胤与海上丝绸之路.北京日报,2017-04-24.

吕振纲.从朝贡文书看清代的朝贡体系——兼评何新华《清代朝贡文书研究》.史学理论研究,2017(1).

吕振纲.道义、合法性与国家实力——1592至1662年东亚朝贡体系中的权力转移研究.国际政治科学,2017(3).

马超平,易露霞.推进广东自贸区对接“海上丝绸之路”的战略与策略研究.改革与开放,2017(2).

马超平.广东自贸区对接“21世纪海上丝绸之路”战略的有效路径与对策研究.科技资讯,2017(31).

马超平.沪、津、闽自贸区与“海上丝绸之路”对接的经验及其对广东的启示.中国管理信息化,2017(14).

马成明,马建福.“一带一路:历史视野与现实展望”海峡两岸学术研讨会综述.中国边疆史地研究,2017(4).

马慈祥.传教士视阈下的佛教与基督教相似因素述论.宜春学院学报,2017(7).

马国俊.中国与东盟“海上丝绸之路”周边安全合作.才智,2017(3).

马浩原.浅谈明末来华传教士天文学译著及其科技传播意义.兰州教育学院学报,2017(1).

马红.21世纪海上丝绸之路:历史回溯、现实意义与连云港融入.大陆桥视野,2017(9).

马捷.清代中越海上丝绸之路中药交流研究——以“中医药文告”一则为例//中国药学会药学史专业委员会.第十九届全国药学史本草学术研讨会暨2017年江苏省药学会药学史专业委员会年会论文集,2017.

马啟亮.16世纪以前南海丝绸之路上的通使活动.世界海运,2017(9).

马仁锋.浙江海洋经济示范区建设经验及“一带一路”新机遇.港口经济,2017(6).

马睿颖,马重奇.西方传教士论十九世纪闽台闽南方言声调.古汉语研究,2017(3).

马晓雪.中国海上运输通道安全脆弱性演化机理论析.世界经济与政治,2017(11).

马旭明.1657年隐元禅师付即非源流手迹考释.世界宗教文化,2017(2).

战略构想中的作用.第二军医大学学报,2017(3).

倪毅.漂海闻见:15世纪朝鲜儒士眼中的江南.收藏,2017(4).

聂菲.百鸟向西飞:中国款彩漆屏风的西传——从德国穆恩斯特漆艺博物馆展品清康熙黑漆款彩“百鸟朝凤”图十二牒屏风谈起.广州文博,2017(1).

聂作平.汪直:从海商到倭寇.湖南文学,2017(9).

宁波市工商业联合会课题组.“一带一路”建设综合试验区创建背景下优化民营企业“走出去”服务机制的研究.宁波经济(三江论坛),2017(11).

牛传彪.明代出海水军巡哨规制考察.军事历史研究,2017(3).

欧阳碧媛,张建中.“一带一路”背景下广西农产品出口问题研究.广西财经学院学报,2017(2).

欧洋安,郑伟斌.殖民接触与族群互动:17世纪早期的淡水与基隆.厦门大学学报(哲学社会科学版),2017(1).

潘洪岩,张柳.基于路径依赖视角分析明代朝贡贸易.经济师,2017(10).

潘静静,王晓峰.复杂网络视角下的港口连通性建模及应用.深圳大学学报(理工版),2017(5).

潘瑞芳.《通用汉言之法》对世界汉语教育的贡献.海外华文教育,2017(8).

潘沙沙,张思容,苗青,等.海上丝绸之路沿线国家中医药科教概况.中华全科医学,2017(5).

潘树红.日本商船的入元贸易初探.中共青岛市委党校青岛行政学院学报,2017(3).

潘天波.中日漆器文化交流的历史进程:从溢出到透入.艺术学界,2017(2).

潘怡君.清代越南使臣眼中的广西少数民族形象及成因——以吴时任的《皇华图谱》为中心.科教导刊(中旬刊),2017(3).

潘奕宇.紫砂陶的传奇之旅——悦读《宜兴紫砂陶对欧洲的影响》.江苏陶瓷,2017(6).

亚太,2017(2).

戚文闯.宁波“争贡”事件与中日海上走私贸易.浙江海洋大学学报(人文科学版),2017(6).

漆永祥.论朝鲜燕行使笔下的清朝皇帝形象.中国文化,2017(2).

齐东方.“黑石号”沉船出水器物杂考.故宫博物院院刊,2017(3).

齐庆华,蔡榕硕.21世纪海上丝绸之路海表温度异常与气候变率的相关性初探.海洋开发与管理,2017(4).

齐庆华,蔡榕硕.21世纪海上丝绸之路海洋环境的气候变化与风暴灾害风险探析.海洋开发与管理,2017(5).

齐庆华,蔡榕硕.21世纪海上丝绸之路海洋上层热含量及热比容海平面异常变化.海洋学报,2017(11).

祁晓明.《济北诗话》产生的文学背景.日语学习与研究,2017(2).

钱江.马尔代夫群岛与印度洋的海贝贸易.海交史研究,2017(1).

钱江.寻求天子册封:18世纪暹罗国王达信与清王朝之交往(英文).海洋史研究,2017(1).

钱灵杰,操萍.马礼逊的多歧文化态度与中国典籍英译实践.山西大同大学学报(社会科学版),2017(1).

乔国存.17—18世纪法国天主教与易洛魁人萨满教的碰撞研究.世界民族,2017(2).

秦升.超越“竞争性援助”:“21世纪海上丝绸之路”建设与太平洋岛国经济发展的新思考.太平洋学报,2017(9).

秦诗立.浙江参与“一带一路”建设:新形势、新战略.浙江经济,2017(11).

秦义,许斗斗.“业缘”文化助力“21世纪海上丝绸之路”建设.福建工程学院学报,2017(2).

覃成林,刘丽玲.“一带一路”建设与香港经济发展新动力.亚太经济,2017(5).

覃玉荣.“一带一路”建设下广西与东盟多元文化融合的思考——基于跨文化交际视角.广西社会科学,2017(12).

邱成海. 久米村毛氏家族与清代琉球对外交往研究. 福州:福建师范大学,2017.

邱洪瑞. 300年前的使臣和《使琉球杂录》. 博览群书,2017(4).

邱捷. 清代广东丝绸出口与"海上丝绸之路". 学术研究,2017(5).

邱金岳,吴红艳. "一带一路"背景下宁波舟山港与中东欧四港投资合作的思路与对策. 宁波经济(三江论坛),2017(10).

邱丽洪,杨逸昕,闫玄. "一带一路"建设背景下海峡两岸经贸合作的动力与对策分析. 长沙大学学报,2017(6).

邱璇. 21世纪海上丝绸之路布局与愿景. 智库时代,2017(15).

曲国明,路璐. 中国对21世纪海上丝绸之路沿线国家出口的影响因素及潜力研究. 商业经济研究,2017(20).

曲国明,王媛,沈树明. 江苏省与21世纪海上丝绸之路国家经贸合作路径研究——基于江苏企业的视角. 时代经贸,2017(3).

曲国明. 江苏省与21世纪海上丝绸之路沿线国家贸易互补性与竞争性研究. 江苏商论,2017(5).

曲雯嘉. 论"21世纪海上丝绸之路"沿线国家互联互通建设. 贵州社会科学,2017(8).

曲哲,艾珺. 中国经纪人行业流变轨迹踪痕(续)(明清至近现代部分). 文化学刊,2017(1).

全毅,张庭祥,林裳,等. 福建融入海上丝绸之路建设的路径与对策. 东南学术,2017(4).

全毅,郑美青. 福建与东南亚:21世纪海上丝绸之路重要枢纽. 福州大学学报(哲学社会科学版),2017(4).

冉毅. 清朝册封使臣琉球八景诗之取境渊源与文化意义. 湖南师范大学社会科学学报,2017(1).

任汉伦. 中国热的"余温"——1793乾隆英使团威廉·亚历山大画作探析. 美与时代(中),2017(11).

容子. 哥德堡号中国之旅——中瑞"海上丝绸之路"史话. 档案春秋,2017(4).

茹艳，兰晰. 讲好“中国故事”的对外传播叙事策略——以《穿越海上丝绸之路》为例. 青年记者，2017(17).

阮洁卿. 17—18 世纪来华传教士汉学研究——法国著名汉学家蓝莉研究员专访. 国际汉学，2017(3).

阮玉诗. 天后信仰在越南湄公河流域的传播及其特点. 海洋史研究，2017(1).

尚智丛，王慧斌. 传教士对科学方法的译介. 中国社会科学报，2017-03-28.

邵雅利. “一带一路”国家战略视野下的福建营商环境建设. 山东农业工程学院学报，2017(11).

申来津，黄河. 日本对“一带一路”倡议的认知及其对中国的启示. 社会主义研究，2017(2).

沈骞. 玉帛之路——和田玉在丝绸之路上的物质文化传播. 文物天地，2017(11).

沈立君. 中西文化交流的见证——北周李贤墓鎏金银壶. 文物天地，2017(9).

沈铭辉，张中元. “一带一路”背景下的国际产能合作——以中国—印尼合作为例. 国际经济合作，2017(3).

沈思芹. 《尚书》中西翻译述论. 海外华文教育，2017(9).

盛敏，刘仲华，林海燕. 近代中国茶文化向西欧的传播与中西文化交流. 农业考古，2017(5).

盛荣红. 泉州出水古船桅杆初探. 福建文博，2017(4).

师敏. 入唐求法僧最澄和圆仁对日本禅宗的影响. 五台山研究，2017(2).

师艳玲. “一带一路”战略下广西县域经济发展问题研究——以钦州、北海、防城港三市为例. 广西经济，2017(5).

施存龙. 方壶山非澎湖岛亦非济州岛论. 海交史研究，2017(1).

施茜. 成为“南京样式”：16 至 19 世纪中国外销瓷的符号化. 民族艺术，2017(6).

施雪琴,许婷婷.海上丝绸之路与印尼民丹岛华人民间信仰的传播.海交史研究,2017(1).

施雪琴,叶丽萍.契机与挑战:当代中国与印尼新型互动关系的构建——以“21世纪海上丝绸之路”建设为背景.当代世界与社会主义,2017(3).

施晔.海上丝路的经典案例:东印度公司与18世纪欧洲的“中国风”.社会科学,2017(1).

施泳峰.海南省博物馆收藏的“华光礁1号”南宋沉船出水文物.团结报,2017-07-06.

石慧,王思明.西瓜在中国的引种推广及动因探析.山西农业大学学报(社会科学版),2017(1).

石竞琳.丝绸之路上中外文化的交流与交融(上).中国民族报,2017-02-10.

石磊,刘海霞.唐朝封授新罗王金春秋、金法敏父子考.江西社会科学,2017(1).

石巧玲,李伟,董微.“一带一路”战略下福建林产品出口贸易发展对策.台湾农业探索,2017(2).

石玉兵.宋元时期北方海港及相关考古遗存的初步研究.长春:吉林大学,2017.

石云里.从书本知识到实践知识——《崇祯历书》与明末欧洲天文学的传入.科学新闻,2017(11).

束维.“南海一号”所承载的佛山古代冶铁业.佛山日报,2017-07-04.

帅倩.明代赴朝鲜使臣祁顺与朝鲜名臣徐居正之交往略考——以《(丙申)皇华集》为中心.鲁东大学学报(哲学社会科学版),2017(1).

帅志强,曾伟.妈祖文化产业发展的意义、机遇及策略——以21世纪海上丝绸之路为背景.徐州工程学院学报(社会科学版),2017(4).

司徒尚纪,许桂灵.黄道婆对棉纺织业的贡献与我国海上丝绸之路.新东方,2017(3).

斯瓦兰·辛格.“一带一路”与印度.金莉苹,译.印度洋经济体研究,

2017(3).

斯瓦兰·辛格.印度对“一带一路”倡议的选择性参与.朱艺翔,译.印度洋经济体研究,2017(4).

松浦章.中国帆船研究回顾.海洋史研究,2017(1).

松尾恒一,梁青.基于中国在日资料进行民俗研究的可能性——聚焦明清访日海商相关记录.文化遗产,2017(3).

宋刚.小人物的大历史:清初四川天主教徒徐若翰个案研究的启示.国际汉学,2017(1).

宋灏岩.澳门圣保禄学院传教士对早期葡汉翻译的贡献研究.中国翻译,2017(3).

宋黎明.利玛窦研究资料汇释梳理.文汇报,2017-12-29.

宋清润.“一带一路”倡议下的中国—东盟合作:机遇、挑战与建议.世界知识,2017(12).

宋晓芹.试论中国在东亚朝贡体系中的地位和作用.大连大学学报,2017(4).

宋娅妮,肖玉徽.“21世纪海上丝绸之路”背景下海南物流的发展.当代经济,2017(12).

宋泽楠.广西开放发展“三大定位”的内涵分析及实现路径.广西社会科学,2017(8).

苏尔梦,罗燚英.马六甲施善华商与公众记忆——以甲必丹李为经(1614—1688)为例.海洋史研究,2017(2).

苏尔梦.荷兰东印度公司控制下巴达维亚(1619—1799)的华人墓地(英文).海洋史研究,2017(1).

苏华正.宁波舟山港海铁联运发展战略.中国港口,2017(10).

孙成旭.明清朝鲜使者眼中的“皇都”形象.北京社会科学,2017(2).

孙海泳.中国参与印度洋港口项目的形势与风险分析.现代国际关系,2017(7).

孙键.“涨海声中万国商”——“南海Ⅰ号”与海上丝绸之路.中国文物报,2017-06-09.

孙君健.澳大利亚与“海丝”倡议的对接及其前景.现代国际关系,2017(6).

孙琳.18世纪欧洲“中国风格”人物瓷塑的隐在特征.四川戏剧,2017(6).

孙迁.日本入南宋律僧研究.保定:河北大学,2017.

孙尚杨.简论基督教文化在中国的传播与发展.中央社会主义学院学报,2017(4).

孙婉霞.益斋李齐贤的中国体验诗研究.武汉:华中师范大学,2017.

孙炜冉.高句丽入唐移民与仕唐蕃将研究状况及其学术价值.博物馆研究,2017(4).

孙卫国,解祥伟.明抗倭援朝战争初期中朝宗藩间之“信任危机”及其根源.古代文明,2017(1).

孙卫国.朝鲜王朝对清观之演变及其根源.廊坊师范学院学报(社会科学版),2017(3).

孙文忠.万历朝鲜战争期间宋应昌对日策略研究.宁波:宁波大学,2017.

孙晓燕.西风东渐——唐代外来文化对巩义窑的影响.艺术教育,2017(Z6).

孙雁冰,马浩原.论清代来华传教士生物学译著对晚清生物学发展的贡献.韩山师范学院学报,2017(3).

孙雁冰,马浩原.生物学术语创译视角下的清代来华传教士生物学译著及其科学价值.江苏科技大学学报(社会科学版),2017(2).

孙杨杨.西方汉学定位问题:以《孝经》翻译为例.解放军外国语学院学报,2017(6).

孙勇才,孔铎.盛世重光:21世纪海上丝绸之路.中国建设信息化,2017(11).

孙有中,江璐.澳大利亚主流媒体中的“一带一路”.现代传播,2017(4).

塔马斯·马都亚.“一带一路”背景下中国与中东欧合作的各方机遇.大陆桥视野,2017(2).

谭春阳.明初偰氏家族对中朝关系影响研究——以偰斯、偰长寿为中心.延边:延边大学,2017.

谭玉华.千年丝路——伊朗访古记.大众考古,2017(6).

谭元亨,吴良生.十三行:清代前期对外贸易的开放态势.深圳大学学报(人文社会科学版),2017(2).

谭仲池."黑石号"见证千古璀璨.新湘评论,2017(23).

谭卓,杨松岭,蔡文杰."21 世纪海上丝绸之路"油气勘探开发合作战略.国际经济合作,2017(5).

汤斌,王宏昊.以耶稣会士新体画为例,试论清代热河(乾隆朝)的中西艺术交流.河北旅游职业学院学报,2017(3).

汤丹文,徐学敏,黄丽娟.从新安沉船,破解庆元港的历史密码.宁波日报, 2017-12-15.

汤开建,晏雪莲.明清时期澳门葡萄牙人的婚姻.民族研究,2017(3).

汤开建,周孝雷.澳门开埠之初(1564—1580)葡萄牙人对三次中国海盗活动的应对与处理.海交史研究,2017(2).

汤开建.明清时期澳门葡萄牙军事及警察制度考述.暨南学报(哲学社会科学版),2017(2).

汤晓龙.创新港口城市发展模式 建设"一带一路"核心交汇点——以广东湛江为例.城市,2017(5).

汤之敏.中国—东盟智库在推进"一带一路"建设中的作用.东南亚纵横,2017(6).

唐臣."一带一路"倡议下广西现代物流业的发展现状与对策研究.中国商论,2017(33).

唐黎标.日本平安时代瓷器与中国唐宋时期瓷器的比较研究.陶瓷,2017(3).

桃木至朗,邓应文,焦鹏,等.10—15 世纪南海贸易与大越＝安南国家.海洋史研究,2017(1).

陶德臣.汉至元明时期丝绸之路茶叶贸易的发展.中国茶叶,2017(4).

滕晓铂.17—18 世纪中国外销紫砂茶具对欧洲的影响.装饰,2017(8).

天津市人民政府驻福州办事处课题组，天津市人民政府驻福州办事处. 福建省加快推进“21 世纪海上丝绸之路”核心区建设的实践及对天津的启示. 港口经济，2017(3).

田丰. 海上丝绸之路精神与广东近代思潮. 岭南文史，2017(1).

田心. 广西钦州“海上丝绸之路”历史文化遗址考证及评析. 钦州学院学报，2017(2).

田中克子. 日本出土的宋代潮州窑产品与相关问题——以福冈市博多遗址群出土为主. 海洋史研究，2017(2).

佟大群. 东北亚丝绸之路发展历程考察. 学问，2017(1).

涂明谦. 关于福建海上丝绸之路文化交流与传播的思考. 福建论坛(人文社会科学版)，2017(10).

涂雯. “一带一路”战略下大连港多式联运发展现状及对策建议. 港口经济，2017(5).

屠凯. 与中国相遇的现代早期西方法哲学规范性、权威和国际秩序. 中外法学，2017(5).

万明. “中国历史上的白银问题”国际学术研讨会总结. 中国钱币，2017(3).

万明. 明代白银货币化的总体视野：一个研究论纲. 学术研究，2017(5).

万明. 明太祖“共享太平之福”的外交理念与实践. 人民论坛，2017(10).

万明. 新发现《郑和写经》初考. 安徽史学，2017(1).

万晓. 朝贡的名实与朝贡之外的东亚——分类框架、案例举隅与研究建议. 国际政治科学，2017(3).

汪汉利. 明代西洋回回与中国海上交往. 回族研究，2017(4).

汪汉利. 三佛齐：宋代海上丝绸之路重要节点. 浙江海洋大学学报(人文科学版)，2017(6).

汪欣. 南音：海上丝绸之路的丝竹乡韵. 中国社会科学报，2017-12-21.

王爱虎，杨淞晓. “一带一路”国际物流绩效对中国出口贸易影响研究. 华南理工大学学报(社会科学版)，2017(1).

王成荣. 21 世纪海上丝绸之路背景下的广东省蓝碳发展研究. 海洋开

发与管理,2017(8).

王春亮.丝路精神研究.黄河科技大学学报,2017(6).

王铎.青岛:中国海上丝绸之路的“东方走廊”.走向世界,2017(37).

王凤娟,卢毅.“一带一路”海外承包工程非传统安全风险分析——以21世纪海上丝绸之路为例.工程管理学报,2017(1).

王冠宇.早期来华葡人与中葡贸易——由一组1552年铭青花玉壶春瓶谈起.南方文物,2017(2).

王国彪.朝鲜“燕行录”中的“华夷”之辨.外国文学评论,2017(1).

王国平.故宫文物讲述“海上丝绸之路”的故事.光明日报,2017-05-09.

王海,王海潮,钟淇.19世纪上半叶在华外国人汉语拼音化活动与影响——基于《中国丛报》记述的考察.安阳工学院学报,2017(5).

王宏斌.从蕃坊到租界:试探中国近代外侨政策之历史渊源.史学月刊,2017(5).

王宏斌.清代前期台湾内外洋划分与水师辖区——中国对钓鱼岛的管辖权补证.军事历史研究,2017(3).

王宏超.翻译本《几何原本》与中西数理思想之会通.华文文学,2017(3).

王宏晨,纪志刚.《几何原本》中佩尔捷与克拉维乌斯切边角之争的重构.自然辩证法通讯,2017(2).

王洪斌.全球史视野下的中国艺术风格对18世纪英国艺术的影响.中国文化研究,2017(1).

王洪伟.从风格描述到学术意图——高居翰对《葑泾访古图》新颖手法来源的推论.文艺研究,2017(1).

王佳娣,刘祥清.利玛窦世界地图译介中的文化适应策略研究.中国翻译,2017(1).

王佳娣.利玛窦中文译著作品中的音译策略.湖南第一师范学院学报,2017(1).

王嘉南.“21世纪海上丝绸之路”战略背景下南海区域合作机制研究.海口:海南大学,2017.

王建邦."21世纪海上丝绸之路"建设下的对台湾投资.贵州大学学报(社会科学版),2017(2).

王建文,陈杰.海上丝绸之路考古的新发现——上海青龙镇遗址考古取得重要成果.中国文物报,2017-02-10.

王剑波.古代海上丝绸之路起点探源.浙江日报,2017-08-14.

王健."近代丝绸之路":从"丝绸之路"到"一带一路"历史跨越的重要节点.南京社会科学,2017(3).

王璟亚.宋代耀州窑外销青瓷与刻花印花工艺.中国港口,2017(S1).

王靖.海上丝绸之路建设面临的挑战和对策.纳税,2017(19).

王巨新."交趾中南半岛情形图"与中暹缅海路贸易交通.海交史研究,2017(1).

王军,龚德才.南京明代宝船厂遗址出土舵杆结构特征研究.东南文化,2017(6).

王军锋,孟祥霞.加快构建宁波"港口经济圈"的策略研究.宁波经济(三江论坛),2017(6).

王开玺.明末清初中外宗藩关系重构过程中的疏离倾向.晋阳学刊,2017(5).

王可佳.浅析青岛与"东方海上丝绸之路"的历史渊源.烟台职业学院学报,2017(2).

王兰兰.唐道教文化在朝鲜半岛的传播研究.西安电子科技大学学报(社会科学版),2017(4).

王磊.郑和下西洋对明朝对外贸易的影响考究.兰台世界,2017(17).

王立诚,孙立春.宁波在明朝中日朝贡贸易中的地位变迁——兼及对"一带一路"建设的启示.中国集体经济,2017(22).

王连龙,丛思飞.唐代新罗人金日晟墓志及相关问题研究.北方文物,2017(3).

王列辉,朱艳.基于"21世纪海上丝绸之路"的中国国际航运网络演化.地理学报,2017(12).

王明惠,庄佩芬.福建自贸区融入21世纪海上丝绸之路的对策研究.福建农林大学学报(哲学社会科学版),2017(6).

王明明.海上丝绸之路框架下我国港口合作发展研究.大连:大连海事大学,2017.

王培光.中国近现代数学的领航者——评《利玛窦:中西数学文化交流的使者》.韶关学院学报,2017(1).

王佩弦.从茉莉花的传播看丝绸之路上的文化回流现象.攀登,2017(1).

王泉伟.天朝意识与明清中国的朝贡外交.国际政治研究,2017(1).

王日根.闽商是海上丝绸之路的拓荒者.福建日报,2017-05-02.

王睿,欧婷婷.清代十三行图像史料内涵初探.海洋史研究,2017(2).

王善铸.扬威海外 远播文明——世界航海第一人郑和.云南档案,2017(12).

王守栋.继往开来——纪念苏禄王使华六百周年.德州学院学报,2017(5).

王守力,范美丽."一带一路"战略下粤港澳体育旅游资源的空间结构特征及开发路径研究.贵州体育科技,2017(1).

王树义.国风文化对日本平安时代教育的影响.保定:河北大学,2017.

王硕丰.白日昇、徐若翰汉语《圣经》研究.世界宗教研究,2017(2).

王思杰."海上丝绸之路"视域下的宋元泉州与宗教共生.宁夏社会科学,2017(6).

王思明,李昕升.农业文明:丝绸之路上"行走"的种子.中国社会科学报,2017-03-02.

王思明.丝绸之路农业交流对世界农业文明发展的影响.内蒙古社会科学(汉文版),2017(3).

王婷婷,韩满,王宇.基于"21世纪海上丝绸之路"文献的文本挖掘研究.统计与信息论坛,2017(11).

王维坤.关于唐章怀太子墓壁画"东客使图"中的"新罗使臣"研究始末.梧州学院学报,2017(4).

王蔚,郭雅玲."哥德堡"号古茶再现及其意义.安徽农业科学,2017

(10).

王文滋,郭雪剑,黄建安.以联合开发金塘为突破口 加快宁波—舟山港一体化.浙江经济,2017(11).

王小明.21世纪海上丝绸之路建设对接当地发展研究——印度尼西亚视角.国际展望,2017(4).

王晓云.埙篪相和 一脉同气——论闽台回族之关系.北华大学学报(社会科学版),2017(2).

王秀,王莲.东传日本宋元中国画研究初探.美术观察,2017(10).

王雅丽,乐家华."海上丝绸之路"区位优势下中泰水产品贸易发展现状.中国渔业经济,2017(4).

王燕.汤姆斯与《三国演义》的首次英译.文化遗产,2017(3).

王一娜,周鑫.通向海洋之路:清代香山岐澳古道考.海洋史研究,2017(2).

王亦铮.浅谈泉州民间航海针路簿的若干特点.南海学刊,2017(2).

王永平.杭州绳技:海上丝绸之路传来的印度魔术.北京日报,2017-04-17.

王勇,秦利.东北亚丝绸之路的历史演变与柞蚕产业发展的思考.蚕业科学,2017(6).

王禹,李干琼,李哲敏,等."一带一路"背景下中国和泰国农业合作研究.农业展望,2017(1).

王元林.吴哥古迹出土陶瓷与海上丝绸之路文化交往.南方文物,2017(2).

王臻.入清为质:昭显世子在清与朝鲜关系中的活动探析.廊坊师范学院学报(社会科学版),2017(3).

王振忠.琉球汉文文献与中国社会研究.海洋史研究,2017(1).

王政军,王宝卿.清末至民国时期玉米、番薯在青岛地区的传播及对居民主食结构的影响.青岛农业大学学报(社会科学版),2017(1).

王志刚.珠海服务"一带一路"国家战略的定位及路径探索.大陆桥视野,2017(8).

王志高. 关于郑和的葬地问题. 南京晓庄学院学报,2017(3).

王志翔. 唐代针灸对外交流研究. 郑州:河南中医药大学,2017.

王智利. 擦亮品牌,加快推进广州黄埔区“海丝文化”建设. 广州航海学院学报,2017(3).

王中亚. 宋代步入海上丝绸之路快速发展期. 中国商报,2017-08-09.

韦红,尹楠楠. “21世纪海上丝绸之路”东南亚战略支点国家的选择. 社会主义研究,2017(6).

韦晓慧. 海上丝绸之路核心城市与区域的科技合作战略研究. 科学管理研究,2017(3).

卫思韩,谢明光. 有关耶稣会在华传教(1662—1687)的一些荷兰文资料. 国际汉学,2017(4).

卫思韩,周鑫,林旭铭. 论南海非地中海:从中外关系史的角度. 海洋史研究,2017(1).

魏楚雄. 中国与西方:海洋意识及国家安全与发展战略(英文). 海洋史研究,2017(1).

魏海蕊,盛昭瀚. 我国内陆省份参与海上丝绸之路的外向型特征与优化策略——基于无水港海港定向合作视角. 国际贸易问题,2017(5).

魏梦月,孙慧兰,张冰. 从《东西洋考每月统记传》看鸦片战争前夕南海地区的“海上丝绸之路”缩影. 学报编辑论丛,2017(00).

魏若望(John W. Witek). 17世纪末到18世纪初“大秦景教”碑情况介绍:卜弥格和刘应发挥的作用. 崔祥芬,王银泉,译. 国际汉学,2017(3).

魏志江,魏珊. 论宋丽海上丝绸之路与海洋文化交流. 东疆学刊,2017(1).

魏志江,郑洁西. 8至14世纪中日海域航路考. 社会科学战线,2017(5).

文社. 写好海上丝绸之路新篇章——广西文物局负责人谈海上丝绸之路·北海史迹保护和申遗. 中国文物报,2017-04-28.

闻竞. 古代朝鲜的国际秩序观——基于《李朝实录》的档案解读. 山东农业工程学院学报,2017(5).

翁建彬."一带一路"战略构想与福建海上交通发展对策.福建交通科技,2017(1).

翁启伟."海上丝绸之路"背景下海南物流业国际竞争力研究.中国商论,2017(12).

巫新华.天山与古代东西方贸易.大众考古,2017(12).

吴碧英.传承与发展"海上丝绸之路"文化——以福州市为例.济宁学院学报,2017(6).

吴春萌,白福臣.硅谷创新成长模式对广东建设海上丝绸之路科技合作圈的启示.广东海洋大学学报,2017(5).

吴春明.华南汉人海洋性的文化史成因.南方文物,2017(2).

吴大昕.朝鲜己亥东征与明朝望海埚之役——15世纪初东亚秩序形成期的"明朝征日"因素.外国问题研究,2017(1).

吴丹微.广州与海上丝绸之路.文物天地,2017(10).

吴迪."丝绸之路"经济带和"海上丝绸之路"之金融支持对策研究.产业与科技论坛,2017(12).

吴光辉,郭立欣.近代以来日本视域下的朱子学与中国形象.思想与文化,2017(1).

吴贺.18—20世纪中俄茶路兴衰的再思考.南开学报(哲学社会科学版),2017(2).

吴宏岐,刘煜琼.清至民国时期葡萄牙人对澳门附近海域管辖权的觊觎与争夺.安徽史学,2017(5).

吴竑,陈岱婉."一带一路"建设中广东区域城市群协调发展研究.沈阳工业大学学报(社会科学版),2017(6).

吴蕙仪.17、18世纪之交欧洲在华传教士汉语知识的传承与流变——基于梵蒂冈图书馆一份手稿的个案探讨.国际汉学,2017(4).

吴晶晶.元代市舶制度研究.呼和浩特:内蒙古民族大学,2017.

吴娟,黄茂兴.福建"海丝"核心区建设及战略思考.东南学术,2017(4).

吴可亮.东北亚海上丝绸之路建设问题研究.东北亚经济研究,2017(1).

吴羚靖.18—19世纪英国移种中国茶与发展印度茶之问题探析.学术研究,2017(12).

吴培植.泉州:海上丝绸之路起点城市.文物鉴定与鉴赏,2017(9).

吴少佳.居巢、居廉与外销画关系初探.美术大观,2017(9).

吴石坚.广州番禺学宫与明清海上丝绸之路.岭南文史,2017(4).

吴松弟.16—19世纪欧洲对东北亚海域地名的认识及其命名方式的东来:对欧洲和东北亚古地图的分析.历史地理,2017(2).

吴伟峰.广西合浦汉代出土文物与海上丝绸之路.当代广西,2017(10).

吴伟峰.汉代的广西文物所反映的海上丝绸之路与文化交融.广西文博第一辑,2017(9).

吴喜龄,陈万灵.21世纪海上丝绸之路的中国与东盟共赢性研究——基于中国与东盟合作效应的计量.商业经济研究,2017(22).

吴旭梅,陈万灵.中国对海上新丝路沿线国家出口增长的来源分析——基于CMS模型的需求效应、结构效应和竞争力效应分解.西部论坛,2017(1).

吴元丰.清初琉球国王舅马宗毅使华及其意义.清史研究,2017(2).

吴远鹏.占城稻的传入及其对晋江的影响略考.农业考古,2017(3).

吴珍锡.三燕文化及其与高句丽、朝鲜半岛南部诸国文化交流的考古学研究.长春:吉林大学,2017.

伍显军.唐宋温州与日本佛教文化的交流及其影响.温州文物,2017(1).

习近平.在广西北海铁山港作业区考察强调:写好海上丝绸之路新篇章港口建设和港口经济很重要.交通企业管理,2017(3).

夏立平.妈祖文化在海上丝绸之路建设中的作用.珠江水运,2017(3).

夏明来.青花瓷的海上丝绸之路.检察风云,2017(12).

夏苇航,刘清才."21世纪海上丝绸之路"倡议视域中的中国——东盟关系.社会主义研究,2017(6).

夏真真,汪万发.21世纪海上丝绸之路:非传统安全问题及其合作安排.江南社会学院学报,2017(4).

向彪.李煦与西洋传教士接触及其对曹雪芹创作《红楼梦》的影响.中国

文学研究，2017(3).

象山县文物管理委员会办公室课题组.“海丝之路”与象山历史文化.宁波通讯，2017(7).

肖亮升，马兰玉.让“海上丝绸之路”文化遗产活起来.人民政协报，2017-11-20.

肖亮升.“让海上丝绸之路文化重放异彩”.人民政协报，2017-04-21.

肖清和.辩护与疏离：汤若望与《主教缘起》研究.世界宗教研究，2017(5).

肖文远.西方人对干支纪年的转译——以《英华历书》为核心的探讨.中山大学研究生学刊(人文社会科学版)，2017(2).

谢必震，陈硕炫.琉球闽人家谱资料的史料价值.海洋史研究，2017(1).

谢斌.“21世纪海上丝绸之路”建设背景下的中国—东盟执法安全合作.理论界，2017(5).

谢皆刚.西学东渐与中学地理的嬗变.学术评论，2017(6).

谢琳灿.“全球海上支点”对接“21世纪海上丝绸之路”——对印尼产能与基础设施合作的机遇与风险.中国经贸导刊，2017(22).

谢梦.“南海Ⅰ号”出水铜镜的保护修复.文物鉴定与鉴赏，2017(12).

谢庆立.“西洋镜”里的末世图景——1832年《中国丛报》的中国报道研究.新闻在线，2017(21).

谢婷婷.侨务公共外交在海丝建设中的实践策略——以华商为例.太平洋学报，2017(11).

谢喜梅.海上丝绸之路上的音乐传播考察——评《海上丝绸之路的音乐文化》.传媒，2017(19).

谢向伟.“一带一路”背景下的中印经济合作探析.东南亚南亚研究，2017(1).

谢向伟.“一带一路”背景下完善中印经济合作机制探析.东南亚南亚研究，2017(4).

谢重光.唐宋元时期的漳州海上丝绸之路史迹.大众考古，2017(3).

辛光灿.东南亚发现的沉船与海上丝绸之路.中国文物报，2017-08-11.

兴旺达."一带一路"倡议背景下的柬埔寨—中国关系.颜洁,译.东南亚纵横,2017(6).

熊昌锟.近代福州的茶叶出口与外国银元的流入.中国社会经济史研究,2017(4).

熊昌锟.近代宁波的洋银流入与货币结构.中国经济史研究,2017(6).

熊灵,陈美金.中国与印尼共建21世纪海上丝绸之路:成效、挑战与对策.边界与海洋研究,2017(6).

熊威威.浅谈唐朝以后筝在中日间的发展.黄河之声,2017(12).

熊勇清,许智宏.海上丝绸之路上港口与港口城市的互动发展机制研究.财经理论与实践,2017(1).

熊昭明.汉代海上丝绸之路航线的考古学观察.社会科学家,2017(11).

熊昭明.汉代海上丝绸之路合浦港的考古学探究.中国文物报,2017-05-05.

徐波.对古代东亚朝贡体制的再思考.国际政治研究,2017(3).

徐超.玉樽美酒清如空——李贤墓出土萨珊凸钉玻璃碗.文物天地,2017(9).

徐东升,毛蕾,靳小龙.推陈出新,探寻新的学术增长点——"唐代江南社会经济与海上丝绸之路"学术研讨会综述.中国经济史研究,2017(1).

徐峰."海上丝绸之路"战略倒逼海事强制法松动.天津航海,2017(1).

徐冠勉.奇怪的垄断——华商如何在香料群岛成为荷兰东印度公司最早的"合作伙伴"(1560—1620年代).全球史评论,2017(1).

徐菁.明代仕女画与江户美人画的比较研究.新乡:河南师范大学,2017.

徐利华,刘崇德.《抛球乐》传入高丽考.北京舞蹈学院学报,2017(5).

徐利华,刘崇德.明代永乐佛教歌曲在朝鲜半岛的流播考.兰州学刊,2017(3).

徐睿渊.传教士材料中的福建厦门方言常用单音否定词.方言,2017(3).

徐霞鸿.海上丝绸之路的"绍兴船" 重商的越地先人曾是海上丝绸之路兴衰浮沉的见证者.绍兴日报,2017-06-14.

徐亚娟.乾嘉之际英人的中国经验——以马戛尔尼使团成员的“中国著述”为中心.社会科学战线,2017(8).

徐胤娜,侯铁军.从他者之物到自我之物——论18世纪英国对中国瓷器的挪用.景德镇陶瓷,2017(6).

徐颖颖.航海技术史研究综述.世界海运,2017(3).

徐中锋.从清中期外销瓷图像看中西文化交流——以中国航海博物馆藏外销瓷为例.中国艺术,2017(3).

许可.琉球对华派遣留学生的政治动因与作用探析.东南学术,2017(5).

许谋清.被忽视的“海丝”八大商人.福建乡土,2017(2).

许莹.《察世俗每月统记传》“近代化”特征探究.新闻春秋,2017(4).

薛不凡.十八十九世纪欧洲汉学热原因初探.汉字文化,2017(7).

薛彦乔.由海道传入福建的两种农作物:高丽菜和新罗葛.农业考古,2017(4).

闫姝涵.宋丽书籍交流探析.延边:延边大学,2017.

严安林,张建.“一带一路”倡议对亚太秩序与两岸关系的影响.台湾研究,2017(4).

严南南,陆珉,宗康.海上丝绸之路航线网络的连通性建模与仿真研究.华中师范大学学报(自然科学版),2017(5).

严艳.18—19世纪越南华裔如清使及其家族汉文学创作述论.暨南学报(哲学社会科学版),2017(6).

阎根齐.论南海海上丝绸之路的形成时间.学术探索,2017(3).

阎勤,沈小贤,任月红,等.宁波建设中欧班列沿海集结服务中心的方案设计.宁波经济(三江论坛),2017(1).

晏雪莲.明清时期澳门葡裔族群婚俗探析.国际汉学,2017(2).

羊泽林,杨敬伟.福建松溪县西门窑发掘收获.东方博物,2017(3).

杨春平,张文德.中国与海上丝绸之路沿线国家专利关系研究.情报杂志,2017(4).

杨洸.广州海上丝绸之路研究综述.广州社会主义学院学报,2017(2).

杨宏烈.广州“巴洛克”建筑艺术发展试探.广州城市职业学院学报,2017(3).

杨慧林.“何以译诗”与“诗何以译”——以来华传教士的西诗译介为例.人文杂志,2017(1).

杨建锋.海上丝绸之路文化资源融入高校社会主义核心价值观教育的实践路径研究.西部素质教育,2017(6).

杨洁勉.中国特色海洋外交的实践创新和理论探索.边界与海洋研究,2017(4).

杨娟.“一带一路”战略下广西高等教育国际化的有效路径探讨.当代教育实践与教学研究,2017(11).

杨乐.明代广东东路海防地理研究.广州:暨南大学,2017.

杨雷.关于“一带一路”战略背景下天津对外开放格局的思考.东北亚学刊,2017(2).

杨磊,徐若恃.“一带一路”战略下广西沿边口岸旅游产业发展的思考.广西经济,2017(1).

杨蕾,周洋.《利玛窦中国札记》政策人类学视角下参与他者的研究.惠州学院学报(社会科学版),2017(1).

杨蕾.松浦章:《温州海上交通史研究》.海交史研究,2017(2).

杨丽尧,殷勇,席文佳,等.“一带一路”战略背景下马来西亚华人华侨的作用.亚太安全与海洋研究,2017(5).

杨莉,祝捷.“海上丝绸之路”沿线港口资源整合规划研究.赤峰学院学报(自然科学版),2017(7).

杨林燕.海上丝绸之路沿线港口物流对国际贸易的影响——基于15个港口的面板数据分析.太原学院学报(社会科学版),2017(3).

杨瑞芳.《康熙字典》初传朝鲜半岛考辨.中国石油大学学报(社会科学版),2017(5).

杨睿.中国南海Ⅰ号考古与保护.中国文物报,2017-07-07.

杨绍华.秦汉时期中国与丝路沿线诸国体育文化的交流——以汉画像石为考察对象.西安体育学院学报,2017(3).

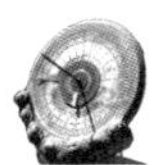

杨恕,李亮.反思朝贡体系的安全功能:内涵、制度与实践.南京大学学报(哲学·人文科学·社会科学),2017(2).

杨素梅."一带一路"战略下珠三角港航产业的发展战略选择.港口经济,2017(5).

杨伟."一带一路"战略背景下南通外向型经济发展方略研究.全国流通经济,2017(1).

杨祥章.南向通道:新加坡参与"一带一路"的新载体?.世界知识,2017(20).

杨艳香.论明代嘉靖中期倭患战争的性质——以徐渭抗倭诗为例.杭州师范大学学报(社会科学版),2017(4).

杨阳.跨文化视野下的唐五代时期长沙窑陶瓷对外贸易研究.北京:中国艺术研究院,2017.

杨杨.明嘉靖时期中日民间贸易评述.理论观察,2017(5).

杨怡爽."一带一路"视角下的中孟合作意愿、需求与空间.印度洋经济体研究,2017(4).

杨怡爽.跨界发展:从21世纪海上丝绸之路到亚洲生产网络的边界扩展.当代亚太,2017(1).

杨玉燕,王景敏.港航物流服务体系转型升级的困境与出路——以海上丝绸之路战略下的广西北部湾为例.中国集体经济,2017(15).

杨昭全.中韩古诗交流与研究.东疆学刊,2017(1).

杨哲."丝路帆远——中国海上丝绸之路文物精品图片展"在南美巡展.福建文博,2017(1).

杨忠振,陈东旭.制造业沿海上丝绸之路的转移趋势.中国航海,2017(1).

姚景芳,陈淑华.谈海上丝绸之路的历史贡献与重建对策.辽宁师专学报(社会科学版),2017(5).

姚妙峰,纪志刚.《测量法义》在中国:翻译、传播与发展.咸阳师范学院学报,2017(2).

姚小平.近代西洋汉语语法学术规范是怎样形成的——从傅尔蒙、雷慕沙到甲柏连孜.文汇报,2017-04-28.

姚芸.打造面向青少年的“主题出版”普及读物——“海上丝绸之路青少年科普丛书”策划出版侧记.中国编辑,2017(7).

叶冲.永乐时期中国在东南亚区域的经略——以郑和下西洋为中心的分析.暨南史学,2017(2).

叶飞文.海上丝绸之路铸就福建“丝路精神”.宏观经济管理,2017(8).

叶岗,陈民镇.越文化与海上丝绸之路的发生与发展——兼及对“一带一路”战略的启示.绍兴文理学院学报(哲学社会科学),2017(2).

叶磊.中日文化交流视阈下日本古典绘画艺术的嬗变发展与源流关系考探.艺术百家,2017(5).

叶农,陈益歆.海上丝绸之路的新支点——鸦片战争后港澳对外贸易研究综述.海交史研究,2017(2).

叶农,陈益歆.意大利籍耶稣会士熊三拔及其中文著作考述.世界宗教研究,2017(6).

叶青,陈铭.“十三五”时期广西建设“一带一路”战略支点和有机衔接重要门户的战略研究.经济研究参考,2017(29).

叶扬秋.17、18世纪欧洲艺术史中的德化白瓷图式考析.美术大观,2017(6).

佚名.中国古代造船业成就回顾.珠江水运,2017(4).

殷琦.“软联通”视角下福建21世纪海上丝绸之路核心区建设的路径选择.东南传播,2017(1).

尹伶俐.21世纪海上丝绸之路海洋文化传承与创新的局限性研究.广州航海学院学报,2017(3).

尤梦瑜.精密“拼图”复原“华光礁Ⅰ号”.海南日报,2017-05-22.

于光胜.打造21世纪海上丝绸之路的障碍与路径.理论月刊,2017(5).

于培文.汉语在近代欧洲的传播.河北大学学报(哲学社会科学版),2017(3).

余飞.立足“21世纪海上丝绸之路”建设美好新海南.新东方,2017(3).

余欣.推进“一带一路”建设下粤港澳文化交流与合作.城市观察,2017(5).

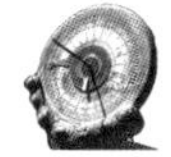

余珍艳."21世纪海上丝绸之路"战略推进下中国—印度尼西亚海洋经济合作:机遇与挑战.战略决策研究,2017(1).

余珍艳.印度尼西亚基础设施建设现状及"一带一路"倡议推进下中国与印度尼西亚合作的路径.东南亚纵横,2017(6).

鱼宏亮.超越与重构:亚欧大陆和海洋秩序的变迁.南京大学学报(哲学·人文科学·社会科学),2017(2).

俞国祥,胡麦秀.中国与东盟机电产品的出口竞争力和结构比较分析——以"21世纪海上丝绸之路"为背景.上海管理科学,2017(6).

雨葭.白瓷时代的"东风西渐".解放日报,2017-11-11.

禹丝思,孙中昶,郭华东,等.海上丝绸之路超大城市空间扩展遥感监测与分析.遥感学报,2017(2).

袁道君,闫国庆.宁波港口经济圈通道建设研究.海洋开发与管理,2017(10).

袁俊卿.推本溯源 东学西传——评朱振武新著《〈聊斋志异〉的创作发生及其在英语世界的传播》.蒲松龄研究,2017(4).

袁莉琳,季鹏."21世纪海上丝绸之路"沿线区域枢纽港优化选择.经济地理,2017(11).

袁农基.瑞典"哥德堡号"商船的前世今生.中国集邮报,2017-07-14.

袁晓春.海上丝绸之路朝鲜史料中的宁波海商.民族史研究,2017(00).

袁炎清,夏新海,易燕,等.中国与海上东盟国家港口合作研究.广州航海学院学报,2017(3).

袁媛,严世芸.罗雅谷的《人身图说》再议.科学技术哲学研究,2017(6).

约翰·K.惠特摩,周鑫,孙来臣.沿海崛起:早期大越的贸易、国家与文化.海洋史研究,2017(1).

岳岚.晚清时期汉语注音罗马化系统的演进——从"北京大学"音译谈起.贵州社会科学,2017(4).

翟金明.文本的力量——以朝鲜汉籍所涉《史记》《汉书》资料为基础的研究.北京:中国社会科学院研究生院,2017.

张冰.《东西洋考每月统记传》之天文地理知识传播.西北大学学报(自

然科学版),2017(6).

张冰.索洛维约夫与俄罗斯汉学.国际汉学,2017(1).

张粲.法国经院汉学鼻祖雷慕沙的道教研究.宗教学研究,2017(1).

张超,王绍仁,潘文军.海上丝绸之路经济带物流协作模式实证研究——基于供给侧视角下的LPI.物流技术,2017(12).

张超杰.西方视阈下的十三行行商与广州花船.邢台学院学报,2017(1).

张程锦."海上丝绸之路"倡议下的合作实践研究——以中国与太平洋岛国合作为例.东岳论丛,2017(9).

张春宇.多举措深化"21世纪海上丝绸之路"建设.中国远洋海运,2017(5).

张翠方."一带一路"建设背景下广西与东盟教育交流研究.广西社会科学,2017(4).

张德恒.6至16世纪《春秋》学文献流传日本考.江苏师范大学学报(哲学社会科学版),2017(5).

张栋豪,张胜前.从明末译介的西方逻辑学看中西文化的交汇.湖北大学学报(哲学社会科学版).2017(1).

张放.耶稣会士笔下描绘的清代康乾时期中国社会人口状况——《中国通典》选译.国际汉学,2017(1).

张富兰.藏青天主教音乐的沿革与变迁——以香格里拉茨中教堂为例.西安音乐学院学报,2017(4).

张乖利."一带一路"背景下广州中心城市地位的提升.广东农工商职业技术学院学报,2017(2).

张广威,刘曙光.21世纪海上丝绸之路:战略内涵、共建机制与推进路径.太平洋学报,2017(8).

张国刚."丝绸之路"上的政治经济学.海洋史研究,2017(1).

张汉东."一带一路"的浙江使命.浙江经济,2017(11).

张汉东.发挥跨境电商优势 推进"一带一路"战略.浙江经济,2017(8).

张汉东.以"一带一路"为统领建设开放强省.浙江经济,2017(13).

张琳.试析明与朝鲜外交中的宦官群体.兰州教育学院学报,2017(5).

张璐,殷焕焕.21世纪海上丝绸之路战略下港口腹地划分研究.交通运输研究,2017(1).

张赛群.华侨华人与"海上丝绸之路":基于历史和现实的思考.东南亚纵横,2017(3).

张涛.耶稣会会士之著译:孔子进入美国的最初媒介.社会科学辑刊,2017(3).

张田.论明清来华传教士开创的近代印刷媒体的文字播道.经济研究导刊,2017(2).

张微微,于海洋."华夷秩序"研究的历史演进及其启示.东北师范大学学报(哲学社会科学版),2017(1).

张文池.文化反哺——论日本茶道对中国茶道的"反作用".福建茶叶,2017(9).

张西平.国图藏利玛窦《中国天主教教义》辨析.文献,2017(6).

张西平.简论中国学研究和汉学研究的统一性和区别性.汉学研究,2017(3).

张西平.来华耶稣会士稀见汉语学习文献研究.贵州社会科学,2017(4).

张熙遥,琼琼,蔡智斌,等.新海上丝绸之路沿线国家主要虫媒传染病流行状况及预防措施.解放军预防医学杂志,2017(9).

张小敏.日本汉儒对中国诗经学的继承性接受研究.日本研究,2017(4).

张小琴.闽台神庙金身巡游和进香的文化探析——以清水祖师为例.湖北民族学院学报(哲学社会科学版),2017(2).

张晓东.古代上海如何参与海上丝绸之路.解放日报,2017-01-10.

张晓静,邱晓伟,刘凡."一带一路"框架下香港与东盟的经贸合作潜力分析.广西大学学报(哲学社会科学版),2017(5).

张绪山.汉唐时代华夏族人对希腊罗马世界的认知——以西王母神话为中心的探讨.世界历史,2017(5).

张炎钰.宋代茶文化在朝鲜半岛的传播与接受研究.福建茶叶,2017(7).

张燕生,王海峰,杨坤峰."一带一路"建设面临的挑战与对策.宏观经济管理,2017(11).

张逸舟.明清琉球官生派遣制度之研究.福建:福建师范大学,2017.

张镒,柯彬彬.文化遗产廊道构建影响因素及适宜性评价——以海上丝绸之路为例.台湾农业探索,2017(6).

张毅."21世纪海上丝绸之路"建设对我国海洋高等教育的启示.农村经济与科技,2017(19).

张豫红.明清时期传教士与中国文化在欧洲的传播.中州学刊,2017(6).

张月莹.三道沟事件与朝鲜的应对.长春:东北师范大学,2017.

张忠民.试析广东十三行的企业制度特征,海交史研究,2017(2).

张子旭,张荣生.试论双屿港的兴废及明代的海疆政策.大庆师范学院学报,2017(5).

章成,平瑛.海洋产业结构优化与海洋经济增长研究.海洋开发与管理,2017(3).

章小叶.黄檗文化研究的最新动态.福建师范大学福清分校学报,2017(6).

赵昌,许善品.澳大利亚学者对"21世纪海上丝绸之路"南线的认知述评.国外社会科学,2017(3).

赵国栋.中国茶叶向西方传播中遭遇的信任危机.农业考古,2017(2).

赵红军,陆佳杭,汪竹.美洲白银输入是否抬升了江南的米价?——来自清代松江府的经验证据.中国经济史研究,2017(4).

赵宏利,彭梓洺,等.茂名参与海上丝绸之路建设的旅游产品开发探讨.南方论刊,2017(7).

赵徽弘.佛教传入对西域认知的影响.新疆大学学报(哲学·人文社会科学版),2017(6).

赵嘉斌.西沙海域水下考古与海上丝绸之路.中国文物报,2017-06-23.

赵静，许先玲. 以罗明坚、利马窦为代表的晚明传教士与海外汉学兴起. 佳木斯大学社会科学学报，2017(5).

赵淑红，姜允芳，赵锋海. 洋贸易运作下明清两朝澳门城防变迁研究. 建筑学报，2017(S1).

赵素君，张祥建，等. 上海国际金融中心对接“一带一路”的突破口及措施. 科学发展，2017(6).

赵巍，江净沙. 中国博物馆协会“丝绸之路”沿线博物馆专业委员会 2017 年年会在福州召开. 福建文博，2017(4).

赵现海. 异域看长城——明清时期朝鲜燕行使的长城观念. 史学月刊，2017(6).

赵旭，高苏红，王晓伟. “21 世纪海上丝绸之路”倡议下的港口合作问题及对策. 西安交通大学学报(社会科学版)，2017(6).

赵旭，梁雪娇，周巧琳，等. 海上丝绸之路沿线港口体系的空间布局演化. 上海海事大学学报，2017(4).

赵旭高，苏红，王晓伟. “21 世纪海上丝绸之路”倡议下的港口合作问题及对策. 西安交通大学学报(社会科学版)，2017(6).

赵毅. 论明代东北亚国际秩序的二元结构. 古代文明，2017(3).

赵胤宰. 略论高句丽鸟羽冠与丝绸之路的文化互动. 西部考古，2017(3).

赵中男. 明初下西洋的停止及其原因. 清华大学学报(哲学社会科学版)，2017(2).

赵忠. 中国古代文学中的日本人形象研究. 开封教育学院学报，2017(3).

者贵昌. “一带一路”建设背景下中国与泰国金融合作的机遇与挑战. 东南亚纵横，2017(1).

郑崇伟，李崇银. 21 世纪海上丝绸之路：海洋新能源大数据建设研究——以波浪能为例. 海洋开发与管理，2017(12).

郑崇伟，孙威，陈璇，等. 经略“21 世纪海上丝绸之路”：综合应用平台建设. 海洋开发与管理，2017(2).

郑传锋. 樟林古港与中国“海上丝绸之路”关系探索. 南方职业教育学

刊,2017(1).

郑冬梅.21世纪海上丝绸之路核心区的动力构建及发展路径.亚太经济,2017(6).

郑冬梅.蓝色合作视域中21世纪海上丝绸之路核心区建设研究.中共福建省委党校学报,2017(11).

郑国富."一带一路"背景下广西与越南贸易合作的现状、问题与对策.经济论坛,2017(9).

郑海涛.清中期沙船商人探析.南昌:江西师范大学,2017.

郑宏.紫禁城与"海上丝绸之路".团结报,2017-07-27.

郑宏泰."一带一路"制度创新与香港的机遇.港澳研究,2017(1).

郑惠先.明清鼎革——朝鲜与日本的反应.长春:东北师范大学,2017.

郑剑玲.21世纪海上丝绸之路的文化价值及路径选择.学校党建与思想教育,2017(8).

郑剑玲.当代中国海洋文化发展力与21世纪海上丝绸之路建设.创新,2017(4).

郑洁西,陈曙鹏.沈惟敬初入日营交涉事考.宁波大学学报(人文科学版),2017(6).

郑洁西.万历朝鲜战争期间和平条件的交涉及其变迁.学术研究,2017(9).

郑锦霞,施喜莲.《更路簿》档案价值探析.档案时空,2017(12).

郑军,张永庆,黄霞.2000—2014年海上丝绸之路贸易网络结构特征演化.国际贸易问题,2017(3).

郑军,张永庆,黄霞.基于演化博弈的海上丝绸之路合作稳定性分析.运筹与管理,2017(4).

郑军,张永庆,黄霞,等.基于国际贸易网特性的贸易依赖派系过滤算法.计算机应用研究,2017(12).

郑婷婷.试析泉州海上丝绸之路上的文物史迹.文物鉴定与鉴赏,2017(4).

郑维宽.明清之际北部湾地区的"海寇"与海疆经略.广西师范大学学报

(哲学社会科学版),2017(2).

郑学檬.唐宋元海上丝绸之路和岭南、江南社会经济研究.中国经济史研究,2017(2).

植素芬.高校图书馆助力“一带一路”建设的服务策略——以国内“21世纪海上丝绸之路”四省区高校为例.宁波教育学院学报,2017(4).

中岛乐章,沈玉慧.16世纪中期的东亚海域与火器传播.海洋史研究,2017(1).

中国浦东干部学院“一带一路”与长江经济带研究中心课题组.上海自贸试验区服务“一带一路”国家战略的路径研究.科学发展,2017(7).

钟明容,李湘君.新形势下广西推进“一带一路”建设的SWOT分析及对策建议.对外经贸,2017(4).

钟瑞添,张才圣.21世纪海上丝绸之路战略支点衔接问题研究——以中国(广西)与东盟为视角.广西社会科学,2017(1).

钟义见.“中国近现代史上的中外交流与互动”第九届“东方外交史”国际学术研讨会在大连举行.大连大学学报,2017(4).

周超,陈捷.文化认同:海上丝绸之路精神融入高校校园文化建设的应然路径.思想理论教育导刊,2017(8).

周朝晖.甘薯东渡,如何惠及江户日本的民生?.寻根,2017(2).

周朝晖.清代册封使徐葆光笔下的琉球风情.寻根,2017(6).

周春霞.21世纪海上丝绸之路建设的研究现状和趋势展望——基于中国知网CNKI上550篇论文的统计分析.社科纵横,2017(2).

周逢年.朱舜水思想在日传播研究.杭州:浙江大学,2017.

周海军.八世纪至十世纪渤海国对外交流探究.大连:辽宁师范大学,2017.

周家明.明中期以后开海思潮研究.济南:山东大学,2017.

周建明.以海上丝绸之路为视角:普鲁士银币与中德贸易.区域金融研究,2017(12).

周静.丝绸之路上的玻璃贸易及玻璃制造技术的东传.苏州工艺美术职业技术学院学报,2017(4).

周松峰.泉州建设21世纪“海丝”先行区策略研究.中共珠海市委党校珠海市行政学院学报,2017(1).

周伟.21世纪海上丝绸之路与环南海公共外交.公共外交季刊,2017(2).

周伟.海南国际旅游岛建设的“陆海统筹”与“蓝绿互动”.海南大学学报(人文社会科学版),2017(5).

周伟峰,黄忠鑫.明代潮州府巡检司的设置与山海防御.历史档案,2017(3).

周伟良.简论明代武术文化的对外交流——以与日本、朝鲜为视阈.中华武术(研究),2017(1).

周郢.明万历壬辰之役“借兵暹罗”发覆.历史研究,2017(6).

周运中.西汉扬州海上丝路与岭南荃布考.扬州文化研究论丛,2017(2).

周振鹤,林宏.早期西方地图中澳门地名与标注方位的谜团.海洋史研究,2017(1).

周赒,冯立昇.清初帕斯卡计算机的传入与影响.内蒙古师范大学学报(自然科学汉文版),2017(2).

朱翠萍.“一带一路”倡议的南亚方向:地缘政治格局、印度难点与突破路径.南亚研究,2017(2).

朱海城.改革开放与“一带一路”建设:路径、制度与经验——2017年中国现代经济史专业委员会年会综述.中国经济史研究,2017(5).

朱建华.“一带一路”背景下的福建客家文化建设.福建商学院学报,2017(2).

朱建君.海参之链:“海上丝绸之路”上的中澳早期交通.学海,2017(5).

朱锦程.21世纪东南亚海上丝绸之路文化传播与海外华人文化认同研究.福建论坛(人文社会科学版),2017(8).

朱敬.“东画西渐”:18世纪到20世纪东方绘画对西方绘画的影响.淮海工学院学报(人文社会科学版),2017(11).

朱妮娜,范丹,王博.海上丝绸之路对中国—东盟经贸关系影响实证分析.中国集体经济,2017(9).

朱晓翔.中国与“海上丝绸之路”国家间旅游流双向互动关系分析.太平洋学报,2017(8).

朱雄.海上丝绸之路与中外海洋社会互联互动.泉州师范学院学报，2017(3).

朱亚非.郑和下西洋时期明朝对印度洋之经略.理论学刊,2017(2).

朱裕平.明清外销青花瓷在欧洲——玄松阁藏瓷判读.上海工艺美术，2017(2).

竺秉君,竺济法.最澄传茶日本文献探微.农业考古,2017(2).

竺秉君.台州与日僧最澄学佛传茶.农业考古,2017(5).

宗会明,郑丽丽."一带一路"背景下中国与东南亚国家贸易格局分析.经济地理,2017(8).

邹婵.天津参与"一带一路"战略的优势、挑战与对策.天津经济,2017(4).

邹春萌."一带一路"背景下中国与湄公河国家产能合作:制约因素与发展途径.云南大学学报(社会科学版),2017(4).

邹雅艳.16世纪末期西方视野中的中国形象——以门多萨《中华大帝国史》为例.南开学报(哲学社会科学版),2017(1).

邹一清.南方丝绸之路与道教在东南亚的传播.中华文化论坛,2017(10).

邹振环.蒋友仁的《坤舆全图》与《地球图说》.北京行政学院学报,2017(1).

左晓安.与"一带一路"战略协调发展的粤港澳合作机制创新.特区经济,2017(1).

图书在版编目(CIP)数据

中国海上丝绸之路研究年鉴. 2017 / 王力军主编
—杭州:浙江大学出版社,2019. 10
ISBN 978-7-308-19355-9

Ⅰ. ①中… Ⅱ. ①王… Ⅲ. ①丝绸之路—海上运输—中国—2017—年鉴 Ⅳ. ①K203-54

中国版本图书馆 CIP 数据核字(2019)第 147796 号

中国海上丝绸之路研究年鉴(2017)
王力军 主编

责任编辑 蔡圆圆
责任校对 杨利军 黄梦瑶
封面设计 周 灵
出版发行 浙江大学出版社
(杭州市天目山路 148 号 邮政编码 310007)
(网址:http://www.zjupress.com)
排　　版 浙江时代出版服务有限公司
印　　刷 浙江省良渚印刷厂
开　　本 787mm×1092mm 1/16
印　　张 24.75
字　　数 367 千
版 印 次 2019 年 10 月第 1 版 2019 年 10 月第 1 次印刷
书　　号 ISBN 978-7-308-19355-9
定　　价 75.00 元

浙江大学出版社发行中心联系方式:0571—88925591;http://zjdxcbs.tmall.com